"十三五"职业教育国家规划教材

"十二五"职业教育国家规划教材
经全国职业教育教材审定委员会审定

国家文化产业资金支持媒体融合重大项目

U0792343

新形态一体化

职业教育教学改革融合创新型教材·会计类

Caiwu Kuaiji Shiwu

财务会计实务

第四版

国燕萍　李静荣　蒲萍　主编
陈计专　叶欢　王建安　副主编

东北财经大学出版社
Dongbei University of Finance & Economics Press
大连

图书在版编目（CIP）数据

财务会计实务 / 国燕萍，李静荣，蒲萍主编．—4版．—大连：东北财经大学出版社，2024.9

（职业教育教学改革融合创新型教材·会计类）

ISBN 978-7-5654-5259-8

Ⅰ．财… Ⅱ．①国… ②李… ③蒲… Ⅲ．财务会计-高等职业教育-教材 Ⅳ．F234.4

中国国家版本馆CIP数据核字（2024）第099035号

东北财经大学出版社出版

（大连市黑石礁尖山街217号 邮政编码 116025）

网 址：http://www.dufep.cn

读者信箱：dufep@dufe.edu.cn

大连图腾彩色印刷有限公司印刷 东北财经大学出版社发行

幅面尺寸：185mm×260mm 字数：558千字 印张：23.75 插页：1

2024年9月第4版 2024年9月第1次印刷

责任编辑：张旭凤 曲以欢 责任校对：雪 园

封面设计：原 皓 版式设计：原 皓

定价：59.00元

教学支持 售后服务 联系电话：（0411）84710309

富媒体智能型教材出版说明

“财经高等职业教育富媒体智能型教材开发系统工程”入选国家新闻出版广电总局新闻出版改革发展项目库，并获得文化产业专项资金支持，是“国家文化产业资金支持媒体融合重大项目”。项目以“融通”“融合”“共建”“共享”为特色，是东北财经大学出版社积极落实国家推动传统媒体与新媒体融合发展的重要举措之一。

“财济书院”智能教学互动平台是该工程项目建设成果之一。该平台通过系统、合理的架构设计，将教学资源与教学应用集成于一体，具有教学内容多元呈现、课堂教学实时交互、测试考评个性设置、用户学情高效分析等核心功能，是高校开展信息化教学的有力支撑和应用保障。

富媒体智能型教材是该工程项目建设成果之二。该类教材是我社供给侧结构性改革探索性策划的创新型产品，是一种新形态立体化教材。富媒体智能型教材秉持严谨的教学设计思想和先进的教材设计理念，为财经职业教育教与学、课程与教材的融通奠定了基础，较好地避免了传统教学模式和单一纸质教材容易出现的“两张皮”现象，有助于教学质量的提高和教学效果的提升。

从教材资源的呈现形式来说，富媒体智能型教材实现了传统纸质教材与数字技术的融合，通过二维码建立链接，将VR、微课、视频、动画、音频、图文和试题库等富媒体资源丰富呈现给用户；从教材内容的选取整合来说，其实现了职业教育与产业发展的融合，不仅注重专业教学内容与职业能力培养的有效对接，而且很好地解决了部分专业课程学与训、训与评的难题；从教材的教学使用过程来说，其实现了线下自主与线上互动的融合，学生可以在有网络支持的任何地方自主完成预习、巩固、复习等，教师可以在教学中灵活使用随堂点名、作业布置及批改、自测及组卷考试、成绩统计分析等平台辅助教学工具。

富媒体智能型教材设计新颖，一书一码，使用便捷。使用富媒体智能型教材的师生首先下载“财济书院”App或者进入“财济书院”（www.idufep.com）平台完成注册，然后登录“财济书院”输入教材封四学习卡中的激活码建立或找到班级和课程对应教材，就可以开启个性化教与学之旅。

“重塑教学空间，回归教学本源！”“财济书院”平台不仅仅是出版社提供教学资源和服务的平台，更是出版社为作者和广大院校创设的一个自主选择和自主探究的教与学的空间，作者和广大院校师生既是这个空间的使用者和消费者，也是这个空间的创造者和建设者，在这里，出版社、作者、院校共建资源，共享回报，共创未来。

最后，感谢各位作者为支持项目建设所付出的辛劳和智慧，也欢迎广大院校在教学中积极使用富媒体智能型教材和“财济书院”平台，东北财经大学出版社愿意也必将陪伴广大职业教育工作者走向更加光明而美好的职教发展新阶段。

东北财经大学出版社

第四版前言

《财务会计实务》（第四版）以财务会计的基本理论为出发点，紧密结合近几年陆续颁布的企业会计准则和最新发布的各个准则解释，遵循职业教育教学特点和一般认知规律而编写。按照企业资金流转的先后过程以及生产经营的特点，本教材分为十个模块，系统介绍了企业日常经营活动的会计核算方法，并适当涵盖助理会计师职业资格所需掌握的知识和技能。

本教材自出版以来，力求体现任务驱动的职业教育理念，形成了较为突出的编写特色，因而受到了广大读者的肯定和喜爱，并荣幸获评教育部“十二五”职业教育国家规划教材和“十三五”职业教育国家规划教材。在此，对支持和帮助过我们的广大师生表示最由衷的感谢！

2019年，国务院印发《国家职业教育改革实施方案》，把奋力办好新时代职业教育的决策部署细化为若干具体行动，提出了深化职业教育改革的路线图、时间表、任务书，开启了职业教育改革发展的新征程。

2022年，党的二十大进一步明确了全面贯彻落实立德树人根本任务，培养德智体美劳全面发展的社会主义建设者和接班人。

基于这种背景，我们怀着对本教材深厚的情感总结职业教育财务会计类专业一线教学经验，为进一步提升使用效果，对教材进行了再版修订。

本次修订着重做了以下3个方面的工作：

1. 本次修订，我们认真学习和领悟党的二十大精神，不仅将更多思政元素润物无声地融入教材内容之中，以“德技并修”的形式呈现，助力提升学生的思想政治素质，而且结合部分院校的教学改革需求和使用反馈，遵循专业课程学习认知的客观规律，更加深入地分析了“财务会计实务”课程所需掌握的专业知识重点和职业核心技能，对知识进行了适时的更新和补充，并增加了部分图片和单据。

2. 为了帮助读者更好地利用网络平台进行移动在线学习，除了第三版原有的富媒体微课资源以外，本次修订我们为同步训练中的重难点知识配备了来自一线授课老师的音频讲解，更新了学后检测的部分内容，进一步方便学习者即时掌握并增强学习效果。

3. 为了方便教师进行理实一体化教学，强化职业技能训练，我们在每个模块后增设了技能训练部分，将典型业务技能与财务知识有机融合以强基固本，从而使学生提高岗位胜任能力。

本教材是由企业实践人员、课程专家和资深专业教师组成的教材开发小组合作编写而成的。具体来说，武汉外语外事职业学院国燕萍教授（高级会计师、税务师）、武汉信息传播职业技术学院李静荣副教授、武汉职业技术学院蒲萍教授（高级会计师）任主编，武汉外语外事职业学院陈计专副教授（高级会计师、注册会计师）、武汉信息传播职业技术学院叶欢老师（注册会计师）、武汉铁路职业技术学院王建安老师任副主编，武汉外语外事职业学院陈思璇老师（会计师）、武昌首义学院曹琳琳老师和武汉博创非凡智能科技有限公司财务经理龙粒女士（高级会计师）参与编写，最后由国燕萍教授总纂定稿，由武汉软件工程职业学院郭黎教授（高级会计师）主审。

《财务会计实务》（第四版）凝聚了前三版所有编者辛勤的汗水，也邀请了具有本课程多年一线教学心得与经验的新编者参加，现以崭新的面貌呈现给读者，希望它能继续得到广大使用者的认可和支持，也诚挚希望各位同仁提出宝贵意见和建议，以便我们不断改进，联系邮箱：guo.yp@163.com。

编　者

2024年7月

教材使用说明

为方便广大读者更有效地使用本教材，在此，就本教材如何使用作进一步详细说明，以供各位同仁在教学中参考。

1.阶段检测

为了充分体现“因材施教”的教育理念，我们在学习测评的编写方面作了三项设置：其一，在教材学习之前编写了学前检测，方便教师了解学习者前期会计基础知识和技能的掌握情况，以便有效地安排本门课程的教学；其二，每个学习任务之后配套了同步练习，帮助学习者检测阶段性学习效果，进而对知识进行查漏补缺；其三，在教材最后附上与初级会计职称证书考试匹配的三套综合检测模拟试题，帮助学习者检测最终的学习成果。

学前检测

扫码答题

2.模块简介

该部分内容首先帮助读者从总体框架上了解本模块的主要内容；然后明确本模块的知识目标、技能目标和素养目标，把握教学重点和难点；最后以思维导图的形式呈现整个模块的知识体系。

3.德技并修

秉持立德树人、培根铸魂的育人理念，坚持价值塑造、知识传授和能力培养一体化推进，我们尝试性地遴选了部分体验性和感知性强的真实案例，力求将思政元素有效转化为学习者的内在力量和自觉德行，形成良好的职业道德和职业意识，帮助学习者树立正确的世界观、人生观、价值观、职业观。

4.任务描述

根据任务教学的认知驱动特点，有目标地去学习有助于提高学习效率。也就是说，不仅要知道学的是什么，还要知道学了这些之后会解决什么问题。所以，任务描述是让学习者了解自己需要完成的任务，明确学习目标，激发求知欲，有的放矢。

5.相关知识

这是教师在教学时所要讲授的主要陈述性知识和程序性知识。这部分内容充分结合会计专业知识的学习特点和讲解特点，灵活运用案例教学方法。

6.任务实施

通过讲授相关知识，根据学习者对知识的理解和应用情况，教师可以对任务实施进行示范，也可以先作提示，让学习者自主完成任务，还可以由学习者独立完成。这一过程能让学习者真切地感受到学以致用的乐趣，收获专业学习的成就感。

7.注意事项

注意事项提示学习者在实施任务中容易犯错或忽略的地方，也是我们总结多年教学经验的一点心得。在完成任务之后，建议教师在对任务实施情况进行小结时，特别强调一下这些注意事项，以防同类错误发生。

8.任务评价

对任务进行简要的过程性和结果性相结合的评价是必不可少的一个步骤。通过自我评价、同学互评和教师评价三方互动，可以较全面地检测知识掌握情况和任务完成程度。

9.线上资源

为了进一步充实教材内容，呈现立体化、多角度的体验感，我们专门遴选出本课程的重难点知识做成了微课，学习者可以利用微课资源进行课前预习、课中学习、课后复习，改善学习效果。

10.同步练习

为了加强对模块知识的巩固和相关技能的练习，我们为每个学习任务后的同步练习配套了扫码答题，方便反复练习，直至掌握。教师也可以挑选其中的典型题作为例题，配合相关知识进行讲解。与此同时，我们针对同步练习中的部分重难点做了音频讲解，这样可以帮助学习者更好地掌握相关知识，也方便教师在教学时更有侧重。

11.技能训练

为了配合教师开展实训教学，也为了帮助学习者练就财务实操能力，我们在每个模块之后增加了典型业务单据，学习者可以通过处理单据培养和检验动手能力，以达到学以致用的效果。

12.素养拓展

该栏目中所选用的事件都是真实的，并且与本模块所学重点内容紧密相关，以便让学习者切身认识和了解所学知识与社会的密切联系，而非纸上谈兵，拓展学习广度、培养内在素养、弘扬实干精神。

教材使用说明

本说明同步制作了约2分钟的视频讲解，欢迎扫码使用。

编　者

2024年7月

目录

8 模块八 对外投资/239

9 模块九 利润形成与分配/282

本教材配套资源列表*

项目	任务	资源名称	页码
模块一	任务1 认识企业	微课1-1 有限责任公司和股份有限公司的区别	4
	任务2 认识财务会计	微课1-2 财务会计与管理会计的区别	9
模块二	任务3 处理债权人借入资金	微课2-1 短期借款和长期借款核算的区别	35
模块三	任务3 处理银行存款	微课3-1 如何判断分析未达账项	56
	任务5 处理商业信用债权资金	微课3-2 坏账准备核算	70
	任务6 处理商业信用债务资金	微课3-3 现金折扣核算	75
模块四	任务2 处理存货供应	微课4-1 计划成本法下原材料购入的核算	99
		微课4-2 计划成本法下原材料发出的核算	99
		微课4-3 委托加工物资核算	103
	任务3 处理固定资产供应	微课4-4 固定资产清理核算	130
	任务4 处理无形资产及其他资产供应	微课4-5 研发支出核算	139
	任务5 处理人力资源供应	微课4-6 非货币性职工薪酬核算	153
模块五	任务2 计算与核算产品成本	微课5-1 基本生产成本、辅助生产成本和制造费用的区别	170
模块六	任务2 处理一般商品销售和可变对价销售	微课6-1 销售折让和销售退回的区别	192
		微课6-2 采用支付手续费方式的委托代销商品核算	196
模块七	任务1 处理增值税	微课7-1 进项税额小结	216
		微课7-2 销项税额小结	217
	任务3 处理企业所得税	微课7-3 纳税调整事项介绍	230
模块八	任务4 处理交易性金融资产	微课8-1 交易性金融资产核算	274
模块九	任务2 处理利润形成业务	微课9-1 本年利润核算	295
	任务3 处理利润分配业务	微课9-2 利润分配核算	300
模块十	任务1 认识财务报告	微课10-1 财务报表附注	309
	任务2 编制资产负债表	微课10-2 长期借款项目的填列	316
综合测试	综合测试1	综合测试1 扫码答题	342
	综合测试2	综合测试2 扫码答题	348
	综合测试3	综合测试3 扫码答题	355

*本教材每个任务中的“同步练习”配套了“扫码答题”和重点习题精讲音频，但是由于数量较多，在此不作列示，特此说明。

模块一
认识企业及其财务会计

本模块主要介绍企业和财务会计的基本内容。企业是以营利为目的，实行自主经营、自负盈亏、独立核算的具有法人资格的社会经济组织，也是财务会计核算的会计主体。本模块包含以下两个任务：认识企业和认识财务会计。

学习目标

知识目标

1. 了解：企业的概念、特征、分类、组织架构和外部利益群体；
2. 熟悉：财务会计的概念、特征、会计信息质量要求、计量属性和财务报告目标；
3. 掌握：资金在企业内部各组织和外部各职能机关流转的一般过程、财务会计要素、会计核算基础。

技能目标

1. 会分析企业资金流转一般过程中的各种基本会计核算内容；
2. 会判断财务会计各要素之间的区别；
3. 会把握会计核算基础对企业会计信息的影响。

素养目标

通过阅读葛家澍教授人生经历的案例，培养潜心钻研、淡泊名利、追求真理的宝贵品质，为学习会计知识和技能奠定良好的思想基础。

思维导图

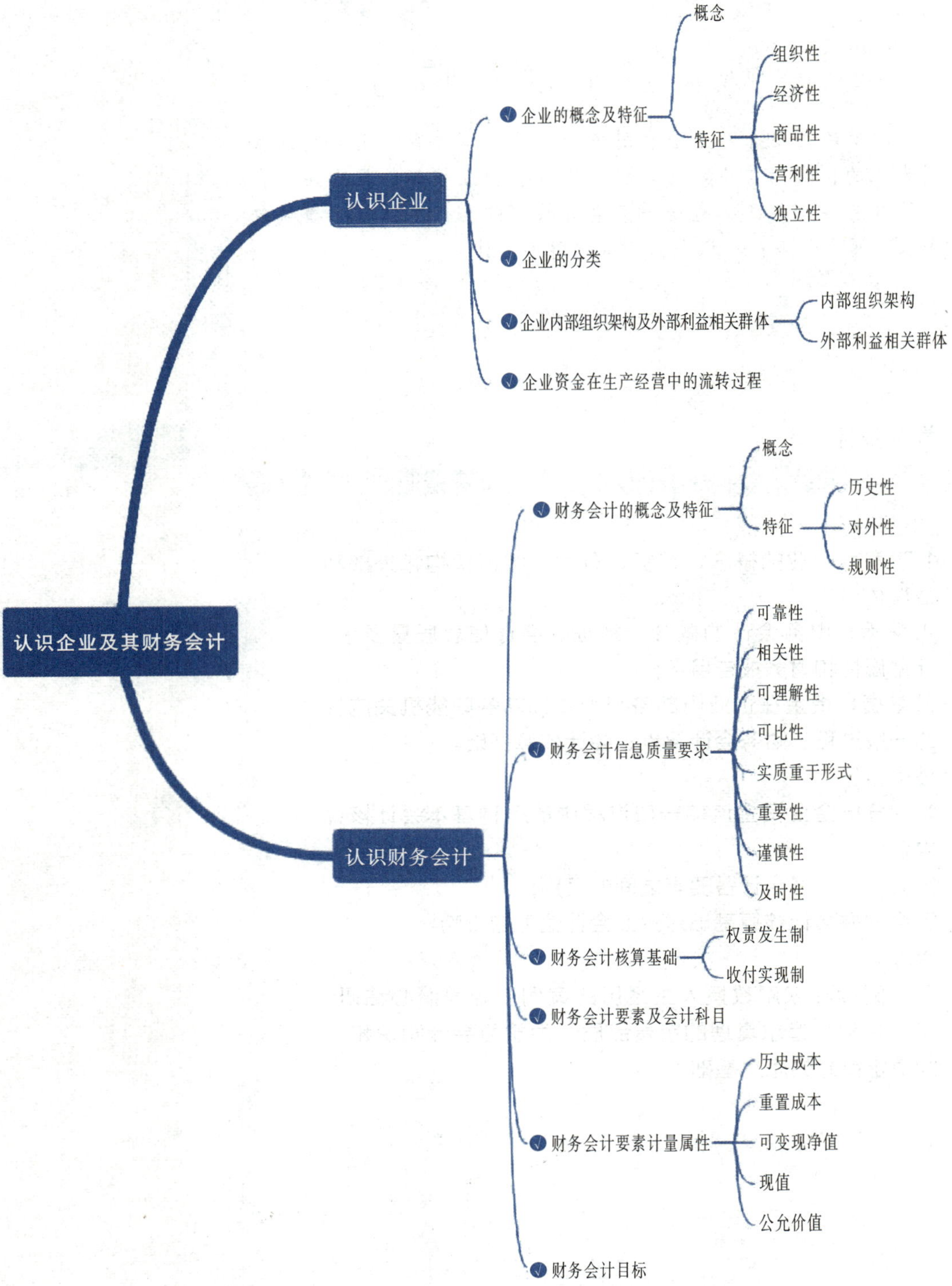
认识企业及其财务会计
认识企业
企业的概念及特征
概念
特征
组织性
经济性
商品性
营利性
独立性
企业的分类
企业内部组织架构及外部利益相关群体
内部组织架构
外部利益相关群体
企业资金在生产经营中的流转过程
认识财务会计
财务会计的概念及特征
概念
特征
历史性
对外性
规则性
财务会计信息质量要求
可靠性
相关性
可理解性
可比性
实质重于形式
重要性
谨慎性
及时性
财务会计核算基础
权责发生制
收付实现制
财务会计要素及会计科目
财务会计要素计量属性
历史成本
重置成本
可变现净值
现值
公允价值
财务会计目标

德技并修

葛家澍教授的大爱情怀

葛家澍（1921—2013），江苏省兴化市人。著名经济学家、会计学家、管理学家、教育家，新中国会计教育事业开拓者和会计准则奠基人，厦门大学文科资深教授、厦门大学经济学院首任院长。他是我国国家批准的第一批经济学（会计学）博士生导师（仅有两名）之一，也是国务院批准享受专家津贴的第一批专家之一。

他敢于发表真知灼见，为夜行的人指明道路，被誉为“独树一帜”的学者。他开创了中国会计基础理论，将毕生心血奉献给会计、经济、管理学科。他是“教科书上的人物”，所编写的教材多达十余本，涉及会计理论、会计原理、工业会计、经济核算与经济效果等多个领域，其中《会计学原理》《会计基础知识》作为“保留版本”，发行量都超过百万。他提出的“资金运动论”“信息系统论”，已从当年的“另类学说”成为如今中国会计学界的主流学派。他对学术观点冲突很包容，认为“学术观点只要有证有据、能自圆其说，就是好的”，“坚持真理，修正错误”是他一贯奉行的治学信条。他酷爱京剧和研究《红楼梦》。他还是一位美食专家，生活讲究，热衷养生，不喝酒，不抽烟。在他的课堂上，“与时俱进”的色彩特别明显，业界前沿、最新动态、时事热点等，都会被他穿插在课堂讲授中。他对学生的关爱，体现在很多细节方面。年逾九旬时，他仍坚持每学年给博士生上课，一节课一上就是3小时，一到课间，他就拿出水果、零食，跟学生们分享。这是一种大爱，也是传统民族人文精神的一种传承。

资料来源：佚名.他的大爱情怀让人一辈子都忘不了［EB/OL］.［2016-11-26］. http://szb.mnw.cn/html/2013-11/26/content_4209224.htm.有删改.

德技并修1

问题：

你是如何看待葛家澍先生的道德品质和职业素养的？

任务1 认识企业

任务描述

甲、乙、丙三人，基于战略发展需要，经过调研、论证，并根据湖北武汉及周边现有行业的发展趋势，在三年前投资成立了一家生产和销售家具的华盛家具有限责任公司，所有者投资总额6 000万元。公司设有总经理办公室以及财务、人力资源、后勤保障、设计研发、采购、生产、销售八个部门。近期，由于公司发展的需要，刚聘任了一名财务总监，全面负责公司的财务工作。

如果你是一名在该公司工作时间较长的财务人员，为了让财务总监能尽快地了解公司资金的运作情况，请你简要介绍公司资金在企业内部各组织和外部各利益群体之间流转的一般过程，并在每个过程中举出至少三个会计核算的业务。

相关知识

一、企业的概念及特征

（一）企业的概念

企业是指以营利为目的，运用各种生产要素（土地、劳动力、资本和技术等），向市场提供商品或服务，实行自主经营、自负盈亏、独立核算的具有法人资格的商品经济组织。

（二）企业的特征

1.组织性

微课 1-1

有限责任公司和股份有限公司的区别

企业不同于个人、家庭，它是一种有名称、组织机关、规章制度的正式组织；它也不同于靠血缘、亲缘、地缘或神缘组成的家族宗法组织、同乡组织或宗教组织，而是由企业所有者和员工主要通过契约关系自由地（至少在形式上）组合而成的一种开放的社会组织。

2.经济性

企业不同于行政、军事、政党、社团组织，不同于教育、科研、文艺、体育、医疗卫生、慈善等组织，也不同于政府和国际组织等对宏观经济活动进行调控监管的机关。它本质上是经济组织，以经济活动为中心，进行经济核算，追求并致力于不断提高经济效益；而且，它是直接从事经济活动的实体，和消费者同属于微观经济单位。

3.商品性

企业不同于自给自足的自然经济组织，而是商品经济组织、商品生产者或经营者、市场主体，其经济活动是面向并围绕市场进行的。不仅企业的产出（产品、服务）和投入（资源、要素）是商品（企业是“以商品生产商品”），而且企业自身（企业的有形、无形资产）也是商品，企业产权可以有偿转让（企业是“生产商品的商品”）。

4.营利性

企业不同于以城乡个体户为典型的小商品经济组织，它是发达商品经济即市场经济的基本单位，是单个的职能资本的运作实体，是以获取利润为直接、基本目的，利用生产、经营某种商品的手段，通过资本经营，追求资本增值和利润最大化。

5.独立性

企业还是一种在法律和经济上都具有独立性的组织，它作为一个整体对外在社会上完全独立，依法独立享有民事权利，独立承担民事义务、民事责任。它与其他自然人、法人在法律地位上完全平等，没有行政级别、行政隶属关系。它不同于民事法律上不独立的非法人单位，也不同于经济（财产、财务）上不能完全独立的其他社会组织，它拥有独立的、边界清晰的产权，具有完全的经济行为能力和独立的经济利益，实行独立的经济核算，能够自决、自治、自律、自立，实行自我约束、自我激励、自我改造、自我积累和自我发展。

二、企业的分类

按投资人的出资方式和责任形式可分为：个人独资企业、合伙企业、公司制企业。

按投资者可分为：内资企业，外资企业，港、澳、台商投资企业。

按所有制结构可分为：国有企业、集体企业、民营企业。

按股东对公司所负责任可分为：无限责任公司、有限责任公司、股份有限公司。

按信用等级可分为：人合公司、资合公司、人合兼资合公司。

按经济部门可分为：农业企业、工业企业、商业企业、服务企业。

三、企业内部组织架构及外部利益相关群体

（一）企业内部组织架构

企业内部组织架构就是一种决策权的划分体系以及各部门的分工协作体系。没有组织架构的企业将是一盘散沙。组织架构不合理会严重阻碍企业的正常运作，甚至导致企业经营的彻底失败。相反，适宜、高效的组织架构能够最大限度地释放企业的能量，使组织更好地发挥协同效应，达到“1+1>2”的合理运营状态。不论企业的组织架构及有关业务如何，其中的几个主要职能部门是必不可少的，如财务部门、人事部门、采购部门、生产部门、销售部门等。某企业组织架构图如图 1-1-1 所示。

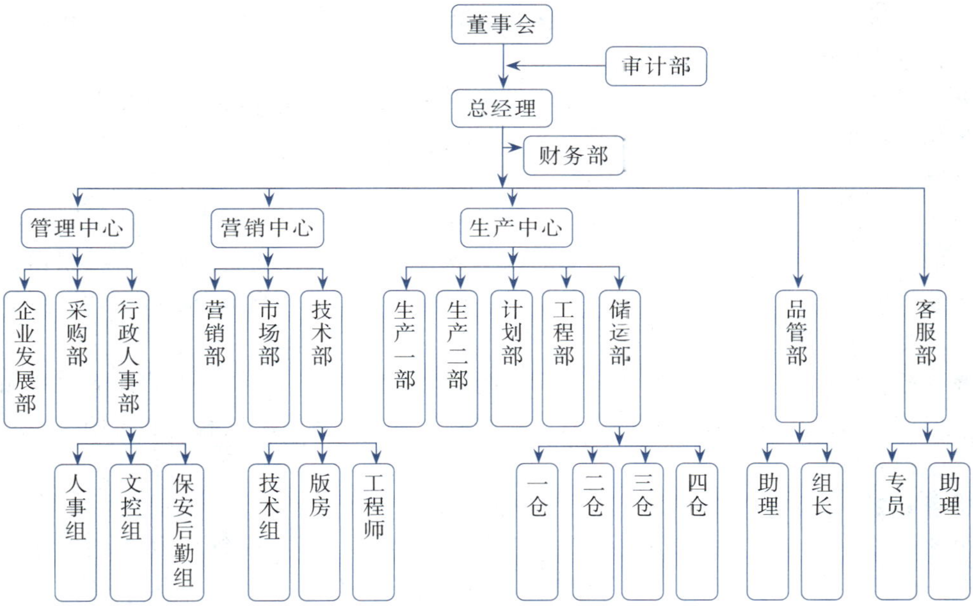

图 1-1-1　某企业组织架构图

思考 1-1：你还能举例说明其他企业组织架构的形式吗？

（二）企业外部利益相关群体

根据企业的性质以及所属行业的特点，其具体的外部利益相关群体会有所不同，企业常见的外部利益相关群体包括：

1. 金融机构——企业依法筹集资金和使用资金的合作机构；
2. 税务机关——企业依法纳税的征管机关；
3. 市场监管机关——企业依法生产经营的监管机关；
4. 物价机关——企业依法定价的监管机关；
5. 财政机关——企业依法实行财政预算的监管机关；
6. 供应商——企业采购的对象；

7. 客户——企业销售的对象；

8. 投资者——企业股东；

9. 社会公众——关注企业生存和发展的广大民众。

四、企业资金在生产经营中的流转过程

以工业企业为例，来介绍企业资金在生产经营中的流转过程：

●企业财务部门通过股东和银行等金融机构筹集资金，为生产经营的正常运转做好资金上的保证。

●由采购部门向供应商购买机器设备，购买材料，并移送仓库部门保管，由基建部门负责建造厂房、办公楼、仓库等建筑物，由人事部门负责招聘和培训员工。

●由设计研发部门对产品进行设计和研发，或研发新产品，或设计现有产品的外观及内部构造，或研究降低成本的途径。

●由生产部门组织工人在车间进行产品的生产，此间要耗用所购材料，使用所购机器设备，并由人事部门汇总计算生产工人及其管理人员薪酬，由财务部门支付，待产品生产完工，就移送到仓库，由仓库部门负责保管，准备出售。在此期间，市场监管部门要对其生产过程进行监管。

●为了将产品及时销售出去，增加收入，要由销售部门在物价机关的监管下，在市场经济作用下制定价格，并在媒体上发布广告，进行有关产品的宣传活动，积极寻求客户，打开销路。

●等到产品销售之后，企业一方面收到资金，由财务部门核算收入，支付银行等债权人有关的借款及利息，并扣减之前相关的成本费用，计算企业利润，另一方面根据税收法律的有关规定，向国家税务机关计算并上缴各项税费。如果企业属于财政部门预算管理单位，还应受到财政机关的监管。

●企业管理部门维持日常生产经营，也会发生相关的费用，待企业将所有税费扣减之后，若形成净利润，提取盈余公积之后，就要向企业投资者分配股利，剩余的留存收益可用于企业扩大再生产。

思考1-2：你能简要介绍商业企业和服务企业的资金流转过程吗？

由此可见，工业企业的资金运动表现为资金的投入（筹集资金）、资金的循环与周转（使用资金，包括供应过程、生产过程、销售过程三个阶段）以及资金的退出（收回资金）等过程。资金的运动过程中既有一定时期内的显著运动状态（表现为收入、费用、利润等），又有一定日期的相对静止状态（表现为资产与负债、所有者权益的恒等关系）。

任务实施

华盛家具有限责任公司资金流转过程介绍如下：

（1）由财务部门通过股东和银行等金融机构筹集资金，为生产经营正常运转做好资金上的保证。相关业务包括：向银行贷款，发行公司债券，接受投资者货币资金投资。

（2）由采购部门向供应商购买机器设备，购买木料、钉子、油漆等材料，并存放于材料仓库；公司建立初期建造了一幢厂房，一幢办公楼，三个仓库，一幢职工宿舍楼，一幢后勤保障大楼（内有职工活动中心、食堂、医务室、浴室和后勤管理部门等），并有五辆运输使用的货车和三辆管理部门使用的小轿车；人事部门则负责招聘、培训、考核员工，

并计算职工薪酬。相关业务包括：采购部门购买材料，基建部门建造厂房，人事部门开展培训。

（3）由设计研发部门对家具外观进行设计，或研发新家具品种，或研究降低生产家具成本的途径。相关业务包括：支付设计研发部门的电话费和上网费，支付研发部门职工薪酬，研发部门设计新型家具时领用木料。

（4）由生产部门组织家具生产工人在厂房用所购机器设备对木料等原材料进行产品的生产，并由人事部门汇总计算生产工人及其管理人员工资，由财务部门支付；待产品生产完工，就移送到产成品仓库，由仓库部门负责保管，准备出售。在此期间，市场监管部门要对其生产过程进行监管。相关业务包括：生产家具领用木料，支付机器设备修理费，计提厂房折旧。

（5）由销售部门在物价机关的监管下，在市场经济作用下制定各种家具的价格，并在电视上发布广告，进行有关产品的宣传活动，积极寻找适合合作的家具销售商场或代理商，打开销路。相关业务包括：支付广告费用，支付销售部门的办公费用，支付销售部门的职工薪酬。

（6）家具销售后，企业一方面收到资金，由财务部门核算收入，支付银行有关的借款及利息，并扣减之前的相关成本费用，计算企业利润；另一方面根据税收法律的有关规定，计算并向国家税务机关上缴增值税、城市维护建设税、所得税等各项税费。相关业务包括：销售家具收到转账支票，偿还银行借款及利息，计算企业所得税。

（7）由管理部门负责日常生产经营的管理，由后勤部门负责后勤保障。待企业将所有税费扣减之后，若形成净利润，提取盈余公积之后，要向企业投资者分配股利，剩余的留存收益可用于企业的扩大再生产。相关业务包括：结转净利润，提取盈余公积，分配股利。

注意事项

1.注意企业与内部职能部门之间、与外部利益群体之间的关系。
2.注意资金在企业中流转的过程及其业务内容。

任务评价

根据前面任务下达的要求，实施并完成任务后，进行任务实施评价，填写任务实施评价表，见表1-1-1。

表1-1-1 华盛家具有限责任公司资金流转过程介绍方案训练评价表

考评内容标准	实施评价		
	自我评价	同学互评	教师评价
资金流转过程（50分）			
资金流转所涉及的内部职能部门（15分）			
资金流转所涉及的外部利益群体（15分）			
每步骤所列举的会计核算业务（20分）			
合　计			

同步练习

同步练习 1-1

扫码答题

习题精讲 1-1

一、单项选择题

1.下列各项关于企业的描述中，错误的是（　　）。

A. 企业以营利为目的

B. 企业与其他法人在法律地位上可能有行政隶属关系

C. 企业实行独立经济核算

D. 企业不同于个人，也不同于社团组织

2.下列各项中，不属于企业外部相关利益群体的是（　　）。

A.银行　　B.税务局

C.股东　　D.员工

3.下列各项关于企业资金流转的描述中，错误的是（　　）。

A. 银行和股东是企业筹资的主要来源

B. 工资由人事部门负责拟定

C. 销售部门要处理好与供应商之间的关系

D. 企业要依法向税务部门缴税

二、多项选择题

1.企业的基本特征有（　　）。

A.组织性　　B.经济性　　C.商品性　　D.营利性和独立性

2.企业内部职能部门主要有（　　）。

A.设计部　　B.基建部　　C.研发部　　D.销售部

三、判断题

1. 工业企业的资金运动表现为资金的投入、资金的循环与周转以及资金的退出等过程。（　　）

2. 股份有限公司和有限责任公司的股东对公司承担的都是有限责任。（　　）

任务2 认识财务会计

任务描述

华盛家具有限责任公司为增值税一般纳税人，20×4年1月发生的部分经济业务如下：

（1）车间生产实木会议桌领用木芯板30 000元；

（2）向银行取得为期半年的生产经营周转贷款200 000元，资金已经到账；

（3）签发转账支票支付本年报刊费用5 000元；

（4）计提本月固定资产折旧，其中生产车间60 000元，管理部门25 000元，销售部门10 000元；

（5）向红星五金有限公司购买不锈钢钢板46 800元，未取得增值税专用发票，材料已验收入库，货款尚未支付；

（6）收回上月销售实木会议桌货款35 000元，存入银行；

（7）向佳美超市销售小型衣柜一批，总价60 000元（不含税），货款尚未收取；

（8）支付上月机器设备维修费800元；

（9）计算本月应缴城市维护建设税7 500元；

（10）签发转账支票支付市电视台广告费10 000元（取得增值税普通发票）。

如果你是该公司的一名财会人员，请你按权责发生制分析以上业务涉及的会计要素及会计科目的增减变动，并指出每笔业务在收付实现制下是否确认有关会计要素。

相关知识

一、财务会计的概念及特征

（一）财务会计的概念

财务会计是指通过对企业已经完成的资金运动，按照有关会计准则的规定，进行全面、系统、连续和及时的核算与监督，以为企业外部有关利益群体提供企业的财务状况与经营成果等与其决策相关的信息为主要目标而进行的一种经济管理活动。它与管理会计同为企业会计的两大分支，因其侧重于满足企业外部有关方面的决策需要，对外提供财务报告，故也称“对外报告会计”。

微课1-2

财务会计与管理会计的区别

（二）财务会计的特征

1.历史性

财务会计是对过去的交易和事项进行确认、计量、记录和报告，所以可以真实地反映已经完成的资金运动，并且可以验证。未来可能发生的资金运动，不是财务会计核算和监督的对象。

2.对外性

财务会计所提供的会计信息，除了为企业内部有关部门进行经营管理提供依据和参考以外，更重要的是要为企业外部有关利益群体进行决策提供依据。

3.规则性

财务会计所发生的资金运动在确认、计量、记录和报告上，都必须遵循国家有关法律、法规（如会计准则、会计法）等的规定，不能随意更改会计处理方法，不能滥用会计政策。

二、财务会计信息质量要求

会计信息质量是财务会计的核心，它直接对会计报告使用者的决策产生影响，衡量会计信息质量好坏可以从可靠性、相关性、可理解性、可比性、实质重于形式、重要性、谨慎性和及时性八个方面加以考虑。

（一）可靠性

可靠性要求企业应当以实际发生的交易或者事项为依据进行确认、计量和报告，如实反映符合确认和计量要求的各项会计要素及其他相关信息，保证会计信息真实可靠、内容完整。

为了贯彻可靠性要求，企业应当做到：

1.以实际发生的交易或者事项为依据进行确认、计量，不得根据虚构的、没有发生的或者尚未发生的交易或者事项进行确认、计量和报告；

2. 在符合重要性和成本效益原则的前提下，保证会计信息的完整性，不能随意遗漏或者减少应予披露的信息，与使用者决策相关的有用信息都应当充分披露；

3. 包括在财务报告中的会计信息应当是中立的、无偏的。

思考1-3： 某公司于20×3年年末发现公司经营业绩下滑，无法实现年初确定的利润目标，但考虑到在20×4年1月份，由于临近春节，销售可能会出现较大幅度的增长，公司因此虚减库存，并确认了20×3年的销售收入。公司的这种处理是否违背会计信息质量的可靠性要求？

（二）相关性

相关性要求企业提供的会计信息应当与会计报告使用者的经济决策需要相关，这样有助于其对企业过去、现在或者未来的情况作出评价或者预测。

会计信息是否有用，是否具有价值，关键是看其与使用者的决策需要是否相关，是否有助于决策或者提高决策水平。相关的会计信息应当具有反馈价值，能够有助于使用者评价企业过去的决策，证实或者修正过去的有关预测。相关的会计信息还应当具有预测价值，有助于使用者根据财务报告所提供的会计信息预测企业未来的财务状况、经营成果和现金流量。会计信息质量的相关性要求，需要企业在确认、计量和报告会计信息的过程中，充分考虑使用者的决策模式和信息需要。会计信息要在可靠性的前提下，尽可能地做到具有相关性，以满足投资者等财务报告使用者的决策需要。

（三）可理解性

可理解性要求企业提供的会计信息清晰明了，以便于财务报告使用者理解和使用。

企业编制财务报告、提供会计信息的目的在于使用，而要令使用者有效使用会计信息，应当能让其明确会计信息的内涵，知晓会计信息的内容，从而提高会计信息的有用性，实现财务报告的目标，满足向投资者等财务报告使用者提供对决策有用的信息的要求。

（四）可比性

可比性要求企业提供的会计信息应当相互可比。这主要包括两层含义：

1. 纵向可比

纵向可比，即同一企业不同时期可比。这样是为了便于财务报告使用者了解企业财务状况、经营成果和现金流量的变化趋势，比较企业在不同时期的财务报告信息，全面、客观地评价过去、预测未来，从而做出决策。会计信息质量的可比性要求同一企业不同时期发生的相同或者相似的交易或事项，应当采用一致的会计政策，不得随意变更。但是，满足会计信息的可比性要求，并非表明企业不得变更会计政策，如果按照规定或者在会计政策变更后可以提供更可靠、更相关的会计信息，则可以变更会计政策。但对于有关会计政策变更的情况，应当在附注中予以说明。

2. 横向可比

横向可比，即不同企业相同会计期间可比。为了便于投资者等财务报告使用者评价不同企业的财务状况、经营成果和现金流量及其变动情况，要求不同企业同一会计期间发生的相同或者相似的交易或者事项，应当采用相同的会计政策，以使不同企业按照一致的确认、计量和报告要求提供有关会计信息，确保会计信息口径一致、相互可比。

思考1-4： 固定资产折旧方法一经确定，能否随意变更？

（五）实质重于形式

实质重于形式要求企业应当按照交易或者事项的经济实质进行会计确认、计量和报告，不仅仅以交易或者事项的法律形式为依据。

企业发生的交易或事项在多数情况下，其经济实质和法律形式是一致的，但在有些情况下，也会不一致。例如，企业按照销售合同销售商品但又签订了售后回购协议，虽然在法律形式上实现了收入，但如果企业没有将商品所有权上的主要风险和报酬转移给购货方，没有满足收入确认的各项条件，即使签订了商品销售合同或者已将商品交付给购货方，也不应当确认销售收入。

（六）重要性

重要性要求企业提供的会计信息应当反映与企业财务状况、经营成果和现金流量有关的所有重要交易或者事项。

在实务中，如果会计信息的省略或者错报会影响投资者等财务报告使用者据此作出决策，该信息就具有重要性。重要性的应用需要依赖职业判断，一般而言，企业可根据其所处的环境和实际情况，从项目的性质、交易的次数和金额大小等方面加以判断。例如公司的主营业务收入，发生次数频繁，应该作为重要事项进行详细披露。又如公司对外进行的某次长期股权投资，金额占到公司资产总额的10%，也应作为重要事项进行单独披露。

思考1–5：企业偶尔支付的一笔小额赞助费用，需要单独披露吗？

（七）谨慎性

谨慎性要求企业对交易或者事项进行会计确认、计量和报告应当保持应有的谨慎，不应高估资产或者收益、低估负债或者费用。

在市场经济环境下，企业的生产经营活动面临着许多风险和不确定性，如债权的可收回性、非流动资产的减值、销售退回等。会计信息质量的谨慎性要求企业在面临不确定性因素的情况下保持应有的谨慎，充分估计到各种风险和损失，既不高估资产或者收益，也不低估负债或者费用。谨慎性的应用不允许企业设置秘密准备，否则将扭曲企业实际的财务状况和经营成果，从而对使用者的决策产生误导，不符合会计准则的要求。

思考1–6：对售出商品可能发生的保修义务确认负债，体现了谨慎性要求吗？

（八）及时性

及时性要求企业对于已经发生的交易或者事项，应当及时进行确认、计量和报告，不得提前或者延后。

会计信息的价值在于帮助所有者或者其他方面作出经济决策，具有时效性。即使是可靠、相关的会计信息，如果不及时提供，就失去了时效性，对于使用者的效用就大大降低甚至不再具有实际意义。在企业实务中贯彻及时性有三个要求：第一，及时收集会计信息，即在经济交易或者事项发生后，及时收集整理各种原始单据或者凭证。第二，及时处理会计信息，即按照会计准则的规定，及时对经济交易或者事项进行确认或者计量，并编制出财务报告。第三，及时传递会计信息，即按照国家规定的有关时限，及时地将编制的财务报告传递给财务报告使用者，便于其及时使用和决策。

思考1–7：某职员将去年出差的差旅费在今年报销，体现了及时性要求吗？

三、财务会计核算基础

（一）权责发生制

权责发生制是指凡是当期已经实现的收入和已经发生或应当负担的费用，无论款项是否收付，都应当作为当期的收入和费用，计入利润表；凡是不属于当期的收入和费用，即使款项已在当期收付，也不应当作为当期的收入和费用。权责发生制规定了企业收入和费用确认的时间。

在实务中，企业交易或者事项的发生时间与相关货币收支时间有时并不完全一致。例如，款项已经收到，但销售并未实现；或者款项已经支付，但并不是为本期生产经营活动而发生的。正是为了更加真实、公允地反映特定会计期间的财务状况和经营成果，会计准则明确规定，企业在会计确认、计量和报告中应当以权责发生制为基础。也正因为如此，企业会计核算中就有了应收、应付、预收、预付的内容。

思考1–8： 权责发生制下，收回上期销货款，是否确认为本期收入？

（二）收付实现制

收付实现制是与权责发生制相对应的一种会计核算基础，它是以收到或支付的现金作为确认收入和费用等的依据。它的处理较权责发生制简单。在我国，行政单位会计采用收付实现制，事业单位会计除经营业务可以采用权责发生制外，其他大部分业务也采用收付实现制。

思考1–9： 收付实现制下，收回上期销货款，是否确认为本期收入？

四、财务会计要素及会计科目

（一）财务会计要素

会计对象是指会计所核算和监督的内容。在市场经济条件下，企业会计对象可概括为企业的资金运动，或者是能用货币表现的经济活动。会计要素是对会计对象进行的基本分类，是会计对象的具体化。根据我国《企业会计准则——基本准则》的规定，企业会计要素包括资产、负债、所有者权益、收入、费用、利润六项。其中，资产、负债和所有者权益要素侧重于反映企业的财务状况，收入、费用和利润要素侧重于反映企业的经营成果。

通过会计要素，我们可以从静态和动态两个方面来描述企业的经济活动。会计信息使用者就可以了解到一个企业经济活动的总括性资料，如企业拥有或控制的经济资源的多少、承担的债务的多少、投资人的权益的多少以及企业取得的收入的多少、发生的耗费和实现的利润的多少等。

1.资产

资产是指企业过去的交易或者事项形成的、由企业拥有或者控制的、预期会给企业带来经济利益的资源。按流动性大小，资产可分为流动资产和非流动资产。

2.负债

负债是指企业过去的交易或者事项形成的，预期会导致经济利益流出企业的现时义务。按偿还时间长短，负债可分为流动负债和非流动负债。

3.所有者权益

所有者权益是指企业资产扣除负债后由所有者享有的剩余权益。所有者权益的来源包括所有者投入的资本、直接计入所有者权益的利得和损失、盈余公积和未分配利润。其中，盈余公积和未分配利润又合称为留存收益。

4. 收入

收入是指企业在日常活动中形成的、会导致所有者权益增加的、与所有者投入资本无关的经济利益的总流入。按照企业从事日常活动的性质，可将收入分为销售商品收入、提供劳务收入、让渡资产使用权收入等；按照企业经营业务的主次不同，分为主营业务收入和其他业务收入等。

5. 费用

费用是指企业在日常活动中发生的、会导致所有者权益减少的、与向所有者分配利润无关的经济利益的总流出。以工业企业为例，一定时期的费用通常由产品生产成本和期间费用两部分构成，产品生产成本由直接材料、直接人工和制造费用三个成本项目构成，期间费用由管理费用、财务费用和销售费用组成。

6. 利润

利润是指企业在一定会计期间的经营成果。利润包括收入减去费用后的净额、直接计入当期利润的利得和损失等。利润是评价企业管理层业绩的指标之一，也是投资者等财务报告使用者进行决策时的重要参考。

（二）会计科目

会计科目是会计要素的具体化表现形式，常用会计科目见表1-2-1。

表1-2-1 常用会计科目表

一、资产类	预收账款
库存现金	应付职工薪酬
银行存款	合同负债
其他货币资金	应交税费
交易性金融资产	应付利息
衍生金融资产	应付股利
应收票据	其他应付款
应收账款	持有待售负债
预付账款	预计负债
应收股利	递延收益
应收利息	长期借款
其他应收款	应付债券
坏账准备	长期应付款
材料采购	未确认融资费用
在途物资	专项应付款
原材料	递延所得税负债
材料成本差异	三、共同类
库存商品	衍生工具
发出商品	套期工具
商品进销差价	被套期项目
委托加工物资	四、所有者权益类

续表

周转材料	实收资本
消耗性生物资产	资本公积
存货跌价准备	库存股
合同资产	其他综合收益
持有待售资产	专项储备
债权投资	盈余公积
债权投资减值准备	本年利润
其他债权投资	利润分配
长期股权投资	五、成本类
长期股权投资减值准备	生产成本
投资性房地产	制造费用
长期应收款	合同取得成本
未实现融资收益	合同履约成本
固定资产	研发支出
累计折旧	六、损益类
固定资产减值准备	主营业务收入
在建工程	其他业务收入
生产性生物资产	公允价值变动损益
工程物资	其他收益
固定资产清理	投资收益
使用权资产	资产处置损益
无形资产	营业外收入
累计摊销	主营业务成本
无形资产减值准备	其他业务成本
商誉	税金及附加
长期待摊费用	销售费用
递延所得税资产	管理费用
待处理财产损溢	财务费用
二、负债类	信用减值损失
短期借款	资产减值损失
交易性金融负债	营业外支出
衍生金融负债	资产处置损益
应付票据	所得税费用
应付账款	以前年度损益调整

五、财务会计要素计量属性

《企业会计准则——基本准则》规定，企业在对会计要素进行计量时，一般应当采用历史成本，采用重置成本、可变现净值、现值、公允价值计量的，应当保证所确定的会计要素金额能够取得并可靠计量。

（一）历史成本

历史成本，又称为实际成本，是指企业的各种资产应按其取得或构建时发生的实际成本进行核算。在按历史成本计量时，资产按照其购置时支付的现金或者现金等价物的金额，或者按照购置资产时所付出的对价的公允价值计量。负债按照其因承担现时义务而实际收到的款项或者资产的金额，或者承担现时义务的合同金额，或者按照日常活动中为偿还负债预期需要支付的现金或者现金等价物的金额计量。例如，2023年5月，购买了一台设备，发生支出10万元，当时按实际成本10万元登记在“固定资产”账户。2023年12月，这台设备市场价格为9.5万元，按历史成本计量，企业不能自行调整固定资产账户记录。

(二) 重置成本

重置成本又称现行成本，是指按照当前市场条件，重新取得同样一项资产所需支付的现金或现金等价物的金额。在按重置成本计量时，资产按照现在购买相同或者相似资产所需支付的现金或者现金等价物的金额计量。负债按照现在偿付该项债务所需支付的现金或者现金等价物的金额计量。在实务中，重置成本多应用于盘盈固定资产的计量等。

(三) 可变现净值

可变现净值，是指在正常生产经营过程中，以资产预计售价减去进一步加工成本和预计销售费用以及相关税费后的净值。在按可变现净值计量时，资产按照其正常对外销售所能收到的现金或者现金等价物的金额扣减该资产至完工时估计将要发生的成本、估计的销售费用以及相关税费后的金额计量。可变现净值通常应用于存货资产减值情况下的后续计量。

(四) 现值

现值是指对未来现金流量以恰当的折现率进行折现后的价值，是考虑货币时间价值的一种计量属性。在按现值计量时，资产按照预计从其持续使用和最终处置中所取得的未来净现金流入量的折现金额计量。负债按照预计期限内需要偿还的未来净现金流出量的折现金额计量。

(五) 公允价值

公允价值是指市场参与者在计量日发生的有序交易中，出售资产所能收到或转移负债所需支付的价格。有序交易，是指在计量日前一段时期内相关资产或负债具有惯常市场活动的交易。在公允价值计量下，资产和负债按照市场参与者在计量日发生的有序交易中，出售资产所能收到或转移负债所需支付的价格计量。

六、财务会计目标

企业财务会计的主要目标是向政府机构、企业外部投资者、债权人和其他与企业有利益关系的单位和个人及企业管理当局等一系列信息使用者提供有利于做出投资、信贷决策及其他有关决策的有关企业财务状况、经营业绩和财务状况变动的各种财务信息和非财务信息。其主要包括关于资产、负债和所有者权益状况，现金流动或其他资金流动等能够反映企业财务实力、变现能力和偿债能力的信息；关于收入、利润形成及其分配等能反映企业经营业绩、获利能力、支付现金股利能力及投资能力的信息。

任务实施

对华盛家具有限责任公司20×4年1月发生的部分经济业务的分析如下：

(1) 权责发生制下——生产成本（费用）增加，原材料（资产）减少。

收付实现制下——没有涉及款项收付，不确认会计要素。

（2）权责发生制下——银行存款（资产）增加，短期借款（负债）增加。

收付实现制下——确认收入增加，银行存款增加。

（3）权责发生制下——银行存款（资产）减少，预付账款（资产）增加。

收付实现制下——确认费用增加，银行存款减少。

（4）权责发生制下——制造费用、管理费用和销售费用（费用）增加，累计折旧（资产）增加。

收付实现制下——没有涉及款项收付，不确认会计要素。

（5）权责发生制下——原材料（资产）增加，应付账款（负债）增加。

收付实现制下——没有涉及款项收付，不确认会计要素。

（6）权责发生制下——应收账款（资产）减少，银行存款（资产）增加。

收付实现制下——确认收入增加，银行存款增加。

（7）权责发生制下——应收账款（资产）增加，主营业务收入（收入）增加，应交税费（负债）增加。

收付实现制下——没有涉及款项收付，不确认会计要素。

（8）权责发生制下——银行存款（资产）减少，应付账款（负债）减少。

收付实现制下——确认费用增加，银行存款减少。

（9）权责发生制下——税金及附加（费用）增加，应交税费（负债）增加。

收付实现制下——没有涉及款项收付，不确认会计要素。

（10）权责发生制下——销售费用（费用）增加，银行存款（资产）减少。

收付实现制下——确认费用增加，银行存款减少。

注意事项

1. 注意会计要素与会计科目的关系以及会计科目之间的区别。
2. 注意权责发生制和收付实现制在确认上的区别。

任务评价

根据前面任务下达的要求，实施并完成任务后，进行任务实施评价，填写任务实施评价表，见表1-2-2 。

表1-2-2　华盛家具有限责任公司经济业务分析训练评价表

考评内容标准	实施评价		
	自我评价	同学互评	教师评价
权责发生制下每笔业务所涉及的会计要素分析（40分）			
权责发生制下每笔业务所涉及的会计科目分析（40分）			
收付实现制下每笔业务的收入、费用确认分析（20分）			
合　计			

同步练习

一、单项选择题

同步练习 1-2

扫码答题

1.下列各项中，符合会计要素收入定义的是（　　）。

A.出售材料收入　　B.转让固定资产净收益

C.出售无形资产净收益　　D.向购货方收取的增值税销项税额

2.下列各项中，不符合资产定义的是（　　）。

A.委托代销商品　　B.企业将要购置的设备

C.委托加工物资　　D.尚待加工的半成品

习题精讲 1-2

3.下列各项中，能够使企业资产总额减少的是（　　）。

A.向银行借款　　B.以银行存款偿还借款

C.用银行借款直接偿还应付账款　　D.接受投资者投入的现金

4.下列各项中，会使公司股东权益总额变动的是（　　）。

习题精讲 1-3

A.用资本公积转增资本

B.股东大会向投资者宣告分派现金股利

C.向投资者分派股票股利　　D.用盈余公积弥补亏损

5.下列各项中，对会计核算基础理解正确的是（　　）。

A.收付实现制是指凡是当期已经实现的收入和已经发生或应当负担的费用，无论款项是否收付，都应当作为当期的收入和费用，计入利润表

B.权责发生制的处理较收付实现制简单

C.会计准则明确规定，企业在会计确认、计量和报告中采用权责发生制

D.在我国，行政单位会计和事业单位会计均采用收付实现制

二、多项选择题

1.下列各项中，属于企业核算基本前提的有（　　）。

A.历史成本　　B.会计主体　　C.持续经营　　D.会计分期

2.下列组织中，可以作为一个会计主体进行会计核算的有（　　）。

A.企业生产车间　　B.分公司

C.母公司及子公司组成的企业集团　　D.子公司

三、判断题

1.会计要素中的费用应包括营业外支出。（　　）

习题精讲 1-4

2.会计主体和法律主体是统一的。因此，会计主体只能是独立的法人，不能是非法人。（　　）

3.我国会计制度规定，所有单位都应以权责发生制作为基础进行核算。（　　）

4.会计计量属性主要包括历史成本、重置成本、可变现净值、现值、公允价值。（　　）

5.谨慎性要求企业对交易或者事项进行会计确认、计量和报告时应当保持应有的谨慎，不应高估资产或者收益，低估负债或者费用。（　　）

技能训练

请扫码后依据所提供的相关资料了解企业经营和财务情况。

素养拓展

华为公司简介

华为创立于1987年，是全球领先的ICT（信息与通信）基础设施和智能终端提供商，致力于把数字世界带入每个人、每个家庭、每个组织，构建万物互联的智能世界。目前华为有18.8万名员工，业务遍及170多个国家和地区，服务30多亿人口。

华为在通信网络、IT、智能终端和云服务等领域为客户提供有竞争力、安全可信赖的产品、解决方案与服务，与生态伙伴开放合作，持续为客户创造价值，释放个人潜能，丰富家庭生活，激发组织创新。华为坚持围绕客户需求持续创新，加大基础研究投入，厚积薄发，推动世界进步。

华为是一家100%由员工持有的民营企业。华为通过工会实行员工持股计划，参与人数为96 768人，参与人仅为公司员工，没有任何政府部门、机构持有华为股权。

2022年，华为公司的资产总额为10 638亿人民币，实现销售额6 423亿元人民币，净利润356亿人民币。

资料来源　作者根据华为公司网站相关介绍整理而成.

请分析：

（1）该案例中提到了哪些会计要素？

（2）如何理解会计要素对企业的影响？

分析提示：

华为作为我国高科技民营企业的优秀代表，是我国高端制造业的中坚力量。该案例中提到了资产、收入和利润三个会计要素，通过以上描述，特别是对会计要素的介绍，我们可以清晰地了解到华为公司的发展规模和经营情况。

模块二
资金筹集

本模块主要介绍企业资金筹集及其账务处理。资金筹集是企业进行生产经营的必要条件，也是企业资金运动的起点，企业的财务会计核算由此开始。资金筹集的来源主要是所有者投入和债权人借入。本模块包含以下三个任务：认识资金筹集、处理所有者投入资金和处理债权人借入资金。

学习目标

知识目标

1. 了解：资金筹集的概念、途径、优缺点和原则；
2. 熟悉：短(长)期借款、应付债券以及实收资本、资本公积的核算流程；
3. 掌握：短(长)期借款、应付债券以及实收资本、资本公积的账务处理。

技能目标

1. 会处理短(长)期借款、应付债券以及实收资本、资本公积的相关业务；
2. 会判断短(长)期借款、应付债券以及实收资本、资本公积之间的区别；
3. 会分析短(长)期借款、应付债券以及实收资本、资本公积对资金筹集的影响。

素养目标

1. 通过百色市税务局帮助企业修复和培育纳税信用，知悉诚信是社会主义核心价值观的重要内容之一，纳税信用已成为企业参与市场竞争重要的“无形资产”；
2. 结合高等级纳税信用给企业带来大规模的贷款资金支持的案例，知悉诚信经营在资金筹集中的重要意义。

思维导图

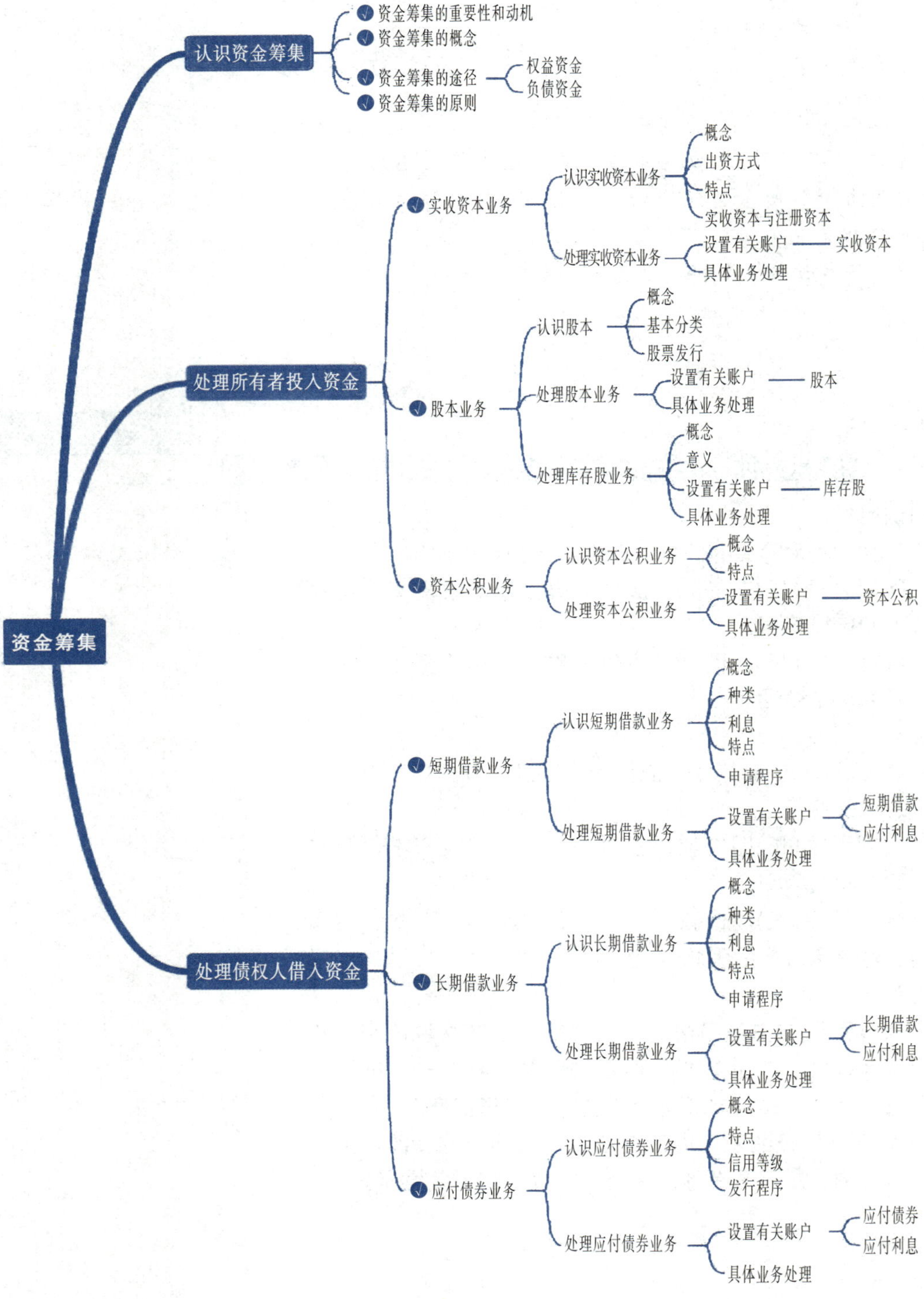
资金筹集
认识资金筹集
资金筹集的重要性和动机
资金筹集的概念
资金筹集的途径
权益资金
负债资金
资金筹集的原则
处理所有者投入资金
实收资本业务
认识实收资本业务
概念
出资方式
特点
实收资本与注册资本
处理实收资本业务
设置有关账户
实收资本
具体业务处理
股本业务
认识股本
概念
基本分类
股票发行
处理股本业务
设置有关账户
股本
具体业务处理
处理库存股业务
概念
意义
设置有关账户
库存股
具体业务处理
资本公积业务
认识资本公积业务
概念
特点
处理资本公积业务
设置有关账户
资本公积
具体业务处理
处理债权人借入资金
短期借款业务
认识短期借款业务
概念
种类
利息
特点
申请程序
处理短期借款业务
设置有关账户
短期借款
应付利息
具体业务处理
长期借款业务
认识长期借款业务
概念
种类
利息
特点
申请程序
处理长期借款业务
设置有关账户
长期借款
应付利息
具体业务处理
应付债券业务
认识应付债券业务
概念
特点
信用等级
发行程序
处理应付债券业务
设置有关账户
应付债券
应付利息
具体业务处理

德技并修

良好纳税信用为企业插上“隐形翅膀”

当前，信用在深化“放管服”改革、提升社会治理水平、优化营商环境中发挥着越来越重要的作用。在深入贯彻落实中共中央办公厅、国务院办公厅印发的《关于进一步深化税收征管改革的意见》中，百色市税务局围绕提升纳税人满意度和优化税收营商环境，注重以纳税信用修复和培育为抓手，帮助企业将良好纳税信用转化成腾空起飞的“隐形翅膀”。

一是共建，纳税信用深度融入地方信用体系建设；二是纠错，纳税信用修复助企重拾发展信心；三是升级，纳税信用培育助企充分享受“信用红利”。从企业开办到企业注销，进行纳税信用全流程、全周期跟踪服务和管理，实时公布税务领域的红名单和黑名单，扎实开展行政许可和行政处罚信用信息“双公示”，牵头发起对纳税信用A级纳税人实施联合激励措施，以及对重大税收违法案件当事人实施联合惩戒措施，积极参与全市36项奖惩联动机制，把纳税信用深度融入地方信用体系建设，助力百色“一市一区”建设。

“自从获得纳税信用‘3连A’牌匾，企业‘走出去’更容易了。”西林县天臣麻鸭养殖有限责任公司负责人刘华江兴奋地说，“有了‘金名片’，我们订单签约的成功率明显提升，今年销售额同比增长15.9%”。广西田阳恒茂实业开发投资有限公司在纳税信用级别升为A级后，成功通过“银税互动”获得了10万元的贷款。“税务局帮我们挽回了声誉，还帮我们争取资金支持，解决了我们的大难题。”公司总经理覃永旭表示。2021年1—7月，全市税务系统共帮助1 608户纳税人通过“银税直连平台”获取贷款27.39亿元，贷款规模较2020年同期增加14.75%，受惠纳税人增加375户。

资料来源：罗绍祥.良好纳税信用为企业插上“隐形翅膀”[EB/OL].[2021-09-03]. http://gx.people.com.cn/n2/2021/0903/c390645-34897647.html.有删减.

问题：

你认为纳税信用会对企业产生哪些影响？

德技并修2

任务1 认识资金筹集

任务描述

宏远公司是一家服装有限责任公司，有李某、王某和张某三位股东，他们分别出资100万元、60万元和40万元。公司经营5年后，效益不错，累计实现净利润80万元（假设尚未分配利润）。为扩大产量，满足市场所需，提高市场占有率，该公司决定购买某种机器设备。根据该公司的财务情况，现有存款扣除日常周转资金以外，还需要筹集资金150万元。假设目前可以实施的筹资方式有两种：一是向银行贷款；二是由股东自行出资。

请你为公司拟订一个简要的筹资方案，提交给公司管理层。

相关知识

一、资金筹集的重要性和动机

俗话说："巧妇难为无米之炊。"资金筹集是企业财务活动的起点，资金的筹集将决定企业的经营状况，乃至生死存亡。资金被称为企业的"血液"，是决定企业生存和发展的重要因素，也是企业每时每刻都需要关注的。

企业筹集资金无非有三种动机：扩大发展、偿还债务和调整资本结构。所以，科学合理地进行资金筹集是企业的首要任务，也是会计从业人员需要关注的重要业务。

二、资金筹集的概念

资金筹集是指企业通过各种方式和法定程序，从不同的资金渠道，筹措所需资金的全过程。

三、资金筹集的途径

资金由于来源与方式的不同，其筹集的条件、筹集的成本和筹集的风险也不同。因此，对资金筹集管理的目标就是寻找、比较和选择对企业资金筹集条件最有利、资金筹集成本最低和资金筹集风险最小的资金来源。

无论资金筹资的来源和方式如何，其取得的途径不外乎两种：一种是接受投资者投入的资金，形成实收资本（或股本）和资本公积等权益资金；另一种是向债权人借入资金，一般形成短（长）期借款和应付债券等负债资金。有关资金筹集的途径如图2-1-1所示。

- 资金筹集
  - 权益资金
    - 实收资本（或股本）
    - 资本公积
    - 留存收益（盈余公积和未分配利润）
  - 负债资金
    - 短（长）期借款
    - 应付债券
    - 商业信用（应付账款、应付票据、预收账款等）
    - 长期应付款（主要是融资租赁业务）

图2-1-1　资金筹集的途径

本模块主要学习实收资本（股本）、资本公积、短（长）期借款和应付债券的业务核算。

权益资金和负债资金对于筹资企业而言有着明显的区别，主要表现在：

第一，承担责任的对象不同。权益资金是企业对所有者承担的责任，负债资金是企业对债权人承担的责任。

第二，偿还资金的顺序不同。权益资金是企业所有者对剩余资产的要求权，这种要求权在顺序上是放在债权人之后的；负债资金是企业债权人对全部资产的要求权，这种要求权在顺序上是放在所有者之前的。

第三，享受权利的内容不同。权益资金的提供者即所有者在企业中享有参与企业经营决策和利润分配的权利；负债资金的提供者即债权人在企业中仅享有到期收取本金和利息的权利。

第四，清偿资金的期限不同。除非企业清算，权益资金在企业持续经营期内一般不存在清偿问题，即无清偿期限；负债资金则需要按照约定的日期及时清偿，即有清偿期限。

思考2-1： 权益资金和负债资金在风险和收益上有什么关系？

四、资金筹集的原则

（一）结构科学

科学安排资本结构，保持适当的偿债能力，以降低风险和成本。

（二）规模适度

合理确定资金需求量，努力提高筹资效率。

（三）筹措及时

适时取得资金，保证资金投放需要。

（四）来源合法

遵守国家有关法规，维护各方合法权益。

任务实施

根据任务描述，实施宏远公司筹资方案的拟订：

一、调查银行贷款情况

银行贷款调查结果显示：暂有华夏和民生两家银行愿意借款给宏远公司。其中，华夏银行借款限额为100万元，借款期限为2年，年利率为5.6%；民生银行借款限额为150万元，借款期限为3年，年利率为6%。

二、调查股东出资情况

股东出资意愿和能力调查结果显示：李某愿意追加投资40万元，其中30万元资金即刻到位；王某愿意追加投资30万元，其中20万元资金即刻到位；张某由于另有投资项目，目前暂无能力追加投资。

三、根据以上情况进行综合考虑，拟订筹资方案

（一）筹资金额及目的

本次筹资的金额为150万元，主要用于购买机器设备，扩大产品生产能力，提高产品的市场占有率。

（二）筹资方式的选择及其原因

筹集资金一方面要根据企业自身情况以及外界因素综合考虑，另一方面在筹资原则上应尽可能选择两种或两种以上的方式，既可使筹资结构合理，减少筹资风险，又可适当降低筹资成本。

因此，经过调查和分析，决定采用的筹资方式为：向华夏银行借款100万元，借款期限为2年，剩余50万元中，由李某投资30万元，王某投资20万元。

（三）筹资的效果

由于银行和股东资金都可顺利到位，所以筹资效果良好，企业可以及时得到资金，购买该机器设备，提高生产能力。

注意事项

1.选择筹资方式时，注意考虑银行贷款和股东出资的优缺点。

2.筹资方案要体现筹资的目的、方式及效果。

任务评价

根据前面任务下达的要求实施并完成任务后，进行任务实施评价，填写任务实施评价表，见表2-1-1。

表2-1-1 宏远公司筹资方案训练评价表

考评内容标准	实施评价		
	自我评价	同学互评	教师评价
明确筹集资金的目的（30分）			
选择筹集资金的途径（50分）			
筹集资金的效果（20分）			
合　计			

同步练习

同步练习2-1

扫码答题

一、单项选择题

1.权益资金是企业对（　　）承担的责任。

A.债权人　　B.所有者

C.供应商　　D.客户

2.下列各项中，属于负债资金的是（　　）。

A.实收资本　　B.资本公积

C.盈余公积　　D.预收账款

二、多项选择题

1.权益资金包括（　　）。

A.实收资本　　B.资本公积

C.盈余公积　　D.未分配利润

2.企业资金筹集的途径主要有（　　）。

A.发行债券　　B.发行股票　　C.向银行借款　　D.吸收投资

习题精讲2-1

三、判断题

1.资金由于来源不同，其筹集的条件、成本和风险也不同。（　　）

2.债权人投资的风险大于所有者。（　　）

3.企业筹集资金的主要动机就是扩大发展。（　　）

任务2
处理所有者投入资金

任务描述

（1）长江、黄河、长城三个公司出资组建中兴公司，总股本为1 000万元。其中，长江公司投入一条合同约定价值为300万元的生产线和一栋合同约定价值为300万元的厂房，占股本的50%；黄河公司投入400万元货币资金，占股本的40%；长城公司投入一项合同约定价值为100万元的专利技术。请作出中兴公司接受投资的会计处理。（假设不考虑相关税费）

（2）华泰股份有限公司经有关机构批准委托证券公司发行股票10 000 000股，每股面值为10元，每股发行价格为18元，发行手续费按发行收入的3‰收取。请作出华泰股份有限公司发行股票的会计处理。

（3）黄山股份有限公司经有关机构批准以收购本公司股票的方式减资。该公司按每股25元的价格收购已发行的面值为20元的普通股200 000股，收购股款以银行存款支付，股票收购后当即注销。该公司原股本溢价为1 000 000元，且有充裕的盈余公积和未分配利润。请作出黄山股份有限公司回购库存股和注销库存股的账务处理。若其他条件不变，黄山公司按每股15元的价格收购股票，则有关会计处理又如何呢？

相关知识

一、实收资本业务

（一）认识实收资本业务

1.实收资本的概念

实收资本是指投资者按照企业章程、合同或协议的约定，作为资本实际投入企业中的各种资产的价值，是企业要进行生产经营必需的“本钱”。实收资本的构成比例即为各投资者的股份比例。

2.实收资本的出资方式

投资者既可以用货币出资，也可以用实物、知识产权、土地使用权等可以用货币估价并可以依法转让的非货币财产作价出资；但是法律、行政法规规定不得作为出资的财产除外。

3.实收资本的特点

实收资本在企业持续经营期间，除依法转让外，不得以任何形式抽回，可长期供企业周转使用。实收资本的构成比例，即投资者的出资比例或股东的股份比例，通常是确定所有者在企业所有者权益中所占的份额和参与企业经营管理决策的基础，也是企业据以向投资者进行利润分配的主要依据，同时还是企业清算时确定所有者对净资产的要求权的依据。

4.实收资本与注册资本

注册资本是指企业在市场监管部门注册登记的所有投资人的出资总额。企业营业执照

（如图2-2-1所示）上会列明此项金额。我国目前实行的是注册资本认缴制度，要求股东在公司章程约定的期限内缴足实收资本。随着企业的生产经营，实收资本的总额也可能超过注册资本（如资本公积转增），如超过注册资本的20%，则需要持资金使用证明或验资证明等资料到有关市场监管部门申请变更登记。如减资超过注册资本的20%，也需进行变更登记。

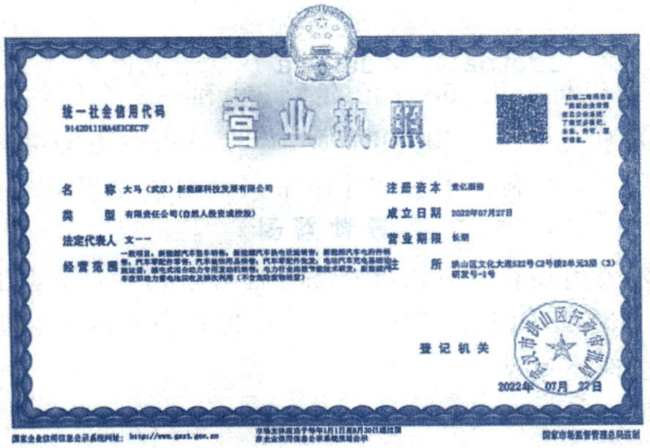

图2-2-1　企业营业执照正本式样

思考2-2： 你能区别实收资本和注册资本吗？它们有什么异同？

（二）处理实收资本业务

1.设置有关账户

为了处理实收资本业务的增减变动情况，应当设置“实收资本”账户，并应按投资者设置明细账户。该账户为所有者权益类账户，贷方反映企业实际收到的投资者缴付的资本，借方反映企业按法定程序减少的注册资本数额，期末贷方余额反映企业期末实收资本的实有数额。

2.具体业务处理

（1）接受现金资产投资时，按实际收到的金额借记“银行存款”账户，按投资者所占股份金额贷记“实收资本”账户，借贷差额记入“资本公积——资本溢价”账户。

【例2-1】 某家具制造公司原有甲、乙、丙三位股东，各出资1 000 000元，公司经营两年以后，丁也投资入股，按合同规定，丁股东投资总额为1 200 000元，并与原三位股东享有相同的股份，投资款已存入银行，分录如下：

借：银行存款	1 200 000	
贷：实收资本——丁		1 000 000
资本公积——资本溢价		200 000

（2）接受投入固定资产或无形资产时，按投资合同或协议约定的价值确定（不公允的除外）借记“固定资产”或“无形资产”账户，按取得的增值税专用发票上注明的金额借记“应交税费——应交增值税（进项税额）”账户，按投资者所占股份金额贷记“实收资本”账户，借贷差额记入“资本公积——资本溢价”账户。

【例2-2】 某食品生产企业接受A公司非专利技术投资，按投资合同约定，该非专利技术价值为500 000元，A公司开具的增值税专用发票上注明其价款为500 000元，增值税税额为30 000元，且价税款与A公司所占股份的金额相同。

借：无形资产——非专利技术 500 000
　　应交税费——应交增值税（进项税额） 30 000
　贷：实收资本——A公司 530 000

（3）接受投入材料物资时，按投资合同或协议约定的价值确定（不公允的除外）借记“原材料”账户，按取得的增值税专用发票上注明的金额借记“应交税费——应交增值税（进项税额）”账户，按投资者所占股份金额贷记“实收资本”账户，借贷差额记入“资本公积——资本溢价”账户。

【例2-3】 某汽车制造公司为增值税一般纳税人，20×3年5月10日接受H企业生产的某种型号的配件一批作为投资，按投资合同约定，H企业开具的增值税专用发票上注明该型号配件的价款为2 000 000元，增值税为260 000元，且价税款与H企业所占股份金额相同。该汽车制造公司收到这批配件并已验收入库。

借：原材料 2 000 000
　　应交税费——应交增值税（进项税额） 260 000
　贷：实收资本——H企业 2 260 000

（4）资本公积和盈余公积转增资本时，按实际转增金额，借记“资本公积”或“盈余公积”账户，按原有投资者出资比例相应增加各投资者的实收资本金额。

【例2-4】 接【例2-1】，经公司股东会议决定，将200 000元资本公积和240 000元盈余公积转增资本。

借：资本公积 200 000
　　盈余公积 240 000
　贷：实收资本——甲 110 000
　　　　　　——乙 110 000
　　　　　　——丙 110 000
　　　　　　——丁 110 000

二、股本业务

（一）认识股本

1.股本的概念

股本，也称为股份、股份资本等，是指股东在公司中所占的权益。它是经公司章程授权的，代表着公司的所有权。

2.股本的基本分类

在股份有限公司中，根据性质不同，股本可分为普通股和优先股。普通股是股份有限公司最重要的一种股份，是构成股份公司资本的基础，也是股票最普遍的一种形式，它是风险最大的股票。股份公司初次发行的股票一般均为普通股。优先股主要是指在利润分配及剩余财产分配的权利方面，优先于普通股的股份。相对于普通股而言，它的风险较低。

3.上市公司股票发行

上市公司与其他公司比较，最显著的特点就是将上市公司的全部资本划分为等额股份，并通过发行股票的方式来筹集资本。股东以其所认购的股份对公司承担有限责任，公司以其全部资产为限对公司的债务承担责任。

根据股票发行的途径不同，上市公司在设立时有两种主要的方式：发起设立和募集设立。前者是指公司的股份全部由发起人认购，不向发起人以外的任何人募集股份；后者是指公司的股份一小部分由发起人认购，其余的大部分都由发起人委托证券经营机构以及银行向社会公开募集。

公司的股本应通过在核定的股本总额范围内发行股票取得。但值得注意的是，公司发行股票取得的收入与股本总额往往不一致，公司发行股票取得的收入大于股本总额的，称为溢价发行；小于股本总额的，称为折价发行；等于股本总额的，称为面值发行。我国不允许公司折价发行股票。

（二）处理股本业务

1.设置有关账户

为了处理股本业务的增减变动情况，应当设置“股本”账户，并应按股本种类设置明细账户。该账户为所有者权益类账户，贷方反映企业实际发行股票收到投资者缴付的股本金额，借方反映企业按法定程序减少的股本金额，期末贷方余额反映企业期末股本的实有金额。

2.具体业务处理

（1）对外发行股票时，按实际收到的金额（扣除发行的手续费、佣金等费用，加上发行股票冻结期间产生的利息收入）借记“银行存款”账户，按发行股票面值贷记“股本”账户，借贷差额记入“资本公积——股本溢价”账户。

【例2-5】东方股份公司为筹集资金，委托某证券公司对外公开发行普通股100 000 000股，每股面值1元，发行价格3元，支付的发行手续费为发行价格的2‰，证券公司已将剩余发行价款转入东方股份公司账户。

借：银行存款	299 400 000	
贷：股本		100 000 000
资本公积——股本溢价		199 400 000

（2）接收固定资产、无形资产、原材料等存货的投资，只需将“实收资本”改为“股本”，其他比照实收资本处理即可，在此不再赘述。

（三）处理库存股业务

1.库存股的概念

库存股是指已经认购缴款，由发行公司通过购入、赠予或其他方式重新获得，可供再行出售或注销之用的股票。它的特性和未发行的股票类似，没有投票权或是分配股利的权利，而公司解散时也不能变现。

2.库存股的意义

从积极的角度看，库存股不仅有利于有效地实现负债与所有者权益之间的平衡，降低融资成本，为公司在融资方面提供更大的灵活性，提供一个可为长线股东提高投资回报率的机会，而且有利于员工及管理层持股计划的实施；同时，它也有利于公司股票价格的稳定。

另外，它也有消极的一面。库存股回避了优先购买权，增加了市场操纵的风险，增加了内幕交易的可能性，可能会虚假地增加股票价值，从而支持公司的其他活动。

可见，库存股并非“灵丹妙药”，当允许公司存在库存股时，必须健全相关制度，避免库存股制度被滥用。

3.设置有关账户

为了处理库存股业务的增减变动情况，应当设置“库存股”账户，一般不设置明细账户。该账户为所有者权益类中抵减股本金额的账户，借方反映企业实际回购股票所缴付的成本，贷方反映企业按法定程序注销的股份数额，期末借方余额反映企业期末尚未注销的库存股的实有数额。

4.具体业务处理

（1）回购本公司股票时，按回购价格借记“库存股”账户，贷记“银行存款”账户。

【例2-6】 华泰股份公司20×3年年初股本总额为220 000 000元（每股面值为2元），资本公积为50 000 000元，盈余公积为6 000 000元，未分配利润为3 000 000元。1月5日，根据股东大会决议，回购本公司股票10 000 000股，回购价每股7.2元。

借：库存股	72 000 000	
贷：银行存款		72 000 000

（2）注销本公司股票时，按股票面值借记“股本”账户，按回购价格贷记“库存股”账户，两者之间的差额记入“资本公积——股本溢价”等账户。

【例2-7】 接【例2-6】，2月10日，注销本公司购买的库存股。

借：股本	20 000 000	
资本公积——股本溢价	50 000 000	
盈余公积	2 000 000	
贷：库存股		72 000 000

注意：如回购价格明显高于股票面值，即资本公积不足冲减的，依次冲减盈余公积直至未分配利润。

三、资本公积业务

（一）认识资本公积业务

1.资本公积的概念

资本公积是指企业收到投资者超出其在企业注册资本（或股本）中所占份额的投资，以及直接计入所有者权益的利得和损失等，包括资本（股本）溢价和其他资本公积。

资本溢价（或股本溢价），是企业收到投资者超出其在企业注册资本（或股本）中所占份额的投资。其形成原因有溢价发行股票、投资者超额缴入资本等。

其他资本公积，是指不应计入当期损益和其他综合收益，会导致所有者权益发生增减变动、与所有者投入资本或者向所有者分配利润无关的利得或者损失，如股东对企业的捐赠、债务豁免、代为偿债等。

2.资本公积的特点

由全体股东共同享有；可转增资本，但不能进行利润分配；会导致所有者权益变动；其形成与净利润无关。

（二）处理资本公积业务

1.设置有关账户

为了处理资本公积业务的增减变动情况，应当设置“资本公积”账户，并应设置“资本（股本）溢价”和“其他资本公积”两个明细账户。该账户为所有者权益类账户，贷方反映资本公积增加的业务，借方反映资本公积减少的业务，期末贷方余额反映企业资本公积的实有数额。

2.具体业务处理

有关资本公积增加或减少的业务已经在上述实收资本、股本、库存股的处理中进行了介绍，在此不再赘述。

任务实施

（1）中兴公司接受投资的会计处理如下：

借：银行存款	4 000 000	
固定资产——生产线	3 000 000	
——厂房	3 000 000	
无形资产	1 000 000	
贷：实收资本——长江公司		5 000 000
——黄河公司		4 000 000
——长城公司		1 000 000
资本公积——资本溢价		1 000 000

（2）华泰股份有限公司发行股票的会计处理如下：

借：银行存款	179 460 000	
贷：股本		100 000 000
资本公积——股本溢价		79 460 000

（3）黄山股份有限公司回购库存股和注销库存股的会计处理如下：

①按每股25元回购时：

借：库存股	5 000 000	
贷：银行存款		5 000 000

注销时：

借：股本	4 000 000	
资本公积——股本溢价	1 000 000	
贷：库存股		5 000 000

②按每股15元回购时：

借：库存股	3 000 000	
贷：银行存款		3 000 000

注销时：

借：股本　4 000 000

　贷：库存股　3 000 000

　　资本公积——股本溢价　1 000 000

注意事项

1.在核算接受投资和发行股票的业务时，请注意资本（股本）溢价的确认。

2.注意库存股注销时冲减所有者权益账户的顺序。

任务评价

根据前面任务下达的要求实施并完成任务后，进行任务实施评价，填写任务实施评价表，见表2-2-1。

表2-2-1　公司筹资会计处理训练评价表

考评内容标准	实施评价		
	自我评价	同学互评	教师评价
掌握实收资本的处理（30分）			
掌握资本公积的处理（40分）			
掌握库存股的处理（30分）			
合　计			

同步练习

一、单项选择题

同步练习2-2　扫码答题

1.甲股份有限公司委托A证券公司发行普通股1 000万股，每股面值1元，每股发行价格为4元。根据约定，股票发行成功后，甲股份有限公司应按发行收入的2%向A证券公司支付发行费。如果不考虑其他因素，股票发行成功后，甲股份有限公司记入“资本公积”科目的金额为（　　）万元。

A.20　　B.80　　C.2 920　　D.3 000

习题精讲2-2

2.A有限责任公司收到B企业以机器设备出资，该设备的原价为100万元，已提折旧60万元，投资合同约定该设备价值为50万元（与公允价值相同且不考虑增值税），占注册资本40万元，不考虑其他因素，则下列关于A有限责任公司会计处理的表述中，正确的是（　　）。

A. A公司固定资产的入账价值为40万元，A公司应当确认的资本公积为10万元

B. A公司固定资产的入账价值为50万元，A公司应当确认的资本公积为10万元

C. A公司固定资产的入账价值为40万元，A公司应当确认的资本公积为20万元

D. A公司固定资产的入账价值为50万元，A公司应当确认的资本公积为20万元

二、多项选择题

1.留存收益包括（　　）。

A.实收资本　　B.资本公积　　C.盈余公积　　D.未分配利润

2.企业吸收投资者出资时，下列会计科目的余额可能发生变化的有（　　）。

A.盈余公积　　B.资本公积　　C.实收资本　　D.利润分配

3.下列关于库存股的说法中，正确的有（　　）。

A. 它是指已经认购缴款，由发行公司通过购入、赠与或其他方式重新获得，可供再行出售或注销之用的股票

B. 它有利于公司股票价格的稳定，但也增加了市场操纵的风险

C. 回购价格明显高于股票面值的，即资本公积不足冲减的，依次冲减盈余公积直至未分配利润

D. 该账户为所有者权益类中增加股本金额的账户

4.下列关于资本公积的描述中，错误的有（　　）。

A. 由全体股东共同享有

B. 可转增资本，也可进行利润分配

C. 包括资本（股本）溢价和直接计入所有者权益的利得和损失

D. 其形成与净利润有关

习题精讲2-3

三、判断题

1. 资本公积反映企业收到投资者出资额超出其在注册资本或股本中所占份额的部分及直接计入当期损益的利得或损失。（　　）

2. 企业收到的投资者超出其在企业注册资本中所占份额的投资，应直接计入当期损益。（　　）

3. 库存股越多，则企业的所有者权益就越少。（　　）

4. 实收资本和注册资本是一个概念，两者没有区别。（　　）

四、账务处理题

（一）

1.目的：练习实收资本和资本公积的核算。

2.资料：

20×9年，甲、乙、丙三个公司出资组建A有限责任公司，总股本为1 000万元，其中，甲公司投入一条合同约定价值为230万元的生产线和一栋合同约定价值为250万元的厂房，占股本的40%，乙公司投入300万元货币资金，占股本的30%，丙公司投入一项合同约定价值为350万元的专利技术，占股本的30%。（假设不考虑相关税费）

3.要求：根据以上业务编制A公司接受投资时的会计分录。

（二）

1.目的：练习库存股的核算。

2.资料：

B公司20×8年12月31日的股本为100 000 000股，每股面值为1元，资本公积（股本溢价）为30 000 000元，盈余公积为40 000 000元。经股东大会批准，B公司以现金回购本公司股票20 000 000股并注销。假定B公司按每股3元的价格回购股票，假定不考虑其

他因素。

3. 要求：根据以上业务编制B公司回购和注销库存股的会计分录。

任务3
处理债权人借入资金

任务描述

（1）龙腾公司为维持日常生产经营周转，于20×3年4月1日向银行申请借入资金150 000元。该笔借款年利率为6%，期限为3个月，到期一次还本付息。请分别作出取得借款、计提借款利息和偿还本利的有关会计处理。

（2）江北公司于20×3年1月1日从银行借入资金300 000元，借款期限为3年，年利率为8%（每年年末付息一次），实际利率与合同利率相同，所借款项已存入银行。20×3年1月15日用这笔借款购买需安装的设备一台，价款460 000元，另支付运杂费及保险费等费用40 000元。20×3年10月1日该设备交付使用。请分别作出该公司20×3年长期借款借入、利息计提以及偿还的会计处理。

（3）华中公司于20×3年1月1日按面值发行总面值为500 000元、期限为3年的企业债券，用于公司日常经营周转。该债券票面利率为10%，实际利率与票面利率相同。债券利息于每年年末支付，本金到期一次偿还。请分别作出该公司发行债券、计提和支付债券利息以及到期偿还本利和的会计处理。

相关知识

一、短期借款业务

（一）认识短期借款业务

1. 短期借款的概念

短期借款是指为了维持正常生产经营的资金需要或为抵偿某项债务，企业向银行或其他金融机构等借入的期限在1年以下（含1年）的各种借款。

2. 短期借款的种类

短期借款主要有经营周转借款、临时借款、结算借款、票据贴现借款、卖方信贷、预购定金借款和专项储备借款等。

3. 短期借款的利息

短期借款一般按季结息。具体结息方式由借贷双方协商确定。最后一笔借款清偿时，利随本清。

思考2-3：你知道现在银行1年期的短期借款基准利率是多少吗？

4. 短期借款的特点

（1）短期借款的优点是：使用灵活，利率较低，取得程序较为简便。特别是银行为了防范风险，对发放中长期贷款一般比较谨慎，利率也较高，在这种情况下，短期借款就成为很多企业最为重要筹资方式。

（2）短期借款的缺点是：由于短期内要归还，企业必须具备良好的现金流动机制，否则企业就会出现资金周转困难，从而陷入无法解脱的财务困境。

5.短期借款的申请程序

短期借款的申请程序为：

①企业提出借款申请，并附资金使用的可行性报告；

②银行或其他金融机构审批；

③签订借款合同；

④银行发放贷款，监督贷款的使用；

⑤企业按期归还贷款本息。

（二）处理短期借款业务

1.设置有关账户

为了处理短期借款业务的增减变动情况，应当设置“短期借款”账户，并应按短期借款的种类、借款人（如银行）或币种等设置明细账户。该账户为负债类账户，贷方反映企业向银行等金融机构借入的本金数额，借方反映企业到期偿还的本金数额，期末贷方余额反映企业期末尚未偿还的短期借款的实有数额。

另外，为了反映短期借款中的已到付息期而尚未支付的利息的增减变动情况，应当设置“应付利息”账户，并可按应付利息的种类、债权人（如银行）或币种等设置明细账户。该账户为负债类账户，贷方反映企业向银行等金融机构应该支付而尚未支付的利息数额，借方反映企业到期偿还的利息数额，期末贷方余额反映企业期末尚未偿还的利息的实有数额。

2.具体业务处理

（1）借入短期借款时，按实际收到的金额借记“银行存款”账户，按借入的本金贷记“短期借款”账户。

【例2-8】某玻璃制造工厂为生产经营周转需要，20×3年9月1日向工行借入为期4个月的借款1 000 000元，该借款年利率为6%，利息分月预提，每3个月支付一次。所得借款已经转入工厂账户。

借：银行存款　　1 000 000

　贷：短期借款　　1 000 000

（2）计提短期借款利息时，按本期应该支付而尚未支付的利息借记“财务费用”账户，贷记“应付利息”账户。

【例2-9】接【例2-8】，该工厂分别于9月30日、10月31日、11月30日计提各月利息费用。

借：财务费用　　5 000

　贷：应付利息　　5 000

（3）支付前期已计提的利息时，按前期已经计提并应该支付的利息借记“应付利息”账户，贷记“银行存款”账户。

【例2-10】接【例2-9】，12月1日，通过银行转账支付3个月的利息。

借：应付利息　　15 000

　贷：银行存款　　15 000

（4）支付本期尚未计提的利息时，按本期应该支付的利息借记“财务费用”账户，贷记“银行存款”账户。

【例2-11】接【例2-10】，假设12月31日支付本月利息5 000元。

借：财务费用　　5 000

　　贷：银行存款　　5 000

（5）到期偿还本金时，按应偿还的本金借记“短期借款”账户，贷记“银行存款”账户。

【例2-12】接【例2-11】，20×4年1月1日，偿还借款本金1 000 000元。

借：短期借款　　1 000 000

　　贷：银行存款　　1 000 000

二、长期借款业务

（一）认识长期借款业务

1.长期借款的概念

长期借款是指企业向银行或其他金融机构借入的期限在1年以上（不含1年）或超过1年的一个营业周期以上的各项借款，一般用于固定资产的购建、改扩建工程、大修理工程、对外投资以及为了保持长期经营能力等方面的用款需要。

2.长期借款的种类

按照付息方式与本金的偿还方式，可将长期借款分为分期付息到期还本的长期借款、到期一次还本付息的长期借款和分期偿还本息的长期借款；按照所借币种，可将其分为人民币长期借款和外币长期借款。

3.长期借款的利息

长期借款利息的结算方式由借贷双方协商确定。最后一笔借款清偿时，利随本清。

4.长期借款的特点

（1）长期借款的优点是：长期借款较筹集权益资金而言更迅速，一方面有利于投资人保持原有控制企业的权力，不会因为企业筹集长期资金而影响投资者本身的利益；另一方面还可因为长期借款利息计入财务费用在税前支付而少交一部分企业所得税，从而增加利润，为投资人带来获利的机会。

（2）长期借款的缺点是：较短期借款而言，由于借款金额大，利率高，其筹资风险较大，使用限制较多，筹资数额也有限。

5.长期借款的申请程序

长期借款的申请程序同短期借款的申请程序大致相同，但在银行审批上会更复杂一些。

（二）处理长期借款业务

微课2-1

短期借款和长期借款核算的区别

1.设置有关账户

为了处理长期借款业务的增减变动情况，应当设置“长期借款”账户，并应按长期借款的种类、借款人（如银行）或币种等设置明细账户；同时，根据实际情况分别设置“本金”、“利息调整”和“应计利息”等明细账户。该账户为负债类账户，贷方反映企业向银行等金融机构借入的本金和到期一次还本付息的尚未支付的利息数额，借方反映企业到期偿还的本金和到期一次还本付息而支付的利息数额，期末贷方余额反映企业期末尚未偿还的长期借款的本金和到期一次还本付息的尚未支付的利息的实有数额。

同时，如果长期借款属于分期付息到期一次还本的方式，对于长期借款中的已到付息期而尚未支付的利息的增减变动情况，应当设置“应付利息”账户。该账户的设置要求如前所述。

2.具体业务处理

（1）借入长期借款时，按实际收到的金额借记“银行存款”账户，按借入的本金贷记“长期借款——本金”账户，两者之间如有差额借记或贷记“长期借款——利息调整”账户。

【例2-13】某服装生产企业为购入一台大型生产流水线，20×3年7月1日向工行借入为期2年的借款6 000 000元，该借款年利率为7%，利息分年预提，到期一次支付。所得借款已经转入企业账户。企业用该借款于当日就购买了所需的生产流水线，并投入使用。

借：银行存款　　6 000 000

　贷：长期借款——本金　　6 000 000

（2）计提长期借款利息时，按实际利率计算的本期利息借记“财务费用”“在建工程”“制造费用”“研发支出”等账户，按名义利率计算的本期应该支付而尚未支付的利息贷记“应付利息”或“长期借款——应计利息”账户，按本期应该摊销的金额贷记或借记“长期借款——利息调整”账户。

【例2-14】接【例2-13】，12月31日，计提本年应付借款利息。

借：财务费用　　210 000

　贷：长期借款——应计利息　　210 000

20×4年、20×5年计提利息分录略。

（3）支付前期已计提的利息时，按前期已经计提并应该支付的利息借记“应付利息”或“长期借款——应计利息”账户，贷记“银行存款”账户。

【例2-15】接【例2-14】，20×5年7月1日，支付应付借款利息。

借：长期借款——应计利息　　840 000

　贷：银行存款　　840 000

（4）到期偿还本金时，按应偿还的本金借记“长期借款——本金”账户，贷记“银行存款”账户。

【例2-16】接【例2-13】，20×5年7月1日，偿还上述借款本金。

借：长期借款——本金　　6 000 000

　贷：银行存款　　6 000 000

三、应付债券业务

（一）认识应付债券业务

1.企业债券的概念

企业债券是指企业向投资者公开筹集资金而发行的并且承诺按特定利率支付利息并按

约定条件偿还本金的债权债务凭证。债券包含了以下四层含义：

（1）债券的发行人——企业是资金的借入者。

（2）购买债券的投资者是资金的借出者。

（3）发行人（借入者）需要在一定时期内还本付息。

（4）债券是债的证明书，是一种有价证券，具有法律效力。债券购买者与发行者之间是一种债权债务关系，债券发行人即债务人，投资者（或债券持有人）即债权人。

企业发行的1年期以上的债券，构成了企业的非流动负债。企业发行债券，按其发行价格有面值发行、溢价发行和折价发行三种。企业债券发行价格的高低一般取决于债券票面金额、债券票面利率、发行当时的市场利率以及债券期限的长短等因素。当债券票面利率超过市场利率（同期银行利率）时，则债券按超过其票面价值发行，通常称为溢价发行。溢价是企业以后各期多付利息而事先得到的补偿。当债券票面利率低于市场利率（同期银行利率）时，则债券按低于其票面价值发行，通常称为折价发行。折价是企业以后各期少付利息而预先给投资者的补偿。当债券票面利率与市场利率（同期银行利率）一致时，则债券按其票面价值发行。溢价或折价是发行债券的企业在债券存续期间对利息费用的一种调整。

实际利率是指将应付债券在债券存续期间的未来现金流量，折现为该债券当前账面价值所使用的利率。现举例说明如下：

【例2-17】 某公司20×4年12月31日经批准发行5年期一次还本、分期付息的公司债券1 000万元，债券利息在每年12月31日支付，票面利率为年利率6%。假定债券发行时的市场利率为5%。

由于该公司债券的票面利率与其发行时的市场利率不同，所以该债券的实际发行价格为：

10 000 000×0.7835 + 10 000 000×6%×4.3295 = 10 432 700（元）

所以该债券发行为溢价发行。有关债券利息计算见表2-3-1。

表2-3-1　**债券利息计算表**　单位：元

付息日期	应支付的票面利息	实际的利息费用	摊销的利息调整	应付债券摊余成本
20×4-12-31				10 432 700
20×5-12-31	600 000	521 635	78 365	10 354 335
20×6-12-31	600 000	517 716.75	82 283.25	10 272 051.75
20×7-12-31	600 000	513 602.59	86 397.41	10 185 654.34
20×8-12-31	600 000	509 282.72	90 717.28	10 094 937.06
20×9-12-31	600 000	505 062.94	94 937.06	10 000 000

2. 企业债券的特点

（1）偿还性。企业债券一般都规定有偿还期限，发行人必须按约定条件偿还本金并支付利息。

（2）流通性。企业债券一般都可以在流通市场上自由转让。

（3）安全性。与股票相比，企业债券通常规定有固定的利率。企业债券与企业绩效没有直接联系，收益比较稳定，风险较小。此外，在企业破产时，企业债券持有者享有优先于股票持有者对企业剩余资产的索取权。

（4）收益性。企业债券的收益性主要表现在两个方面：一是投资债券可以给投资者定期或不定期地带来利息收入；二是投资者可以利用债券价格的变动，买卖债券赚取差额。

3.企业债券的信用等级

国际上流行的债券等级是3等9级。AAA级为最高级，AA级为高级，A级为上中级，BBB级为中级，BB级为中下级，B级为投机级，CCC级为完全投机级，CC级为最大投机级，C级为最低级。

4.企业债券的发行程序

企业债券的发行程序依次为：作出发行债券的决议；制定发行债券的章程；办理债券等级评定手续；提出发行债券申请；公告债券募集办法；签订承销合同；发售债券；收进债券款。

（二）处理应付债券业务

1.设置有关账户

为了处理应付债券业务的增减变动情况，应当设置“应付债券”账户，并应按应付债券的种类或币种等设置明细账户，同时，根据实际情况分别设置“面值”、“利息调整”和“应计利息”等明细账户。该账户为负债类账户，贷方反映企业对外发行的债券面值和到期一次还本付息的尚未支付的利息数额，借方反映企业到期偿还的面值和到期一次还本付息而支付的利息数额，期末贷方余额反映企业期末尚未偿还的面值和到期一次还本付息的尚未支付的利息的实有数额。

同时，如果应付债券属于分期付息到期一次还本的方式，对于其中的已到付息期而尚未支付的利息的增减变动情况，应当设置“应付利息”账户。该账户的设置要求如前所述。

2.具体业务处理

（1）发行1年期以上的企业债券时，按实际收到的金额借记“银行存款”账户，按发行债券的面值贷记“应付债券——面值”账户，两者之间如有差额借记或贷记“应付债券——利息调整”账户。

（2）计提应付债券利息时，按实际利率计算的本期利息借记“财务费用”“在建工程”“制造费用”“研发支出”等账户，按名义利率计算的本期应该支付而尚未支付的利息贷记“应付利息”或“应付债券——应计利息”账户，按本期应该摊销的金额贷记或借记“应付债券——利息调整”账户。

（3）支付前期已计提的利息时，按前期已经计提并应该支付的利息借记“应付利息”或“应付债券——应计利息”账户，贷记“银行存款”账户。

（4）到期偿还面值时，按应偿还的面值借记“应付债券——面值”账户，贷记“银行存款”账户。

任务实施

（1）龙腾公司取得借款、计提借款利息和偿还本息的有关会计处理如下：

①20×3年4月1日取得借款时：

借：银行存款　　150 000

　贷：短期借款　　150 000

②20×3年4月30日和5月31日计提借款利息时：

借：财务费用　　750

　贷：应付利息　　750

③20×3年7月1日偿还本金和最后一个月的利息时：

借：财务费用　　750

　　应付利息　　1 500

　　短期借款　　150 000

　贷：银行存款　　152 250

（2）江北公司长期借款借入、利息计提以及偿还的会计处理如下：

①20×3年1月1日借入长期借款本金时：

借：银行存款　　300 000

　贷：长期借款　　300 000

②20×3年12月31日计提利息时：

借：在建工程（300 000×8%×9÷12）　　18 000

　　财务费用（300 000×8%×3÷12）　　6 000

　贷：应付利息　　24 000

③20×3年12月31日支付利息时：

借：应付利息　　24 000

　贷：银行存款　　24 000

（3）华中公司发行债券、计提和支付债券利息以及到期偿还本金的会计处理如下：

①20×3年1月1日发行债券时：

借：银行存款　　500 000

　贷：应付债券——面值　　500 000

②20×3年12月31日、20×4年12月31日和20×5年12月31日，计提和支付债券利息时：

借：财务费用　　50 000

　贷：应付利息　　50 000

借：应付利息　　50 000

　贷：银行存款　　50 000

③20×6年1月1日偿还本金时：

借：应付债券——面值　　500 000

　贷：银行存款　　500 000

注意事项

1. 在核算长期借款利息时，请注意利息资本化的处理。
2. 注意分期付息到期一次偿还本金在会计上的处理。

任务评价

根据前面任务下达的要求实施并完成任务后，进行任务实施评价，填写任务实施评价表，见表2-3-2。

表2-3-2　借入资金核算训练评价表

考评内容标准	实施评价		
	自我评价	同学互评	教师评价
掌握短期借款的处理（40分）			
掌握长期借款的处理（40分）			
掌握应付债券的处理（20分）			
合　　计			

同步练习

同步练习2-3

扫码答题

一、单项选择题

1. 短期借款利息核算不会涉及的账户是（　　）。

A. 短期借款　　B. 应付利息

C. 财务费用　　D. 银行存款

2. 长期借款利息费用属于筹建期间的，计入（　　）。

A. 长期待摊费用　　B. 财务费用

C. 管理费用　　D. 销售费用

习题精讲2-4

二、多项选择题

1. 20×8年9月1日，某企业向银行借入资金350万元用于生产经营，借款期限为3个月，年利率为6%，到期一次还本付息，利息按月计提，下列各项关于该借款相关科目的会计处理结果中，错误的有（　　）。

A. 借入款项时，借记“短期借款”科目350万元

B. 每月预提借款利息时，贷记“财务费用”科目5.25万元

C. 每月预提借款利息时，借记“应付利息”科目1.75万元

D. 借款到期归还本息时，贷记“银行存款”科目355.25万元

2. 企业计提分期付息、到期一次还本的长期借款利息时，不应贷记（　　）。

A. 长期借款——应计利息　　B. 应付利息

C. 财务费用　　D. 在建工程

三、判断题

1. 企业发行债券时，当债券的票面利率高于市场利率时，应溢价发行。 （ ）

2. 长期借款一般是企业为了满足正常生产经营所需的资金或者是为了抵偿某项债务而借入的。 （ ）

四、账务处理题

（一）

1. 目的：练习短期借款的核算。

2. 资料：

G企业20×3年9月1日向银行申请借入人民币50 000元，用于购买原材料。借款年利率为6%，期限为3个月，到期一次还本付息。

3. 要求：请编制该企业取得借款、分月计提利息和到期支付本息的会计分录。

（二）

1. 目的：练习应付债券和长期借款的核算。

2. 资料：

（1）A企业20×3年1月1日向银行申请借入人民币20 000 000元，用于建造厂房。借款年利率为9%，期限为3年，到期一次还本付息。该厂房于20×3年3月1日开始建造，于20×5年2月28日完工并达到预定可使用状态。

（2）B公司20×3年7月1日对外发行债券10 000 000元，用于日常周转，该债券年利率为9%，期限为3年，每半年付息一次（每年1月5日和7月5日分别支付一次），到期一次还本。

3. 要求：

（1）请编制A企业取得借款、按月计提利息和到期支付本息的会计分录。

（2）请编制B公司发行债券、按月计提利息、支付利息和到期还本的会计分录。

技能训练

请扫码后依据所提供的原始凭证编制相关业务的会计分录。

素养拓展

极氪汽车完成7.5亿美元A轮融资

2023年2月13日，极氪汽车宣布完成7.5亿美元A轮融资，投后估值达到130亿美元。吉利汽车控股有限公司（00175.HK，吉利汽车）发布公告称，向五名投资者发行及配发约1.39亿股A系列优先股，共计7.5亿美元。投资者分别为Mobileye Global Inc.创始人兼首席执行官Amnon Shashua、宁德时代、越秀产业基金、通商基金、衢州信安智造基金。公告表示，交割后，吉利控股所持极氪汽车的股权约为54.73%（按已转换基准计算）及51.33%（按悉数摊薄及已转换基准计算）。极氪汽车仍为公司间接非全资附属公司及其财务业绩继续并入集团综合财务报表中。

极氪汽车成立于2021年3月，在2021年8月，极氪汽车就完成Pre-A轮融资，由英特尔资本战略领投，宁德时代、哔哩哔哩、鸿商集团和博裕投资跟投，投资总额为5亿美元，投资后占极氪汽车股权约5.6%。此次A轮融资后，五名投资者在极氪汽车合计持股比例上升至6.15%。

极氪汽车方面表示，此次募得的资金将主要用于极氪产品及技术研发、全球化业务发展和用户体验提升。五家生态伙伴在各自领域拥有丰富的产业资源，尤其在智能驾驶、动力电池、创新材料、高端设备制造等方面具有核心竞争力。其中，宁德时代是极氪汽车的长期战略合作伙伴，在本轮追加投资，进一步深化双方合作。越秀产业基金、通商基金、衢州信安智造基金将协助极氪汽车整合其丰富的产业资源，助力极氪汽车在产业链上下游进一步创新发展。

资料来源　佚名.获宁德时代追加投资，吉利旗下极氪汽车完成7.5亿美元A轮融资[EB/OL]. [2023-02-13]. https://finance.sina.com.cn/jjxw/2023-02-13/doc-imyfpmyy9337732.shtml.

请分析：

（1）此次极氪汽车筹资的方式是什么？

（2）资金筹集对企业的发展有何意义？

分析提示：

此次极氪汽车筹集的是权益资金。筹集资金是企业的一项非常重要的财务活动，选择优质的投资伙伴不仅能够增强企业的资金实力，更重要的是能给企业注入新的资源，延伸产业链，深化战略合作，有助于增强企业的核心竞争力。

模块三
资金管理

本模块主要介绍企业生产经营资金的日常管理及账务处理。资金是企业生存和发展的基础，是企业的灵魂。资金流动和形式不断变化的过程隐藏于企业生产经营的过程中。本模块包含以下六个任务：认识资金管理、处理库存现金、处理银行存款、处理其他货币资金、处理商业信用债权资金和处理商业信用债务资金。

学习目标

知识目标

1. 了解：资金管理的概念、内容和措施；
2. 熟悉：库存现金、银行存款的管理和使用原则；
3. 掌握：货币资金和商业信用的账务处理。

技能目标

1. 会区别库存现金、银行存款和其他货币资金；
2. 会区别各项应收债权、各项应付债务；
3. 会处理货币资金和商业信用的相关业务。

素养目标

1. 通过贵溪市塘湾镇芦甸村会计运用村级“三资”管理平台系统，了解财务管理方面的科技进步促进了乡村振兴，使农民走上了共同富裕之路；
2. 结合“三资”管理平台系统的在线申请、审批、支付结算、账户余额和明细查询等功能的运用，知晓资金管理的流程及其对企业日常生产经营的作用，培养节约意识和风险意识。

思维导图

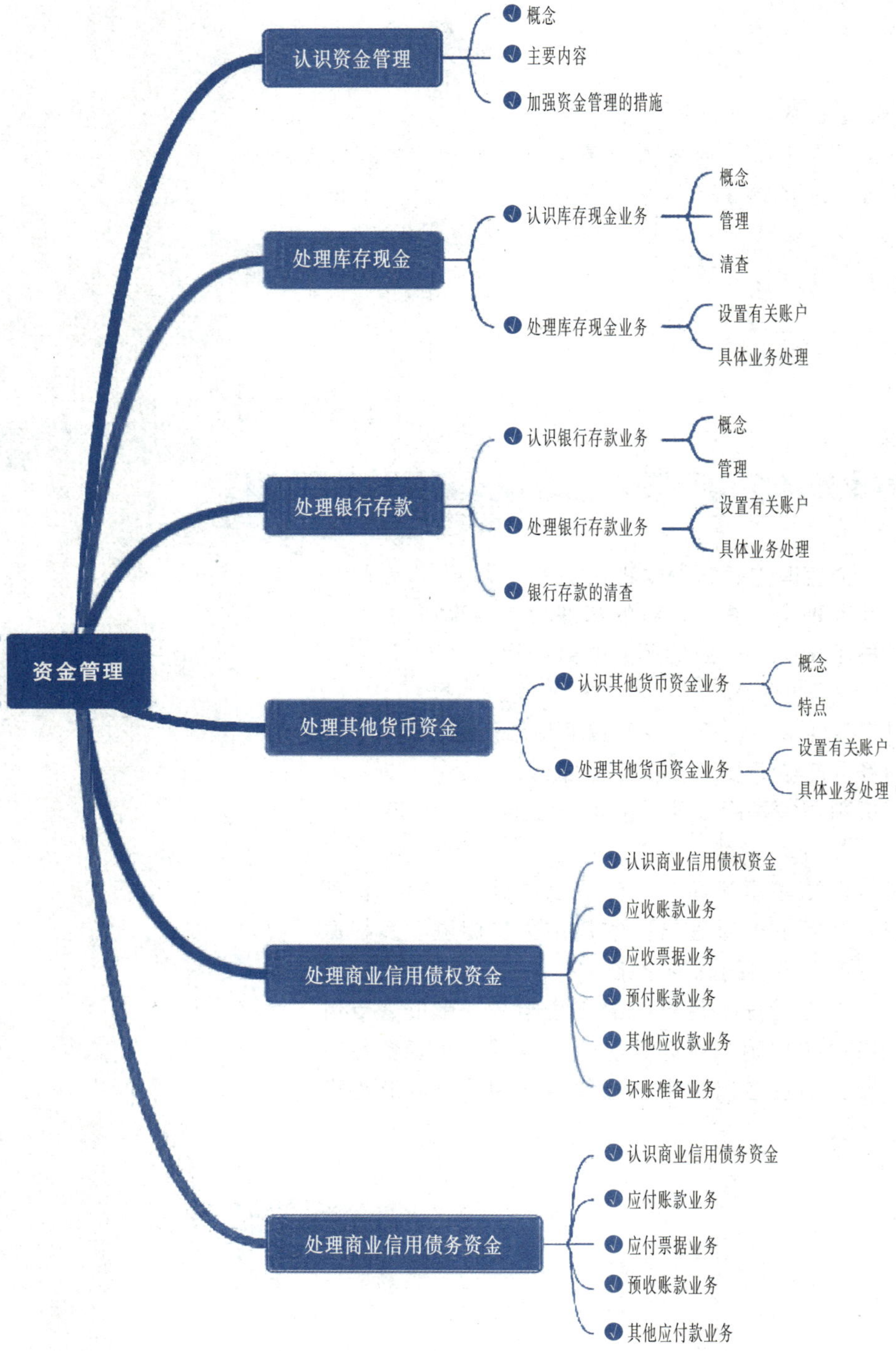
资金管理
认识资金管理
概念
主要内容
加强资金管理的措施
处理库存现金
认识库存现金业务
概念
管理
清查
处理库存现金业务
设置有关账户
具体业务处理
处理银行存款
认识银行存款业务
概念
管理
处理银行存款业务
设置有关账户
具体业务处理
银行存款的清查
处理其他货币资金
认识其他货币资金业务
概念
特点
处理其他货币资金业务
设置有关账户
具体业务处理
处理商业信用债权资金
认识商业信用债权资金
应收账款业务
应收票据业务
预付账款业务
其他应收款业务
坏账准备业务
处理商业信用债务资金
认识商业信用债务资金
应付账款业务
应付票据业务
预收账款业务
其他应付款业务

德技并修

“三资”管理平台助力管好村集体的“钱袋子”

2021年4月15日，贵溪市塘湾镇芦甸村的会计利用村级“三资”管理平台系统，仅用半小时，就为村里聘用的为油茶种植基地锄草的10位民工发放了10 450元的工资。农村集体“三资”管理平台，让村集体开支在线上就能走完审批流程，且全程快速便捷，公开透明。

2018年年底，贵溪市虽然完成了农村集体资产清产核资工作，但是对这些农村集体资产变动的财务审批和管理，工作量巨大，事务繁杂，主体数量多，易产生集体资产管理不规范的漏洞。2020年，贵溪市以农村集体“三资”（资金、资产、资源）管理为核心，联合工行鹰潭市分行在贵溪市塘湾镇建成了全省首个农村集体“三资”管理平台，解决了以往村级资金管理付款难，对账难，财务工作量大，市、镇级政府监管难等问题；有效减轻了基层工作负担，将原来的资金使用申请、审批等流程由线下转到线上，实现了在线申请、审批、支付结算、账户余额和明细查询等功能，极大地提高了审批效率，赢得了塘湾镇政府、村委会、村民的一致认可和好评。

由于所有收入和开支都是在统一的平台上操作，普通群众、监察机构都可随时通过手机查询，因此有效地遏制了基层腐败的产生，管好了村集体的“钱袋子”。村民们通过扫描各村组专属的二维码便可随时了解村里开支，提高了对村里工作的信任度，干群关系更加密切，为村集体经济组织开展经营发包、土地流转、引进项目提供了参考。由于利用平台摸清了家底，村里大胆尝试油茶、苗木、马家柚种植，村集体经济收入从2019年的15万元增长到2020年的51万元。2021年还建起了100亩蔬果大棚，预计每年将产生30万元的收入。

资料来源：叶赛，钟海华.管好村集体的“钱袋子”——看贵溪打造全省首个农村集体“三资”管理平台以来的变化［EB/OL］.［2021-04-21］. https://www.jxcn.cn/system/2021/04/21/019253791.shtml.

德技并修3

问题：

你如何理解“三资”管理平台给农村集体经济发展带来的益处？

任务1 认识资金管理

任务描述

卞某在某科研基金管理机构担任财务处出纳、经费管理处会计的职务，同时所有的银行单据和银行对账单也都由他一手经办。审计部门曾经对该基金管理机构的财务状况进行多次审计，但一直没有发现卞某挪用资金的问题。

发现卞某挪用资金的是该基金管理机构财务部门经费管理处一名刚大学毕业的出纳。案发当年春节过后，该名出纳提前休假回来，去银行办事时顺手将此前都是由卞某经手的银行对账单取回，而此时卞某还没有对这次的对账单作假。取回对账单后，这名出纳开始将对账单和内部账目进行核对，一笔金额为2 090万元的支出引起了这名出纳的注意，在其印象里他没有听说过此项开支。这个初入社会的出纳找到卞某刨根问底，慌乱之下卞某道出实情，这桩涉案金额超过2亿元的大案也因此浮出水面。卞某涉嫌贪污挪用公款2亿元一案是北京市自中华人民共和国成立以来涉案金额最高的一起职务侵占案件，最终卞某被法院判为死缓。

请分析卞某进行职务侵占有机可乘的原因。请你为该基金管理机构拟订一个简要的资金管理方案，提交该基金管理机构管理层。

相关知识

一、资金管理的概念

资金管理是对企业的资金流和资金结算等进行系统化的管理，是对企业从资金结算到产品销售、现金回流全过程的组织、控制及协调。而持有生产经营资金则是企业维持日常运转的必备条件。

二、认识生产经营资金管理的主要内容

对生产经营资金的管理主要是对货币资金和商业信用的管理。

货币资金是指以货币形态表现的资金，是指在企业生产经营过程中处于货币形态的那部分资金。按其形态和用途不同，可将其分为库存现金、银行存款和其他货币资金。

商业信用是指企业之间在商业活动中产生的信用形式，多数情况下表现为卖方以赊销方式为买方提供信用，买方以延期付款方式清偿货款。

生产经营资金管理对象如图3-1-1所示。

- 生产经营资金
  - 货币资金
    - 库存现金
    - 银行存款
    - 其他货币资金
  - 商业信用
    - 应收款项（应收票据、应收账款、预付账款等）
    - 应付款项（应付票据、应付账款、预收账款等）

图3-1-1 生产经营资金管理对象

本模块主要学习库存现金、银行存款、其他货币资金、商业信用债权资金和债务资金的业务核算。

三、加强资金管理的措施

●加强资金的协同管理，使企业在运行中“血液”充足。

●加强资金的效益管理，有效合理地使用资金，实现有效性与流动性的均衡。

●加强资金的集中管理，聚合有效资源，形成资金的规模优势。

●加强资金的安全管理，职责明确，相互制约，严格审查。

●提高财务人员道德素质。

任务实施

根据任务描述，拟订基金管理机构资金管理方案，方案拟订步骤如下：

一、调查案件情况

每一笔资金的流向都体现在银行对账单上，而在该科研基金管理机构，卞某既管记账又管拨款，身份是会计却又兼具出纳的职能，这样就给他贪污挪用提供了职务上的便利。比如说他将钱款挪出去，他把真对账单留下以后，在假对账单上，这笔钱根本体现不出来。他按照银行打印对账单所使用的纸张和格式，打印假对账单，同时，卞某长期和银行打交道，与银行工作人员非常熟悉，有时候银行工作人员直接就把印章给他，让他自己盖，这时候卞某就可以一次盖很多张假对账单。

二、分析犯罪成因及手段

卞某在案发前的8年时间里，采用谎称支票作废、偷盖印鉴、削减拨款金额、伪造银行进账单和信汇凭证、伪造银行对账单等手段贪污挪用公款。

三、综合考虑以上情况，拟订资金管理方案

（一）本次拟订资金管理方案的目的

以卞某的犯罪事实为鉴，通过加强资金管理，避免因管理不善而使资金流失。

（二）资金管理的重点

1.加强会计核算和对账

（1）专项资金会计根据财政资金专户开户银行反馈的业务凭证进行认真核对，并根据核对无误的业务数据及时进行账务处理。月度终了，专项资金会计处理完当月账务后，负责与专项资金专户开户银行进行对账。

（2）拨款人负责与财政资金专户开户银行核对月末资金账户余额，核对内容为“财政资金专户”收入数、支出数、结存数。

（3）专项资金会计必须定期要求开户行负责人、经办人在银行对账单上签字并盖章确认。

（4）专项资金会计必须按照会计档案保管制度的有关规定，妥善保管会计档案。按年度分月、分户装订记账凭证、会计账簿、银行对账单、会计报表等资料，并负责会计核算事项的解释和会计数据的查询。

2.明确印鉴和银行单据的管理制度

（1）专项资金的拨付按财政财务制度的有关规定，设置专用拨款印鉴。

（2）专项资金拨款印鉴由财务专用章和法人印章组成，资金拨款凭证须同时加盖以上印章方能生效。

（3）印鉴按交叉审核、分离制约的原则严格管理。印鉴实行专人专岗保险柜保管，印鉴保管人员临时离开办公室时，印鉴必须锁进保险柜。任何一岗不能同时管理两类印章。

（4）印鉴保管人对拨款凭证审核无误后，予以盖章，印章需本人自行加盖，不得擅自转于他人代理。

（5）遇印鉴保管人员外出，经负责人同意印章可委托他人代管，但不得将财务专用章和法人章同时委托同一人代管。代管期间要建立印鉴交接登记手续。

（6）出纳购买和领取银行单据后，必须由专项资金会计验收登记数量并监督使用。登

记本放入专项资金会计保险柜保管，不得销毁。

注意事项

1.拟订方案时，注意侧重考虑造成下某有机可乘的管理漏洞。

2.基金管理机构上级部门审查不严，那么在主管部门职能缺失的情况下，如何有效地管理资金也是要考虑的一个方面。

任务评价

根据前面任务下达的要求实施并完成任务后，进行任务实施评价，填写任务实施评价表，见表3-1-1。

表3-1-1 资金管理方案训练评价表

考评内容标准	实施评价		
	自我评价	同学互评	教师评价
描述案件清晰（30分）			
案件分析透彻（30分）			
资金管理措施有效（40分）			
合　计			

同步练习

同步练习3-1

扫码答题

一、单项选择题

1.下列关于资金管理的表述中，错误的是（　　）。

A.资金管理是对企业资金流和资金结算等进行系统化的管理

B.资金管理是对企业从资金结算到产品销售、现金回流全过程的组织、控制和协调

C.对生产经营资金的管理主要是对货币资金的管理

D.持有生产经营资金是企业维持日常运转的必备条件

2.下列关于印鉴管理的表述中，正确的是（　　）。

A.印鉴可以根据情况来确定是否需要交叉审核

B.印鉴保管人临时有事，如有需要，可以委托其他相关人员帮忙盖章

C.企业可以将财务专用章和法人章同时委托一人代管

D.专项资金的拨付应按相关制度规定，设置专用拨款印鉴

二、多项选择题

1.货币资金包括（　　）。

A.库存现金　　B.银行存款　　C.其他货币资金　　D.应收账款

2.商业信用债权资金包括（　　）。

A.应收账款　　B.应付账款　　C.预付账款　　D.预收账款

3.商业信用债务资金包括（ ）。

A.应收账款 B.应付账款 C.预付账款 D.预收账款

三、判断题

1.资金效益管理就是实现资金有效性和流动性的均衡。（ ）

2.商业信用多数情况下表现为卖方以赊销方式为买方提供信用。（ ）

任务2 处理库存现金

任务描述

中兴公司某月发生如下有关库存现金的业务：

（1）签发现金支票，提取现金3 000元备用。

（2）对库存现金进行不定期清查，在清查过程中发现现金短款300元。经调查，其中200元是由于出纳人员工作失职造成的，由其赔偿，其余短款由公司承担。

（3）职工王华预借差旅费500元，以现金支付。

（4）王华出差回来报销现金600元，转销其债务。

请作出中兴公司以上业务的会计处理。

相关知识

一、认识库存现金业务

（一）库存现金的概念

库存现金是指存放于企业财会部门，由出纳人员管理的货币。库存现金是企业流动性最强的资产，企业应严格遵守国家有关现金管理制度，正确进行现金收支的核算，监督现金使用的合法性与合理性。

（二）库存现金的管理

根据国务院发布的《现金管理暂行条例》的规定，现金管理主要包括以下内容：

1.现金使用范围的规定

（1）职工工资、津贴；

（2）个人劳务报酬；

（3）根据国家规定颁发给个人的科学技术、文化艺术、体育等的各种奖金；

（4）各种劳保、福利费用以及国家规定的对个人的其他支出；

（5）向个人收购农副产品和其他物资的款项；

（6）出差人员必须随身携带的差旅费；

（7）结算起点（1 000元人民币）以下的零星支出；

（8）中国人民银行确定需要支付库存现金的其他支出。

除上述情况可以用现金支付外，其他款项的支付应通过银行转账结算。

2.库存现金使用限额的规定

库存现金的限额是指为了保证企业日常零星开支的需要，允许企业留存现金的最高数额。一般按照单位3~5天日常零星开支所需确定。

3.库存现金收支的规定

（1）开户单位收入的库存现金应当于当日送存开户银行，当日送存确有困难的，由开户银行确定送存时间；

（2）开户单位支付现金时，可以从本单位库存现金限额中支付或从开户银行提取，不得从本单位的现金收入中直接支付（即坐支），因特殊情况需要坐支库存现金的单位，应当事先报经有关部门审查批准，并在核定的范围和限额内进行；

（3）不准用不符合财务制度的凭证顶替库存现金，即不得“白条顶库”；

（4）不准用银行账户代其他单位和个人存入或支取库存现金，不准将单位收入的现金以个人名义存储；

（5）不得设置“小金库”。

（三）库存现金的清查

为了保证账实相符，防止现金发生差错、丢失、贪污等，各单位应经常对库存现金进行核对清查。库存现金的清查包括出纳每日的清点核对和清查小组定期或不定期的清查。

库存现金清查的基本方法是实地盘点库存现金的实存数，再与库存现金日记账的余额、库存现金总账余额进行核对，看是否相符。

在库存现金清查中，如果发现账实不符或账账不符，应立即查找原因，及时更正，不得以今日长款弥补他日短款。

清查时，出纳应在场并积极配合；清查后，应由清查人员填制“库存现金盘点报告表”，列明库存现金账存、实存和差异的金额及原因，并及时上报有关负责人。库存现金盘点报告表见表3-2-1。

表 3-2-1 库存现金盘点报告表

清查部门：　　　　年　月　日　　　　单位：元

项目	账存数	实存数	溢缺数		原因
			溢余	短缺	
单位负责人处理意见：			备注		

财务负责人：　　出纳：　　监盘人：　　盘点人：

思考3-1： 对库存现金进行清查时，应采取哪种清查方法呢？

二、处理库存现金业务

（一）设置有关账户

为了反映库存现金业务的增减变动情况，应当设置“库存现金”账户。该账户属于资产类账户，借方反映实际收到的现金，贷方反映实际支出的现金，期末余额在借方反映企业库存现金的实有数额。

（二）具体业务处理

1.企业从银行提取现金

根据支票存根所记载的提取金额，借记“库存现金”账户，贷记“银行存款”账户。企业将现金存入银行时，根据银行退回的进账单第一联，借记“银行存款”账户，贷记“库存现金”账户。

【例3-1】 20×3年9月1日，某家具制造公司将当天销售款1 000 000元存入银行。

借：银行存款　1 000 000

　贷：库存现金　1 000 000

2.企业因预支内部职工差旅费等原因所需的现金

按支出凭证所记载的金额，借记“其他应收款”等账户，贷记“库存现金”账户。出差人员报销差旅费时，按实际收回或支付的现金借记或贷记“库存现金”账户，按应报销的金额，借记“管理费用”“销售费用”等账户，按实际借出的现金，贷记“其他应收款”等账户。

【例3-2】 20×3年9月15日，某家具制造公司销售科借支1 600元用于购买零配件，借款金额刚好支付货款，次日到财务部报销。

借：销售费用　1 600

　贷：其他应收款　1 600

3.每日终了结算现金的收支情况或财产清查等发现有待查明原因的现金短缺或溢余

应先通过“待处理财产损溢”账户进行转销。属于现金短缺的，应按照实际短缺的金额，借记“待处理财产损溢——待处理流动资产损溢”账户，贷记“库存现金”账户；属于现金溢余的，按照实际溢余的金额，借记“库存现金”账户，贷记“待处理财产损溢——待处理流动资产损溢”账户。

【例3-3】 20×3年9月30日，某家具制造公司现金盘点发现长款78元。库存现金日记账余额为1 100元，库存实有现金为1 178元。

借：库存现金　78

　贷：待处理财产损溢——待处理流动资产损溢　78

4.现金短缺查明原因后

属于应由保险公司或相关责任人赔偿的部分，借记“其他应收款”账户，贷记“待处理财产损溢——待处理流动资产损溢”账户；属于无法查明的其他原因，根据管理权限，经批准后处理，借记“管理费用”账户，贷记“待处理财产损溢——待处理流动资产损溢”账户。

5.现金溢余查明原因后

属于应予支付的部分，借记“待处理财产损溢——待处理流动资产损溢”账户，贷记“其他应付款”账户；属于无法查明原因的，经批准后，借记“待处理财产损溢——待处理流动资产损溢”账户，贷记“营业外收入”账户。

【例3-4】 接【例3-3】，上述长款无法查明原因，经批准予以转销。

借：待处理财产损溢——待处理流动资产损溢　78

　贷：营业外收入　78

任务实施

（1）中兴公司提取备用金时：

借：库存现金　　3 000

　贷：银行存款　　3 000

（2）中兴公司现金清查时：

①短缺原因待查时：

借：待处理财产损溢——待处理流动资产损溢　　300

　贷：库存现金　　300

②查明原因转销时：

借：其他应收款——出纳人员　　200

　　管理费用　　100

　贷：待处理财产损溢——待处理流动资产损溢　　300

（3）中兴公司职工王华预借差旅费时：

借：其他应收款——王华　　500

　贷：库存现金　　500

（4）中兴公司职工王华报销差旅费时：

借：管理费用　　600

　贷：其他应收款——王华　　500

　　　库存现金　　100

注意事项

1.在库存现金清查中，经检查仍无法查明原因的库存现金短款，经批准后应计入管理费用。

2.在库存现金清查中，经检查仍无法查明原因的库存现金溢余，经批准后应计入营业外收入。

任务评价

根据前面任务下达的要求实施并完成任务后，进行任务实施评价，填写任务实施评价表，见表3-2-2。

表 3-2-2　库存现金会计处理训练评价表

考评内容标准	实施评价		
	自我评价	同学互评	教师评价
掌握提取备用金的方式（20分）			
掌握现金短款和长款的处理（40分）			
掌握预借和报销差旅费的处理（40分）			
合　　计			

同步练习

同步练习 3-2

扫码答题

一、单项选择题

1. 对现金清查中出现的长款或短款进行账务处理时，入账的依据是（ ）。

A. 银行对账单　　B. 库存现金日记账

C. 银行存款日记账　　D. 库存现金盘点报告表

习题精讲 3-1

2. 企业发现现金短缺属于无法查明的其他原因，按照管理权限经批准处理时，应在（ ）账户核算。

A. “其他应收款”　　B. “营业外支出”

C. “管理费用”　　D. “财务费用”

3. 采购人员预借差旅费，以现金支付，应借记（ ）账户。

A. “银行存款”　　B. “管理费用”　　C. “其他应收款”　　D. “其他应付款”

二、多项选择题

1. 出纳预收现金货款时，应借记（ ）账户，贷记（ ）账户。

A. “库存现金”　　B. “预收账款”

C. “主营业务收入”　　D. “营业外收入”

习题精讲 3-2

2. 开户单位可以使用现金的范围包括（ ）。

A. 个人劳务报酬　　B. 职工工资、津贴

C. 出差人员必须随身携带的差旅费　　D. 向个人收购农副产品的价款

三、判断题

1. 无法查明原因的现金溢余应冲减管理费用。（ ）

2. 应支付给有关单位的现金溢余计入其他应付款。（ ）

3. 应由相关责任人赔偿的现金短缺计入其他应收款。（ ）

任务3 处理银行存款

任务描述

（1）龙腾公司购入材料一批，价款200 000元，增值税税额26 000元，并取得增值税专用发票，已从建行新安支行（基本存款账户）中签发转账支票支付。请作出该公司购入材料的会计分录。

（2）龙腾公司从工行光明支行（一般存款账户）中以汇兑方式收到外单位所欠货款113 000元。请作出龙腾公司收到欠款的会计处理。

（3）龙腾公司20×3年12月31日建行新安支行的银行存款日记账的余额为4 400 000元，银行转来的对账单的余额为7 300 000元。经逐笔核对，发现以下未达账项：

① 企业送存转账支票6 000 000元，并已登记银行存款增加，但银行尚未记账。

② 企业开出转账支票4 500 000元，但持票单位尚未到银行办理转账，银行尚未记账。

③ 企业委托银行代收某公司购货款4 800 000元，银行已收妥并登记入账，但企业尚未收到收款通知，尚未记账。

④ 银行代企业支付电话费400 000元，银行已登记企业银行存款减少，但企业未收到银行付款通知，尚未记账。

请根据以上资料，编制该公司20×3年12月31日的银行存款余额调节表。

相关知识

一、认识银行存款业务

（一）银行存款的概念

银行存款是指企业存入银行或其他金融机构的各种无限定用途的款项。

（二）银行存款的管理

企业应根据业务的需要，且依照有关规定在其所在地银行开设账户，运用所设的账户进行存款、取款以及各项收支转账业务的结算。

1. 企业银行存款开户管理

银行存款账户是指存款人在经办银行开立的办理资金收付结算的存款账户。依据用途不同，银行存款账户可以分为基本存款账户、一般存款账户、临时存款账户、专用存款账户。存款人在银行开立账户后，可到开户银行购买各种银行结算票据和结算凭证（如支票、进账单等），用以办理银行存款的收付，图3-3-1为银行付款回单式样。

2. 银行存款账户管理和使用的基本原则

（1）一个基本存款账户原则。一个企业只能选择一家银行的一个营业机构开立一个基本存款账户，不得在多家银行开立基本存款账户；不得在同一家银行的几个分支机构开立一般存款账户；不准违规开立账户。

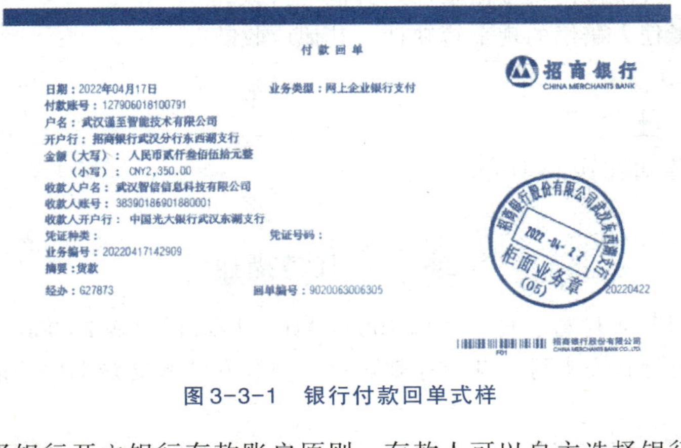

付款回单

招商银行 CHINA MERCHANTS BANK

日期：2022年04月17日　　业务类型：网上企业银行支付
付款账号：127906018100791
户名：武汉谨至智能技术有限公司
开户行：招商银行武汉分行东西湖支行
金额（大写）：人民币贰仟叁佰伍拾元整
（小写）：CNY2,350.00
收款人户名：武汉智信信息科技有限公司
收款人账号：38390186901880001
收款人开户行：中国光大银行武汉东湖支行
凭证种类：　　凭证号码：
业务编号：20220417142909
摘要：货款
经办：G27873　　回单编号：9020063006305

招商银行股份有限公司武汉东西湖支行 2022-04-22 柜面业务章 (05)
20220422

招商银行股份有限公司 CHINA MERCHANTS BANK CO., LTD.

图3-3-1　银行付款回单式样

（2）自主选择银行开立银行存款账户原则。存款人可以自主选择银行开立账户，除国家法律、行政法规和国务院另有规定外，任何单位和个人不得强令存款人到指定银行开立银行存款账户。

（3）守法原则。这主要是指存款人通过银行存款账户办理资金收付和资金结算时，必须遵守法律、行政法规，不得利用银行存款账户进行违法犯罪活动。主要应做到以下几点：

① 企业银行存款账户，只办理本企业经营业务范围内的资金收付业务，不得出租或出借。

② 企业银行存款收付业务必须使用银行统一规定的结算凭证。各种收付款结算凭证必须如实填写款项来源或用途，不得巧立名目，不得弄虚作假套取银行信用、套取现金、套购物资；严禁利用账户搞非法活动。

③ 在办理结算时，银行的存款账户必须有足够的资金支付。不准签发没有资金保证（空头）的票据或远期支票，套取银行信用；不准签发、取得和转让没有真实交易和债权债务的票据，套取银行和他人资金；不准无理拒付、任意占用他人资金。

④ 定期与银行核对账目。企业应及时、准确地记录银行往来账务，并且要定期与银行寄来的对账单进行核对，发现不符的账项要及时与银行联系，查明原因，进行账项调整。

⑤ 实行钱账分管。银行存款与库存现金一样，应由出纳人员管理，并负责办理收付业务；票据及各种付款凭证应指定专人负责保管，并由专人负责审批；审批和具体签发付款凭证的工作应分别由两个或两个以上的人员办理，不得由一个人办理业务全过程；严禁将办理资金支付业务的相关印章和票据集中由一人保管。

3. 银行存款结算管理

企业各种用途的款项结算，除按照国家现金管理条例规定可以直接使用现金办理收付结算外，其余的都必须通过银行办理支付结算。企业应根据不同的款项收支渠道、业务特点、结算金额的大小、对方的信用等因素，采用恰当的结算方式办理各种结算业务。常见的结算方式有汇兑、托收承付、委托收款、银行汇票、商业汇票、银行本票、支票、信用卡、信用证等。

通过支票、汇兑、委托收款、托收承付方式结算的款项通过“银行存款”账户核算；通过银行汇票、银行本票、信用卡、信用证方式结算的款项通过“其他货币资金”账户核算；通过商业汇票方式结算的款项则通过“应收票据”“应付票据”账户核算。

思考3-2：你知道银行的各种支付结算流程吗？

二、处理银行存款业务

（一）设置有关账户

为了反映银行存款业务的增减变动情况，应当设置“银行存款”账户，并按开户行设置明细账户。如有多币种存款的企业，还需按币种设置三级明细账户。该账户属于资产类账户，借方反映存入银行的款项，贷方反映从银行提取和支付的款项，期末借方余额反映企业存放在银行里的数额。

（二）具体业务处理

企业将款项存入银行或其他金融机构，借记“银行存款”账户，贷记“库存现金”等有关账户。

提取现金和支出款项，借记“库存现金”等账户，贷记“银行存款”账户。

企业应当加强对银行存款的管理，定期对银行存款进行检查，对于存在银行或其他金融机构的款项已经部分不能收回或者全部不能收回的，应当查明原因进行处理。有确凿证据表明无法收回的，应当根据企业管理权限报经批准后，借记“营业外支出”等账户，贷记“银行存款”账户。

三、银行存款的清查

出纳人员应根据收付款凭证，按照业务的发生顺序逐笔登记日记账。会计人员应根据收付款凭证，按照业务的发生顺序登记分类账。每日终了，出纳人员应结出日记账余额。

“银行存款日记账”应定期与“银行对账单”核对，至少每月核对一次，同时应不定期指派除出纳以外的财务人员到银行领取银行对账单，并及时与收付款凭证予以核对，清查企业资金流向。当企业银行存款账面余额与银行对账单余额之间有差额时，应编制“银行存款余额调节表”。如调节后的双方余额相等，则说明记账基本没有错误；反之，则说明至少一方记账有误，应及时查明原因并处理。

在会计实务中，造成两者不符的原因主要有两类：一是企业或银行的账务处理错误。如果是银行的原因，应及时通知银行更正；如果是企业的原因，应及时调整相应的账目。二是存在未达账项，即对同一笔款项收付业务，企业或银行一方已经登记入账，而另一方由于未收到有关凭证而无法登记入账。

所谓未达账项，是指在开户行和企业之间，对于同一经济业务由于凭证传递的时间和记账时间不同，发生一方已经入账而另一方未入账的会计事项。未达账项有如下四种情况：企业已收而银行未收、企业已付而银行未付、银行已收而企业未收和银行已付而企业未付。其中，前两种属于银行的未达账项，后两种属于企业的未达账项。

微课 3-1

如何判断分析未达账项

对于未达账项，企业应按月编制“银行存款余额调节表”进行调节。

企业银行存款日记账账面余额、银行对账单余额与未达账项的关系是：

企业银行存款日记账余额 + 银行已收而企业未收 − 银行已付而企业未付 = 银行对账单余额 + 企业已收而银行未收 − 企业已付而银行未付

另外，银行存款余额调节表只是为了核对账目而编制的，它不是原始凭证，不能作为调整银行存款账面余额的记账依据。

思考3-3：编制银行存款余额调节表有何作用？

任务实施

（1）龙腾公司购入材料的会计处理如下：

借：材料采购（或在途物资）　200 000

　　应交税费——应交增值税（进项税额）　26 000

　贷：银行存款——建行新安支行　226 000

（2）龙腾公司收到欠款的会计处理如下：

借：银行存款——工行光明支行　113 000

　贷：应收账款　113 000

（3）龙腾公司20×3年12月31日的银行存款余额调节表见表3-3-1。

表 3-3-1　银行存款余额调节表

20×3年12月31日　单位：元

项　目	金　额	项　目	金　额
企业银行存款日记账余额	4 400 000	银行对账单余额	7 300 000
加：银行已收而企业未收	4 800 000	加：企业已收而银行未收	6 000 000

续表

项　目	金　额	项　目	金　额
减：银行已付而企业未付	400 000	减：企业已付而银行未付	4 500 000
调节后的存款余额	8 800 000	调节后的存款余额	8 800 000

注意事项

1. 银行存款明细账户的设置。
2. 银行存款余额调节表仅用于核对账目，不能作为记账的原始凭证。

任务评价

根据前面任务下达的要求实施并完成任务后，进行任务实施评价，填写任务实施评价表，见表3-3-2。

表 3-3-2　　银行存款核算训练评价表

考评内容标准	实施评价		
	自我评价	同学互评	教师评价
掌握用银行存款支付货款的处理（30分）			
掌握银行存款账户收回欠款的处理（30分）			
掌握银行存款对账的处理（40分）			
合　计			

同步练习

一、单项选择题

同步练习 3-3

扫码答题

1.20×3年9月30日，某企业银行存款日记账账面余额为216万元，收到的银行对账单的余额为212.30万元。经逐笔核对，该企业存在以下记账差错及未达账项：从银行提取现金6.90万元，会计人员误记为9.60万元；银行为企业代付电话费6.40万元，但企业未接到银行的付款通知，尚未入账。9月30日调节后的银行存款余额为（　　）万元。

A.212.30　　B.225.10

C.205.90　　D.218.70

习题精讲 3-3

2.下列关于银行存款的描述中，正确的是（　　）。

A. 一个企业可以开立多个基本存款账户

B. 企业可以自主选择银行开立账户

C. 企业在特殊情况下可以签发远期支票

D. 基本存款账户不能支取现金

3.企业通过现金支票结算时，应在（　　）账户核算。

A.应收账款　　B.应收票据

C.银行存款　　D.库存现金

二、多项选择题

1.下列各项中，属于企业未达账项的有（　　）。

A.企业已收，银行未收　　B.企业已付，银行未付

C.银行已收，企业未收　　D.银行已付，企业未付

2.下列未达账项中，会导致企业银行存款日记账余额大于银行对账单余额的有（　　）。

A.企业已收，银行未收　　B.企业已付，银行未付

C.银行已收，企业未收　　D.银行已付，企业未付

3.银行存款账户可以分为（　　）。

A.基本存款账户　　B.一般存款账户　　C.临时存款账户　　D.专用存款账户

习题精讲3-4

三、判断题

1. 在银行存款余额调节表中，银行对账单余额应减去企业已收银行未收。（　　）

2. 银行存款余额调节表可以作为调整企业银行存款账面余额的记账依据。（　　）

3. 一般存款账户可以提取现金。（　　）

四、账务处理题

(一)

1.目的：掌握银行存款余额调节表的编制。

2.资料：

某企业20×3年5月份银行存款日记账账面记录和银行对账单分别见表3-3-3、表3-3-4。

表3-3-3　　银行存款日记账　　单位：元

20×3年		凭证		银行凭证		摘要	借方	贷方	余额
月	日	字	号	名称	号数				
5	1					期初余额			598 877
	3	收	67#	汇票	7088#	销售产品	105 000		703 877
	4	付	75#	转支	2015#	付材料款		17 880	685 997
	15	付	76#	转支	2016#	付招待费		88 000	597 997
	18	付	77#	现付	1017#	支取现金		5 000	592 997
	23	收	78#	转支	5001#	收回货款	100 000		692 997
	25	收	80#	转支	5011#	收到还款	20 000		712 997
	27	付	81#	转支	2018#	支付设备款		80 000	632 997
	28	收	97#	汇票	7128#	收回货款	151 000		783 997
						本月合计	376 000	190 880	783 997

表 3-3-4 银行对账单

20×3年5月31日 币种：人民币 单位：元

网点号：×××× [中国工商银行三和支行]

户名： 账号： 上页余额：598 877

20×3年		交易代码	凭证种类	凭证号	摘要	借方发生额	贷方发生额	余额	柜员号
月	日								
5	3		汇票	7088#	销售产品		105 000		
5	4		转支	2015#	付材料款	17 880			
5	18		现付	1017#	支取现金	5 000			
5	18		转支	2017#	付保险金	9 800			
5	20		委收	8017#	收货款		17 000		
5	27		转支	2018#	支付设备款	80 000			
5	28		汇票	7128#	收回货款		151 000		
							可用余额：759 197		

3.要求：根据给出的资料编制银行存款余额调节表。

任务4 处理其他货币资金

任务描述

（1）20×3年4月1日，龙腾公司汇款1 000 000元到采购地开立采购账户。4月13日，收到销售方开具的增值税专用发票，材料价款800 000元，增值税税额104 000元，材料尚未入库。4月15日，收到采购地退回多余的外埠存款存入银行。

（2）20×3年5月5日，中兴公司向其开户行办理银行汇票一张，将款项20 000元交存银行，取得银行汇票。5月22日，使用办理的银行汇票采购原材料一批，增值税专用发票上注明价款10 000元，增值税税额1 300元，材料已验收入库。5月30日，企业收到银行退回的多余款项。

（3）20×3年3月10日，江北公司向银行申请信用卡，将款项10 000元交存银行，取得银行盖章退回的进账单第一联。3月18日，用信用卡支付招待费9 700元（假设不考虑相关税费）。3月28日，办理销卡手续，余款转回基本存款账户。

请作出以上经济业务的会计处理。

相关知识

一、认识其他货币资金业务

（一）其他货币资金的概念

其他货币资金是指企业除库存现金、银行存款以外的各种有一定用途的货币资金，主要包括银行汇票存款、银行本票存款、信用卡存款、信用证保证金存款、外埠存款等。

（二）各种其他货币资金的特点

1.银行汇票存款

银行汇票是指由出票银行签发的，由其在见票时按照实际结算金额无条件支付给收款人或者持票人的票据。银行汇票的出票银行为银行汇票的付款人，可以用于单位和个人各种款项的结算。银行汇票可以用于转账，填明“现金”字样的银行汇票可以用于支取现金。

2.银行本票存款

银行本票是指银行签发的，承诺自己在见票时无条件支付确定的金额给收款人或持票人的票据。银行本票可以用于单位和个人在同一票据交换区域需要支付的各种款项的结算。银行本票可以用于转账，注明“现金”字样的银行本票可以用于支取现金。

3.信用卡存款

信用卡存款是指企业为取得信用卡而存入银行信用卡专户的款项。信用卡按使用对象分为单位卡和个人卡；按是否向发卡银行交存备用金分为贷记卡和准贷记卡。

4.信用证保证金存款

信用证保证金存款是指采用信用证结算方式的企业为开具信用证而存入银行信用证保证金专户的款项。企业向银行申请开立信用证，应按规定向银行提交开证申请书、信用证申请人承诺书和购销合同。

5.外埠存款

外埠存款是指企业为了到外地进行临时或零星采购，而汇往采购地银行开立采购专户的款项。该账户的特点是不计利息、只付不收、付完清户，除了采购人员可从中提取少量现金外，一律采用转账方式结算。

思考3-4：你现在知道如何使用其他货币资金了吗？

二、处理其他货币资金业务

（一）设置有关账户

为了反映和监督其他货币资金的增减变动情况，企业应当设置“其他货币资金”账户，并按种类设置明细分类账户。该账户属于资产类账户，借方登记其他货币资金的增加数，贷方登记其他货币资金的减少数，期末余额在借方，反映企业实际持有的其他货币资金数额。

（二）具体业务处理

（1）企业填写“银行汇票申请书”（或银行本票、信用卡、信用证申请书）将款项交存银行时，借记“其他货币资金——银行汇票”、“其他货币资金——银行本票”、“其他货币资金——信用卡”或“其他货币资金——信用证保证金”等账户，贷记“银行存款”账户。

【例3-5】 20×3年11月4日，某家具制造公司填写银行汇票申请书办理了一张银行汇票，金额为42 000元，用于购买甲材料。该公司编制会计分录如下：

借：其他货币资金——银行汇票　　42 000

　贷：银行存款　　42 000

（2）企业持银行汇票、银行本票购货，收到有关发票账单时，借记“材料采购”“原材料”“库存商品”“应交税费——应交增值税（进项税额）”等账户，贷记“其他货币资金——银行汇票”或“其他货币资金——银行本票”账户。

【例3-6】 接【例3-5】，20×3年11月9日，该公司与收款人进行结算，戊材料价款为35 600元，增值税税额为4 628元，多余款项转账收回。

借：材料采购——戊材料　　35 600

　　应交税费——应交增值税（进项税额）　　4 628

　　银行存款　　1 772

　贷：其他货币资金——银行汇票　　42 000

（3）企业收到银行汇票或银行本票、填制进账单到开户银行办理款项入账手续时，根据进账单及销货发票等，借记“其他货币资金——银行汇票（或银行本票）”账户，贷记“主营业务收入”“其他业务收入”“应交税费——应交增值税（销项税额）”等账户。

（4）企业将款项汇往外地开立采购专用账户时，根据汇出款项凭证，编制付款凭证，进行账务处理，借记“其他货币资金——外埠存款”账户，贷记“银行存款”账户。

（5）异地采购收到采购人员转来供应单位发票账单等报销凭证时，借记“材料采购”“原材料”“库存商品”“应交税费——应交增值税（进项税额）”等账户，贷记“其他货币资金——外埠存款”账户。

（6）企业用信用卡购物或支付有关费用，收到开户银行转来的信用卡存款的付款凭证及所附发票账单，借记“管理费用”等账户，贷记“其他货币资金——信用卡”账户。

（7）企业信用卡在使用过程中，需要向其账户续存资金的，借记“其他货币资金——信用卡”账户，贷记“银行存款”账户。

（8）企业的持卡人如不需要继续使用信用卡，应持信用卡主动到发卡银行办理销卡。销卡时，单位卡账户余额转入企业基本存款账户，不得提取现金，借记“银行存款”账户，贷记“其他货币资金——信用卡”账户。

（9）企业根据供货单位信用证结算凭证及所附发票账单，借记“材料采购”“原材料”“库存商品”“应交税费——应交增值税（进项税额）”等账户，贷记“其他货币资金——信用证保证金”账户。

（10）将未用完的信用证保证金存款余额转回开户银行时，借记“银行存款”账户，贷记“其他货币资金——信用证保证金”账户。

任务实施

（1）龙腾公司会计处理如下：

①20×3年4月1日，汇款1 000 000元到采购地开立采购账户时：

借：其他货币资金——外埠存款　1 000 000
　贷：银行存款　1 000 000

②4月13日，采购材料未入库时：

借：材料采购（或在途物资）　800 000
　　应交税费——应交增值税（进项税额）　104 000
　贷：其他货币资金——外埠存款　904 000

③4月15日，收到采购地退回多余的外埠存款存入银行时：

借：银行存款　96 000
　贷：其他货币资金——外埠存款　96 000

（2）中兴公司会计处理如下：

①20×3年5月5日，中兴公司向其开户行办理银行汇票时：

借：其他货币资金——银行汇票　20 000
　贷：银行存款　20 000

②5月22日，使用办理的银行汇票采购原材料入库时：

借：原材料　10 000
　　应交税费——应交增值税（进项税额）　1 300
　贷：其他货币资金——银行汇票　11 300

③5月30日，企业收到银行退回的多余款项时：

借：银行存款　8 700
　贷：其他货币资金——银行汇票　8 700

（3）江北公司会计处理如下：

①20×3年3月10日，江北公司向银行申请信用卡时：

借：其他货币资金——信用卡　10 000
　贷：银行存款　10 000

②3月18日，用信用卡支付招待费时：

借：管理费用　9 700
　贷：其他货币资金——信用卡　9 700

③3月28日，办理销卡手续，余款转回基本存款账户时：

借：银行存款　300
　贷：其他货币资金——信用卡　300

注意事项

1. 其他货币资金的来源一般是银行存款，结算完毕后也转回到银行存款。
2. 要区分其他货币资金的不同种类及用途。

任务评价

根据前面任务下达的要求实施并完成任务后，进行任务实施评价，填写任务实施评价表，见表3-4-1。

表 3-4-1 其他货币资金核算训练评价表

考评内容标准	实施评价		
	自我评价	同学互评	教师评价
掌握外埠存款的处理（35分）			
掌握银行汇票的处理（35分）			
掌握信用卡的处理（30分）			
合 计			

同步练习

一、单项选择题

同步练习 3-4 扫码答题

1.下列各项中，不通过“其他货币资金”账户核算的是（　　）。

A.信用证保证金存款　　B.存出投资款

C.备用金　　D.银行本票存款

2.企业将款项汇往异地银行开设采购专户，根据收到的银行汇款凭证回单联，应借记的会计科目是（　　）。

A.其他货币资金　　B.材料采购　　C.其他应收款　　D.应收账款

二、多项选择题

习题精讲 3-5 扫码答题

1.下列各项中，应通过“其他货币资金”账户核算的有（　　）。

A. 企业将款项汇往外地开立的采购专用账户

B. 用信用卡购买办公用品

C. 销售商品收到商业承兑汇票

D. 用银行本票购入原材料

习题精讲 3-6 扫码答题

2.下列各项中，会引起其他货币资金发生变动的有（　　）。

A. 企业用银行汇票购买办公用品

B. 企业销售商品收到银行承兑汇票

C. 企业将款项汇往外地开立采购专用账户

D. 企业为购买基金将资金存入在证券公司指定银行开立的投资款专户

三、判断题

1. 企业采购商品或接受劳务采用银行汇票结算时，应通过“银行存款”账户核算。（　　）

2. 其他货币资金是指企业除库存现金、银行存款以外的其他各种货币资金，主要包括银行汇票存款、银行本票存款、信用卡存款、信用证保证金存款、存出投资款和外埠存款等。（　　）

任务5 处理商业信用债权资金

任务描述

（1）龙腾公司为增值税一般纳税人，20×3年6月2日销售一批商品给黄河公司，不含税售价为200 000元，增值税税率为13%，合同规定商业折扣率为5%，现金折扣为“2/15，N/30”，当日商品已发出，黄河公司收到并验收入库。龙腾公司基于对黄河公司的了解，预计该公司15天内付款的概率为95%，15天后付款的概率为5%。20×3年6月12日，收到该公司支付的货款（假定计算现金折扣时不包括增值税）。

（2）江北公司收到龙腾公司开出的一张面额为200 000元的3个月不带息银行承兑汇票，以抵付前欠货款，签发日为20×3年2月1日，到期日为20×3年5月1日。因资金周转需要，江北公司于20×3年3月1日向银行申请贴现，贴现月利率为2‰。

（3）中兴公司于20×3年6月21日向江北公司开出转账支票一张，预付购买甲材料的货款20 000元。于20×3年6月28日收到江北公司发来的甲材料，所附增值税专用发票注明货款30 000元，增值税税额3 900元，材料已验收入库。中兴公司收货当日用银行存款补付余款。

（4）龙腾公司于20×3年4月4日将其持有的面值为11 300元的应收票据背书转让给江北公司，用于支付向江北公司购买乙材料的货款20 000元，增值税税额2 600元，应收票据不足部分用银行存款支付。

（5）中兴公司于20×3年年末首次使用应收账款余额百分比法核算坏账损失，当年年末应收账款余额为300 000元，估计坏账损失率为5‰；20×4年因某客户出现财务危机，其所欠中兴公司8 000元应收账款被确认为坏账，年末应收账款的余额为250 000元；20×5年，已冲销的8 000元应收账款又收回并存入银行，期末应收账款余额为280 000元。

请作出以上经济业务的会计处理。

相关知识

一、认识商业信用债权资金

商业信用债权资金是指因销售商品或提供劳务而被企业外部客户或供应商和内部单位或个人临时占用的资金，主要包括应收账款、应收票据、预付账款和其他应收款等。

二、应收账款业务

（一）认识应收账款业务

1.应收账款的概念

应收账款是指企业因销售商品、提供劳务等应向购货单位或接受劳务单位收取的款项。

2.应收账款的入账时间

应收账款是与商品的销售、劳务的提供直接相关的，因此，确认应收账款的时间应与确认销售收入的时间一致。一般情况下，企业应在商品已经交付、劳务已经提供、合同已经履行、取得了收款的权利时才确认应收账款。

3.应收账款的入账价值

一般情况下，应收账款应按照实际发生额入账，主要包括企业销售商品或提供劳务等应向有关债务人收取的价款及代购货单位垫付的包装费、运杂费等。企业为促进销售或加快流动资产的周转，往往会采用折扣方式。折扣一般分为商业折扣和现金折扣两种。

（1）商业折扣。企业采用商业折扣的目的在于避免商品滞留、囤积。商业折扣是直接在商品价格上给予折扣，应收账款的入账价值应以扣除商业折扣后的实际售价确认，一般用百分比表示商业折扣，如5%、10%等。

（2）现金折扣。企业采用现金折扣的目的在于鼓励购货方提前付款而给予一种债务扣除。企业应收账款实收额与客户付款期限有着密切的联系。现金折扣的表示方式为“折扣率/付款期限”，如“2/10，1/20，N/30”，计算折扣的基数可以是货款也可以是货款加增值税。

对应收账款的入账价值的确认，现金折扣有两种处理方法。一种是总价法，其特点是将未扣除现金折扣的交易金额作为实际售价。现金折扣在客户按照协议支付款项时予以确认，给予客户的现金折扣记入“财务费用”账户。另一种是净价法，其特点是先将最大现金折扣作为“财务费用”入账，将扣减后的交易金额作为售价，待实际收款时再进行调整。我国收入准则规定对现金折扣采用总价法。

（二）处理应收账款业务

1.设置有关账户

企业应设置“应收账款”总账账户，并按债务单位设置明细分类账户。该账户属于资产类账户，其借方登记赊销商品或提供劳务应收取的货款、代垫运杂费及相关税费等，贷方登记收回的应收账款及确认的坏账损失，期末余额一般在借方，反映企业尚未收回的应收账款；如在贷方，表示企业预收的货款。

2.具体业务处理

（1）企业销售商品、产品时，按包含现金折扣但不包含商业折扣的价款和应交税款借记“应收账款”账户，按不含税的货款贷记“主营业务收入”账户，按应交增值税税额贷记“应交税费——应交增值税（销项税额）”账户。

【例3-7】20×3年11月13日，某家具制造公司向某企业销售一批家具，不含税售价18 000元，规定的现金折扣条件为“2/20，N/30”，且基于对该企业的了解，预计客户20天内付款的概率为90%，20天后付款的概率为10%。增值税税率为13%，产品交付并办妥托收手续（假定计算现金折扣时不包括增值税）。

借：应收账款　　19 980

　贷：主营业务收入　　17 640

　　　应交税费——应交增值税（销项税额）　　2 340

如果购买方在20天内付款：

借：银行存款　　19 980

　贷：应收账款　　19 980

（2）企业代购货单位垫付的包装费、运杂费等，按支付的金额借记“应收账款”账户，贷记“银行存款”“库存现金”账户。

（3）收回代垫费用时，借记“银行存款”账户，贷记“应收账款”账户。收回货款时，借记“银行存款”账户，贷记“应收账款”账户。

（4）收到承兑的商业汇票用于抵付货款时，借记“应收票据”账户，贷记“应收账款”账户。

三、应收票据业务

（一）认识应收票据业务

1.应收票据的概念

应收票据是指企业因销售商品、提供劳务等而收到的商业汇票。

2.应收票据的分类

（1）按承兑人不同，分为商业承兑汇票和银行承兑汇票；

（2）按是否带息，分为带息商业汇票和不带息商业汇票。

3.应收票据的计价

（1）不带息应收票据应当按票据的面值计价。

（2）带息应收票据应于期末（中期期末和年度终了）按票据的面值和确定的利率计提利息，计提的利息计入应收票据的账面价值。但应注意的是，到期不能收回应收票据的，其账面余额转入应收账款，且无须再计提利息。

4.应收票据的贴现

应收票据贴现是指企业因急需资金，将所持有的未到期的商业汇票背书转让给银行，以获取所需资金的活动。

应收票据贴现所得额的计算公式如下：

票据到期值=票据面值+票据利息

票据贴现期=票据期限−持票期限

贴现息=票据到期值×贴现率×票据贴现期

贴现所得额=票据到期值−贴现息

（二）处理应收票据业务

1.设置有关账户

为了反映和监督应收票据的取得、收回和贴现等经济业务，企业应设置“应收票据”总账账户，并按票据种类和签发单位设置明细分类账户。该账户属于资产类账户，借方登记取得的应收票据的面值及计提的利息，贷方登记到期收回票款或到期前向银行贴现的票面金额，期末余额在借方，反映企业持有的尚未到期的商业汇票的票款。

2.具体业务处理

（1）不带息应收票据的会计处理。

因销售商品、产品而收到商业汇票时，按签发的商业汇票上的金额借记“应收票据”账户，按销货款贷记“主营业务收入”账户，按应交增值税税额贷记“应交税费——应交增值税（销项税额）”账户；到期收款时，借记“银行存款”账户，贷记“应收票据”账户；到期付款人无力付款时，按票据面值借记“应收账款”账户，贷记“应收票据”账户。

【例3-8】20×3年12月1日，某家具制造公司向某企业销售一批家具，货已发出，增值税专用发票上注明的商品价款为32 000元，增值税销项税额为4 160元。当日收到购买方签发的不带息商业承兑汇票一张，该票据的期限为2个月。

借：应收票据 36 160
　贷：主营业务收入 32 000
　　应交税费——应交增值税（销项税额） 4 160

如果2个月后应收票据到期，收回票款：

借：银行存款 36 160
　贷：应收票据 36 160

如果2个月后应收票据到期，购买方无力偿还票款：

借：应收账款 36 160
　贷：应收票据 36 160

（2）带息应收票据的会计处理。

带息应收票据与不带息应收票据相比，会计处理上要考虑利息的核算，即带息应收票据在期末（一般是年末）要按照应收票据的面值、利率和期限计算提取票据利息，借记“应收票据”账户，贷记“财务费用”账户；在票据到期收回时，按票据到期值借记“银行存款”账户，按票据账面余额贷记“应收票据”账户，按两者的差额贷记“财务费用”账户。

【例3-9】 20×3年9月5日，某家具制造公司向某企业销售一批家具，货已发出，增值税专用发票上注明的商品价款为28 000元，增值税销项税额为3 640元。当日收到购买方签发的带息银行承兑汇票一张，该票据的期限为3个月，票面利率为4%。

借：应收票据 31 640
　贷：主营业务收入 28 000
　　应交税费——应交增值税（销项税额） 3 640

票据到期收回款项时：

票据利息=31 640×4%÷12×3=316.40（元）

借：银行存款 31 956.40
　贷：应收票据 31 640
　　财务费用 316.40

（3）应收票据转让的会计处理。

将持有的商业汇票背书转让取得所需物资时，借记“原材料”“材料采购”“库存商品”等账户；根据增值税专用发票上注明的增值税税额，借记“应交税费——应交增值税（进项税额）”账户；按应收票据账面余额，贷记“应收票据”账户；按尚未计提的利息，贷记“财务费用”账户；如有差额，借记或贷记‘银行存款”等账户。

（4）应收票据贴现的会计处理。

企业将持有的商业汇票背书转让给银行，在银行受理后，按贴现净额借记“银行存款”账户，按应收票据的账面价值贷记“应收票据”账户（不带追索权的票据，如银行承兑汇票）或“短期借款”账户（带追索权的票据，如商业承兑汇票），按其差额借记或贷记“财务费用”账户。

【例3-10】接【例3-9】，该家具制造公司在20×3年11月5日将该票据向银行贴现，贴现率为12%。

票据到期值=票据面值+票据利息=31 640+316.40=31 956.40（元）

贴现息=票据到期值×贴现率×票据贴现期=31 956.40×12%÷12×1=319.56（元）

贴现所得额=票据到期值-贴现息=31 956.40-319.56=31 636.84（元）

借：银行存款	31 636.84	
财务费用	3.16	
贷：应收票据		31 640

四、预付账款业务

（一）认识预付账款业务

预付账款是指企业按照合同规定预付给供应单位的货款。如果企业预付业务不多，可以不设置“预付账款”账户，将预付款项直接通过“应付账款”账户反映。但需要注意的是，期末编制资产负债表时，如果“应付账款”账户所属明细账户有借方余额，应列示于资产负债表的“预付款项”项目中。

（二）处理预付账款业务

1.设置有关账户

企业可以设置“预付账款”总账账户，并按购货的债务单位设置明细分类账户。该账户属于资产类账户，借方登记预付的货款和补付的货款，贷方登记根据发票账款冲销的预付货款和退回的多付货款。期末余额若在借方，反映企业尚未结算的预付货款；期末余额若在贷方，反映应付未付的款项。

2.具体业务处理

（1）企业按合同的规定预付货款时，借记“预付账款”账户，贷记“银行存款”等账户。

【例3-11】某家具制造公司按合同规定，预付给A公司购买戊材料的款项10 000元。

借：预付账款	10 000	
贷：银行存款		10 000

（2）企业收到预订的货物或接受供应方提供的劳务时，借记“原材料”“库存商品”等账户，按增值税专用发票上注明的税额，借记“应交税费——应交增值税（进项税额）”账户，按结算的金额，贷记“预付账款”账户。

【例3-12】接【例3-11】，该家具制造公司收到戊材料，其增值税专用发票上注明货款7 100元，增值税税额923元。

借：材料采购——戊材料	7 100	
应交税费——应交增值税（进项税额）	923	
贷：预付账款		8 023

（3）补付货款时，借记“预付账款”账户，贷记“银行存款”等账户。

（4）收到退回的多余款项时，借记“银行存款”等账户，贷记“预付账款”账户。

【例3-13】接【例3-12】，A公司通过银行退回余款。

借：银行存款　　1 977

　贷：预付账款　　1 977

五、其他应收款业务

（一）认识其他应收款业务

1.其他应收款的概念

其他应收款是指企业除应收票据、应收账款、预付账款等以外的其他各种应收及暂付款项。

2.其他应收款主要反映的经济业务

（1）应收的各种罚款、赔款；

（2）存出保证金；

（3）应收出租包装物租金；

（4）为职工垫付的各种款项；

（5）内部各部门或个人领取的备用金；

（6）其他各种应收、暂付款项。

（二）处理其他应收款业务

1.设置有关账户

为反映和监督其他应收款业务，企业应当设置“其他应收款”总账账户，并按债务单位或个人设置明细分类账户。该账户属于资产类账户，借方登记其他应收款的增加，贷方登记其他应收款的收回，期末余额在借方，反映企业尚未收回结清的其他应收款项。

2.具体业务处理

（1）企业发生各种其他应收款项时，借记“其他应收款”账户，贷记“库存现金”“银行存款”等账户。

【例3-14】某家具制造公司借入包装物一批，以转账支票支付押金10 000元。

借：其他应收款——押金　　10 000

　贷：银行存款　　10 000

（2）收回款项时，借记“库存现金”“银行存款”等账户，贷记“其他应收款”账户。

六、坏账准备业务

（一）认识坏账准备业务

1.坏账损失的概念

坏账是指企业无法收回或收回的可能性极小的应收款项。发生坏账而产生的损失称为坏账损失。

2.坏账的确认

企业的应收款项符合下列条件之一的，应确认为坏账：

（1）债务人破产或死亡，以其破产财产或遗产偿债后仍不能收回的。

（2）债务人因遭受意外事故或者重大自然灾害导致停产，确实无法收回的。

（3）债务人逾期未履行其偿债义务，且有明显迹象表明无法收回的。

3.坏账损失的核算方法

企业坏账损失的核算方法有两种：一种是直接转销法；另一种是备抵法。我国采取备抵法对坏账损失进行核算。

（1）直接转销法。直接转销法又称为直接冲减法，它是在应收账款被确认为坏账时直接冲减应收账款，并将坏账损失确认为当期损益。

（2）备抵法。备抵法是按期估计坏账损失，当发生坏账时，根据其金额冲减坏账损失，同时转销相应的应收款项的方法。

4.在备抵法下估计坏账准备的方法

（1）应收账款余额百分比法。应收账款余额百分比法是根据会计期末应收账款余额乘以估计的坏账率，提取坏账准备的方法。

（2）账龄分析法。账龄分析法是指根据应收款项账龄的长短估计坏账的方法。一般来说，账龄越长，发生坏账的可能性也越大。

微课 3-2

坏账准备核算

（3）销货百分比法。销货百分比法是指根据赊销金额的一定百分比估计坏账损失的方法。一般来说，当期赊销额越大，发生坏账的可能性也就越大。估计坏账损失百分比直接受企业生产经营情况的影响，需要经常检查百分比，并及时调整，以反映企业坏账损失的实际情况。

（二）处理坏账准备业务

1.设置有关账户

企业应当设置“坏账准备”账户，该账户属于资产类账户，是应收账款等债权类账户的备抵账户，贷方登记每期计提的坏账准备或收回已确认并转销的坏账，借方登记实际发生的坏账损失或冲减多计提的坏账准备，期末余额在贷方，表示已经提取的尚未转销的坏账准备。

2.具体业务处理

（1）企业提取坏账准备时，借记“信用减值损失”账户，贷记“坏账准备”账户。冲销多计提的坏账准备时，作相反会计分录。

【例3-15】某家具制造公司20×3年年末“应收账款”余额为220 000元，坏账准备的提取比例为3‰，“坏账准备”账户有贷方余额100元。

20×3年年末应计提的坏账准备=220 000×3‰-100=560（元）

借：信用减值损失　　560

　贷：坏账准备　　560

（2）发生坏账损失时，借记“坏账准备”账户，贷记“应收账款”等债权类账户。

【例3-16】某家具制造公司20×3年1月发生坏账500元。

借：坏账准备　　500

　贷：应收账款　　500

（3）已确认并转销的坏账以后又收回时，借记“应收账款”等债权类账户，贷记“坏账准备”账户。同时，按收回的实际金额，借记“银行存款”账户，贷记“应收账款”等债权类账户。或者直接按收到的金额借记“银行存款”账户，贷记“坏账准备”账户。

【例3-17】某家具制造公司20×3年7月收回已冲销的坏账500元。

恢复已冲销的应收账款：

借：应收账款　　500

贷：坏账准备 500

同时，收回应收账款并存入银行：

借：银行存款 500

贷：应收账款 500

任务实施

（1）龙腾公司会计处理如下：

①20×3年6月2日，销售商品未收款时：

借：应收账款 210 900

贷：主营业务收入 186 200

应交税费——应交增值税（销项税额） 24 700

②20×3年6月12日，收到该公司支付的货款时：

借：银行存款 210 900

贷：应收账款 210 900

（2）江北公司会计处理如下：

①转销应收账款时：

借：应收票据 200 000

贷：应收账款 200 000

②贴现时：

贴现息=200 000×2‰×2=800（元）

贴现所得额=200 000-800=199 200（元）

借：银行存款 199 200

财务费用 800

贷：应收票据 200 000

（3）中兴公司会计处理如下：

①20×3年6月21日向江北公司开出转账支票时：

借：预付账款——江北公司 20 000

贷：银行存款 20 000

②20×3年6月28日收到江北公司发来的甲材料时：

借：原材料——甲材料 30 000

应交税费——应交增值税（进项税额） 3 900

贷：预付账款——江北公司 33 900

③收货当日用银行存款补付余款时：

借：预付账款——江北公司 13 900

贷：银行存款 13 900

（4）龙腾公司会计处理如下：

借：原材料——乙材料 20 000

应交税费——应交增值税（进项税额） 2 600

贷：应收票据 11 300

银行存款 11 300

（5）中兴公司会计处理如下：

①20×3年年末首次计提坏账准备时：

借：信用减值损失 1 500

贷：坏账准备 1 500

②20×4年发生坏账8 000元时：

借：坏账准备 8 000

贷：应收账款 8 000

③20×4年年末计提坏账准备时：

借：信用减值损失（8 000+250 000×5‰−300 000×5‰） 7 750

贷：坏账准备 7 750

④20×5年收回已冲销的坏账并存入银行时：

借：应收账款 8 000

贷：坏账准备 8 000

借：银行存款 8 000

贷：应收账款 8 000

20×5年年末冲回多提的坏账准备时：

借：坏账准备（8 000+250 000×5‰−280 000×5‰） 7 850

贷：信用减值损失 7 850

注意事项

1. 商业折扣直接在售价上给予折让，无须进行账务处理。
2. 贴现的计算和账务处理。
3. 坏账准备的计算和账务处理。

任务评价

根据前面任务下达的要求实施并完成任务后，进行任务实施评价，填写任务实施评价表，见表3-5-1。

表3-5-1 商业信用债权资金核算训练评价表

考评内容标准	实施评价		
	自我评价	同学互评	教师评价
掌握折扣的处理（20分）			
掌握票据贴现的处理（20分）			
掌握预付账款的处理（20分）			
掌握应收票据背书的处理（20分）			
掌握坏账的处理（20分）			
合　计			

同步练习

同步练习 3-5

扫码答题

一、单项选择题

1.企业将持有的不带息商业汇票向银行申请贴现，支付给银行的贴现息应记入的会计科目是（　　）。

A.管理费用　　　　B.财务费用

C.投资收益　　　　D.销售费用

2.某企业采用托收承付结算方式销售商品，增值税专用发票上注明的价款为500万元，增值税税额为65万元，代购货方垫付包装费2万元、运输费3万元（含增值税），已办妥托收手续。不考虑其他因素，该企业应确认的应收账款的金额为（　　）万元。

A.500　　B.505　　C.565　　D.570

习题精讲 3-7

扫码答题

3.某企业年初“坏账准备”账户的贷方余额为20万元，本年收回上年已确认为坏账的应收账款5万元，经评估确定“坏账准备”账户年末贷方余额应为30万元。不考虑其他因素，该企业年末应计提的坏账准备为（　　）万元。

A.5　　B.10　　C.15　　D.30

4.应收账款的入账价值不包括（　　）。

A.现金折扣　　　　B.增值税（销项税额）

C.代购货方垫付的运杂费　　　　D.商业折扣

二、多项选择题

1.企业采用备抵法核算坏账准备，估计坏账损失的方法有（　　）。

A.应收账款余额百分比法　　　　B.账龄分析法

C.净价法　　　　D.总价法

2.按现行制度的规定，不能用“应收票据”以及“应付票据”核算的票据包括（　　）。

A.支票　　B.银行汇票　　C.银行承兑汇票　　D.商业承兑汇票

习题精讲 3-8

扫码答题

3.下列各项中，不属于“其他应收款”科目核算内容的有（　　）。

A.为购货单位垫付的运费　　　　B.应收的劳务款

C.应收的销售商品款　　　　D.为职工垫付的房租

三、判断题

1.预付款项情况不多的企业，也可以不设置“预付账款”科目，将预付的货款记入“应付账款”科目的借方。（　　）

2.应收票据贴现是指票据持有人因急需资金，将未到期的商业汇票背书转让给银行，银行受理后，从票据到期值中扣除按银行的贴现率计算确定的贴现利息后，将余额付给贴现企业的业务活动。（　　）

3.被投资单位已宣告但尚未发放的现金股利属于“其他应收款”科目核算的内容。（　　）

四、账务处理题

（一）

1.目的：掌握应收票据业务核算。

2. 资料：

某企业20×3年5月17日销售商品400 000元，增值税税额52 000元，收到面值为452 000元的带息商业承兑汇票一张，期限为90天，出票日为20×3年5月17日，票面年利率为2%。5月31日、6月30日和7月31日计提利息（利息按日计算，一年按360日计算），假定票据到期承兑人无力兑付。

3. 要求：根据上述资料编制会计分录。

（二）

1. 目的：掌握坏账准备的核算。

2. 资料：

某企业采用应收账款余额百分比法计提坏账准备，计提比例为0.3%。20×3年年末"坏账准备"账户的贷方余额为5 000元。20×3年发生应收账款及坏账损失情况如下：

（1）3月23日，收回已转销的坏账损失3 000元。

（2）6月20日，因乙企业破产，应收账款50 000元无法收回，确认为坏账损失。

（3）12月31日，企业应收账款余额为1 000 000元，计提（或冲销）坏账准备。

3. 要求：编制上述有关坏账准备的会计分录。

任务6 处理商业信用债务资金

任务描述

（1）中兴公司为增值税一般纳税人，于20×3年12月1日从某公司购入原材料一批入库，增值税发票注明价款23 000元，增值税进项税额2 990元，材料已验收入库，款项未付。销售方提供的信用条件为"2/10，1/20，N/30"。假设中兴公司分别在12月3日、12月17日和12月24日付款，采用总价法核算现金折扣（假定计算现金折扣时不考虑增值税）。

（2）20×3年12月13日，中兴公司预收龙腾公司货款10 000元，存入银行。12月23日，向龙腾公司发出商品，并开出增值税专用发票，注明价款10 000元，增值税税额1 300元，剩余款项尚未结算。

（3）江北公司因工作需要，于20×3年7月1日向某单位租入行政办公用房，每月需要支付的房租为20 000元（取得增值税普通发票），经双方协商租金按季度以银行存款转账支付。20×3年10月3日支付上季度租金60 000元。

请作出以上经济业务的会计处理。

相关知识

一、认识商业信用债务资金

商业信用债务资金是指企业占用外部供应商、客户、内部单位或个人的资金，主要包括应付账款、应付票据、预收账款和其他应付款等。

二、应付账款业务

（一）认识应付账款业务

1.应付账款的概念

应付账款是指企业因购买材料、商品或接受劳务供应等经营活动应支付的款项。

2.应付账款的入账价值

一般情况下，应付账款应按照发票账单的实际数额登记入账，但由于销售方为鼓励客户较早支付款项，往往会采用现金折扣。当购货附有现金折扣条件时，应付账款的入账金额因采取的核算方法不同而有所差异。应付账款入账金额的核算方法有总价法和净价法。

（二）处理应付账款业务

1.设置有关账户

为核算应付账款的发生、偿还、转销等情况，企业应设置“应付账款”总账账户，并按债权单位或个人设置明细分类账户。该账户属于负债类账户，贷方登记企业购买材料、商品和接受劳务等而发生的应付账款，借方登记偿还的应付账款和已开出商业汇票抵付的应付账款，或已冲销的无法支付的应付账款。余额在贷方，表示尚未支付的账款；余额在借方，表示预付的账款。

2.具体业务处理

（1）企业购入材料、商品等，货款尚未支付时，根据发票账单上记载的实际金额，借记“材料采购”“在途物资”“应交税费——应交增值税（进项税额）”等账户，按应付未付的价税款，贷记“应付账款”账户。

【例3-18】某家具制造公司为增值税一般纳税人，原材料采用实际成本法核算。20×3年3月12日从洪河工厂购入材料一批，增值税专用发票上注明价款17 000元，增值税进项税额2 210元，材料已验收入库，发票等结算凭证已收到，但款项尚未支付。

借：原材料　　17 000

　　应交税费——应交增值税（进项税额）　　2 210

　贷：应付账款　　19 210

（2）接受供应单位提供劳务而发生的应付未付款项，根据供应单位提供的发票账单上记载的实际金额，借记“生产成本”“管理费用”等账户，贷记“应付账款”账户。

（3）实际支付时，按应付债务金额借记“应付账款”账户，按实际支付金额贷记“银行存款”账户，按现金折扣金额贷记“财务费用”等账户。

微课3-3

现金折扣核算

【例3-19】接【例3-18】，销售方洪河工厂提供的信用条件为“2/10，1/20，N/30”，该家具制造公司采用总价法核算现金折扣（假定计算现金折扣时不考虑增值税）。

如果该家具制造公司在3月16日付款：

借：应付账款　　19 210

　贷：银行存款　　18 870

　　　财务费用　　340

如果该家具制造公司在3月26日付款：

借：应付账款　　19 210

贷：银行存款 19 040

财务费用 170

如果该家具制造公司在4月6日付款：

借：应付账款 19 210

贷：银行存款 19 210

（4）应付账款因债权人注销或破产等原因无法支付时，应按应付账款的账面余额，借记“应付账款”账户，贷记“营业外收入”账户。

三、应付票据业务

（一）认识应付票据业务

1.应付票据的概念

应付票据是指企业购买物品和接受劳务供应等签发或承兑的商业汇票。

2.应付票据的计价

应付票据是否带息决定了其计价内容不同：

（1）不带息应付票据应当按票据的面值计价。

（2）带息应付票据最终价值应包含面值与支付的利息。利息应于期末（一般为年末）按票据的面值与确定的利率和期限计提，计提的利息计入应付票据的账面价值。

（二）处理应付票据业务

1.设置有关账户

为核算企业购买物品和接受劳务等开出的商业汇票的发生、偿付等情况，企业应设置“应付票据”总账账户，并按票据种类和债权人设置明细分类账户。该账户属于负债类账户，贷方登记签发或承兑的商业汇票的面值和带息票据的预提利息，借方登记到期支付的票款，期末贷方余额表示企业尚未到期的商业汇票的票款。

2.具体业务处理

（1）企业购入物品开具商业汇票时，借记“原材料”“库存商品”等账户，按增值税专用发票上的税款金额，借记“应交税费——应交增值税（进项税额）”账户，按签发的商业汇票金额，贷记“应付票据”账户。

（2）企业为抵偿前欠应付未付的款项签发商业汇票时，借记“应付账款”账户，贷记“应付票据”账户。

（3）对签发的带息商业汇票，期末按票据利率计提利息，借记“财务费用”账户，贷记“应付票据”账户。

【例3-20】 某家具制造公司为增值税一般纳税人，原材料采用实际成本法核算。20×3年5月1日从洪河工厂购入材料一批，增值税专用发票上注明价款50 000元，增值税进项税额6 500元，材料已验收入库。家具制造公司开出2个月的商业承兑汇票一张，票面利率为6%。

20×3年5月1日购入材料：

借：原材料 50 000

应交税费——应交增值税（进项税额） 6 500

贷：应付票据 56 500

20×3年5月31日计提票据利息：

借：财务费用 282.50

　贷：应付票据 282.50

（4）申请办理银行承兑汇票支付的手续费，借记“财务费用”“应交税费——应交增值税（进项税额）”账户，贷记“银行存款”账户。

（5）票据到期支付本息时，借记“应付票据”账户（票据面值和已计提利息），按票据面值、票据利率以及尚未计提利息的期限计算求得本期应计提的利息，借记“财务费用”账户，按支付的票款，贷记“银行存款”账户。

【例3-21】接【例3-20】，20×3年7月1日票据到期，该家具制造公司以银行存款偿付票据款。

借：应付票据 56 782.50

　　财务费用 282.50

　贷：银行存款 57 065

（6）若到期企业对签发的商业承兑汇票无力支付，贷记“应付账款”账户；若到期企业对签发的银行承兑汇票无力支付，银行无条件付款后，贷记“短期借款”账户。

思考3-5：商业承兑汇票和银行承兑汇票的会计处理的区别是什么？

四、预收账款业务

（一）认识预收账款业务

预收账款是指企业按照合同规定向客户预收的款项。

（二）处理预收账款业务

1.账户设置

为核算企业按合同规定取得、偿付预收款项等情况，企业应设置“预收账款”总账账户，并按债权单位设置明细分类账户。该账户属于负债类账户，贷方登记企业收到客户预付的货款和补付的款项，借方登记企业向客户发出商品或提供劳务的价款和税款，以及退还给客户多收的款项。期末余额在贷方，反映企业尚未结算的预收款项（已收但尚未向购货方发货的款项）；期末余额在借方，反映企业应收的款项。

2.具体业务处理

（1）企业根据合同约定收到购货方预付的货款时，借记“银行存款”账户，贷记“预收账款”账户。

【例3-22】某家具制造公司为增值税一般纳税人，20×3年6月1日预收华桦公司货款22 000元。

借：银行存款 22 000

　贷：预收账款 22 000

（2）企业根据合同约定发出商品时，借记“预收账款”账户，贷记“主营业务收入”“应交税费——应交增值税（销项税额）”账户。

【例3-23】接【例3-22】，同年6月12日，向华桦公司发出商品一批，开出的增值税专用发票上注明价款18 000元，增值税税额2 340元。

借：预收账款 20 340

　贷：主营业务收入 18 000

　　　应交税费——应交增值税（销项税额） 2 340

（3）企业收到购货方补付的货款时，借记“银行存款”“库存现金”账户，贷记“预收账款”账户。

（4）企业将多收的货款退还给购货方时，借记“预收账款”账户，贷记“银行存款”账户。

【例3-24】接【例3-23】，该家具制造公司将剩余款项退还给华桦公司。

借：预收账款 1 660

　贷：银行存款 1 660

五、其他应付款业务

（一）认识其他应付款业务

1.其他应付款的概念

其他应付款是指企业除应付票据、应付账款、预收账款、应付职工薪酬、应交税费、应付利息、应付股利等经营活动以外的其他各项应付、暂收的款项。

2.其他应付款主要反映的经济业务

（1）应付的各种罚款、赔款；

（2）租入包装物应支付的租金和押金、应付经营租赁固定资产的租金；

（3）其他各种应付、暂收款项。

（二）处理其他应付款业务

1.设置有关账户

为核算除应付票据、应付账款、预收账款、应付职工薪酬、应交税费、应付利息、应付股利等经营活动以外的其他各项应付、暂收的款项，企业应设置“其他应付款”总账账户，并按债权单位或个人设置明细分类账户。该账户属于负债类账户，贷方登记发生的各种应付、暂收款项，借方登记转销或归还的各种款项，期末贷方余额反映企业应付未付的其他应付款项。

2.具体业务处理

（1）企业发生的各种其他应付、暂收款项，借记“银行存款”等账户，贷记“其他应付款”账户；

（2）支付的各种其他应付、暂收款项，借记“其他应付款”账户，贷记“银行存款”等账户。

【例3-25】某小规模纳税企业租入包装物一批，以转账支票支付租金20 000元。

借：其他应付款——租金 20 000

　贷：银行存款 20 000

任务实施

（1）中兴公司会计处理如下：

①购入材料入库未付款时：

借：原材料	23 000	
应交税费——应交增值税（进项税额）	2 990	
贷：应付账款		25 990

②如果中兴公司在12月3日付款：

借：应付账款	25 990	
贷：银行存款		25 530
财务费用		460

③如果中兴公司在12月17日付款：

借：应付账款	25 990	
贷：银行存款		25 760
财务费用		230

④如果中兴公司在12月24日付款：

借：应付账款	25 990	
贷：银行存款		25 990

（2）中兴公司会计处理如下：

①20×3年12月13日，预收龙腾公司货款10 000元存入银行时：

借：银行存款	10 000	
贷：预收账款——龙腾公司		10 000

②20×3年12月23日，向龙腾公司发出商品时：

借：预收账款	11 300	
贷：主营业务收入		10 000
应交税费——应交增值税（销项税额）		1 300

（3）江北公司会计处理如下：

①20×3年7月和8月计算应付未付的租金时：

借：管理费用	20 000	
贷：其他应付款		20 000

②20×3年10月3日支付上季度租金时：

借：其他应付款	40 000	
管理费用	20 000	
贷：银行存款		60 000

注意事项

1. 应付账款中现金折扣与应收账款中现金折扣会计处理的区别。
2. 预收账款减少的处理。

任务评价

根据前面任务下达的要求实施并完成任务后，进行任务实施评价，填写任务实施评价表，见表3-6-1。

表 3-6-1 商业信用债务资金核算训练评价表

考评内容标准	实施评价		
	自我评价	同学互评	教师评价
掌握现金折扣的处理（40分）			
掌握预收账款的处理（30分）			
掌握其他应付款的处理（30分）			
合　计			

同步练习

同步练习 3-6

扫码答题

一、单项选择题

1.企业因债权人撤销而转销无法支付的应付账款时，应将所转销的应付账款计入（　　）。

A.资本公积　　B.其他应付款

C.营业外收入　　D.其他业务收入

2.企业应付的商业承兑汇票，如果到期不能足额付款，企业在会计处理上应将其转作（　　）。

A.应付账款　　B.其他应付款　　C.预付账款　　D.短期借款

3.某公司20×3年11月1日开具了商业承兑汇票，该商业汇票的面值为50 000元，年利率为6%，期限为6个月。20×3年12月31日该公司“应付票据”账户的账面价值为（　　）元。

A.50 000　　B.50 500　　C.51 500　　D.51 000

二、多项选择题

1.下列关于应付账款的说法中，正确的有（　　）。

A.应付账款核算购买商品或接受劳务等应支付的款项

B.应付账款应该按照供应单位设置明细科目

C.应付账款的余额一般在贷方

D.应付账款的借方余额表示尚未偿还的款项

2.出纳预收货款存入银行时，应借记（　　）账户，贷记（　　）账户。

A.“银行存款”　　B.“预收账款”

C.“主营业务收入”　　D.“营业外收入”

习题精讲 3-9

扫码答题

3.下列各项中，会引起“应付票据”账户金额发生增减变动的有（　　）。

A.开出商业承兑汇票购买原材料

B.转销已到期无力支付票款的商业承兑汇票

C.转销已到期无力支付票款的银行承兑汇票

D.支付银行承兑汇票手续费

三、判断题

习题精讲3-10

扫码答题

1. 现金折扣不影响应付账款入账金额，在实际发生时冲减财务费用。 （ ）

2. 企业对于确实无法支付的应付账款，应冲减已计提的坏账准备。 （ ）

3. 应付商业承兑汇票到期，如企业无力支付票据，应将应付票据按票面金额转作短期借款。 （ ）

4. 企业若不单独设置“预收账款”账户，则应将预收的款项直接记入“应收账款”账户的贷方。 （ ）

四、账务处理题

1. 目的：掌握商业信用债务资金业务核算。

2. 资料：

某企业20×3年5月份发生下列经济业务：

（1）5月4日，银行承兑汇票900 000元到期，但由于资金周转困难，暂时无力偿还。

（2）5月15日，以银行存款支付前欠货款7 000元。

（3）5月20日，赊购一批材料并验收入库，取得的增值税专用发票上注明的价款为30万元，增值税税额为3.90万元。合同中规定的现金折扣条件为“2/10，1/20，N/30”，计算现金折扣时考虑增值税。

（4）5月29日，支付上述材料款。

3. 要求：根据上述资料编制会计分录。

技能训练

请扫码后依据所提供的原始凭证编制相关业务的会计分录。

素养拓展

电子商业汇票逐渐取代传统纸质汇票

纸质汇票因在流转过程中存在假票、丢失、毁损、瑕疵多、背书易出错、流转速度慢、回款速度慢等缺点而被众多的财务人员所诟病，而电子汇票近来却被越来越多的企业所接受和推广。

早在2010年，央行就开始致力于电子商业汇票的推广工作。2016年6月1日，中国人民银行支付结算司司长谢众在长沙会议的讲话中提出，三年内将全面取消纸质票据。

电子汇票相对于传统纸质汇票有以下优点：

（1）使用期限长，付款期限自出票日起最长为1年，较纸质汇票使用期限增长半年，更利于企业短期资金融通。

（2）电子商业汇票流通范围广，可在全国范围流通，不受地域限制。有助于统一的票据市场的形成，促进金融市场的连通和发展。交易快速、方便。

（3）介质电子化，杜绝假票和克隆票，规避遗失、损坏和被抢劫的风险。电子票据存储在系统中，通过可靠的安全认证机制能保证其唯一性、完整性、安全性，免除携带的风险。纸质汇票本身以及书面盖章是鉴别真伪的手段。虽然票据的纸张和印制过程，应用了很多防伪措施，但是仅凭人工辨别真伪仍存在很大的困难，一些不法分子利用伪造、变造的票据凭证和签章骗取银行和客户资金的案件时有发生。推行电子汇票后，使用经过安全认证的电子数据流和可靠的电子签名，能够抑制假票和克隆票犯罪。

（4）电子汇票业务品种多，增加了保证、回购式贴现等业务品种。

资料来源　裕丰财经.什么是银行电子承兑，跟商业承兑有什么区别，这些你知道吗[EB/OL].[2018-06-05]. https://www.163.com/dy/article/DJH7E0FL0519X13H.html；佚名.电子商业汇票的特点有哪些[EB/OL].[2022-12-03]. https://www.66law.cn/laws/99863.aspx?winzoom=1.

请分析：

（1）纸质汇票存在什么问题？

（2）电子汇票较传统纸质汇票的优势有什么？

分析提示：

随着大数据时代的到来，纸质汇票在流转过程中存在假票、丢失、毁损、瑕疵多、背书易出错、流转速度慢、回款速度慢等缺点，已经越来越不能满足企业的需要；而电子汇票具有业务品种多、使用期限长、流通范围广、数据容易搜集和统计等诸多优点，并且还有杜绝假票和克隆票，规避遗失、损坏、被抢劫的风险的优势，已经成为当今企业使用的主要票据。

模块四

物资和人力资源供应

本模块主要介绍企业物资和人力资源供应及其账务处理。供应过程是企业进行生产的准备阶段，在这一阶段企业利用筹集的资金购置各种与生产经营有关的物资。这些物资主要包括各类存货、固定资产和无形资产等。本模块包含以下五个任务：认识物资供应、处理存货供应、处理固定资产供应、处理无形资产及其他资产供应、处理人力资源供应。

学习目标

知识目标

1. 了解：企业会计准则——存货、固定资产、无形资产、职工薪酬；
2. 熟悉：存货、固定资产、无形资产、应付职工薪酬的基本内容、确认条件；
3. 掌握：存货、固定资产、无形资产和应付职工薪酬的核算。

技能目标

1. 会处理存货、固定资产、累计折旧、无形资产、累计摊销以及资产减值损失等相关业务；
2. 会分析财产物资的收、发、存对企业财务报告的影响；
3. 会处理企业职工薪酬的相关业务。

素养目标

1. 通过了解我国从2019年起新个税法全面实施，更多个税改革红利举措落地，理解个税改革对民生福祉、经济发展的重大意义；
2. 结合具体的个税改革措施，知晓个税改革和职工薪酬会计处理的密切联系，加强法治意识。

思维导图

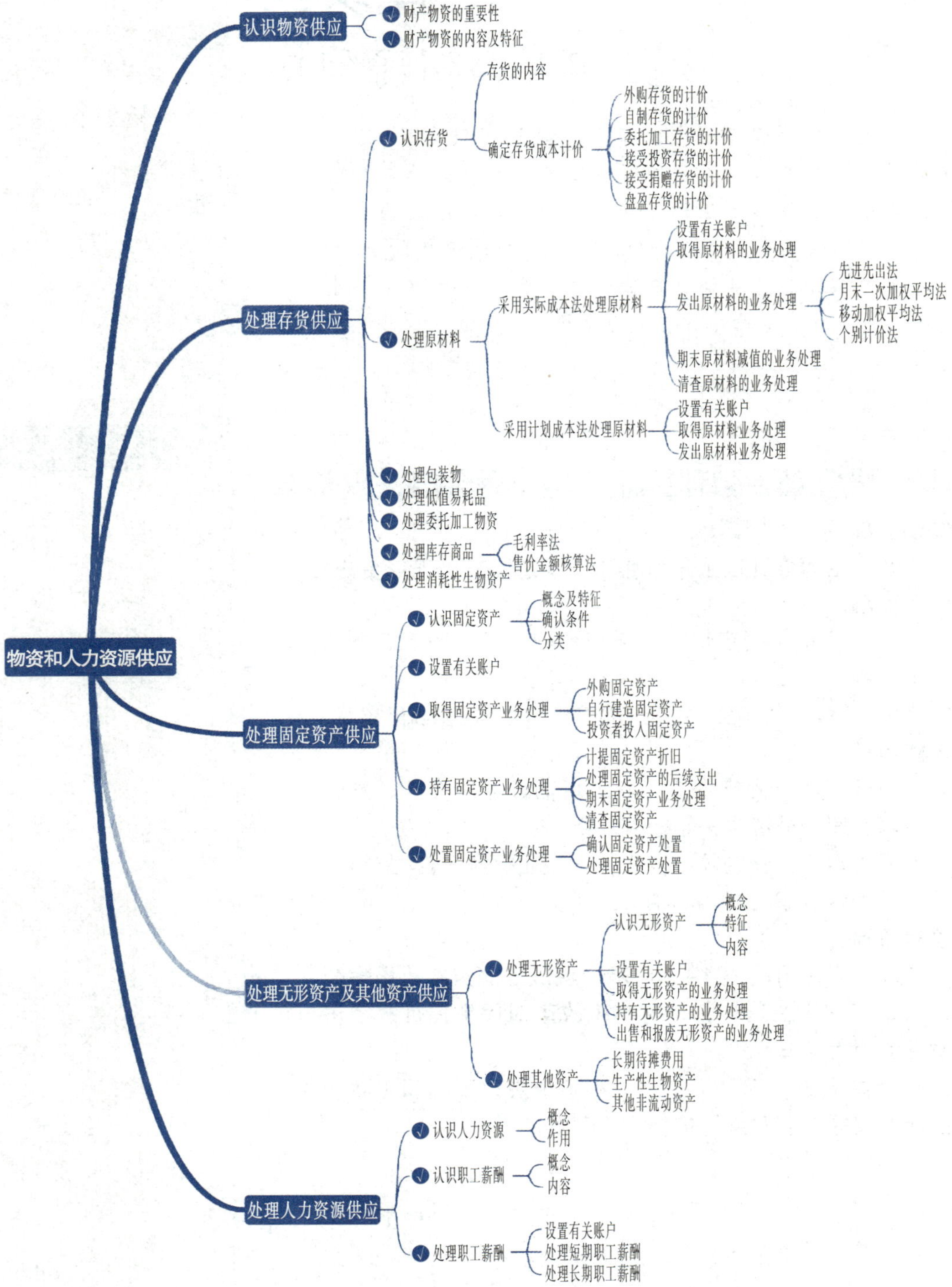
物资和人力资源供应
认识物资供应
财产物资的重要性
财产物资的内容及特征
处理存货供应
认识存货
存货的内容
确定存货成本计价
外购存货的计价
自制存货的计价
委托加工存货的计价
接受投资存货的计价
接受捐赠存货的计价
盘盈存货的计价
处理原材料
采用实际成本法处理原材料
设置有关账户
取得原材料的业务处理
发出原材料的业务处理
先进先出法
月末一次加权平均法
移动加权平均法
个别计价法
期末原材料减值的业务处理
清查原材料的业务处理
采用计划成本法处理原材料
设置有关账户
取得原材料业务处理
发出原材料业务处理
处理包装物
处理低值易耗品
处理委托加工物资
处理库存商品
毛利率法
售价金额核算法
处理消耗性生物资产
处理固定资产供应
认识固定资产
概念及特征
确认条件
分类
设置有关账户
取得固定资产业务处理
外购固定资产
自行建造固定资产
投资者投入固定资产
持有固定资产业务处理
计提固定资产折旧
处理固定资产的后续支出
期末固定资产业务处理
清查固定资产
处置固定资产业务处理
确认固定资产处置
处理固定资产处置
处理无形资产及其他资产供应
处理无形资产
认识无形资产
概念
特征
内容
设置有关账户
取得无形资产的业务处理
持有无形资产的业务处理
出售和报废无形资产的业务处理
处理其他资产
长期待摊费用
生产性生物资产
其他非流动资产
处理人力资源供应
认识人力资源
概念
作用
认识职工薪酬
概念
内容
处理职工薪酬
设置有关账户
处理短期职工薪酬
处理长期职工薪酬

德技并修

让老百姓充分享受个税改革红利

自2019年起，新个税法全面实施，更多个税改革红利落地。这次个税改革多措并举，通过提高基本减除费用标准、设立专项附加扣除、调整优化税率结构等措施，纳税人的税负普遍得到降低，老百姓成为实实在在的受益者。从1月1日起，备受关注的个人所得税专项附加扣除政策正式实施，纳税人在5 000元基本减除费用和“三险一金”扣除以外还可以享受专项附加扣除，享受更多个税改革的红利。

提高基本减除费用让不少中低收入者不缴或少缴税，而专项附加扣除则涵盖了教育、医疗、住房、养老等最受关注的民生领域，精准地指向了老百姓主要负担的生活成本，全面降低了中低收入者的税收负担，让老百姓进一步降低了“税感”，增加了获得感。

资料来源：鲁元珍. 让老百姓充分享受个税改革红利［EB/OL］.［2019-01-10］. https://www.gov.cn/xinwen/2019-01/10/content_5356416.htm.

德技并修4

问题：

你对个人所得税改革有什么感受？

任务1 认识物资供应

任务描述

光大机械公司是一家成长中的公司，目前公司的产品颇受市场欢迎。为扩大公司规模，董事会通过多方努力已经筹集到资金3 000万元。在股东大会上，关于这笔资金的使用出现了三种不同观点：第一种观点认为，目前机会难得，企业应尽快扩建厂房，引进新的流水线；第二种观点认为，公司要有长期的发展，应该将资金向研发领域倾斜；第三种观点认为，目前原材料市场价格呈上涨趋势，公司应加大原材料的库存。

如果你是该公司的财务人员，请你结合不同财产物资的特点来分析董事会可能作出的决策。

相关知识

一、财产物资的重要性

企业筹集资金的目的是用于生产经营以便获得最大的经济效益。供应过程是企业生产经营过程的第一阶段，即生产的准备阶段。在这一过程中，企业用筹集来的资金进行各种投资活动。一般来讲，财产物资是指企业运用所筹集的资金进行投资所形成的最终成果。对于对外投资所形成的某种财产或权利，我们将在以后的章节中讲述，本节主要讨论企业对内投资所形成的存货、固定资产、无形资产等资产。

企业持有各类财产物资的目的：首先，为生产经营做必要的准备；其次，资源的分散分布有助于降低风险；最后，合理的资源配置有利于提高整体资产的收益。

二、财产物资的内容及特征

（一）内容

企业的财产物资种类很多，形态和功能各不相同。其中，存货包括各类材料、在产品、半成品、产成品、商品以及包装物、低值易耗品、委托代销商品等。固定资产包括房屋、建筑物、机器、设备、器具、工具等。无形资产包括专利权、非专利技术、商标权、著作权、土地使用权等。

（二）特征

由于财产物资种类繁多，企业需要根据它们不同的特性来进行管理：

●存货是企业品种最多的物资，一般使用寿命较短，属于企业的流动资产。存货与生产的关联度高，变现能力较强，但整体收益率不及非流动资产，且受市场影响比较大，存在较大的减值风险。

●固定资产单位价值高，使用寿命较长，并在使用过程中保持原有的实物形态，属于企业的非流动资产。相比较存货而言，固定资产的收益率较高，但流动性较差，而且会占用企业大量的资金。企业持有固定资产的目的是为生产提供服务，而不是出售。

●无形资产属于企业的非流动资产，不具有实物形态，但它具有一种综合能力，通过与其他资产结合可以给企业带来经济利益，但又存在较大的不确定性。

任务实施

根据任务描述，我们对三种观点分别进行剖析：

（1）扩建厂房和引进新的流水线，实际上是对固定资产进行投资。

固定资产投资一般占用资金较大，而且一旦市场行情不理想，或者企业转产时，这类资产很难变现，存在很大的减值风险，所以管理层不应该把筹集的所有资金都投资于固定资产，但考虑到扩大市场规模和提高产能，企业还是应该抓住市场机会。

（2）资金向研发领域倾斜，实际上是对无形资产进行投资。

根据国内外的经验，要使企业有长期稳定的发展，必须注重自己研发力量的提高，科技创新是企业发展永恒的动力，但研发投资周期较长，而且研发成果最终能否转化为生产力还存在不确定性，所以企业只可能将部分资金投入到研发领域。

（3）增加原材料的库存，实际上是加大对存货的投入。

在原材料价格上涨之前保持充足的库存，一方面能保证持续生产；另一方面大批量的购买能降低采购和运输成本，但应考虑因此而增加的库存成本。

因此，通过对不同投资方式的对比分析，结合企业所处的行业，董事会可能作出的决议如下：

（1）本次筹集的3 000万元将分布在不同的投资领域。

（2）机械制造业固定资产所占比重较大，企业准备将1 500万元~2 000万元的资金用于扩建厂房和引进新的流水线；对无形资产投资是个长期积累的过程，本次企业将动用不超过300万元（小于10%）的资金用于研发，以后年度企业的研发投入不低于总资产的

5%；由于原材料面临涨价的风险，新的流水线上马后也会增加对原材料等相关存货的需求，所以准备将700万元~1 200万元的资金用于存货的采购。

（3）本次决策的效果。由于需要兼顾现在和未来的发展，企业将资金作上述分配，以保证资源的合理配置和利用。

任务评价

根据前面任务下达的要求实施并完成任务后，进行任务实施评价，填写任务实施评价表，见表4-1-1。

表 4-1-1 光大机械公司资源分配方案训练评价表

考评内容标准	实施评价		
	自我评价	同学互评	教师评价
判断投资应用于不同领域（15分）			
分析不同财产物资对企业经营的贡献和风险（50分）			
合理配置资源（25分）			
资源配置的效果（10分）			
合　　计			

同步练习

同步练习 4-1

扫码答题

一、单项选择题

1.（　　）的单位价值高、使用寿命长。

A.原材料　　B.固定资产

C.库存商品　　D.低值易耗品

2.下列关于财产物资的表述中，正确的是（　　）。

A. 存货一般使用寿命较短，变现能力较弱

B. 固定资产一般使用寿命较长，变现能力较强

C. 无形资产没有实物形态，给企业带来的经济利益具有较大的不确定性

D. 以上表述均不正确

二、多项选择题

1.下列各项中，属于企业存货的是（　　）。

A.原材料　　B.委托代销商品

C.产成品　　D.固定资产

2.企业存货（　　）。

A.是流动资产　　B.变现能力强　　C.整体收益率高　　D.使用寿命较短

三、判断题

1. 同一项资产，在不同的企业可能分属存货和固定资产。（　　）

2. 企业持有固定资产的目的也是出售。（　　）

3. 无形资产属于企业的流动资产，不具有实物形态。（ ）

任务2 处理存货供应

任务描述

（1）龙腾公司为增值税一般纳税人，原材料采用实际成本法核算，3月1日与华远企业签订原材料购进协议，分别采用不同的方式购进A、B、C三种原材料。

3月8日，A材料运抵企业并验收入库，取得的增值税专用发票上注明的原材料货款为100 000元，增值税税额为13 000元，发票等结算凭证已经收到，货款已通过银行转账支付。

3月15日，收到银行转来的托收承付结算凭证以及发票，发票注明购进B材料一批，买价为200 000元，增值税税额为26 000元，经审核无误当日承付。3月20日，收到仓库转来的收料单，B材料运到并验收入库。

C材料采用委托收款方式结算，3月29日运抵企业并验收入库，至月末相关单据尚未到达，合同中的价值为30 000元。4月2日，账单到达，增值税专用发票上记载的货款为31 000元，增值税税额为4 030元，款项通过银行存款付讫。

请为龙腾公司作采购原材料的会计处理。

（2）龙腾公司6月份甲材料的收发记录见表4-2-1。

表4-2-1 6月份甲材料的收发记录 数量单位：吨 金额单位：万元

××年		摘要	本月入库		本月出库（数量）	结 存	
月	日		数量	单价		数量	单价
6	1	上月结余				10	10
	3	购入	20	11			
	5	领用			15		
	10	购入	5	12			
	21	领用			12		

假定6月5日发出的材料是3日购入的，21日发出的12吨材料中有9吨是月初结存的，另3吨是10日购入的。

请分别采用个别计价法、先进先出法、月末一次加权平均法、移动加权平均法计算甲材料的发出成本及期末的结余成本并作相应的会计处理。

（3）龙腾公司20×2年年末存货的账面成本为110 000元，预计可变现净值为105 000元（20×2年之前存货跌价准备为0）。假设20×3年年末该存货的预计可变现净值为95 000元。到20×4年年末，该存货的可变现净值有所恢复，预计可变现净值为135 000元，请为该公司20×2年、20×3年、20×4年年末存货减值作相应的会计处理。

（4）龙腾公司在财产清查盘点中发现毁损材料100千克，实际单位成本为每千克50

元。经查明属保管员过失造成，按规定应由其个人赔偿4 000元，残料已办理入库手续，价值300元。请为该公司作相关会计处理（不考虑相关税费）。

（5）中兴公司原材料采用计划成本法核算，20×3年6月份B材料收、发、存情况如下：

① 原材料期初余额为5 800元，“材料成本差异”账户期初贷方余额为212元，原材料计划单位成本为5.20元。

② 6月5日和6月19日购入材料的数量分别为1 500千克和2 000千克，实际购货成本分别为7 600元和10 332元。材料已于6月25日验收入库，相关款项已支付（不考虑相关增值税）。

③ 本月发出材料1 600千克用于生产。

根据以上资料，为中兴公司作材料发出的会计处理。

（6）中兴公司9月份仓库发出包装物的实际成本为40 000元，该包装物单独计价，出售收入为48 000元，增值税税额为6 240元，收到转账支票存入银行。请为该公司作相应的会计处理。

（7）中兴公司基本生产车间领用400件管理用具，每件100元，共计40 000元。使用10个月后报废，残料作价500元入库。请为该公司作相应的会计处理。（采用分次摊销法核算）

（8）龙腾公司委托康达工厂加工一批材料（属应税消费品，适用税率为10%），发出原材料实际成本为50 000元，通过银行支付加工费4 000元，返回后验收入库。双方使用的增值税税率均为13%。请为龙腾公司作相应的会计处理。

（9）华美超市采用售价金额核算法核算库存商品成本。20×3年1月初服装进货成本为10 000元，售价总额为12 500元；本期购货成本为45 000元，售价总额为67 500元；本期销售收入为64 000元。计算期末存货成本和本期销货成本，并作相关会计处理。（不考虑相关税费）

相关知识

一、认识存货

（一）存货的内容

存货，是指企业在日常生产经营过程中持有的以备出售的产成品或商品，处在生产过程中的在产品，以及在生产过程或提供劳务过程中耗用的材料、物料等。其包括各类原材料、在产品、半成品、产成品、商品、包装物、低值易耗品、委托代销商品等。

1. 原材料

原材料是指企业在生产过程中经加工改变其形态或性质并构成产品主要实体的各种原料及主要材料、辅助材料、外购半成品（外购件）、修理用备品备件、包装材料、燃料等。

2. 在产品

在产品是指企业正在制造但尚未完工的生产物，包括正在各生产工序加工的产品，以及已加工完毕但尚未检验或已检验但尚未办理入库手续的产品。

3. 半成品

半成品是指经过一定生产过程并已检验合格交付半成品仓库保管，但还未制造完工成为产成品，仍需进一步加工的中间产品，但不包括从一个生产车间转给另一个生产车间继续加工的自制半成品以及不能单独计算成本的自制半成品。

4.产成品

产成品是指工业企业已经完成全部生产过程并验收入库，可以按照合同规定的条件送交订货单位，或者可以作为商品对外销售的产品。企业接受外来原材料加工制造的代制品和为外单位加工修理的代修品，制造和修理完成验收入库后，应视同企业的产成品。

5.商品

商品是指商品流通企业外购或委托加工完成验收入库用于销售的各种商品。

6.包装物

包装物是指为了包装本企业商品而储备的各种包装容器，如桶、箱、瓶、坛、袋等，其主要作用是盛装、装潢产品或商品。

7.低值易耗品

低值易耗品是指不能作为固定资产的各种用具物品，如工具、管理用具、玻璃器皿、劳动保护用品，以及在经营过程中周转使用的容器等。其特点是单位价值较低，或使用期限相对于固定资产较短，在使用过程中保持其原有实物形态基本不变。

8.委托代销商品

委托代销商品是指企业委托其他单位代销的商品。

思考4-1：机械制造业企业常见的存货有哪些？

（二）确定存货成本计价

存货应当按照成本进行初始计量。存货成本包括采购成本、加工成本和其他成本。企业存货的来源不同，其成本构成内容也不同。

1.外购存货的计价

存货的采购成本一般包括购买价款、相关税费、运输费、装卸费、保险费以及其他可归属于存货采购成本的费用。其具体包括：

①买价；

②运杂费；

③运输途中的合理损耗；

④入库前的整理挑选费；

⑤购入存货应负担的税金和其他费用。

商品流通企业的外购商品，采购过程中发生的买价以外的相关进货费用，应计入存货采购成本，也可以先行归集，期末根据所购商品的存销情况进行分摊。企业采购商品的进货费用金额较小的，可以在发生时计入当期损益。

2.自制存货的计价

自制存货的成本主要由采购成本、加工成本以及使存货达到目前场所和状态所发生的其他成本构成。其中，存货的加工成本是指存货加工过程中发生的追加费用，包括直接人工以及按照一定方法分配的制造费用；存货的其他成本，是指除采购成本、加工成本以外，使存货达到目前场所和状态所发生的其他支出，如为特定客户设计产品所发生的设计费用等。

3.委托加工存货的计价

委托加工存货的成本以实际耗用的原材料或者半成品的成本及加工费、运输费、装卸费和保险费等费用，以及按规定应计入成本的税金，作为实际成本。

4.接受投资存货的计价

投资者投入存货的成本，应当按照投资合同或协议约定的价值确定，但合同或协议约定价值不公允的除外。

5.接受捐赠存货的计价

接受捐赠的存货，按以下规定确定其实际成本：

（1）捐赠方提供了有关凭据（如发票、报关单、有关协议）的，按凭据上标明的金额加上应支付的相关税费，作为实际成本。

（2）捐赠方没有提供有关凭据的，按如下顺序确定其实际成本：

① 同类或类似存货存在活跃市场的，按同类或类似存货的市场价格估计的金额，加上应付的相关税费，作为实际成本。

② 同类或类似存货不存在活跃市场的，按该接受捐赠的存货的预计未来现金流量现值作为实际成本。

6.盘盈存货的计价

按照同类或类似存货的市场价格作为实际成本。

二、处理原材料

原材料是工业企业的主要存货，是指企业在生产过程中经过加工改变其形态或性质并构成产品主要实体的各种原料、主要材料和外购半成品，以及不构成产品实体但有助于产品形成的辅助材料。原材料按其在生产经营过程中的不同作用，一般可分为原料及主要材料、辅助材料、外购半成品（外购件）、修理用备品备件、包装材料、燃料等。

原材料日常可以按实际成本核算，也可以按计划成本核算。

（一）采用实际成本法处理原材料

原材料按实际成本核算时，材料的收发及结存，无论总分类核算还是明细分类核算，均按照实际成本计价。它适用于规模较小、货物品种简单、采购业务不多的企业。

1.设置有关账户

原材料按实际成本计价，企业应设置“原材料”、“在途物资”、“应付账款”和“预付账款”等账户。

“原材料”账户属于资产类账户，用来核算企业库存的各种原材料的实际成本。该账户借方登记收入原材料的实际成本，贷方登记发出原材料的实际成本，期末余额在借方，表示库存原材料的实际成本。

“在途物资”账户属于资产类账户，用来核算企业已经付款，或已开出商业承兑汇票但尚未到达，或尚未验收入库的各种物资的实际成本。该账户借方登记购入的在途物资的实际成本，贷方登记已验收入库物资的实际成本，期末余额在借方，表示在途物资的实际成本。

2.取得原材料的业务处理

（1）外购原材料。

由于结算方式和采购地点的不同，材料入库和货款支付在时间上往往不一致。在实务中一般会形成三种状况：

①单货同到。企业在支付货款、材料验收入库后，应根据结算凭证、发票账单和收料单等结算凭证确定的材料成本，借记“原材料”“应交税费——应交增值税（进项税额）”账户，贷记“银行存款”、“其他货币资金”或“应付账款”等账户。

【例4-1】光华公司购入甲材料一批，取得的增值税专用发票上注明的原材料价款为3 000元，增值税税额为390元，全部款项已通过转账支票付讫，材料已验收入库。公司编制会计分录如下：

借：原材料——甲材料　　3 000
　　应交税费——应交增值税（进项税额）　　390
　贷：银行存款　　3 390

②单到货未到。企业发生此类业务时，应根据有关结算凭证、增值税专用发票中记载的材料的价款及增值税税额，借记“在途物资”“应交税费——应交增值税（进项税额）”账户，贷记“银行存款”、“其他货币资金”或“应付账款”等账户。待材料验收入库后，再借记“原材料”账户，贷记“在途物资”账户。

【例4-2】光华公司购入乙材料一批，发票及账单已到达，发生运杂费200元（不考虑相关税费），增值税专用发票上注明的原材料价款为5 000元，增值税税额为650元，全部款项已用银行存款支付，材料尚未到达。公司编制会计分录如下：

借：在途物资——乙材料　　5 200
　　应交税费——应交增值税（进项税额）　　650
　贷：银行存款　　5 850

材料到达并验收入库时，根据入库单编制会计分录如下：

借：原材料——乙材料　　5 200
　贷：在途物资——乙材料　　5 200

③货到单未到。对于材料已到达并已验收入库，但发票账单等结算凭证未到，货款尚未支付的采购业务，因企业未收到有关结算凭证，无法准确计算入库材料实际成本，暂不作账务处理。若月末结算凭证仍未到，按货物清单或相关合同协议上的价格暂估入账，按暂估成本金额，借记“原材料”账户，贷记“应付账款”账户。下月初，用红字冲销原暂估入账金额。

【例4-3】光华公司购入丙材料，材料已运到并验收入库，月末发票账单尚未到达无法确定其实际成本，货物清单上的价格为12 000元。结算凭证到达时，增值税专用发票上注明价款12 000元，增值税税额为1 560元。月末公司编制会计分录如下：

借：原材料——丙材料　　12 000
　贷：应付账款——暂估应付款　　12 000

下月初：

借：原材料——丙材料　　12 000
　贷：应付账款——暂估应付款　　12 000

结算凭证到达时：

借：原材料——丙材料　　12 000
　　应交税费——应交增值税（进项税额）　　1 560
　贷：银行存款　　13 560

（2）自制原材料。

自制并已验收入库的原材料，以实际成本借记“原材料”账户，贷记“生产成本”账户。

（3）投资者投入原材料。

投资者投入的原材料，按投资各方确认的价值，借记“原材料”账户；按增值税专用发票上注明的增值税税额，借记“应交税费——应交增值税（进项税额）”账户；按确定的出资额，贷记“实收资本”（或“股本”）账户；按其差额，贷记“资本公积”账户。

3.发出原材料的业务处理

（1）认识原材料发出的计价方法。

由于采购时间、采购地点等的不同，企业购进同样的存货，其单位成本往往各异。这样，发出存货时就会发生按什么单价计价的问题，就需要采用合理的计算方法予以确定。根据企业会计准则的规定，企业在确定发出存货的成本时，可以选择使用先进先出法、月末一次加权平均法、移动加权平均法和个别计价法四种方法。发出存货的计价方法一经确定，不得随意变更。

思考4-2：为什么发出存货的计价方法一经确定，不得随意变更呢？

①先进先出法

先进先出法是指根据先入库先发出的原则，对发出的存货，以先入库存货的单价进行计价，从而计算发出存货成本的方法。

【例4-4】甲公司9月份A材料有关收、发、存明细见表4-2-2，运用先进先出法计算本月发出材料和期末结存材料的成本。

表4-2-2 甲公司9月份A材料有关收、发、存明细（1） 数量单位：千克 金额单位：元

××年		摘要	收入			发出			结存		
月	日		数量	单价	金额	数量	单价	金额	数量	单价	金额
9	1	月初余额							1 200	5	6 000
	3	购入	600	5.10	3 060				1 800		
	7	发出				800			1 000		
	10	购入	400	6	2 400				1 400		
	16	发出				1 000			400		
	24	购入	600	5.20	3 120				1 000		
	30	本月合计	1 600		8 580	1 800			1 000		

9月7日发出材料成本=800×5=4 000（元）

9月16日发出材料成本=400×5+600×5.10=5 060（元）

本月发出材料成本=4 000+5 060=9 060（元）

月末结存成本=6 000+8 580−9 060=5 520（元）

在采用先进先出法的情况下，由于期末结存材料金额是根据近期入库存货成本计价的，其价值接近于市场价格，并能随时结转发出存货的实际成本。但每次发出存货要根据先入库的单价计算，工作量较大，一般适用于收、发存货次数不多的情况。采用先进先出法，当物价上涨时，会高估企业存货价值和当期利润；当物价下跌时，会低估企业存货价值和当期利润。

②月末一次加权平均法

月末一次加权平均法是指在期末计算存货的平均单位成本时，用期初存货数量和本期各批收入的存货数量作为权数来确定存货的平均单位成本，从而计算出期末存货和已销存货成本的一种计价方法。其计算公式如下：

$$加权平均单位成本=\frac{期初存货成本+本期收入存货成本}{期初存货数量+本期收入存货数量}$$

本期发出存货成本=本期发出存货数量×加权平均单位成本

期末存货成本=期末存货数量×加权平均单位成本

本期发出存货成本=本期发出存货数量×加权平均单位成本

或 本期发出存货成本=期初存货成本+本期收入存货成本−期末存货成本

【例4-5】 接【例4-4】，运用月末一次加权平均法计算期末结存材料和本月发出材料成本。

$$加权平均单位成本=\frac{6\,000+8\,580}{1\,200+1\,600}=\frac{14\,580}{2\,800}=5.21（元/千克）$$

期末结存材料成本=1 000×5.21=5 210（元）

本月发出材料成本=6 000+8 580−5 210=9 370（元）

采用月末一次加权平均法，只需在期末计算一次加权平均单位成本，比较简单，但平时从账上无法提供存货的收、发、存情况，不利于对存货的管理。

③移动加权平均法

移动加权平均法是指每次收到存货后，以各批存货收入数量与各批收入前的结存数量为权数，为存货计算出新的加权平均单位成本的一种方法。每次进货后，都要重新计算一次加权平均单位成本。其计算公式如下：

$$移动加权平均单位成本=\frac{结存存货成本+本批进货成本}{结存存货数量+本批进货数量}$$

本批发出存货成本=本批发出存货数量×移动加权平均单位成本

【例4-6】 接【例4-4】，甲公司9月份A材料有关收、发、存明细见表4-2-3，运用移动加权平均法计算期末结存材料和本月发出材料成本。

表4-2-3 甲公司9月份A材料有关收、发、存明细（2）

数量单位：千克
金额单位：元

××年		摘要	收入			发出			结存		
月	日		数量	单价	金额	数量	单价	金额	数量	单价	金额
9	1	月初余额							1 200	5	6 000
	3	购入	600	5.10	3 060				1 800	5.03	9 060
	7	发出				800	5.03	4 024	1 000		5 036
	10	购入	400	6	2 400				1 400	5.31	7 436
	16	发出				1 000	5.31	5 310	400		2 126
	24	购入	600	5.20	3 120				1 000	5.25	5 246
	30	本月合计	1 600		8 580	1 800		9 334	1 000	5.25	5 246

9月3日移动加权平均单位成本=（6 000+3 060）÷（1 200+600）=5.03（元/千克）

9月7日发出材料成本=800×5.03=4 024（元）

9月10日移动加权平均单位成本=（5 036+2 400）÷（1 000+400）=5.31（元/千克）

9月16日发出材料成本=1 000×5.31=5 310（元）

9月24日移动加权平均单位成本=（2 126+3 120）÷（400+600）=5.25（元/千克）

9月30日结存材料成本=2 126+3 120=5 246（元）

9月发出材料成本合计=4 024+5 310=9 334（元）

思考4–3：为什么每次进货后，都要重新计算一次加权平均单位成本呢？

移动加权平均法的优点是便于及时了解存货的结存情况，并且每当购入新的存货，就要重新计算加权平均单位成本，使得存货的单价比较客观；其缺点是计算量较大。

④个别计价法

个别计价法又称为分批计价法，是指认定每一件或每一批存货的实际单价，计算发出该件或该批存货成本的方法。

采用个别计价法，对每件或每批购进的存货应分别存放，并分别登记存货明细分类账。对每次领用的存货，应在存货领用单上注明购进的件别或批次，便于按照该件或该批存货的实际单价计算其耗用金额。

对于不能替代使用的存货，为特定项目专门购入或制造的存货（房屋、珠宝、名画等）以及品种较少、单位价值较高的存货，适用个别计价法。

（2）发出原材料业务处理。

平时，企业根据“领料单”或“限额领料单”、“领料登记簿”等登记发出材料的记账凭证，进而登记原材料明细账。月末按领用部门和用途汇总编制“发出材料汇总表”，登记总分类账，进行原材料发出的总分类核算。

根据企业发出材料的实际成本，凡车间生产产品领用的，借记“生产成本”账户；车间管理及一般消耗领用的，借记“制造费用”账户；厂部管理及一般消耗领用的，借记“管理费用”账户；专设销售机构领用的，借记“销售费用”账户；委托加工发出的，借记“委托加工物资”账户，贷记“原材料”账户。

【例4–7】光华公司“发出丁材料汇总表”显示，当月基本生产车间领用丁材料300 000元，车间管理部门领用2 000元，公司行政管理部门领用1 500元，销售部门领用2 200元。公司编制会计分录如下：

借：生产成本——基本生产成本	300 000	
制造费用	2 000	
管理费用	1 500	
销售费用	2 200	
贷：原材料——丁材料		305 700

4.期末原材料减值的业务处理

（1）处理原则

企业期末原材料的价值通常是以历史成本来确定的，但是由于原材料市价的下跌，以及原材料陈旧、过时、毁损等原因，导致采用历史成本不能真实反映原材料的价值，因此，企业会计准则规定，资产负债表日，存货应当按照成本与可变现净值孰低法计量。也就是要求对期末存货，按照成本与可变现净值两者之中的较低者进行计量。

这里所讲的“成本”是指期末存货的实际成本。“可变现净值”是指在正常生产经营过程中，以存货的估计售价减去至完工时估计将要发生的成本、销售费用以及相关税费后的余额。可变现净值的特征表现为存货的预计未来净现金流量，而不是存货的售价或合同价。

如果期末存货的成本低于可变现净值，则不需要作会计处理，资产负债表中的存货仍按期末账面价值列示；如果期末可变现净值低于成本，则必须确认当期的期末存货跌价损失，计提存货跌价准备。

（2）确定可变现净值

具体来说，企业应区别以下情况确定存货的可变现净值：

① 为执行销售合同或劳务合同而持有的存货通常应以产成品或商品的合同价格作为其可变现净值的计量基础。

② 没有销售合同的存货，但不包括用于出售的材料，通常应以产成品或商品的一般销售价格作为计量基础。

（3）原材料减值迹象的判断

资产负债表日，当存在下列情况之一时，表明原材料的可变现净值低于成本，应当计提存货跌价准备：

① 市价持续下跌，并且在可预见的未来无回升的希望；

② 企业使用该原材料生产的产品的成本大于产品的销售价格；

③ 企业因产品更新换代，原有库存原材料已经不适应新产品的需要，而该原材料的市场价格又低于其账面价值；

④ 因企业所提供的商品或劳务过时或消费者偏好改变而使市场的需求发生变化，导致市场价格逐渐下跌；

⑤ 其他足以证明该原材料实质上已经发生减值的情形。

而原材料存在以下情况之一的，表明存货的可变现净值为零：

① 已霉烂变质的原材料；

② 已过期且无转让价值的原材料；

③ 生产中已不再需要，并且已无使用价值和转让价值的原材料；

④ 其他足以证明已无使用价值和转让价值的原材料。

（4）处理原材料减值

①账户设置。

为核算企业的存货跌价准备，企业应设置“存货跌价准备”账户。该账户属于资产类账户，借方登记冲减恢复的减值准备、发出存货应转出的减值准备，贷方登记计提的减值准备，余额在贷方，反映企业已计提但尚未转销的存货跌价准备。

②具体业务处理。

资产负债表日，首先比较成本与可变现净值，算出应计提的存货跌价准备，然后与“存货跌价准备”账户的余额进行比较，如果应提数大于已提数，应予以补提，反之应冲销部分已提数；但如果已计提跌价准备的原材料，其价值以后得以恢复，其转回已计提的存货跌价准备应以原计提的金额为限。

企业提取和补提存货跌价准备时，借记“资产减值损失”账户，贷记“存货跌价准备”账户；而冲回或转销存货跌价准备时，借记“存货跌价准备”账户，贷记“资产减值损失”账户。

【例4-8】企业采用成本与可变现净值孰低法对甲材料进行期末计价。20×3年年末，甲材料账面金额为90 000元，可变现净值为85 000元，由此企业应计提的存货跌价准备为5 000元，编制会计分录如下：

借：资产减值损失　　5 000

　贷：存货跌价准备　　5 000

假设20×4年6月30日，由于市场价格上涨，甲材料可变现净值为91 000元，应转回已计提的存货跌价准备5 000元，编制会计分录如下：

借：存货跌价准备　　5 000

　贷：资产减值损失　　5 000

5.清查原材料的业务处理

原材料的品种、规格繁多，而且总是处于不断销售、耗用和重置之中。为了加强对原材料的控制，保证原材料的安全、完整，企业应当定期或不定期地对原材料进行盘点和抽查，以确保账实相符。企业至少应当在年终编制财务会计报告之前，进行一次全面的清查、盘点。

（1）账户设置

为反映企业在清查中查明的盘盈、盘亏和毁损情况，企业应设置“待处理财产损溢”账户。该账户属于资产类账户，核算企业在清查财产过程中查明的各种财产盘盈、盘亏和毁损的价值。该账户借方登记材料、产品等的盘亏、毁损数以及批准处理各项资产的盘盈数，贷方登记材料、产品等的盘盈数以及批准处理各项资产的盘亏、毁损数。企业的财产损溢应查明原因，在期末结账前处理完毕，处理后本账户应无余额。

（2）具体业务处理

①盘盈原材料。

企业发生原材料盘盈时，借记“原材料”账户，贷记“待处理财产损溢”账户；在按管理权限报经批准后，借记“待处理财产损溢”账户，贷记“管理费用”等账户。

【例4-9】根据“实存账存对比表”所列，企业盘盈甲材料5 000元，编制会计分录如下：

借：原材料——甲材料　　5 000

　贷：待处理财产损溢——待处理流动资产损溢　　5 000

经查明，盘盈是由于计量差错所导致的，经有关部门核实后，编制会计分录如下：

借：待处理财产损溢——待处理流动资产损溢　　5 000

　贷：管理费用　　5 000

②盘亏原材料。

对原材料盘亏、毁损等的损失要分别按不同性质的原因进行处理：由于自然损耗造成的定额以内的短缺，记入“管理费用”账户；由于其他原因造成的超定额损耗，应该明确责任后，由有关单位或个人赔偿，记入“其他应收款”账户；实在无法确定责任单位或个人的，扣除残料价值，记入“管理费用”账户；由于自然灾害等不可抗力的原因发生的严重损失，应在扣除保险公司赔偿、处置收入、过失人赔偿后，记入“营业外支出”账户。

【例4-10】 企业在财产清查中发现毁损乙材料30 000元，增值税税率为13%，经查属于材料保管员的过失造成的，按规定由其个人赔偿25 000元，残料已办理入库手续，价值2 000元。企业编制会计分录如下：

①批准处理前：

借：待处理财产损溢——待处理流动资产损溢　　33 900

　贷：原材料——乙材料　　30 000

　　　应交税费——应交增值税（进项税额转出）　　3 900

②批准处理后：

借：其他应收款——保管员　　25 000

　　原材料　　2 000

　　管理费用　　6 900

　贷：待处理财产损溢——待处理流动资产损溢　　33 900

其他存货的清查可参照以上方法处理。

（二）采用计划成本法处理原材料

计划成本法是指企业存货的收入、发出和结余均按预先制定的计划成本计价，实际成本与计划成本之间的差额单独进行核算。存货按计划成本核算，要求存货的总分类核算和明细分类核算均按计划成本计价。单位计划成本一旦确定，在一定时期内应相对固定不变，以收、发、存的数量乘以相应的单位计划成本就可计算出收、发、存的成本，核算既简单、迅速，又能加强对材料的管理。计划成本法一般适用于存货品种繁多、收发频繁的企业。

1.设置有关账户

原材料按计划成本核算时，应设置“材料采购”、“原材料”和“材料成本差异”等账户。

“材料采购”账户属于资产类账户，用来核算企业采用计划成本法进行材料日常核算时购入材料的采购成本。该账户的借方登记外购材料的实际成本（包括买价和采购费用），贷方登记已验收入库材料的实际成本，月末借方余额表示尚未验收入库的在途材料的实际成本。

“原材料”账户属于资产类账户，在计划成本法下该账户用来核算企业库存的各种原材料的计划成本。该账户借方登记验收入库材料的计划成本，贷方登记发出原材料的计划成本，期末余额在借方，表示库存原材料的计划成本。

思考4-4：“原材料”账户在两种核算方法下反映的金额有何不同？

“材料成本差异”账户属于资产类账户，是“原材料”账户的调整账户，用来核算材料实际成本与计划成本的差异。该账户借方登记验收入库材料的实际成本大于计划成本的超支差异以及出库材料应承担的节约差异，贷方登记验收入库材料的实际成本小于计划成本的节约差异及出库材料应承担的超支差异。期末余额若在借方，表示库存各种材料实际成本大于计划成本的超支差异；若在贷方，表示库存各种材料实际成本小于计划成本的节约差异。

2.取得原材料业务处理

（1）外购原材料

企业采购材料，发生采购材料的实际成本时，记入“材料采购”账户；材料验收入库时，按入库材料的计划成本，借记“原材料”账户，贷记“材料采购”账户；实际成本与计划成本的差额转入“材料成本差异”账户。

微课 4-1
计划成本法下原材料购入的核算

【例 4-11】 公司购入一批材料，价款为 10 000 元，增值税税额为 1 300 元，款项已用银行存款支付，另用银行存款支付运费 400 元，增值税税额为 36 元。材料尚未到达企业，材料的计划总成本为 10 000 元。

根据发票账单、转账支票存根等结算凭证作会计分录如下：

借：材料采购 10 400
　　应交税费——应交增值税（进项税额） 1 336
　贷：银行存款 11 736

材料验收入库后，根据收料单作会计分录如下：

借：原材料 10 000
　　材料成本差异——原材料 400
　贷：材料采购 10 400

（2）自制原材料

自制并已验收入库的原材料，按计划成本借记“原材料”账户，贷记“生产成本”账户，同时结转材料成本差异。实际成本大于计划成本的差异，借记“材料成本差异”账户，贷记“生产成本”账户；实际成本小于计划成本的差异，作相反的会计分录。

3.发出原材料业务处理

企业发出材料时，一律采用计划成本计价，根据不同的用途，借记“生产成本”“制造费用”“管理费用”等账户，贷记“原材料”账户。期末，再将发出材料的计划成本调整为实际成本。

期末，根据“原材料”和“材料成本差异”账户的记录，计算出材料成本差异率和本期发出材料应承担的材料成本差异。有关计算公式如下：

$$材料成本差异率=\frac{期初结存材料成本差异+本期收入材料成本差异}{期初结存材料计划成本+本期收入材料计划成本}\times 100\%$$

发出材料应承担的材料成本差异=本期发出材料计划成本×材料成本差异率

发出材料的实际成本=本期发出材料计划成本+发出材料应承担的材料成本差异

微课 4-2
计划成本法下原材料发出的核算

【例 4-12】 公司本月月初“原材料”账户余额为 100 000 元，“材料成本差异”账户借方余额为 2 000 元，本月入库材料的计划成本为 200 000 元，本月入库材料应负担的材料成本差异为 4 000 元。根据本月发出材料汇总表，本月生产车间领用材料的计划成本为 200 000 元，厂部管理部门领用材料的计划成本为 5 000 元。根据发料凭证，公司编制会计分录如下：

借：生产成本 200 000
　　管理费用 5 000
　贷：原材料 205 000

$$材料成本差异率=\frac{2\,000+4\,000}{100\,000+200\,000}\times100\%=2\%$$

结转出库原材料应承担的成本差异时：

借：生产成本　　4 000

　　管理费用　　100

　贷：材料成本差异　　4 100

思考4-5： 材料成本差异率的计算结果可能为负数吗？它表示什么含义呢？

计划成本法下原材料的期末计价、清查方法与实际成本法大致相同，但需调整“材料成本差异”账户。

三、处理包装物

（一）认识包装物

包装物是指为包装本企业产品而储备的各种包装容器，如桶、箱、瓶、坛、袋等。其具体包括：生产过程中用于包装产品并作为产品组成部分的包装物；随同产品出售而不单独计价的包装物；随同产品出售单独计价的包装物；出租或出借给购买单位使用的包装物。

思考4-6： 包装材料纳入包装物核算吗？

（二）设置有关账户

为了反映各种包装物的收、发、存情况，企业应设置“周转材料——包装物”账户，并按包装物的种类设置明细账户。该账户属于资产类账户，取得包装物时记入借方，发出包装物时记入贷方，余额在借方，反映期末包装物的成本和在用包装物的摊余价值。根据企业实际情况，包装物同原材料一样，也有两种核算方法，即实际成本法和计划成本法。本任务中仅介绍实际成本法的处理，计划成本法可以比照原材料进行核算。

（三）取得包装物业务处理

企业购入、自制、委托外单位加工完成验收入库的包装物，通过“周转材料——包装物”账户核算，核算方法比照原材料的核算。各种包装材料，如纸、绳、铁丝、铁皮等，应在“原材料”账户核算；用于储存和保管产品、材料而不对外出售的包装物，应按价值大小和使用年限长短分别在“固定资产”或“周转材料——低值易耗品”账户中核算。

（四）发出包装物业务处理

包装物的摊销方法主要有一次摊销法和分次摊销法。一次摊销法是指包装物在领用时就将其全部价值计入相关成本费用；分次摊销法是指包装物在领用时按预计的使用时间分次将价值摊入相关成本费用。

1.生产领用包装物

对于生产领用的用于包装本企业产品并构成产品组成部分的包装物，应根据领用包装物的实际成本，借记“生产成本”等账户，贷记“周转材料——包装物”账户。

2.随同商品出售单独计价的包装物

随同商品出售单独计价的包装物，实际上在销售商品的同时也在销售包装物，应将出售包装物的收入记入“其他业务收入”账户，将包装物的成本记入“其他业务成本”账户。

【例4-13】 企业在商品销售过程中领用包装物一批，实际成本为6 000元，该批包装物随同商品出售，单独计算的售价为7 000元，增值税税额为910元，款项已收到。企业编制会计分录如下：

取得出售包装物收入时：

借：银行存款 7 910

贷：其他业务收入——材料销售 7 000

应交税费——应交增值税（销项税额） 910

结转出售包装物成本时：

借：其他业务成本——材料销售 6 000

贷：周转材料——包装物 6 000

3.随同商品出售但不单独计价的包装物

随同商品出售但不单独计价的包装物，其不计价收费的实质是为了推销商品或扩大其商品的销售范围，因此，包装物的成本作为包装费计入销售费用，即结转发出包装物的成本时，借记“销售费用”账户，贷记“周转材料——包装物”账户。

4.出租、出借包装物

出租包装物是企业为了促进销售向客户提供的一种有偿服务，其租金收入应记入“其他业务收入”账户，出租包装物的实际成本应记入“其他业务成本”账户。出借包装物给购货单位免费使用，其出借包装物的实际成本应视为企业在销售过程中的耗用，计入销售费用。出租、出借的包装物因不能使用而报废时，其残料价值应冲减其他业务成本或销售费用。

出租、出借包装物频繁且数量多、金额大的企业，出租、出借包装物的成本也可以采用分次摊销法进行核算。在这种情况下，应设置“周转材料——包装物（在用）”“周转材料——包装物（在库）”“周转材料——包装物（摊销）”等明细账户。

四、处理低值易耗品

（一）认识低值易耗品

低值易耗品是指单位价值较低或容易毁损的，不能作为固定资产核算的各种用具和物品。低值易耗品按其用途可以分为以下几类：

1.一般工具

一般工具，是指生产中常用的各种工具，如刀具、量具、夹具等。

2.专用工具

专用工具，是指专门用于制造某一特定产品，或在某一特定工序上使用的工具，如专用的刀具、夹具等。

3.替换设备

替换设备，是指容易磨损或为制造不同产品需要更换使用的各种设备，如轧钢用的轧棍等。

4.管理用具

管理用具，是指在经营管理中使用的各种办公用具、家具等。

5.劳动保护用品

劳动保护用品，是指为了安全生产、劳动保护而发给职工的工作服、工作鞋和其他各种劳动保护用品。

思考4-7：低值易耗品和固定资产的异同分别是什么？

（二）设置有关账户

为了加强对低值易耗品的管理与核算，企业应设置“周转材料——低值易耗品”账户。该账户属于资产类账户，借方登记低值易耗品的增加，贷方登记低值易耗品的减少，期末余额在借方，通常反映企业期末结存的低值易耗品的金额。

低值易耗品同原材料一样，也有两种核算方法，即实际成本法和计划成本法。本任务中仅介绍实际成本法的会计处理，计划成本法可以比照原材料进行核算。

（三）取得低值易耗品业务处理

企业购入、自制、委托外单位加工完成验收入库的低值易耗品，通过“周转材料——低值易耗品”账户核算，核算方法比照原材料。

（四）摊销低值易耗品业务处理

发出低值易耗品同包装物一样，有两种摊销方法，即一次摊销法和分次摊销法。

一次摊销法是指在低值易耗品领用时，将其全部价值一次计入有关的成本费用的摊销方法。适用于单位价值较低，使用期限短，一次领用不多的物品。一次摊销的低值易耗品，在领用时将其全部价值摊入有关成本费用，借记有关账户，贷记“周转材料——低值易耗品”账户。报废时，将报废低值易耗品的残料价值作为当月低值易耗品摊销额的减少，冲减有关成本费用，借记“原材料”等账户，贷记“制造费用”“管理费用”等账户。

分次摊销法是指在低值易耗品领用时，按预计的使用时间，分次将价值摊入成本费用的摊销方法。这种摊销方法费用负担比较均衡，适用于单位价值较高，使用期限较长的物品。在这种情况下，需要在“周转材料——低值易耗品”账户下设置“在用”、“在库”和“摊销”三个明细分类账户，先将“周转材料——低值易耗品（在库）”账户的价值转入“周转材料——低值易耗品（在用）”账户，然后在摊销时将其价值分次记入有关成本费用账户。

【例4-14】公司对某项低值易耗品采用分次摊销法核算。当月基本生产车间领用低值易耗品一批，实际成本为6 000元，估计可以使用半年，报废时收回残料，价值80元，已入库。公司编制会计分录如下：

（1）领用时：

借：周转材料——低值易耗品（在用）　6 000

　贷：周转材料——低值易耗品（在库）　6 000

月终摊销时：

借：制造费用　1 000

　贷：周转材料——低值易耗品（摊销）　1 000

剩余5个月摊销时的会计分录同上。

（2）报废收回残料时：

借：原材料　80

　贷：制造费用　80

注销总成本时：

借：周转材料——低值易耗品（摊销）　6 000

　贷：周转材料——低值易耗品（在用）　6 000

对在用低值易耗品以及使用部门退回仓库的低值易耗品应加强管理，并在备查簿上登记。

五、处理委托加工物资

（一）认识委托加工物资

企业从外部购入的原材料等存货，有时在规格和质量上还不能直接满足生产上的需要，企业本身由于受工艺设备条件限制或从降低成本考虑，需要将这部分存货委托给外单位加工，制造成另一种性能和用途的存货，从而形成了委托加工物资。委托加工物资一般包括委托加工材料、委托加工半成品、委托加工商品等。

委托外单位加工物资的成本包括：加工中实际耗用物资的成本；支付的加工费用及应负担的往返运杂费；支付的税金，包括应由委托加工物资负担的增值税和消费税。

（二）设置有关账户

为了反映和监督委托加工物资的增减变动及其结存情况，企业应设置“委托加工物资”账户。该账户属于资产类账户，借方登记委托加工物资的实际成本，贷方登记加工完成验收入库的物资的实际成本和剩余物资的实际成本，期末余额在借方，反映企业尚未完工的委托加工物资的实际成本。委托加工物资也可以采用计划成本或售价进行核算，其方法与原材料或库存商品相似。

（三）具体业务处理

微课4-3

委托加工物资核算

1.发出委托加工物资

发给外单位委托其加工的物资，按实际成本核算的，借记“委托加工物资”账户，贷记“原材料”“库存商品”等账户；按计划成本（或售价）核算的，还应当同时结转成本差异。

2.支付加工费、应负担的运杂费及相关税金

企业支付的加工费、应负担的运杂费及相关税金，按计入委托加工物资成本的金额借记“委托加工物资”账户，按可抵扣的增值税税额借记“应交税费——应交增值税（进项税额）”账户，贷记“银行存款”等账户。

思考4-8：此时的进项税额是如何计算的？

需要缴纳消费税的委托加工物资，由受托方代收代缴的消费税分别按以下情况处理：

（1）收回后直接用于销售的，应将受托方代收代缴的消费税计入委托加工物资的成本，借记“委托加工物资”账户，贷记“应付账款”“银行存款”等账户。

（2）收回后用于继续加工应税消费品，按规定消费税准许抵扣的，按受托方代收代缴的消费税，借记“应交税费——应交消费税”账户，贷记“应付账款”“银行存款”等账户。

3.加工完成收回委托加工物资

加工完成验收入库的物资和剩余的物资，按收回委托加工物资的实际成本和剩余物资的实际成本，借记“原材料”“库存商品”等账户，贷记“委托加工物资”账户。按计划成本（或售价）核算的企业，还应当同时结转有关的成本差异。

【例4-15】企业委托外单位加工一批材料（属于应税消费品），发出材料的实际成本为20 000元，支付加工费2 500元，往返运费为500元（运费不考虑增值税），加工费的增值税税额为325元，消费税税额为2 556元，款项已用银行存款支付。加工完毕收回材料用于继续生产应税消费品。企业编制会计分录如下：

（1）发出材料时：

借：委托加工物资　　20 000

　贷：原材料　　20 000

（2）支付加工费、税金等时：

借：委托加工物资　　3 000

　　应交税费——应交增值税（进项税额）　　325

　　　　　　——应交消费税　　2 556

　贷：银行存款　　5 881

（3）加工完成收回委托加工材料时：

借：原材料　　23 000

　贷：委托加工物资　　23 000

六、处理库存商品

（一）认识库存商品

库存商品是指企业已经完成全部生产过程并已验收入库，合乎标准规格和技术条件，可以按照合同规定的条件送交订货单位，或者可以作为商品对外销售以及外购或委托加工完成验收入库用于销售的各种商品。库存商品具体包括库存产成品、外购商品、存放在门市部准备出售的商品、发出用于展览的商品、寄存在外或存放在仓库的商品、接受外来原材料加工制造的代制品和为外单位加工修理的代修品等。

（二）设置有关账户

1.“库存商品”账户

“库存商品”账户属于资产类账户，该账户借方登记验收入库的库存商品成本，贷方登记发出库存商品的成本，余额在借方，反映期末库存商品的成本。

2.“商品进销差价”账户

“商品进销差价”账户属于资产类账户，该账户核算企业采用售价进行日常核算的商品售价和进价之间的差额。该账户借方登记月末分摊已销商品的进销差价，贷方登记企业因购入、加工收回以及销售退回等情况增加的库存商品售价与进价之间的差额，期末贷方余额反映企业库存商品的进销差价。该账户可按商品类别或实物管理负责人进行明细分类核算。

（三）处理工业企业的库存商品

工业企业的库存商品是指生产完工后准备出售的存放在仓库的产成品。产品完工时，按完工产品成本借记“库存商品”账户，贷记“生产成本”账户；产品出库确认销售时，按产品成本借记“主营业务成本”账户，贷记“库存商品”账户；产品出库未确认销售时，按产品成本借记“发出商品”“委托代销商品”等账户，贷记“库存商品”账户。

（四）处理商品流通企业的库存商品

商品流通企业以商品购销为主要经营活动，其经营品种一般较多，购销业务发生频繁。针对商品流通企业的经营特点，商业企业通常采用毛利率法和售价金额核算法来核算企业的库存商品。

1.毛利率法

毛利率法是根据本期销售净额乘以上期实际（或本月计划）毛利率计算本期销售毛

利，并计算发出存货成本和期末存货成本的一种方法。其计算公式如下：

毛利率=销售毛利÷销售净额×100%

销售净额=商品销售收入-销售折让和销售退回

销售毛利=销售净额×毛利率

销售成本=销售净额-销售毛利

期末存货成本=期初存货成本+本期收入存货成本-本期销售成本

【例4-16】 某批发公司月初存货为100 000元，本月购货为200 000元，本月商品销售收入净额为250 000元，上季度该类商品毛利率为20%，计算本月已销售存货和月末存货的成本。

销售毛利=250 000×20%=50 000（元）

销售成本=250 000-50 000=200 000（元）

期末存货成本=100 000+200 000-200 000=100 000（元）

用毛利率法计算本期销售成本和期末存货成本一般适用于商品批发企业。采用这种方法，商品销售成本按商品大类销售额计算，计算手续简便，但计算结果往往不准确。

2. 售价金额核算法

售价金额核算法是指平时商品的购入、加工收回、销售均按售价核算，对于库存商品进价和售价之间的差额，一般通过“商品进销差价”账户核算，期末计算进销差价率和本期已销商品应分摊的进销差价，并据以调整本期销售成本的一种方法。其计算公式如下：

$$商品进销差价率=\frac{期初库存商品进销差价+本期购入商品进销差价}{期初库存商品售价+本期购入商品售价}\times100\%$$

本期销售商品应分摊的商品进销差价=本期销售收入×商品进销差价率

本期销售商品的成本=本期销售收入-本期销售商品应分摊的商品进销差价

期末结存商品的成本=期初库存商品的成本+本期购进商品的成本-本期销售商品的成本

【例4-17】 某超市为增值税一般纳税人，商品采用售价金额核算法。20×3年8月购进A商品75 000元（已取得增值税专用发票），售价金额为90 000元，本月销售A商品收入150 000元，购销款均已通过银行收付完毕，已知期初A商品进货成本为100 000元，售价金额为110 000元。超市本月销售及库存商品成本计算及相关账务处理如下：

$$商品进销差价率=\frac{10\ 000+15\ 000}{110\ 000+90\ 000}\times100\%=12.50\%$$

本期销售商品应分摊的商品进销差价=150 000×12.50%=18 750（元）

本期销售商品的成本=150 000-18 750=131 250（元）

期末结存商品的成本=100 000+75 000-131 250=43 750（元）

购买商品入库时：

借：库存商品——A商品	90 000	
应交税费——应交增值税（进项税额）	9 750	
贷：银行存款		84 750
商品进销差价		15 000

商品销售结转成本时：

借：主营业务成本	150 000	
贷：库存商品		150 000

结转销售商品进销差价时：

借：商品进销差价 18 750

　贷：主营业务成本 18 750

对于从事商品零售业务的企业，如百货公司、超市等，由于经营的商品种类、规格繁多，且收发极为频繁，采用其他方法结算成本均很困难，售价金额核算法能大大降低核算难度，所以该方法在商业企业中被广泛采用。

七、处理消耗性生物资产

（一）认识消耗性生物资产

1.生物资产和消耗性生物资产的概念

生物资产，是指农业活动所涉及的活的动物或植物。生物资产分为消耗性生物资产、生产性生物资产和公益性生物资产。本部分介绍消耗性生物资产的会计处理。

消耗性生物资产，是指企业（农、林、牧、渔业）生长中的大田作物、蔬菜、用材林以及存栏待售的牲畜等，如玉米和小麦等庄稼、用材林、存栏待售的牲畜、养殖的鱼等。

2.消耗性生物资产的成本确认与计量

企业自行栽培、营造、繁殖或养殖的消耗性生物资产的成本，应当按照下列规定确定：

（1）自行栽培的大田作物和蔬菜的成本包括：在收获前耗用的种子、肥料、农药等材料费，人工费和应分摊的间接费用。

（2）自行营造的林木类消耗性生物资产的成本包括：郁闭前发生的造林费、抚育费、营林设施费、良种试验费、调查设计费和应分摊的间接费用。

（3）自行繁殖的育肥畜的成本包括：出售前发生的饲料费、人工费和应分摊的间接费用。

（4）水产养殖的动物和植物的成本包括：在出售或入库前耗用的苗种、肥料等材料费，人工费和应分摊的间接费用。

（二）设置有关账户

为了反映和监督消耗性生物资产的取得、持有和处置等交易或事项，企业应设置“消耗性生物资产”“农产品”等账户进行核算。

1.“消耗性生物资产”账户。本账户核算企业（农、林、牧、渔业）持有的消耗性生物资产的实际成本，借方登记消耗性生物资产的增加金额，贷方登记消耗性生物资产的减少金额，期末借方余额，反映企业（农、林、牧、渔业）消耗性生物资产的实际成本。本账户应按照消耗性生物资产的种类、群别等进行明细核算。

2.“农产品”账户。本账户核算企业（农、林、牧、渔业）消耗性生物资产收获的农产品。

（三）具体业务处理

1.外购的消耗性生物资产，按照应计入消耗性生物资产成本的金额，借记“消耗性生物资产”账户，贷记“银行存款”“应付账款”等账户。

2.自行栽培的大田作物和蔬菜，应按照收获前发生的必要支出，借记“消耗性生物资产”账户，贷记“银行存款”等账户。自行营造的林木类消耗性生物资产，应按照郁闭前发生的必要支出，借记“消耗性生物资产”账户，贷记“银行存款”等账户。自行繁殖的育肥畜、水产养殖的动植物，应按照出售前发生的必要支出，借记“消耗性生物资产”账户，贷记“银行存款”账户。

3.择伐、间伐或抚育更新性质的采伐而补植的林木类消耗性生物资产发生的后续支出，借记“消耗性生物资产”账户，贷记“银行存款”等账户。

4.林木类消耗性生物资产达到郁闭后发生的管护费用等后续支出，借记“管理费用”账户，贷记“银行存款”等账户。

5.农业生产过程中发生的应归属于消耗性生物资产的费用，按照应分配的金额，借记“消耗性生物资产”账户，贷记“生产成本”账户。

6.消耗性生物资产收获为农产品时，应按照其账面余额，借记“农产品”账户，贷记“消耗性生物资产”账户。

7.出售消耗性生物资产或农产品，应按照实际收到的金额，借记“银行存款”等账户，贷记“主营业务收入”等账户。按照其账面余额，借记“主营业务成本”等账户，贷记“消耗性生物资产”或“农产品”账户。

【例4-18】 W公司为一家林业有限责任公司，其下属森林班统一组织培植管护一片森林。20×3年3月，发生森林管护费用共计35 000元，其中，本月应付人员薪酬20 000元，仓库领用库存肥料11 000元，管护设备折旧4 000元。管护总面积为4 000公顷，其中，作为用材林的杨树林共计3 000公顷，已郁闭的占80%，其余的尚未郁闭；作为水土保持林的马尾松共计1 000公顷，全部已郁闭。管护费用按照森林面积比例分配。

计算过程如下；

未郁闭杨树林应分配共同费用的比例=3 000×（1−80%）÷4 000=0.15

已郁闭杨树林应分配共同费用的比例=3 000×80%÷4 000=0.6

已郁闭马尾松应分配共同费用的比例=1 000÷4 000=0.25

未郁闭杨树林应分配的共同费用=35 000×0.15=5 250（元）

已郁闭杨树林应分配的共同费用=35 000×0.6=21 000（元）

已郁闭马尾松应分配的共同费用=35 000×0.25=8 750（元）

W公司应编制如下会计分录：

借：消耗性生物资产——用材林（杨树林）	5 250	
管理费用	29 750	
贷：应付职工薪酬		20 000
原材料		11 000
累计折旧		4 000

8.企业至少应当于每年年度终了对消耗性生物资产进行检查，有确凿证据表明由于遭受自然灾害、病虫害、动物疫病侵袭或市场需求变化等原因，使消耗性生物资产的可变现净值低于其账面价值的，应当按照可变现净值低于账面价值的差额，计提生物资产跌价准备，并计入当期损益。

消耗性生物资产减值的影响因素已经消失的，减记金额应当予以恢复，并在原已计提的跌价准备金额内转回，转回的金额计入当期损益。

任务实施

（1）龙腾公司3月8日收到发票等结算单据时：

借：原材料——A材料	100 000

借：应交税费——应交增值税（进项税额） 13 000

　贷：银行存款 113 000

3月15日，B材料未入库时：

借：在途物资—— B材料 200 000

　　应交税费——应交增值税（进项税额） 26 000

　贷：银行存款 226 000

3月20日，B材料入库时：

借：原材料——B材料 200 000

　贷：在途物资——B材料 200 000

3月31日，C材料暂估入账时：

借：原材料——C材料 30 000

　贷：应付账款——暂估应付款 30 000

4月1日：

借：原材料——C材料 30 000

　贷：应付账款——暂估应付款 30 000

4月2日，结算凭证到达并支付货款时：

借：原材料——C材料 31 000

　　应交税费——应交增值税（进项税额） 4 030

　贷：银行存款 35 030

（2）龙腾公司6月份甲材料发出及结余成本。

在各种计价方法下，甲材料的明细资料分别见表4-2-4、表4-2-5、表4-2-6、表4-2-7。

①个别计价法。

表4-2-4 个别计价法下甲材料的明细资料 数量单位：吨 金额单位：万元

××年		摘要	收入			发出			结存		
月	日		数量	单价	金额	数量	单价	金额	数量	单价	金额
6	1	上月结存							10	10	100
	3	购入	20	11	220				10 20	10 11	100 220
	5	领用				15	11	165	10 5	10 11	100 55
	10	购入	5	12	60				10 5 5	10 11 12	100 55 60
	21	领用				9 3	10 12	90 36	1 5 2	10 11 12	10 55 24
	30	合　计	25		280	27		291	8		89

②先进先出法。

表 4-2-5　　**先进先出法下甲材料的明细资料**　　数量单位：吨　金额单位：万元

××年		摘要	收　入			发　出			结　存		
月	日		数量	单价	金额	数量	单价	金额	数量	单价	金额
6	1	上月结存							10	10	100
	3	购入	20	11	220				10 20	10 11	100 220
	5	领用				10 5	10 11	100 55	15	11	165
	10	购入	5	12	60				15 5	11 12	165 60
	21	领用				12	11	132	3 5	11 12	33 60
	30	合　计	25		280	27		287	8		93

③月末一次加权平均法。

存货单位成本=（100+280）÷（10+25）=10.8571（万元/吨）

发出存货的成本=27×10.8571=293.14（万元）

期末存货成本=8×10.8571=86.86（万元）

表 4-2-6　　**月末一次加权平均法下甲材料的明细资料**　数量单位：吨　金额单位：万元

××年		摘要	收　入			发　出			结　存		
月	日		数量	单价	金额	数量	单价	金额	数量	单价	金额
6	1	上月结存							10	10	100
	3	购入	20	11	220				30		
	5	领用				15			15		
	10	购入	5	12	60				20		
	21	领用				12			8		
	30	合　计	25		280	27	10.8571	293.14	8	10.8571	86.86

④移动加权平均法。

第一次购入存货后的单位成本=（100+220）÷（10+20）=10.67（万元/吨）

第一次发出存货的成本=15×10.67=160（万元）

结余存货的成本=320−160=160（万元）

第二次购入存货后的单位成本=（160+60）÷（15+5）=11（万元/吨）

第二次发出存货的成本=12×11=132（万元）

期末存货成本=220−132=88（万元）

表 4-2-7 **移动加权平均法下甲材料的明细资料** 数量单位：吨 金额单位：万元

××年		摘要	收入			发出			结存		
月	日		数量	单价	金额	数量	单价	金额	数量	单价	金额
6	1	上月结存							10	10	100
	3	购入	20	11	220				30	10.67	320
	5	领用				15	10.67	160	15	10.67	160
	10	购入	5	12	60				20	11	220
	21	领用				12	11	132	8	11	88
	30	合　计	25		280	27		292	8	11	88

假定企业本月发出材料采用移动加权平均法（其他方法略），本月共计发出材料292万元，其中车间制造产品领用220万元，车间一般耗用领用40万元，管理部门领用32万元。发出原材料时：

借：生产成本　　2 200 000
　　制造费用　　400 000
　　管理费用　　320 000
　贷：原材料　　2 920 000

（3）龙腾公司20×2年年末计提减值准备时：

借：资产减值损失　　5 000
　贷：存货跌价准备　　5 000

20×3年年末计提减值准备时：

借：资产减值损失　　10 000
　贷：存货跌价准备　　10 000

20×4年年末转回减值准备时：

借：存货跌价准备　　15 000
　贷：资产减值损失　　15 000

（4）根据相关的盘点单和财产清查报告单发现盘亏时：

借：待处理财产损溢——待处理流动资产损溢　　5 000
　贷：原材料　　5 000

批准转销盘亏时：

借：其他应收款——保管员　　4 000
　　原材料　　300
　　管理费用　　700
　贷：待处理财产损溢——待处理流动资产损溢　　5 000

（5）中兴公司发出B材料时：

借：生产成本　　8 320

贷：原材料——B材料 8 320

$$成本差异率=\frac{-212+(7\,600-1\,500\times5.20)+(10\,332-2\,000\times5.20)}{5\,800+1\,500\times5.20+2\,000\times5.20}=-2\%$$

本月耗用材料应承担的材料成本差异=2%×8 320=166.40（元）

结转出库原材料应承担的节约差异时：

借：材料成本差异 166.40

贷：生产成本 166.40

（6）中兴公司包装物的会计处理如下：

借：银行存款 54 240

贷：其他业务收入 48 000

应交税费——应交增值税（销项税额） 6 240

结转销售成本时：

借：其他业务成本 40 000

贷：周转材料——包装物 40 000

（7）中兴公司低值易耗品的会计处理如下：

借：周转材料——低值易耗品（在用） 40 000

贷：周转材料——低值易耗品（在库） 40 000

本月摊销时：

借：制造费用 4 000

贷：周转材料——低值易耗品（摊销） 4 000

剩余9个月每月摊销的会计分录同上。

报废工具的残料作价500元入库时：

借：原材料 500

贷：制造费用 500

注销总成本时：

借：周转材料——低值易耗品（摊销） 40 000

贷：周转材料——低值易耗品（在用） 40 000

（8）龙腾公司委托加工物资的会计处理如下：

①假定材料加工收回后继续用于生产应税消费品。

A.发出材料时：

借：委托加工物资 50 000

贷：原材料 50 000

B.支付加工费、税金等时：

应交增值税=4 000×13%=520（元）

消费税组成计税价格=（50 000+4 000）÷（1−10%）=60 000（元）

受托方代扣代缴的消费税=60 000×10%=6 000（元）

借：委托加工物资 4 000

应交税费——应交增值税（进项税额） 520

——应交消费税 6 000

贷：银行存款 10 520

C.加工完成收回委托加工材料时：

借：原材料 54 000

贷：委托加工物资 54 000

②假定材料加工收回后直接用于销售。

A.发出材料时：

借：委托加工物资 50 000

贷：原材料 50 000

B.支付加工费、税金等时：

借：委托加工物资 10 000

应交税费——应交增值税（进项税额） 520

贷：银行存款 10 520

C.加工完成收回委托加工材料时：

借：原材料 60 000

贷：委托加工物资 60 000

（9）华美超市的业务处理：

$$\text{服装类进销差价率}=\frac{(12\,500-10\,000)+(67\,500-45\,000)}{12\,500+67\,500}\times 100\%=31.25\%$$

本期销售商品应分摊的商品进销差价=64 000×31.25%=20 000（元）

本期销售商品的成本=64 000−20 000=44 000（元）

期末结存商品的成本=10 000+45 000−44 000=11 000（元）

购买商品入库时：

借：库存商品 67 500

贷：银行存款（或在途物资） 45 000

商品进销差价 22 500

商品销售结转成本时：

借：主营业务成本 64 000

贷：库存商品 64 000

结转销售商品进销差价时：

借：商品进销差价 20 000

贷：主营业务成本 20 000

注意事项

1.在存货跌价准备转回时，注意转回的数额限制。

2.注意委托加工物资中消费税的处理。

任务评价

根据前面任务下达的要求实施并完成任务后，进行任务实施评价，填写任务实施评价表，见表4-2-8。

表 4-2-8 **企业存货供应会计处理训练评价表**

考评内容标准	实施评价		
	自我评价	同学互评	教师评价
掌握原材料的账务处理（50分）			
掌握周转材料的账务处理（20分）			
掌握委托加工物资的账务处理（10分）			
掌握库存商品的账务处理（20分）			
合　计			

同步练习

一、单项选择题

同步练习 4-2

扫码答题

1. 企业对随同商品出售而不单独计价的包装物进行会计处理时，该包装物的实际成本应结转到（　　）。

A. 制造费用　　B. 销售费用

C. 管理费用　　D. 其他业务成本

习题精讲 4-1

2. 某企业月初库存材料60件，每件1 000元。该企业月中又购进两批，一批200件，每件950元，另一批100件，每件1 046元，则月末该材料的加权平均单位成本为（　　）元。

A.980　　B.985　　C.990　　D.1 182

习题精讲 4-2

3. 某企业存货的日常核算采用毛利率法计算发出存货成本。该企业20×9年10月份实际毛利率为30%，11月1日的存货成本为1 200万元，11月份购入存货成本为2 800万元，销售收入为3 000万元，销售退回为300万元。该企业11月末存货成本为（　　）万元。

A.1 300　　B.1 900　　C.2 110　　D.2 200

习题精讲 4-3

4. 某企业为增值税一般纳税人，20×9年9月购入一批原材料，增值税专用发票上注明的价款为50万元，增值税税额为6.50万元。款项已经支付。另以银行存款支付装卸费0.30万元（不考虑增值税）。入库时发生挑选整理费0.20万元。运输途中发生合理损耗0.10万元。不考虑其他因素。该批原材料的入账成本为（　　）万元。

A.50　　B.59　　C.50.10　　D.50.50

习题精讲 4-4

5. 甲公司为增值税一般纳税人，采用计划成本进行材料日常核算。20×9年1月1日，结存材料的计划成本为12万元，实际成本为10万元；当月入库材料的计划成本为8万元，材料成本差异为超支1万元。当月生产车间领用材料的计划成本为7万元。不考虑其他因素，当月生产车间领用材料的实际成本为（　　）元。

A.6.65　　B.10.35　　C.66 500　　D.103 500

习题精讲4-5

6.企业销售产品领用不单独计价的包装物一批，其计划成本为10 000元，材料成本差异率为3%。对于该项业务，下列处理中正确的是（　　）。

A.应计入其他业务成本的金额为10 300元

B.应计入其他业务成本的金额为10 000元

C.应计入销售费用的金额为10 000元

D.应计入销售费用的金额为10 300元

7.下列各项中，关于企业原材料盘亏及毁损会计处理的表述中正确的是（　　）。

A.保管员过失造成的损失赔偿，计入管理费用

B.因台风造成的净损失，计入营业外支出

C.应由保险公司赔偿的部分，计入营业外收入

D.经营活动造成的净损失，计入其他业务成本

8.某企业为增值税一般纳税人，适用的增值税税率为13%。该企业因管理不善致使一批库存材料被盗。该批原材料的实际成本为40 000元，购买时支付的增值税为5 200元，应收保险公司赔偿21 000元。不考虑其他因素，该批被盗原材料形成的净损失为（　　）元。

A.19 000　　B.40 000　　C.45 200　　D.24 200

二、多项选择题

1.下列项目中，一般纳税人企业应计入存货成本的有（　　）。

A.购入存货支付的关税

B.商品流通企业采购过程中发生的保险费

C.委托加工材料发生的增值税

D.自制存货生产过程中发生的直接费用

2.期末存货计价过高，可能会引起（　　）。

A.当期收益增加　　B.当期收益减少

C.所有者权益增加　　D.当期销售成本增加

3.下列各项中，应计入其他业务成本的有（　　）。

A.出借包装物成本的摊销

B.出租包装物成本的摊销

C.随同商品出售单独计价的包装物的成本

D.随同商品出售不单独计价的包装物的成本

习题精讲4-6

4.“材料成本差异”账户贷方用于登记（　　）。

A.入库材料实际成本小于计划成本的差额

B.发出材料应负担的超支差异

C.发出材料应负担的节约差异

D.入库材料实际成本大于计划成本的差额

5.下列各项中，有关包装物会计处理的表述中正确的有（　　）。

A.随商品出售不单独计价的包装物成本，计入销售费用

B.生产领用的包装物成本，计入生产成本

C.随商品出售单独计价的包装物成本，计入其他业务成本

D. 多次反复使用的包装物成本，根据使用次数分次摊销计入相应成本费用

三、判断题

1. 企业购货时所取得的现金折扣应冲减所购存货的成本。 (   )

2. 企业发出各种材料应负担的成本差异可按当月成本差异率计算，若发出的材料在发出时就要确定其实际成本，则也可按上月成本差异率计算。 (   )

3. 月末货到单未到的入库材料应按暂估价入账，并于下月初用红字冲销原暂估入账金额。 (   )

4. “周转材料——低值易耗品”账户借方登记低值易耗品的减少，贷方登记低值易耗品的增加，期末余额在贷方。 (   )

5. 在市场物价持续上涨的情况下，发出存货采用先进先出法会导致背离市场近期价格，从而低估资产负债表中“存货”项目的价值和利润表中的当期利润。 (   )

6. 企业计提存货跌价准备，会影响资产负债表中“存货”项目的金额。 (   )

四、账务处理题

习题精讲 4-7

(一)

1. 目的：练习原材料按实际成本的核算。

2. 资料：

20×9年3月1日，甲公司存货数量为3 000件，成本为15 000元，3月末结存5 100件。3月份存货购入及发出情况见表4-2-9。

表4-2-9　　3月份存货购入及发出情况　　金额单位：元

购入日期	数量（件）	单　价	金　额	发出日期	数量（件）
3月4日	1 500	5	7 500	3月10日	1 000
3月8日	2 400	5.10	12 240	3月15日	1 000
3月12日	3 000	5.20	15 600	3月28日	8 000
3月16日	2 500	5.15	12 875		
3月26日	2 700	5.16	13 932		

3. 要求：

（1）分别采用先进先出法、月末一次加权平均法计算发出存货成本。

（2）假设发出存货的20%为车间领用，80%为生产领用，作出相关会计处理。

(二)

1. 目的：练习原材料按计划成本的核算。

2. 资料：

某企业为增值税一般纳税人，材料按计划成本核算。

4月末，“原材料”账户余额为14 460元（其中，甲材料3 000千克，计划单价4.50

元；乙材料20千克，计划单价48元）。“材料成本差异”账户借方余额为380元。

该企业5月份发生如下与材料相关的经济业务：

（1）2日，以银行存款支付华营工厂发来的1 000千克甲材料的货款4 000元，增值税税额为520元。材料已验收入库。

（2）4日，通过银行支付从长江工厂购入的500千克乙材料的货款25 230元，增值税税额为3 279.90元。材料尚未运到企业。

（3）15日，从卫星工厂购入乙材料800千克，货款40 000元，增值税税额为5 200元，开出转账支票一张付讫。材料已验收入库。

（4）17日，上个月从光明公司购入乙材料500千克，实际成本为24 611元，于本日到达并验收入库。

（5）20日，收到胜利工厂托收承付结算凭证，承付该厂发来的2 000千克甲材料的货款8 000元，运费500元（不考虑增值税），增值税专用发票上注明的增值税税额为1 040元，材料尚未到达。

（6）23日，从胜利工厂购入的甲材料到达企业，验收时发现短缺300千克，经查，10千克为定额内损耗，90千克应由运输部门承担责任，200千克为供货方少发货，已向运输部门和供货方提出索赔。

（7）26日，基本生产车间生产产品领用甲材料3 000千克、乙材料500千克，一般消耗乙材料50千克，厂部领用乙材料30千克，辅助生产车间领用乙材料100千克。

（8）28日，基本生产车间生产产品领用甲材料4 000千克、乙材料500千克。

（9）29日，以银行存款5 000元预付胜利工厂材料款。

（10）31日，新生工厂发来的甲材料800千克于本月28日已入库，月末仍未收到有关凭证，款项未付，按计划单价4.50元暂估入账。

3.要求：根据以上经济业务，为企业编制相关会计分录。

（三）

1.目的：练习存货清查的核算。

2.资料：

某企业12月份财产清查中发现下列情况：

（1）盘亏甲材料1 000千克，单位计划成本为50元（材料成本差异率为-1%，增值税税率为13%）。

（2）盘盈丙材料200千克，单位计划成本为50元（材料成本差异率为1%）。

（3）产成品仓库发现毁损A产品300件，每件实际成本为100元，应结转的增值税税额为3 900元。

（4）对上述清查结果，经有关部门批准后，处理如下：盘亏的甲材料中300千克属仓库管理人员失职造成，应由其赔偿损失，另外700千克属管理制度不健全造成，作管理费用处理；丙材料盘盈是由于计量不准造成的，作冲减管理费用处理；A产品毁损属于意外事故造成，保险公司同意赔偿30 000元，净损失按规定予以冲销。

3.要求：根据以上经济业务，为企业编制相关会计分录。

任务3
处理固定资产供应

任务描述

龙腾公司为增值税一般纳税人，适用的增值税税率为13%，20×3年发生如下经济业务：

（1）1月5日，购入一台需安装的设备，取得的增值税专用发票上注明买价50 000元，增值税税额6 500元；运输费1 000元，增值税税额共计90元，款项以银行存款支付。1月8日，安装设备并支付安装费，取得增值税专用发票，注明的安装费为3 000元，增值税税额为390元。1月9日，设备交付使用。

（2）2月1日，采用自营方式建造仓库一座，为该工程购进了各种物资250 000元，支付增值税税额32 500元，全部用于仓库建设。2月15日，领用企业生产用原材料一批，价值22 600元。5月31日，分配工程人员工资40 000元，支付供电局工程用电费5 000元。6月1日，工程完工交付使用。

（3）3月5日，将一栋楼房发包给开泰建筑公司承建，工程总造价为1 000 000元。根据发包合同，预付工程总造价的60%，取得的增值税专用发票上注明的价款为600 000元，增值税为54 000元，其余价款待工程完工验收合格后付清。12月20日，工程完工，经验收合格交付使用，补付剩余工程款，取得的增值税专用发票上注明的价款为400 000元，增值税为36 000元。

（4）对上月车间新购进的一台设备和管理部门新购置的一辆小汽车计提折旧。其中，设备原值为250 000元，预计可使用8年，预计净残值率为4%。小汽车原值为200 000元，预计行驶里程500 000千米，报废时预计的残值收入为6 000元，预计清理费用为1 000元，本月行驶里程为4 000千米（设备采用年限平均法计提折旧，小汽车采用工作量法计提折旧）。

（5）对上月新购置的一台销售用电脑计提折旧，原价为8 000元，预计使用年限为5年，预计净残值为200元（该电脑采用双倍余额递减法计提折旧）。

（6）8月1日，对生产线进行改造，该生产线原价为18 000 000元，已提折旧5 000 000元。在改造过程中发生支出，取得的增值税专用发票上注明的价款为250 000元，增值税为32 500元。12月10日，生产线改造完工投入使用。该生产线改造后可使其产品产量显著提高。9月，对管理部门的设备进行日常维修，共支付不含税修理费用20 000元，取得的增值税专用发票上注明的价款为20 000元，增值税为2 600元。

（7）年末根据减值测试结果，确定本年年初取得的一项固定资产可收回金额为10 000 000元，其账面价值为16 000 000元。

（8）年末对固定资产进行清查，盘盈一台七成新的机器设备，该设备同类产品市场价格为100 000元，企业所得税税率为25%，法定盈余公积的计提比例为10%。

（9）年末出售一座仓库，原值3 000 000元，已提折旧1 000 000元，未计提减值准备。出售价款为2 900 000元（不含税），适用的增值税税率为9%；在出售过程中支付清理费用10 000元，未取得增值税专用发票。以上所有款项均以银行存款收付。

如果你是该公司的会计人员，请对以上经济业务作出会计处理。

相关知识

一、认识固定资产

（一）固定资产的概念及特征

固定资产是指同时具有以下特征的有形资产：为生产商品、提供劳务、出租或经营管理而持有；使用寿命超过一个会计年度。

从这一定义可以看出，固定资产的基本特征在于：企业持有固定资产的目的是生产商品、提供劳务、出租或经营管理，而不是直接用于销售，从而明显区别于流动资产；企业使用固定资产的期限较长，使用寿命一般超过一个会计年度。这一特征表明企业固定资产的收益期超过1年，能在1年以上的时间里为企业创造经济效益。

（二）固定资产的确认条件

固定资产除满足上述定义外，还应同时满足下列条件，才能予以确认：

1.与固定资产有关的经济利益很可能流入企业

在实务中，判断固定资产包含的经济利益是否可能流入企业，主要是依据与该固定资产所有权相关的风险和报酬是否转移到了本企业。通常取得所有权是判断与固定资产所有权相关的风险和报酬转移到企业的一个重要标志。

有时，企业虽不能取得固定资产的所有权，但与该资产相关的风险和报酬已经实质上转移到企业，也认为符合第一个条件，如融资租入固定资产。

2.固定资产的成本能够可靠地计量

企业在确定固定资产成本时，有时需要根据所获得的最新资料，对固定资产的成本进行合理的估计。如果企业能够合理地估计固定资产的成本，则视同固定资产的成本能够可靠地计量。

固定资产的各组成部分具有不同使用寿命或者以不同的方式为企业提供经济利益，适用不同的折旧率或折旧方法的，应当分别将各组成部分确认为单项固定资产。

企业购置的环保设备和安全设备等资产，它们的使用虽然不能直接为企业带来经济利益，但是有助于企业从相关资产中获得经济利益，或者将减少企业未来经济利益的流出，也应当将其确认为固定资产。

（三）固定资产的分类

为了正确组织固定资产的核算，加强固定资产的管理，应对固定资产进行合理分类。固定资产的分类方法主要有以下几种：

1.按固定资产的经济用途分类

按固定资产的经济用途，固定资产可分为生产经营用固定资产和非生产经营用固定资产。

生产经营用固定资产是指直接服务于企业生产经营过程的固定资产，如生产经营用的房屋、建筑物、机器、设备等。

非生产经营用固定资产是指不直接服务于企业生产经营过程的固定资产，如职工宿舍、食堂、理发室、子弟学校等使用的房屋、建筑物和其他固定资产等。

2.按固定资产的使用情况分类

按固定资产的使用情况，固定资产可分为使用中的固定资产、未使用的固定资产、不需用的固定资产、租出固定资产和融资租入固定资产。

使用中的固定资产是指正在使用的经营性和非经营性固定资产。由于季节性经营或者大修理等原因，暂时停止使用的固定资产仍属于企业使用中的固定资产。

未使用的固定资产是指已完工或已购建的尚未交付使用的固定资产以及因进行改建、扩建等原因暂停使用的固定资产。

不需用的固定资产是指企业多余或不适用的、需要调配处置的固定资产。

租出固定资产是指在经营租赁方式下出租给其他单位或个人使用的固定资产。

融资租入固定资产是指企业以融资租赁方式租入的固定资产。融资租赁，是指实质上转移了与资产所有权有关的全部风险和报酬的租赁。其所有权最终可能转移，也可能不转移。

3.按固定资产的经济用途和使用情况综合分类

将固定资产按综合情况可分为七类：

（1）生产经营用固定资产。

（2）非生产经营用固定资产。

（3）租出固定资产（经营租赁）。

（4）未使用固定资产。

（5）不需用固定资产。

（6）土地，是专指过去已经估价单独入账的土地。因征地而支付的补偿费应计入与土地相关的房屋、建筑物的价值内，不单独作为土地价值入账。另外，企业取得的土地使用权应作为无形资产管理，不列入固定资产。

（7）融资租入固定资产。

二、设置有关账户

企业在核算固定资产时，一般需要设置“固定资产”“在建工程”“工程物资”“累计折旧”“固定资产减值准备”“固定资产清理”等账户。

“固定资产”账户属于资产类账户，核算企业持有的固定资产原价。该账户的借方登记增加的固定资产原价，贷方登记减少的固定资产原价，期末借方余额反映企业现有固定资产的原价。固定资产可按类别和项目进行明细核算。

“在建工程”账户属于资产类账户，核算企业基建、更新改造等在建工程发生的支出。该账户借方登记企业各项在建工程的实际支出，贷方登记工程完工转入使用而结转的实际工程成本，期末借方余额反映企业各项尚未完工工程的实际成本。在建工程可按工程项目进行明细核算。

“工程物资”账户属于资产类账户，核算企业为在建工程准备的各种物资的成本。该账户的借方登记购入工程物资的实际成本，贷方登记领用工程物资的实际成本，期末借方余额反映企业库存工程物资的实际成本。

思考4-9：固定资产、在建工程、工程物资之间的区别和联系是什么？

“累计折旧”账户属于资产类账户，是“固定资产”账户的备抵账户，核算企业固定资产的累计折旧，贷方登记企业计提的固定资产折旧，借方登记处置固定资产转出的累计折旧，期末贷方余额反映企业固定资产的累计折旧额。

“固定资产减值准备”账户属于资产类账户，是“固定资产”账户的备抵账户，核算企业固定资产的减值，贷方登记企业计提的固定资产减值准备，借方登记处置固定资产转出的减值准备，期末贷方余额反映企业固定资产的累计减值准备金额。

思考4-10： 你知道固定资产的原值、净值、账面价值之间的关系吗？

“固定资产清理”账户属于资产类账户，核算企业因出售、报废、毁损、对外投资等原因转出的固定资产价值以及在清理过程中发生的费用等。该账户借方登记转出固定资产的账面价值、处置过程中发生的费用和相关税费，贷方登记收回处置固定资产的价款、残料价值、变价收入和应由保险公司赔偿的损失。固定资产清理完成后，本账户无余额，若出现期末借方余额，则反映尚未清理完毕的固定资产清理净损失。

三、取得固定资产业务处理

固定资产的初始计量是对取得的固定资产运用恰当的会计计量属性对其价值进行记录。固定资产应当按照成本进行初始计量，具体对成本进行计量时又要求按照不同取得方式下所发生的实际成本计量。

（一）外购固定资产

外购固定资产的成本包括购买价款、相关税费（一般纳税人允许抵扣的增值税进项税额除外）、使固定资产达到预定可使用状态前所发生的可归属于该项资产的运输费、装卸费、安装费和专业人员服务费等。

1.购入不需要安装的固定资产

企业购入不需要安装的固定资产，应按实际支付的购买价款、相关税费（不包括生产经营用固定资产的增值税进项税额），以及使固定资产达到预定可使用状态前所发生的可归属于该项资产的运输费、装卸费、安装费和专业人员服务费等，确认固定资产成本，借记“固定资产”账户，如取得了合法的增值税扣税凭证，允许其抵扣进项税额（如购买设备），还应借记“应交税费——应交增值税（进项税额）”账户，按应付或实际支付的全部金额，贷记“银行存款”“应付账款”等账户。

思考4-11： 购入固定资产所支付的增值税都需要计入进项税额吗？

企业如果以一笔款项购入多项没有单独标价的固定资产，应当按照各项固定资产公允价值的比例对总成本进行分配，分别确定各项固定资产的成本。

【例4-19】 甲、乙、丙三项没有单独标价的固定资产的总成本为900 000元，它们的公允价值分别为200 000元、400 000元和600 000元，则：

甲固定资产入账的价值=900 000×［200 000÷（200 000+400 000+600 000）］
=150 000（元）

乙固定资产入账的价值=900 000×［400 000÷（200 000+400 000+600 000）］
=300 000（元）

丙固定资产入账的价值=900 000×［600 000÷（200 000+400 000+600 000）］
=450 000（元）

2.购入需要安装的固定资产

企业购入需要安装的固定资产，应按实际支付的价款及为使该固定资产达到预定可使用状态前所支付的相关费用作为固定资产的原值。企业外购固定资产的购入成本和安装费先通过“在建工程”账户归集，安装完工后再转入“固定资产”账户。

【例 4-20】 企业购入一台需要安装的生产用设备，增值税专用发票注明的价款为50 000元，增值税税额为6 500。支付运输费1 000元，增值税税额为90元；支付安装费800元，增值税税额为72元。设备安装完毕交付使用。全部款项已由银行存款支付。企业编制会计分录如下：

（1）支付价款、税费、运输费时：

借：在建工程——安装工程 51 000

　　应交税费——应交增值税（进项税额） 6 590

　贷：银行存款 57 590

（2）支付安装费时：

借：在建工程——安装工程 800

　　应交税费——应交增值税（进项税额） 72

　贷：银行存款 872

（3）安装完成交付使用时：

借：固定资产 51 800

　贷：在建工程——安装工程 51 800

（二）自行建造固定资产

自行建造固定资产的成本，由建造该项固定资产达到预定可使用状态前所发生的必要支出构成。

自行建造固定资产应先通过“在建工程”账户核算，工程达到预定可使用状态时，再从“在建工程”账户转入“固定资产”账户。企业自行建造固定资产，可采用两种方式，即自营工程和出包工程。

1. 自营工程

自营工程是指企业自行组织工程物资采购、自行组织施工人员施工的建筑工程和安装工程。

一般纳税人企业购入工程物资时，借记“工程物资”账户，贷记“银行存款”等账户。领用工程物资时，借记“在建工程”账户，贷记“工程物资”账户。在建工程领用本企业外购的原材料时，借记“在建工程”账户，贷记“原材料”等账户。在建工程领用本企业生产的商品时，借记“在建工程”账户，贷记“库存商品”账户。自营工程发生的其他费用（如分配工程人员薪酬等），借记“在建工程”账户，贷记“银行存款”“应付职工薪酬”等账户。自营工程达到预定可使用状态时，按其成本，借记“固定资产”账户，贷记“在建工程”账户。

【例 4-21】 企业自行建造一栋厂房，为工程购置各种物资1 000 000元，增值税税额为130 000元，全部用于工程建设。领用本企业库存商品一批，实际成本为80 000元。工程人员工资为100 000元。支付其他工程费用并取得增值税专用发票，注明安装费40 000元，增值税税额为3 600元。工程完工并达到预定可使用状态。企业编制会计分录如下：

（1）购入工程物资时：

借：工程物资　　1 000 000
　　应交税费——应交增值税（进项税额）　　130 000
　贷：银行存款　　1 130 000

（2）工程领用工程物资时：

借：在建工程　　1 000 000
　贷：工程物资　　1 000 000

（3）工程领用本企业库存商品时：

借：在建工程　　80 000
　贷：库存商品　　80 000

（4）分配工程人员工资时：

借：在建工程　　100 000
　贷：应付职工薪酬　　100 000

（5）支付其他工程费用时：

借：在建工程　　40 000
　　应交税费——应交增值税（进项税额）　　3 600
　贷：银行存款　　43 600

（6）工程完工转入固定资产时：

借：固定资产　　1 220 000
　贷：在建工程　　1 220 000

思考4-12：自营工程中小规模纳税人的增值税应怎样处理？

2.出包工程

出包工程是指企业通过招标方式将工程项目发包给建造承包商，由建造承包商组织施工的建筑工程和安装工程。企业采用出包方式自建固定资产工程，其工程的具体支出在承包单位核算。“在建工程”账户主要反映企业与建造承包商办理工程价款结算的情况，企业支付给建造承包商的工程价款作为工程成本，通过“在建工程”账户核算。

企业应按合理估计的发包工程进度和合同规定与建造承包商结算进度款，并由对方开具增值税专用发票，按增值税专用发票上注明的价款借记“在建工程”账户，按增值税税额借记“应交税费——应交增值税（进项税额）”账户，按实际应支付的金额贷记“银行存款”等账户。工程完工时，按照合同规定补付工程款，借记“在建工程”“应交税费——应交增值税（进项税额）”账户，贷记“银行存款”等账户。工程达到预定可使用状态时，按其成本，借记“固定资产”账户，贷记“在建工程”账户。

【例4-22】甲公司为增值税一般纳税人，以出包方式建造一座仓库，预付工程款120 000元，收到的增值税专用发票上注明的工程款为120 000元，增值税税额为10 800元。工程完工后，根据竣工结算表，补付工程款40 000元，收到对方开具的增值税专用发票上注明的工程款为40 000元，增值税税额为3 600元。公司编制会计分录如下：

（1）预付工程款时：

借：在建工程——仓库　　120 000
　　应交税费——应交增值税（进项税额）　　10 800

贷：银行存款 130 800

（2）补付工程款时：

借：在建工程——仓库 40 000

应交税费——应交增值税（进项税额） 3 600

贷：银行存款 43 600

（3）根据竣工结算表结转工程成本时：

借：固定资产——仓库 160 000

贷：在建工程——仓库 160 000

（三）投资者投入固定资产

投资者投入固定资产的成本，应当按照投资合同或协议约定的价值确定，但投资合同或协议约定的价值不公允的除外。接受投资者投入的固定资产，借记“固定资产”账户，贷记“实收资本”等账户。

思考4-13： 经营租入的固定资产是否通过“固定资产”账户核算？

四、持有固定资产业务处理

（一）计提固定资产折旧

1.认识固定资产折旧的实质

固定资产的一个主要特征是能够长期参与生产经营过程而仍保持原有的实物形态，其价值随着固定资产的使用而逐渐转移到产品成本或相关费用中。固定资产在使用过程中逐渐损耗的那部分价值称为固定资产折旧。企业应当在固定资产使用寿命内，按照确定的方法对应计折旧额进行系统分摊，其中：

应计折旧额=固定资产原值-预计净残值-固定资产减值准备

2.认识影响折旧的因素

（1）固定资产原值是指固定资产成本。

（2）预计净残值是指假定固定资产预计使用寿命已满并处于使用寿命终了时的预期状态，企业从该项固定资产处置中获得的扣除预计处置费用后的金额。

（3）固定资产减值准备是指固定资产的可收回金额低于其账面价值时，企业所计提的减值准备。

（4）固定资产使用寿命是指企业使用固定资产的预计期间，或该固定资产所能生产产品或提供劳务的数量。

企业应当根据固定资产的性质和使用情况，合理确定固定资产的使用寿命和预计净残值。固定资产的使用寿命、预计净残值一经确定，不得随意变更，但符合规定的除外。

3.认识固定资产折旧的范围

根据《企业会计准则第4号——固定资产》的规定，除以下情况外，企业应对固定资产计提折旧：

（1）已提足折旧仍继续使用的固定资产。

（2）按规定单独估价作为固定资产入账的土地。

（3）持有待售的固定资产。

在确定计提折旧的范围时，还应当注意以下三点：

① 企业应当按月计提折旧。当月增加的固定资产，当月不计提折旧，从下月起计提折旧；当月减少的固定资产，当月仍计提折旧，从下月起不计提折旧。

② 固定资产提足折旧后，不论能否继续使用，均不再计提折旧；提前报废的固定资产，也不再补提折旧。所谓提足折旧，是指已提足该项固定资产的应计折旧额。

③ 已达到预定可使用状态的固定资产尚未办理竣工结算的，应当按照估计价值确定其成本，并计提折旧；待办理竣工结算后，再按照实际成本调整原来的暂估价值，但不需要调整原已计提的折旧额。

思考4-14： 计入在建工程的未达到预定可使用状态的固定资产需计提折旧吗？

4.计算固定资产折旧

企业应当根据与固定资产有关的经济利益的实现方式，合理选择固定资产的折旧方法。可选用的折旧方法包括年限平均法、工作量法、年数总和法和双倍余额递减法等。固定资产折旧方法一经确定，不得随意变更。如需变更，应当在会计报表附注中予以说明。

（1）年限平均法

年限平均法又称直线法、平均法，是指将固定资产的折旧按照预计使用寿命平均分摊到各期的一种方法。其计算公式如下：

年折旧额=（固定资产原值-预计净残值）÷预计使用年限

月折旧额=年折旧额÷12

在实际工作中，为了便于计算，通常以折旧率计算固定资产的折旧额，其计算公式如下：

年折旧率=（1-预计净残值率）÷预计使用年限×100%

月折旧率=年折旧率÷12

月折旧额=固定资产原值×月折旧率

【例4-23】 一栋企业厂房原值为1 000 000元，预计使用年限为20年，预计净残值率为4%，月折旧额计算如下：

年折旧率=（1-4%）÷20=4.80%

月折旧率=4.80%÷12=0.40%

月折旧额=1 000 000×0.40%=4 000（元）

采用年限平均法，将固定资产应提折旧额均衡分摊到每个月，计算方法简单。但它忽视了随着固定资产的使用，修理保养费用的增加使得计入成本的费用逐渐增加，造成各期成本负担不均衡的问题。

（2）工作量法

工作量法是指按照固定资产在整个使用期间预计可完成的总工作量计提折旧的方法。其计算公式如下：

单位工作量折旧额=固定资产原值×（1-预计净残值率）÷预计总工作量

月折旧额=该固定资产当月工作量×单位工作量折旧额

【例4-24】 企业一台设备原值为400 000元，报废时预计净残值为5 000元，预计总工作量为500 000小时，本月工作量为500小时，本月折旧额计算如下：

小时折旧额=（400 000-5 000）÷500 000=0.79（元）

月折旧额=500×0.79=395（元）

工作量法的优点是，它能够使各期计提的折旧额与固定资产实际使用程度相一致，因此，这种方法适用于磨损程度与完成工作量呈正比例关系的固定资产，或在使用期限内不能均衡使用的固定资产。

（3）年数总和法

年数总和法是一种加速折旧法，是将固定资产的原值减去预计净残值后的净额乘以一个逐年递减的分数（分子代表固定资产尚可使用的年数，分母代表使用年数总和）计算每年折旧额。其计算公式如下：

年折旧率=尚可使用年限÷预计使用年限的年数总和×100%

月折旧率=年折旧率÷12

月折旧额=（固定资产原值-预计净残值）×月折旧率

【例4-25】 企业一项固定资产原值为100 000元，预计使用年限为5年，预计净残值为1 000元，按年数总和法计算折旧额如下：

预计使用年限的年数总和=1+2+3+4+5=15（年）

第一、二、三、四、五年折旧率分别为$\frac{5}{15}$、$\frac{4}{15}$、$\frac{3}{15}$、$\frac{2}{15}$、$\frac{1}{15}$。

第一年应提折旧额=（100 000-1 000）×$\frac{5}{15}$=33 000（元）

第二年应提折旧额=（100 000-1 000）×$\frac{4}{15}$=26 400（元）

第三年应提折旧额=（100 000-1 000）×$\frac{3}{15}$=19 800（元）

第四年应提折旧额=（100 000-1 000）×$\frac{2}{15}$=13 200（元）

第五年应提折旧额=（100 000-1 000）×$\frac{1}{15}$=6 600（元）

（4）双倍余额递减法

双倍余额递减法也是一种加速折旧法，是在不考虑固定资产预计净残值的情况下，根据每期期初固定资产账面净值和双倍的平均折旧率计算固定资产折旧的一种方法。其计算公式如下：

年折旧率=2÷预计使用年限×100%

年折旧额=固定资产年初账面净值×年折旧率

月折旧额=年折旧额÷12

【例4-26】 接【例4-25】，按双倍余额递减法计算折旧额如下：

年折旧率=2÷5×100%=40%

第一年应提折旧额=100 000×40%=40 000（元）

第二年应提折旧额=（100 000-40 000）×40%=24 000（元）

第三年应提折旧额=（100 000-40 000-24 000）×40%=14 400（元）

第四、第五年应提折旧额=（100 000-40 000-24 000-14 400-1 000）÷2=10 300（元）

采用双倍余额递减法计提固定资产折旧，一般应在固定资产折旧年限到期的前2年内，将固定资产账面净值扣除预计净残值后的余额平均计算。

采用加速折旧法，在固定资产使用的早期多提折旧、后期少提折旧，加快了折旧速度，其目的是使固定资产成本在预计使用年限内加快得到补偿。

5.处理固定资产折旧

企业按月计提的固定资产折旧，应根据用途计入相关资产的成本或者当期损益，同时记入“累计折旧”账户的贷方。其中，企业生产部门和车间管理部门使用的固定资产折旧，应借记“制造费用”账户；行政管理部门使用的，应借记“管理费用”账户；销售部门使用的，应借记“销售费用”账户；工程建设使用的，应借记“在建工程”账户；经营租出的，应借记“其他业务成本”账户；研发部门使用的，应借记“研发支出”账户。

【例4-27】20×3年12月，企业根据“固定资产折旧分配表”确定各部门应分配的折旧额为：生产车间300 000元，厂部管理部门20 000元，销售部门18 000元。企业编制会计分录如下：

借：制造费用　300 000
　　管理费用　20 000
　　销售费用　18 000
　贷：累计折旧　338 000

企业至少应当在每年年度终了时，对固定资产的使用寿命、预计净残值和折旧方法进行复核。固定资产使用寿命、预计净残值和折旧方法的改变应当作为会计估计变更，按照会计政策、会计估计变更和差错更正准则的规定处理。

（二）处理固定资产的后续支出

固定资产后续支出是指固定资产在使用过程中发生的更新改造支出、改良支出、修理费用等。

固定资产的更新改造等后续支出，满足固定资产确认条件的，应当计入固定资产成本，如有被替换的部分，应扣除其账面价值；不满足固定资产确认条件的固定资产修理费用等，应当在发生时计入当期损益。

1.处理资本化后续支出

固定资产发生可资本化的后续支出时，企业应将该固定资产的原价、已计提的累计折旧和减值准备转销，即将固定资产的账面价值转入“在建工程”账户。固定资产发生的可资本化支出，通过“在建工程”账户核算。完工并达到可使用状态时，从“在建工程”账户转入“固定资产”账户，并按重新确定的使用寿命、预计净残值和折旧方法计提折旧。

企业在处置被替换部分过程中，可能会获得变价收入和残料价值等，将其冲减“营业外支出”，不影响固定资产的入账价值。

【例4-28】企业为提高产品质量对生产线进行整体改扩建，改扩建前生产线原价为1 000 000元，已提折旧300 000元，改扩建共发生费用500 000元，已全部以银行存款支付。企业编制相关会计分录如下：

①对生产线改扩建时：

借：在建工程　700 000
　　累计折旧　300 000
　贷：固定资产　1 000 000

②发生改造支出时：

借：在建工程 500 000

贷：银行存款 500 000

③改造完工投入使用时：

借：固定资产 1 200 000

贷：在建工程 1 200 000

2.处理费用化后续支出

一般情况下，固定资产的日常维护支出只是确保固定资产的正常工作状态，并不满足资本化支出的确认条件，应在发生时费用化，计入当期损益。

企业生产车间和管理部门等发生的固定资产修理费用等后续支出，借记“制造费用”“管理费用”“销售费用”等账户，贷记“银行存款”等账户。

（三）期末固定资产业务处理

1.认定固定资产减值

固定资产的期末计量是指企业在资产负债表日确定固定资产的期末价值。固定资产在使用过程中，由于存在有形和无形的损耗以及其他原因，可能会发生价值减值的情况。企业若不对已经发生的资产减值予以确认，必将导致资产价值虚增，这不符合真实性和谨慎性的要求。因此，企业应当在期末或者至少在每年年度终了时，对固定资产进行检查，以确定是否发生减值。

固定资产的减值是指固定资产的可收回金额低于账面价值。企业在资产负债表日应当判断固定资产是否存在可能发生减值的迹象。

根据《企业会计准则第8号——资产减值》的规定，以下情况均属于固定资产可能发生减值的迹象：

（1）固定资产的市价出现大幅度下降，其跌价幅度大于因时间的推移或者正常使用而预计的下跌，并且预计在近期内不可能恢复。

（2）企业经营所处的经济、技术或者法律等环境以及固定资产所处的市场在当期或者将在近期发生重大变化，从而对企业产生不利影响。

（3）市场利率或者其他市场投资报酬率在当期已经提高，从而影响企业计算固定资产预计未来现金流量现值的折现率，导致固定资产可收回金额大幅度降低。

（4）有证据表明固定资产已经陈旧过时或者其实体已经损坏。

（5）固定资产已经或者将被闲置、终止使用或者计划提前处置。

（6）企业内部报告的证据表明资产的经济绩效已经低于或者将低于预期。比如固定资产所创造的净现金流量或者实现的营业利润（或者亏损）远远低于（或者高于）预计金额等。

（7）其他表明资产已经发生减值的情况。

如果固定资产存在减值的迹象，应当进行减值测试，估计固定资产的可收回金额。可收回金额低于账面价值的，应当按照可收回金额低于账面价值的金额计提减值准备。

2.处理固定资产减值

固定资产可收回金额低于账面价值时，应当将固定资产的账面价值减记至可收回金额，减记的金额确认为固定资产减值损失，计入当期损益，同时计提相应的资产减值准备，借记“资产减值损失”账户，贷记“固定资产减值准备”账户。

【例4-29】20×3年12月31日，公司生产设备存在减值迹象。经计算，该设备的可收回金额为1 300 000元，账面价值为1 350 000元，以前年度未对该生产设备计提过减值准备。

借：资产减值损失　　50 000

　贷：固定资产减值准备　　50 000

固定资产减值损失一经确定，在以后会计期间不得转回。但是，遇到固定资产处置、出售、对外投资等情况，同时符合固定资产终止确认条件的，企业应当将固定资产减值准备予以转销。

（四）清查固定资产

企业应定期或至少每年年末对固定资产进行清查盘点，以保证固定资产核算的真实性，充分挖掘企业现有固定资产的潜力。在固定资产清查过程中，如果发现有盘盈、盘亏的固定资产，应填制固定资产盘盈盘亏报告表，及时进行账务处理，并按规定程序报批处理。

1.处理固定资产盘盈

盘盈的固定资产，作为前期差错通过“以前年度损益调整”账户核算。

（1）盘盈固定资产时，按重置价值借记“固定资产”账户，贷记“以前年度损益调整”账户。

（2）按计算的应纳所得税，借记“以前年度损益调整”账户，贷记“应交税费——应交所得税”账户。

（3）调整利润分配，转销“以前年度损益调整”账户，借记“以前年度损益调整”账户，贷记“利润分配——未分配利润”“盈余公积”等账户。

【例4-30】企业对固定资产进行盘查，盘盈一台六成新的机器，该设备同类产品市场价格为100 000元，企业所得税税率为25%。假设不考虑其他相关因素，企业编制会计分录如下：

借：固定资产　　60 000

　贷：以前年度损益调整　　60 000

借：以前年度损益调整　　15 000

　贷：应交税费——应交所得税　　15 000

借：以前年度损益调整　　45 000

　贷：利润分配——未分配利润　　40 500

　　盈余公积——法定盈余公积　　4 500

2.处理固定资产盘亏

企业发生固定资产盘亏时，按盘亏固定资产的账面价值借记“待处理财产损溢”账户，按已提折旧借记“累计折旧”账户，按已提减值准备借记“固定资产减值准备”账户，按固定资产原价贷记“固定资产”账户。报经批准转销时，借记“营业外支出”“其他应收款”等账户，贷记“待处理财产损溢”账户。

【例4-31】企业在20×3年的财产清查中发现短缺设备一台，原价12 000元，已提折旧5 000元，已计提减值准备1 000元，应转出的增值税税额为910元，编制“固定资产盘盈盘亏报告表”上报待批。企业编制会计分录如下：

借：待处理财产损溢——待处理固定资产损溢　　6 000
　　累计折旧　　5 000
　　固定资产减值准备　　1 000
　贷：固定资产　　12 000

转出不可抵扣的进项税额时：

借：待处理财产损溢　　910
　贷：应交税费——应交增值税（进项税额转出）　　910

经批准处理时：

借：营业外支出——盘亏损失　　6 910
　贷：待处理财产损溢——待处理固定资产损溢　　6 910

五、处置固定资产业务处理

固定资产处置是指企业因出售、转让、报废或毁损、对外投资、非货币性资产交换、债务重组等原因对固定资产进行的清理工作。

（一）确认固定资产处置

会计人员根据固定资产管理部门提供的相应资料，结合固定资产准则规定的终止确认条件，对固定资产予以终止确认。

固定资产满足下列条件之一的，应当予以终止确认：固定资产处于处置状态；固定资产预期通过使用或处置不能产生经济利益。

（二）处理固定资产处置

企业因出售、报废、毁损等原因减少的固定资产，应通过“固定资产清理”账户进行核算。固定资产清理完成后，本账户无余额，若出现期末借方余额，则反映尚未清理完毕的固定资产价值。具体核算步骤如下：

1.将固定资产账面价值转入清理

固定资产转入清理时，按固定资产账面价值借记“固定资产清理”账户，按已提折旧借记“累计折旧”账户，按已提减值准备借记“固定资产减值准备”账户，按固定资产账面余额贷记“固定资产”账户。

2.发生清理费用等

在固定资产清理过程中，按应支付的清理费用及可抵扣的增值税进项税额，借记“固定资产清理”“应交税费——应交增值税（进项税额）”账户，贷记“银行存款”等账户。

3.收回出售固定资产的价款、残料价值等

收回出售固定资产的价款和税款借记“银行存款”账户，按增值税专用发票上注明的价款贷记“固定资产清理”账户，按增值税税额贷记“应交税费——应交增值税（销项税额）”账户。残料入库，按残料价值借记“原材料”账户，贷记“固定资产清理”账户。

4.保险赔偿等的处理

应由保险公司或过失人赔偿的损失，借记“其他应收款”等账户，贷记“固定资产清理”账户。

5.清理净损益的处理

固定资产清理完成后，如“固定资产清理”账户为借方余额，表示固定资产清理发生

的净损失；如为贷方余额，表示固定资产清理发生的净收益。

对固定资产清理净损失，应区分不同情况进行账务处理：属于生产经营期间正常的损失，借记“资产处置损益”账户，贷记“固定资产清理”账户；属于自然灾害等非正常原因造成的损失，借记“营业外支出——非正常损失”账户，贷记“固定资产清理”账户。对固定资产清理净收益，借记“固定资产清理”账户，贷记“资产处置损益”或“营业外收入——非流动资产处置利得”账户。

微课 4-4 固定资产清理核算

【例 4-32】 企业出售房屋一幢，该房屋的取得日为20×3年9月1日，原值500 000元，已提折旧2 000元，取得含税价款654 000元，适用的增值税税率为9%。企业在出售房屋过程中支付清理费用30 000元。所有款项均以银行存款收付。企业编制会计分录如下：

①固定资产转入清理时：

借：固定资产清理 498 000
　　累计折旧 2 000
　贷：固定资产 500 000

②支付清理费用时：

借：固定资产清理 30 000
　贷：银行存款 30 000

③收到出售款时：

借：银行存款 654 000
　贷：固定资产清理 600 000
　　　应交税费——应交增值税（销项税额） 54 000

④结转清理损益时：

借：固定资产清理 72 000
　贷：资产处置损益 72 000

任务实施

龙腾公司相关账务处理如下：

(1) ①1月5日，购入一台需安装的设备时：

借：在建工程 51 000
　　应交税费——应交增值税（进项税额） 6 590
　贷：银行存款 57 590

②1月8日，支付安装费时：

借：在建工程 3 000
　　应交税费——应交增值税（进项税额） 390
　贷：银行存款 3 390

③1月9日，设备交付使用时：

借：固定资产 54 000
　贷：在建工程 54 000

（2）①2月1日，购入工程物资时：

借：工程物资　　250 000

　　应交税费——应交增值税（进项税额）　　32 500

　贷：银行存款　　282 500

全部用于仓库建设时：

借：在建工程——仓库　　250 000

　贷：工程物资　　250 000

②2月15日，工程领用原材料时：

借：在建工程——仓库　　22 600

　贷：原材料　　22 600

③5月31日，分配工程人员工资和支付工程用电费时：

借：在建工程——仓库　　45 000

　贷：应付职工薪酬　　40 000

　　　银行存款　　5 000

④6月1日，工程完工，转入固定资产时：

借：固定资产——仓库　　317 600

　贷：在建工程——仓库　　317 600

（3）①3月5日，预付工程款时：

借：在建工程　　600 000

　　应交税费——应交增值税（进项税额）　　54 000

　贷：银行存款　　654 000

②12月20日，工程完工办理工程价款结算时：

借：在建工程　　400 000

　　应交税费——应交增值税（进项税额）　　36 000

　贷：银行存款　　436 000

同时，工程验收合格交付使用时：

借：固定资产　　1 000 000

　贷：在建工程　　1 000 000

（4）机器设备的折旧率和折旧额的计算如下：

年折旧率=（1-4%）÷8×100%=12%

月折旧率=12%÷12=1%

月折旧额=250 000×1%=2 500（元）

小汽车折旧额的计算如下：

每千米折旧额=［200 000-（6 000-1 000）］÷500 000=0.39（元）

本月折旧额=4 000×0.39=1 560（元）

借：制造费用　　2 500

　　管理费用　　1 560

　贷：累计折旧　　4 060

（5）双倍余额递减法折旧的计算见表4-3-1：

表 4-3-1 **折旧计算表** 金额单位：元

年　份	年折旧率	年折旧额	累计折旧额	账面余额
0				8 000
1	40%	3 200	3 200	4 800
2	40%	1 920	5 120	2 880
3	40%	1 152	6 272	1 728
4		764	7 036	964
5		764	7 800	200

（6）①8月1日，对生产线进行改造时：

借：在建工程　13 000 000
　　累计折旧　5 000 000
　贷：固定资产　18 000 000

发生改造支出时：

借：在建工程　250 000
　　应交税费——应交增值税（进项税额）　32 500
　贷：银行存款　282 500

12月10日，生产线改造完工投入使用时：

借：固定资产　13 250 000
　贷：在建工程　13 250 000

②9月，对管理部门设备进行日常维修时：

借：管理费用　20 000
　　应交税费——应交增值税（进项税额）　2 600
　贷：银行存款　22 600

（7）年末计提固定资产减值准备时：

借：资产减值损失　6 000 000
　贷：固定资产减值准备　6 000 000

（8）年末盘盈固定资产时：

借：固定资产　70 000
　贷：以前年度损益调整　70 000

借：以前年度损益调整　17 500
　贷：应交税费——应交所得税　17 500

借：以前年度损益调整　52 500
　贷：利润分配——未分配利润　47 250
　　　盈余公积——法定盈余公积　5 250

（9）年末出售仓库的会计处理：

①固定资产转入清理时：

借：固定资产清理　2 000 000
　　累计折旧　1 000 000
　贷：固定资产　3 000 000

②支付清理费用时：

借：固定资产清理 10 000

贷：银行存款 10 000

③收到出售价款时：

借：银行存款 3 161 000

贷：固定资产清理 2 900 000

应交税费——应交增值税（销项税额） 261 000

④结转清理损益时：

借：固定资产清理 890 000

贷：资产处置损益 890 000

注意事项

1.采用双倍余额递减法计提折旧时，注意最后2年折旧额的计算。

2.注意固定资产资本化后续支出和费用化后续支出的不同处理。

任务评价

根据前面任务下达的要求实施并完成任务后，进行任务实施评价，填写任务实施评价表，见表4-3-2。

表4-3-2 固定资产核算训练评价表

考评内容标准	实施评价		
	自我评价	同学互评	教师评价
掌握固定资产取得的处理（30分）			
掌握固定资产持有期间的处理（50分）			
掌握固定资产处置的处理（20分）			
合　计			

同步练习

一、单项选择题

同步练习4-3 扫码答题

1.某企业对一条生产线进行改建。该生产线原价为200万元，已提折旧为45万元。改建过程中发生支出40万元（符合准则规定的固定资产确认条件），被替换部分的账面价值为15万元。不考虑其他因素，该生产线改建后的成本为（　　）万元。

A.175　　B.120　　C.225　　D.180

习题精讲4-8

2.某企业（增值税一般纳税人）自建仓库一座，购入工程物资200万元，增值税税额为26万元，已全部用于建造仓库；耗用库存原材料50万元，购入时的增值税税额为6.50万元；支付建筑工人工资36万元。该仓库建造完成并达到预定可使用状态，其入账价值为（　　）万元。

A.250　　B.290　　C.286　　D.326

3.下列各项中，不会导致固定资产账面价值发生增减变动的是（　　）。

A. 盘盈固定资产

B. 经营租入设备

C. 以固定资产对外投资

D. 对固定资产计提减值准备

4.某企业对一座建筑物进行改建。该建筑物的原价为100万元，已提折旧60万元。改建过程中发生支出30万元，取得变价收入5万元。该建筑物改建后的入账价值为（　　）万元。

A.65　　B.70　　C.125　　D.130

习题精讲4-9

5.某项固定资产的原值为200 000元，预计净残值为2 000元，预计使用年限为5年，则在年数总和法下第二年的折旧额为（　　）元。

A.26 400　　B.52 800

C.40 000　　D.39 600

6.企业的下列固定资产中，按规定不应计提折旧的是（　　）。

A.经营性租入的设备　　B.融资租入的设备

C.经营性租出的设备　　D.未使用的设备

7.固定资产改良过程中取得的变价收入应记入（　　）账户。

A.“营业外支出”　　B.“在建工程”　　C.“营业外收入”　　D.“固定资产清理”

8.某企业转让一台旧设备，取得价款56万元，增值税税额为7.28万元；发生清理费用并取得增值税专用发票，注明的装卸费为2万元。该设备原值为60万元，已提折旧10万元。假定不考虑其他因素，出售该设备影响当期损益的金额为（　　）万元。

A.4　　B.6　　C.54　　D.56

9.与年限平均法相比，采用年数总和法对固定资产计提折旧将使（　　）。

A. 计提折旧的初期，企业利润减少，固定资产净值减少

B. 计提折旧的初期，企业利润减少，固定资产原值减少

C. 计提折旧的后期，企业利润减少，固定资产净值减少

D. 计提折旧的后期，企业利润减少，固定资产原值减少

10.某企业自行建造厂房购入工程物资一批，增值税专用发票上注明的价款为100万元，增值税税额为13万元，发票已通过税务机关认证。不考虑其他因素，关于该企业购买工程物资相关会计处理的表述中正确的是（　　）。

A. 借记“应交税费——应交增值税（进项税额）”科目13万元

B. 借记“原材料”科目100万元

C. 借记“应交税费——待抵扣进项税额”科目7.80万元

D. 借记“应交税费——待抵扣进项税额”科目5.20万元

二、多项选择题

1.下列关于固定资产计提折旧的表述中，正确的有（　　）。

A. 提前报废的固定资产不再补提折旧

B. 固定资产折旧方法一经确定不得改变

C. 已提足折旧但仍继续使用的固定资产不再计提折旧

D. 自行建造的固定资产应自办理竣工决算时开始计提折旧

2.下列各项中，应计提固定资产折旧的有（　　）。

A.经营租入的设备

B.融资租入的办公楼

C.已投入使用但未办理竣工决算的厂房

D.已达到预定可使用状态但未投产的生产线

3.下列各项中，影响固定资产折旧的因素有（　　）。

A.固定资产原价

B.固定资产的预计使用寿命

C.固定资产预计净残值

D.已计提的固定资产减值准备

4.20×8年12月20日，某企业购入一台设备，其原价为2 000万元，预计使用年限5年，预计净残值5万元，采用双倍余额递减法计提折旧，下列各项关于该企业采用双倍余额递减法计提折旧的表述中，正确的有（　　）。

习题精讲4-10

A.20×9年折旧额为665万元

B.应计折旧总额为1 995万元

C.年折旧率为33%

D.20×9年折旧额为800万元

5.下列各项中，应通过“固定资产清理”账户核算的有（　　）。

A.盘亏的固定资产

B.出售的固定资产

C.报废的固定资产

D.毁损的固定资产

6.下列各项中，可能计入固定资产成本的有（　　）。

A. 固定资产进行日常修理发生的人工费用

B. 固定资产安装过程中领用原材料所负担的增值税

C. 固定资产达到预定可使用状态后发生的专门借款利息

D. 固定资产达到预定可使用状态前发生的物资盘亏净损失

三、判断题

1.按双倍余额递减法计提的折旧额在任何时期都大于按年限平均法计提的折旧额。（　　）

2.已达到预定可使用状态的固定资产，无论是否交付使用，尚未办理竣工决算的，应当按照估计价值确认为固定资产，并计提折旧；待办理竣工决算手续后，再按实际成本调整原来的暂估价值，并需要调整原已计提的折旧额。（　　）

3.企业将发生的固定资产后续支出计入固定资产成本的，应当终止确认被替换部分的账面价值。（　　）

4.企业计提固定资产折旧时，对于当月增加的固定资产当月提折旧，当月减少的固定资产当月不提折旧。（　　）

5.盘盈的固定资产，应按重置成本确定其入账价值。（　　）

6.企业当月新增加的固定资产，当月不计提折旧，自下月起计提折旧，当月减少的固定资产，当月仍计提折旧。（　　）

7.企业发生固定资产改扩建支出且符合资本化条件的，应计入相应在建工程成本。（　　）

8.企业生产车间发生的固定资产日常维修费，应作为制造费用核算，计入产品成本。（　　）

9.企业在财产清查中盘亏固定资产，按照盘亏固定资产的账面余额，借记“待处理财产损溢”账户。（　　）

10.由于自然灾害造成的固定资产损失，同自然报废产生的固定资产净损失一样，都

应列入营业外支出。 (　　)

习题精讲4-11

四、账务处理题

(一)

1. 目的：练习自行建造固定资产的核算。

2. 资料：

天山企业为增值税一般纳税人，增值税税率为13%，准备自行建造厂房，发生下列有关业务：

(1) 用银行存款购买工程物资60 000元；

(2) 该项工程开工并领用全部工程物资；

(3) 工程应负担的职工薪酬为4 000元；

(4) 工程领用生产用原材料2 000元；

(5) 用银行存款支付有关工程的各项其他费用5 500元；

(6) 工程竣工验收交付使用。

3. 要求：根据以上经济业务，为企业编制相关会计分录。

(二)

1. 目的：练习固定资产折旧的计算。

2. 资料：

某企业购入一台机器设备，原价85 000元，可使用5年，预计净残值率为5%。

3. 要求：

(1) 采用双倍余额递减法计算该设备的年折旧额。

(2) 采用年数总和法计算该设备的年折旧额。

(三)

1. 目的：练习固定资产处置的会计处理。

2. 资料：

卫华企业发生如下固定资产处置业务（不考虑相关税费）：

(1) 出售一台不需用的机床，销售价款4 000元，该设备原价9 600元，已提折旧5 000元。

(2) 年末企业盘亏设备一台，原值20 000元，已提折旧15 000元，经上级批准予以转销。

(3) 企业因火灾烧毁厂房一幢，该厂房原值180万元，已提折旧60万元；经保险公司核定应赔偿损失100万元，以现金支付清理费用1 000元，残料估价18 000元，已验收入库。

(4) 企业经上级批准提前报废一台设备，原值40 000元，已提折旧36 000元，支付清理费用600元，废料出售款4 800元，清理工作已经结束。

3. 要求：根据以上业务资料，为企业编制会计分录。

任务4
处理无形资产及其他资产供应

任务描述

(1) 龙腾公司自行研究开发一项新产品专利技术，截至20×4年12月31日，发生研发支出40 000 000元，经测试，该研发活动完成了研究阶段，进入开发阶段。20×5年发生开发支出12 000 000元，全部符合资本化条件。20×6年1月3日，该专利技术已经达到预定用途。该专利的使用寿命为10年，预计净残值为零。20×7年12月31日，该专利的预计可收回金额为9 000 000元。20×8年1月5日，许可华泰公司使用其专利权，每月收取的使用费为150 000元。20×9年1月10日，该公司将该专利权出售，取得含税收入9 540 000元。请作出该公司关于该专利权的相关账务处理。（适用的增值税税率为6%）

（2）20×3年1月1日，安达公司对其以经营租赁方式租入的办公室进行装修，发生以下有关支出：领用生产用原材料500 000元，购进该批原材料时支付的增值税进项税额为65 000元，有关装修人员工资等职工薪酬为415 000元。20×3年12月10日，该办公室装修完毕，达到预定可使用状态并交付使用，按租赁期10年进行摊销。请为公司作相关账务处理。

相关知识

一、处理无形资产

（一）认识无形资产

1.无形资产的概念

无形资产是指企业拥有或控制的没有实物形态的可辨认非货币性资产。无形资产可通过外购、自行开发、投资者投入、债务重组、非货币性资产交换等方式取得，包括专利权、非专利技术、商标权、著作权、土地使用权、特许权等。

2.无形资产的特征

（1）不具有实物形态。无形资产本身不具有实物形态，它通常体现为一种权利、技术或能获得超额利润的能力，如土地使用权、非专利技术等。不具有实物形态是无形资产区别于其他有形资产的一个显著标志。

（2）可辨认性。可辨认性是指无形资产可以从企业的其他资产中分离出来，或者虽不能够分离，但能够识别出来。

思考4-15： 商誉属于无形资产吗？为什么？

（3）非货币性、非流动性。货币性资产是指企业持有的货币资金和将以固定或可确定的金额收取的资产，包括库存现金、银行存款、应收账款、应收票据等。无形资产属于非货币性资产，能够在超过一个经营周期的时间内为企业创造经济利益。

3.无形资产的内容

无形资产主要包括专利权、非专利技术、商标权、著作权、土地使用权、特许权等。

（1）专利权。专利权是指国家专利主管机关依法授予发明创造专利申请人对其发明创造在法定的有效期内所享有的专有权利，包括发明专利权、外观设计专利权及实用新型专利权。

（2）非专利技术。非专利技术也称专有技术，是指发明人垄断的、不公开的、不受法律保护的，具有实用价值的先进技术、资料、技能、知识等。

（3）商标权。商标是用来辨认特定商品或劳务的标记。商标权即商标专用权，是指商标注册人对其注册商标的专用权，包括文字商标权、图形商标权、记号商标权、组合商标权等。《中华人民共和国商标法》规定，经商标局核准注册的商标为注册商标，商标注册人享有商标专用权，受法律保护。

思考4-16： 商标权的有效期是如何规定的？

（4）著作权。著作权又称版权，是指著作权人对其著作依法享有的出版、发行等方面的专有权利，包括作者的人身权和财产权，具体是指发表权、署名权、修改权、保护作品完整权、使用权和获得报酬权等。

（5）土地使用权。土地使用权是指国家准许某一企业在一定期间对国有土地享有开发、利用、经营的权利。根据我国土地管理法的规定，我国土地实行公有制，任何单位和个人不得侵占、买卖或者以其他形式非法转让。国有土地可依法给国有企业、集体企业等单位使用，其使用权可依法转让。

（6）特许权。特许权也称专营权，是指在某一地区经营或销售某种特定商品的权利，或是一家企业接受另一家企业使用其商标、商号、技术秘密等的权利。前者是由政府机构授权，准许企业使用或在一定地区享有经营某种业务的特权，如水、电、邮电通信等专营权、烟草专卖权等；后者是指企业间依照签订的合同，有限期或无限期地使用另一家企业的某些权利，如连锁店的分店等。

（二）设置有关账户

为了核算和监督各项无形资产的增减变化及结存情况，企业应设置“无形资产”“研发支出”“累计摊销”“无形资产减值准备”等账户。

“无形资产”账户属于资产类账户，核算企业持有的无形资产的成本，借方登记以各种方式、途径取得的无形资产的实际成本，贷方登记转让、核销的无形资产的成本，余额在借方，反映企业期末无形资产的成本。

“研发支出”账户属于成本类账户，核算企业研究与开发无形资产过程中发生的各项支出。该账户借方登记企业自行开发无形资产发生的研发支出，贷方结转达到预定用途形成无形资产的研发支出，期末借方余额反映企业正在进行的无形资产研究开发项目满足资本化条件的支出。该账户可按研究开发项目，分别以“费用化支出”“资本化支出”进行明细核算。

“累计摊销”账户属于资产类账户，是“无形资产”账户的备抵账户，贷方登记按期计提的无形资产摊销额，借方登记处理无形资产时结转的累计摊销额，余额在贷方，反映企业无形资产的累计摊销额。

“无形资产减值准备”账户属于资产类账户，是“无形资产”账户的备抵账户，核算企业无形资产的减值准备。资产负债表日，无形资产发生减值的，按减值的金额记入该账户贷方，处置无形资产时从借方结转减值准备。期末贷方余额反映企业已计提但尚未转销的减值准备。

（三）取得无形资产的业务处理

企业无形资产一般按取得时的实际成本计量，即以取得无形资产并使之达到预定用途而发生的全部支出，作为无形资产的成本。企业取得无形资产的主要方式有外购、自行研究开发、投资人投入等。对于从不同来源取得的无形资产，其成本构成也不尽相同。

1.外购无形资产

外购无形资产的成本，包括购买价款、进口关税和其他支出。这里的“其他支出”主要包括使这项无形资产达到预定用途而发生的专业服务费及测试这项无形资产能否正常发挥作用而发生的费用，但不包括引入新产品、新技术发生的广告费用、管理费用及其他间接费用。

外购的无形资产，按实际支付的价款借记“无形资产”账户，贷记“银行存款”等账户。

2. 自行研究开发无形资产

企业内部研究开发项目的支出，应当区分研究阶段支出与开发阶段支出。企业内部研发支出处理的基本原则是：研究阶段的支出全部费用化，计入当期损益；开发阶段的支出符合资本化条件的才能资本化，不符合资本化条件的计入当期损益；无法可靠区分研究阶段支出和开发阶段支出的，所发生的支出全部费用化，计入当期损益。

开发阶段有关支出应同时满足以下资本化条件才能资本化：

（1）完成该无形资产以使其能够使用或出售在技术上具有可行性。

（2）具有完成该无形资产并使用或出售的意图。

（3）无形资产产生未来经济利益的方式，包括能够证明运用该无形资产生产的产品存在市场或无形资产自身存在市场；无形资产将在内部使用的，应当证明其有用性。

（4）有足够的技术、财务资源和其他资源支持，以完成该无形资产的开发，并有能力使用或出售该无形资产。

（5）归属于该无形资产开发阶段的支出能够可靠地计量。

企业自行开发的无形资产发生的研发支出，不满足资本化条件的，借记“研发支出——费用化支出”账户，贷记“原材料”“银行存款”“应付职工薪酬”等账户。期末，将“研发支出——费用化支出”账户归集的金额转入“管理费用”账户，即借记“管理费用”账户，贷记“研发支出——费用化支出”账户。

企业自行开发的无形资产发生的研发支出，满足资本化条件的，借记“研发支出——资本化支出”账户，贷记“原材料”“银行存款”“应付职工薪酬”等账户。研发项目达到预定用途形成无形资产的，应按“研发支出——资本化支出”账户的余额，借记“无形资产”账户，贷记“研发支出——资本化支出”账户。

【例4-33】 公司自行研究开发技术，截至20×3年12月31日，发生研发支出5 000 000元，经测试，该研发活动完成了研究阶段，进入开发阶段。20×4年发生开发支出6 000 000元，全部符合资本化条件。20×4年9月30日，该项研发活动结束，技术已经达到预定用途。假设所有支出均以银行存款支付。公司编制相关会计分录如下：

微课4-5
研发支出核算

①20×3年发生研发支出时：

借：研发支出——费用化支出　　5 000 000
　贷：银行存款　　5 000 000

②20×3年年末转销时：

借：管理费用　　5 000 000
　贷：研发支出——费用化支出　　5 000 000

③20×4年发生符合资本化条件的开发支出时：

借：研发支出——资本化支出　　6 000 000
　贷：银行存款　　6 000 000

④20×4年9月30日，该技术已经达到预定用途时：

借：无形资产　　6 000 000
　贷：研发支出——资本化支出　　6 000 000

3.投资者投入无形资产

投资者投入无形资产的成本，应当按照投资合同或协议约定的价值确定，但投资合同或协议约定的价值不公允的除外。在投资合同或协议约定价值不公允的情况下，应按无形资产的公允价值入账，按所确认的初始成本与实收资本或股本之间的差额调整资本公积。

投资者投入的无形资产按确认的公允价值借记“无形资产”账户，按双方协议约定的价值贷记“实收资本”或“股本”账户，两者的差额计入资本公积。

（四）持有无形资产的业务处理

1.摊销无形资产

企业应当在取得无形资产时，分析判断其使用寿命。无形资产的使用寿命是有限的，应当估计使用寿命的年限或者构成使用寿命的产量等类似计量单位数量；无法估计无形资产为企业带来经济利益期限的，应当视为使用寿命不确定的无形资产。

（1）使用寿命有限的无形资产

使用寿命有限的无形资产应当在其预计的使用寿命内采取合理的方法对应摊销金额进行摊销。

无形资产的摊销金额为其成本扣除预计残值后的金额。已经计提减值准备的无形资产还应扣除已计提的减值准备累计金额。使用寿命确定的无形资产残值一般为零，但以下两种情况除外：

① 第三方承诺在无形资产使用寿命结束时购买该项无形资产；

② 可以在活跃市场得到无形资产预计残值信息，并且从目前情况看，在无形资产使用寿命结束时，该市场还可能存在的情况下，可以预计无形资产的残值。

无形资产的摊销期自其可供使用（达到能够按管理层预定的方式运作所必需的状态）时开始至终止确认时为止。

无形资产摊销所使用的方法应反映与该项无形资产有关的经济利益的预期实现方式，一般采用生产总量法、直线法等。无法确定消耗方式的，应当采用直线法摊销。

企业应当按月对无形资产进行摊销。当月增加的无形资产当月开始摊销，处置当月不再摊销。

思考4–17：此处与固定资产按月折旧的规定相同吗？

无形资产的摊销金额一般应当计入当期损益。企业自用的无形资产，其摊销金额应计入管理费用；出租的无形资产，其摊销金额应计入其他业务成本；某项无形资产包含的经济利益通过所生产的产品或其他资产实现的，其摊销金额应计入生产成本、制造费用等。

【例4–34】企业从外单位购入一项商标权，通过银行存款支付价款360 000元，合同规定该商标的使用期限为10年，企业编制会计分录如下：

①购买商标权时：

借：无形资产　　360 000

　贷：银行存款　　360 000

②每月摊销时：

借：管理费用　　3 000

　贷：累计摊销　　3 000

（2）使用寿命不确定的无形资产

对于使用寿命不确定的无形资产，在持有期间不进行摊销，但应在每个会计期间进行减值测试。

2.出租无形资产

出租无形资产是指转让无形资产的使用权，即将无形资产使用权有条件地让渡给他人。

企业取得租金收入，借记“银行存款”等账户，贷记“其他业务收入”“应交税费——应交增值税（销项税额）”等账户；摊销出租无形资产的成本，借记“其他业务成本”等账户，贷记“累计摊销”账户。

3.无形资产减值

如果无形资产将来为企业创造的经济价值不足以补偿无形资产成本，则说明无形资产发生了减值，具体表现为无形资产的账面价值超过了其可收回金额。

无形资产在资产负债表日存在可能发生减值的迹象时，企业应当将该无形资产的账面价值减记至可收回金额，减记的金额确认为减值损失，计入当期损益，同时计提相应的减值准备，按应减记的金额，借记“资产减值损失”账户，贷记“无形资产减值准备”账户。无形资产减值损失一经确认，在以后会计期间不得转回。

【例4-35】 公司有一项专利技术，账面价值为100 000元，年末经减值测试，可收回金额为70 000元，期末，公司账务处理如下：

借：资产减值损失	30 000	
贷：无形资产减值准备		30 000

（五）出售和报废无形资产的业务处理

1.出售无形资产

企业出售无形资产，表明企业放弃该无形资产的所有权。此时应将所取得的价款与该无形资产账面价值的差额作为资产处置利得或损失计入资产处置损益。

企业出售无形资产，按实际取得的收入，借记“银行存款”等账户；按无形资产的账面余额，贷记“无形资产”账户；按其累计摊销的金额，借记“累计摊销”账户；按其已计提的减值准备，借记“无形资产减值准备”账户；按应支付的相关税费，贷记“应交税费——应交增值税（销项税额）”等账户；按其差额，贷记或借记“资产处置损益”账户。

【例4-36】 公司将一项专利权出售，不含税价款为500 000元，应交增值税30 000元。该项专利权的账面余额为600 000元，已摊销150 000元，已计提减值准备100 000元。公司编制会计分录如下：

借：银行存款	530 000	
累计摊销	150 000	
无形资产减值准备	100 000	
贷：无形资产		600 000
应交税费——应交增值税（销项税额）		30 000
资产处置损益		150 000

2.报废无形资产

如果无形资产预期不能为企业带来经济效益，不再符合无形资产的定义，应该将无形资产的账面价值予以转销。

转销无形资产账面价值时，按该项无形资产已累计摊销的金额，借记“累计摊销”账户；按其已计提的减值准备，借记“无形资产减值准备”账户；按其账面余额，贷记“无形资产”账户；按其差额借记“营业外支出”账户。

二、处理其他资产

其他资产是指除货币资金、交易性金融资产、应收及预付款项、存货、长期股权投资、固定资产、无形资产等以外的资产，主要包括长期待摊费用、生产性生物资产和其他非流动资产。

（一）长期待摊费用

1.账户设置

企业应设置“长期待摊费用”账户，该账户属于资产类账户，核算企业已经发生，但应由本期和以后期间负担的，摊销期限在1年以上的各项费用，如以经营租赁方式租入的固定资产发生的改良支出等。

2.具体业务处理

企业发生的长期待摊费用，借记“长期待摊费用”账户，贷记“银行存款”“原材料”等账户。摊销长期待摊费用时，借记“管理费用”“销售费用”等账户，贷记“长期待摊费用”账户。“长期待摊费用”账户的期末借方余额反映企业尚未摊销完毕的长期待摊费用。

（二）生产性生物资产

1.认识生产性生物资产

（1）生产性生物资产的概念

生产性生物资产，是指为产出农产品、提供劳务或出租等目的而持有的生物资产，包括经济林、薪炭林、产畜和役畜等。

（2）生产性生物资产的计量

外购生产性生物资产的成本，包括购买价款、相关税费、运输费、保险费以及可直接归属于购买该资产的其他支出。

自行营造或繁殖的生产性生物资产的成本，包括达到预定生产经营目的前发生的造林费、抚育费、营林设施费、良种试验费、调查设计费和应分摊的间接费用等必要支出。

自行繁殖的产畜和役畜的成本，包括达到预定生产经营目的（成龄）前发生的饲料费、人工费和应分摊的间接费用等必要支出。

达到预定生产经营目的，是指生产性生物资产进入正常生产期，可以多年连续稳定产出农产品、提供劳务或出租。

因择伐、间伐或抚育更新性质采伐而补植林木类生物资产发生的后续支出，应当计入林木类生物资产的成本。

生物资产在郁闭或达到预定生产经营目的后发生的管护、饲养费用等后续支出，应当计入当期损益。

2.设置有关账户

为了反映和监督生产性生物资产的生产、耗费、产出等情况，企业需要设置“生产性生物资产”“生产性生物资产累计折旧”等账户。

“生产性生物资产”账户核算企业（农、林、牧、渔业）持有的生产性生物资产的原价（成本）。借方登记外购、自行营造的林木、自行繁殖产畜和役畜等增加的生产性生物资产成本，贷方登记出售、报废、毁损、对外投资等减少的生产性生物资产原价（成本）。期末借方余额，反映企业（农、林、牧、渔业）生产性生物资产的原价（成本）。本账户应按照“未成熟生产性生物资产”和“成熟生产性生物资产”，分别生物资产的种类、群别等进行明细核算。

“生产性生物资产累计折旧”账户核算企业（农、林、牧、渔业）成熟生产性生物资产的累计折旧。贷方登记企业按月计提成熟生产性生物资产的折旧，借方登记处置生产性生物资产结转的生产性生物资产累计折旧。期末贷方余额，反映企业成熟生产性生物资产的累计折旧额。本账户应按照生产性生物资产的种类、群别等进行明细核算。

3.具体业务处理

（1）企业外购的生产性生物资产，按照购买价款和相关税费，借记“生产性生物资产”账户，贷记“银行存款”等账户。涉及按照税法规定可抵扣的增值税进项税额的借记“应交税费——应交增值税（进项税额）”账户。

（2）自行营造的林木类生产性生物资产，按照达到预定生产经营目的前发生的造林费、抚育费、营林设施费、良种试验费、调查设计费和应分摊的间接费用等必要支出借记“生产性生物资产——未成熟生产性生物资产”账户，贷记“原材料”“银行存款”等账户。

【例4-37】 H公司自20×0年年初开始自行营造100公顷橡胶树，20×0年发生种苗费188 000元，平整土地和定植所需机器设备折旧费60 500元；自营造开始正常生产周期为6年，假定各年均匀发生抚育肥料及农药费40 250元、人工费68 000元，每年应分摊管护费用385 000元。假定不考虑相关税费等其他因素。H公司应编制如下会计分录：

（1）20×0年，发生种苗费、平整土地等费用：

借：生产性生物资产——未成熟生产性生物资产	248 500	
贷：原材料——种苗		188 000
累计折旧		60 500

（2）20×0—20×5年，每年发生抚育肥料及农药费、人工费、应分摊管护费用：

借：生产性生物资产——未成熟生产性生物资产	493 250	
贷：原材料——肥料及农药		40 250
应付职工薪酬		68 000
银行存款		385 000

（3）自行繁殖的产畜和役畜，达到预定生产经营目的前发生的饲料费、人工费和应分摊的间接费用等必要支出，借记“生产性生物资产——未成熟生产性生物资产”账户，贷记“原材料”“银行存款”等账户。

（4）未成熟生产性生物资产达到预定生产经营目的时，按照其账面余额，借记“生产性生物资产——成熟生产性生物资产”账户，贷记“生产性生物资产——未成熟生产性生物资产”账户。

【例4-38】 承【例4-37】，20×5年，H公司自行营造的生产性生物资产达到预定生产经营目的。

生产性生物资产成本总额=248 500+493 250×6=3 208 000（元）

H公司应编制如下会计分录：

借：生产性生物资产——成熟生产性生物资产 3 208 000

贷：生产性生物资产——未成熟生产性生物资产 3 208 000

（5）育肥畜转为产畜或役畜，应当按照其账面余额，借记“生产性生物资产”账户。贷记“消耗性生物资产”账户。产畜或役畜淘汰转为育肥畜，应按照转群时其账面价值，借记“消耗性生物资产”账户，按照已计提的累计折旧，借记“生产性生物资产累计折旧”账户，按照其账面余额，贷记“生产性生物资产”账户。

（6）择伐、间伐或抚育更新等生产性采伐而补植林木类生产性生物资产发生的后续支出，借记“生产性生物资产——未成熟生产性生物资产”账户，贷记“银行存款”等账户。

生产性生物资产发生的管护、饲养费用等后续支出，借记“管理费用”账户，贷记“银行存款”等账户。

（7）企业对达到预定生产经营目的的生产性生物资产，应当按期计提折旧，并根据用途分别计入相关资产的成本或当期损益。

企业应当根据生产性生物资产的性质、使用情况和有关经济利益的预期实现方式合理确定其使用寿命、预计净残值和折旧方法。可选用的折旧方法包括年限平均法、工作量法、产量法等。生产性生物资产的使用寿命、预计净残值和折旧方法一经确定，不得随意变更。

企业确定生产性生物资产的使用寿命，应当考虑的因素包括：预计的产出能力或实物产量；预计的有形损耗，如产畜和役畜衰老、经济林老化等；预计的无形损耗，如因新品种的出现而使现有的生产性生物资产的产出能力和产出农产品的质量等方面相对下降、市场需求的变化使生产性生物资产产出的农产品相对过时等。

企业至少应当于每年年度终了对生产性生物资产的使用寿命、预计净残值和折旧方法进行复核。使用寿命或预计净残值的预期数与原先估计数有差异的，或者有关经济利益预期实现方式有重大改变的，应当作为会计估计变更，调整生产性生物资产的使用寿命或预计净残值或者改变折旧方法。

（8）企业至少应当于每年年度终了对生产性生物资产进行检查，有确凿证据表明由于遭受自然灾害、病虫害、动物疫病侵袭或市场需求变化等原因，使生产性生物资产的可收回金额低于其账面价值的，应当按照可收回金额低于账面价值的差额，计提生物资产减值准备，并计入当期损益。生产性生物资产减值准备一经计提，不得转回。

（9）生产性生物资产收获的农产品成本，按照产出或采收过程中发生的材料费、人工费和应分摊的间接费用等必要支出计算确定，并采用加权平均法、个别计价法、蓄积量比例法、轮伐期年限法等方法，将其账面价值结转为农产品成本。

（10）根据规定，生物资产通常按照成本计量，但有确凿证据表明其公允价值能够持续可靠取得的除外。采用公允价值计量的生物资产，应当同时满足下列两个条件：

第一，生物资产有活跃的交易市场。活跃的交易市场，是指同时具有下列特征的市场：

① 市场内交易的对象具有同质性。

② 可以随时找到自愿交易的买方和卖方。

③ 市场价格的信息是公开的。

第二，能够从交易市场上取得同类或类似生物资产的市场价格及其他相关信息，从而对生物资产的公允价值作出合理估计。同类或类似，是指生物资产的品种相同或类似、质量等级相同或类似、生长时间相同或类似、所处气候和地理环境相同或类似。

（三）其他非流动资产

其他非流动资产一般包括国家批准储备的特种物资、银行冻结存款以及临时设施和涉及诉讼的财产等。这类资产一般不参与企业的正常生产经营活动，也不需要进行摊销，企业可以根据其资产的性质及特点单独设置相关账户核算。

任务实施

（1）龙腾公司关于该专利权的相关会计处理如下：

①20×4年发生研发支出时：

借：研发支出——费用化支出　　40 000 000

　贷：银行存款等　　40 000 000

20×4年年末转销时：

借：管理费用　　40 000 000

　贷：研发支出——费用化支出　　40 000 000

②20×5年发生符合资本化条件的开发支出时：

借：研发支出——资本化支出　　12 000 000

　贷：银行存款等　　12 000 000

③20×6年1月3日，该专利技术达到预定用途时：

借：无形资产——专利权　　12 000 000

　贷：研发支出——资本化支出　　12 000 000

20×6年每月摊销时：

借：管理费用　　100 000

　贷：累计摊销　　100 000

④20×7年每月摊销时：

借：管理费用　　100 000

　贷：累计摊销　　100 000

20×7年年末，该无形资产的账面价值为9 600 000元（12 000 000−100 000×24），预计可收回金额为9 000 000元，计提无形资产减值准备时：

借：资产减值损失　　600 000

　贷：无形资产减值准备　　600 000

⑤20×8年出租该专利权每月收取租金时：

借：银行存款　　159 000

　贷：其他业务收入　　150 000

　　　应交税费——应交增值税（销项税额）　　9 000

每月摊销专利权时：

借：其他业务成本　　93 750

　贷：累计摊销　　93 750

⑥20×9年1月10日将该专利权出售时：

借：银行存款　9 540 000
　　累计摊销　3 525 000
　　无形资产减值准备　600 000
　贷：无形资产　12 000 000
　　　应交税费——应交增值税（销项税额）　540 000
　　　资产处置损益　1 125 000

（2）安达公司会计处理如下：

装修领用原材料时：

借：长期待摊费用　500 000
　贷：原材料　500 000

确认装修人员职工薪酬时：

借：长期待摊费用　415 000
　贷：应付职工薪酬　415 000

每月摊销装修支出时：

借：管理费用　7 625
　贷：长期待摊费用　7 625

注意事项

1. 在核算研发支出业务时，请注意费用化支出和资本化支出的处理。
2. 出租和出售无形资产的不同处理。

任务评价

根据前面任务下达的要求实施并完成任务后，进行任务实施评价，填写任务实施评价表，见表4-4-1。

表 4-4-1　无形资产及其他资产会计处理训练评价表

考评内容标准	实施评价		
	自我评价	同学互评	教师评价
掌握无形资产取得的处理（20分）			
掌握无形资产摊销的处理（30分）			
掌握无形资产转让的处理（35分）			
掌握长期待摊费用的处理（15分）			
合　　计			

同步练习

同步练习 4-4

扫码答题

一、单项选择题

1.20×3年3月1日，某企业开始自行研发一项非专利技术，20×4年1月1日研发成功并达到预定用途。该非专利技术研究阶段累计支出为300万元（均不符合资本化条件），开发阶段的累计支出为800万元（其中不符合资本化条件的支出为200万元），不考虑其他因素，企业该非专利技术的入账价值为（ ）万元。

A.800 B.900 C.1 100 D.600

2.企业出售无形资产发生的净损失，应计入（ ）。

习题精讲4-12

A.资产处置损益 B.其他业务成本

C.主营业务成本 D.管理费用

3.关于无形资产的后续计量，下列说法中正确的是（ ）。

A.使用寿命不确定的无形资产应按系统合理的方法摊销

B.使用寿命不确定的无形资产应按10年摊销

C.企业无形资产的摊销方法，应当反映与该项无形资产有关的经济利益的预期实现方式

D.无形资产的摊销方法只有直线法

4.经营租入办公楼发生的改良支出，应计入（ ）。

习题精讲4-13

A.固定资产 B.在建工程

C.长期待摊费用 D.无形资产

5.下列各项关于企业无形资产的表述中，不正确的是（ ）。

A.使用寿命不确定的无形资产不应摊销

B.研究阶段和开发阶段的支出应全部计入无形资产成本

C.无形资产应当按照成本进行初始计量

D.出租无形资产的摊销额应计入其他业务成本

6.甲公司为增值税一般纳税人，20×9年1月5日以2 700万元购入一项专利权，另支付注册登记费120万元。为推广由该专利权生产的产品，甲公司发生广告宣传费60万元。该专利权预计使用5年，预计净残值为零，采用直线法摊销。假设不考虑其他因素，20×9年12月31日该专利权的账面价值为（ ）万元。

A.2 160 B.2 256 C.2 304 D.2 700

7.某企业转让一项专利权，与此有关的资料如下：该专利权的账面余额为500万元，已摊销200万元，已计提减值准备50万元，取得转让价款280万元。假设不考虑相关税费及其他因素，该企业应确认的转让无形资产净收益为（ ）万元。

A.-2 B.16 C.30 D.8

8.对出租的无形资产进行摊销时，其摊销的价值应计入（ ）。

A.管理费用 B.其他业务成本 C.营业外支出 D.销售费用

二、多项选择题

1.下列各项中，应计入专利权入账价值的有（ ）。

A.无法区分研究阶段和开发阶段的设备折旧费

B.研究阶段支付的研发人员薪酬

C.依法取得专利权发生的注册费

D.开发阶段满足资本化条件的材料支出

2.关于无形资产的确认，应同时满足的条件有（ ）。

A.符合无形资产的定义

B. 与该资产有关的经济利益很可能流入企业

C. 该无形资产的成本能够可靠计量

D. 必须是企业外购的

习题精讲4-14

3. 某企业为改进技术自行研究开发一项无形资产。研究阶段发生支出50万元，开发阶段发生符合资本化条件的支出120万元，不符合资本化条件的支出80万元，研发结束形成无形资产。不考虑其他因素，下列各项关于上述研发支出的会计处理中，正确的有（　　）。

A. 计入管理费用的金额为130万元

B. 无形资产的入账价值为120万元

C. 计入制造费用的金额为80万元

D. 无形资产的入账价值为170万元

4. 下列资产减值准备中，在符合相关条件时可以转回的有（　　）。

A. 坏账准备　　B. 存货跌价准备

C. 无形资产减值准备　　D. 固定资产减值准备

5. 企业对使用寿命有限的无形资产进行摊销时，其摊销额应根据不同情况分别计入（　　）。

A. 管理费用　　B. 制造费用　　C. 财务费用　　D. 其他业务成本

习题精讲4-15

三、判断题

1. 无形资产的摊销应当计入其他业务成本。（　　）

2. 企业出售的无形资产，应当按照有关收入确认原则确认所取得的收入；同时，确认出售无形资产的相关费用，并同时结转无形资产的摊余价值。（　　）

3. 企业以经营租赁方式租入的固定资产发生的改良支出，应直接计入当期损益。（　　）

4. 企业自行设计并注册使用的商标权属于无形资产。（　　）

5. 企业无法可靠区分研究阶段和开发阶段支出的，所发生的研发支出全部费用化，计入当期损益。（　　）

6. 企业使用寿命确定的无形资产应自可供使用（即达到预定用途）的下月起开始摊销，处置当月照常摊销。（　　）

四、账务处理题

（一）

1. 目的：练习无形资产的核算。

2. 资料：

丰伟企业购入一项专利，支付价款50 000元，有效使用年限为5年。企业购买该项专利2年后将其以35 000元的价格转让给其他企业，收到的款项存入银行。

3. 要求：根据以上资料编制购入、摊销与转让的会计分录。

（二）

1. 目的：练习长期待摊费用的核算。

2. 资料：

20×3年4月1日，甲公司对其以经营租赁方式租入的办公楼进行装修，发生以下有关支出：领用生产用材料500 000元，购进该批原材料时支付的增值税进项税额为65 000元；辅助生产车间为该装修工程提供的劳务支出为180 000元；有关人员工资等职工薪酬为520 000元。20×3年11月30日，该办公楼装修完工，达到预定可使用状态并交付使用，按租赁期10年开始进行摊销。

3.要求：根据以上资料编制装修耗费及20×3年12月摊销装修支出的会计分录。

任务5 处理人力资源供应

任务描述

龙腾公司为增值税一般纳税人，是一家以生产加工食用油为主的企业，共有职工200名，其中100名为生产工人，10名为车间管理人员，20名为采购人员，50名为销售人员，20名为总部行政管理人员。该公司适用的增值税税率为9%。20×3年1月，公司发生有关经济业务如下：

（1）8日，根据“工资结算汇总表”，上月应付职工工资总额为583 000元，其中扣回代垫职工医药费10 000元，代扣职工房租50 000元，代扣职工个人所得税20 000元，实发工资为503 000元。工资已通过银行结算，汇入职工个人工资账户。

（2）10日，计提为5名高管配备的小汽车的折旧费合计10 000元，以银行存款支付为销售人员租赁住房的租金合计20 000元。

（3）12日，以银行存款缴纳职工的社会保险费合计120 000元，缴纳住房公积金90 000元。

（4）15日，公司以生产的每桶成本为70元的某品种食用油作为春节福利物资发放给每名职工。该品种食用油市价为每桶100元。

（5）18日，以现金支付30 000元补贴给公司下设的职工食堂，以银行存款支付12 000元补贴给公司下设的医务室用于购买药品。

（6）20日，以现金支付10 000元给公司工会。

（7）21日，以银行存款支付职工岗位培训费8 000元。

（8）31日，计提本月应付工资总额600 000元。其中，生产工人280 000元，车间管理人员32 000元，销售人员151 000元，采购和总部行政管理人员137 000元。

如果你是该公司会计人员，请对该公司以上经济业务作出有关会计处理。

相关知识

一、认识人力资源

（一）人力资源的概念

人力资源又称劳动力资源或劳动力，是指能够推动整个经济和社会发展、具有劳动能力的人口总和。它是一种特殊而又重要的资源，是各种生产力要素中最具有活力和弹性的部分。

（二）人力资源的作用

一定数量的人力资源是社会生产的必要的先决条件。一般说来，充足的人力资源有利于生产的发展，但其数量要与物质资料的生产相适应。在现代科学技术飞速发展的情况下，经济发展主要靠经济活动人口素质的提高，随着现代科学技术在生产中的广泛应用，人力资源的质量在经济发展中的作用将越来越重要。

二、认识职工薪酬

（一）职工薪酬的概念

职工薪酬是指企业为获得职工提供的服务或解除劳动关系而给予的各种形式的报酬或补偿，包括职工在职期间和离职后提供给职工的全部货币性薪酬和非货币性福利。企业提供给职工配偶、子女或其他被赡养人的福利等，也属于职工薪酬。

这里所称“职工”包括三类人员：第一类是与企业订立劳动合同的所有人员，含全职、兼职和临时职工；第二类是未与企业订立劳动合同，但由企业正式任命的企业治理层和管理层人员，如董事会成员、监事会成员等，尽管有些董事会、监事会成员不是本企业员工，未与企业订立劳动合同，但对其发放的津贴、补贴等仍属于职工薪酬；第三类是在企业的计划和控制下，虽未与企业订立劳动合同或未由其正式任命，但为其提供与职工类似服务的人员，如通过中介机构签订用工合同，为企业提供与本企业职工类似服务的人员。

（二）职工薪酬的内容

职工薪酬核算企业因职工提供服务而支付的或放弃的对价，企业需要全面综合考虑职工薪酬的内容，以确保其准确性。职工薪酬主要包括以下内容：

1.短期职工薪酬

（1）职工工资、奖金、津贴和补贴。这是指构成工资总额的计时工资、计件工资、支付给职工的超额劳动报酬和增收节支的劳动报酬、为了补偿职工特殊或额外的劳动消耗和因其他特殊原因支付给职工的津贴，以及为了保证职工工资水平不受物价影响支付给职工的物价补贴等。

（2）职工福利费。这主要是尚未实行医疗统筹企业职工医疗费用、职工因公负伤赴外地就医路费、职工生活困难补助，以及按照国家规定开支的其他职工福利支出。

（3）医疗保险费、工伤保险费等社会保险费。医疗保险费、工伤保险费等社会保险费是指企业按照国家规定的基准和比例计算，向社会保险经办机构缴纳的医疗保险费、工伤保险费。

（4）住房公积金。这是指企业按照国家规定的基准和比例计算，向住房公积金管理机构缴存的住房公积金。

（5）工会经费和职工教育经费。这是指企业为了改善职工文化生活、为职工学习先进技术和提高文化水平及业务素质，用于开展工会活动和职工教育及职业技能培训等的相关支出。

（6）短期带薪缺勤。这里是指职工虽然缺勤但企业仍向其支付报酬的安排，包括年休假、病假、婚假、产假、丧假、探亲假等。带薪缺勤分为累积带薪缺勤和非累积带薪缺勤。累积带薪缺勤的权利可以结转至下期，在未来期间使用；非累积带薪缺勤则不能结转至下期，本期尚未使用完的带薪缺勤权利将予以取消，并且职工离开企业时也无法获得现金支付。

（7）短期利润分享计划。这是指因职工提供服务而与职工达成的基于利润或其他经营成果提供薪酬的协议，包括短期利润分享计划和长期利润分享计划。长期利润分享计划属于其他长期职工福利。

（8）其他短期薪酬。这是指除上述薪酬以外的其他为获得职工提供服务而给予的短期薪酬，如非货币性福利。

2. 长期职工薪酬

（1）离职后福利。这是指企业为获得职工提供的服务而在职工退休或与企业解除劳动关系后，提供的各种形式的报酬和福利，短期薪酬和辞退福利除外。企业应当将离职后福利计划分类为设定提存计划和设定受益计划。离职后福利计划，是指企业与职工就离职后福利达成的协议，或者企业为职工提供离职后福利制定的规章和办法等。

（2）辞退福利。这是指企业在职工劳动合同到期之前解除与职工的劳动关系，或者为鼓励职工自愿接受裁减而给予职工的补偿。

（3）其他长期职工福利。这是指除短期薪酬、离职后福利、辞退福利之外所有的职工薪酬，包括长期带薪缺勤、长期残疾福利、长期利润分享计划等。

总之，从薪酬的涵盖时间来看，职工薪酬分为短期职工薪酬和长期职工薪酬；从支付形式来看，职工薪酬包括货币性职工薪酬和非货币性职工薪酬；从薪酬的支付对象来看，职工薪酬包括提供给职工本人及其配偶、子女、受赡养人、已故员工遗属及其他受益人等的福利。

三、处理职工薪酬

（一）设置有关账户

为了核算企业支付和应付给职工的薪酬，企业应设置“应付职工薪酬”账户，并按职工薪酬种类设置明细分类账户。该账户贷方登记分配计入有关成本费用项目的职工薪酬的数额，借方登记实际发放或支付的职工薪酬的数额，期末贷方余额，反映企业应付未付的职工薪酬。外商企业按规定从净利润中提取的职工奖励及福利基金也在“应付职工薪酬”账户核算。

（二）处理短期职工薪酬

1. 确认职工薪酬

（1）确认货币性职工薪酬

生产企业应将各种职工薪酬按受益对象和工资结算中列示的应支付金额，分别借记“生产成本”“制造费用”“劳务成本”“在建工程”“研发支出”“管理费用”“销售费用”等账户，贷记“应付职工薪酬——工资”“应付职工薪酬——职工福利费”“应付职工薪酬——社会保险费”“应付职工薪酬——住房公积金”“应付职工薪酬——工会经费”“应付职工薪酬——职工教育经费”等账户。

【例 4–39】 企业本月工资费用分配表列示：生产车间直接生产工人工资 120 000 元，车间管理人员工资 30 000 元，厂部管理人员工资 20 000 元，销售部门人员工资 40 000 元，在建工程人员工资 15 000 元。企业编制会计分录如下：

借：生产成本——基本生产成本	120 000
制造费用	30 000

借：管理费用　　20 000
　　销售费用　　40 000
　　在建工程　　15 000
　贷：应付职工薪酬——工资　　225 000

【例4-40】 企业8月在岗职工100人，其中管理部门15人，生产工人75人，生产车间管理人员10人。根据企业历史经验数据，对每个职工每月需补贴食堂100元。企业编制会计分录如下：

借：生产成本　　7 500
　　制造费用　　1 000
　　管理费用　　1 500
　贷：应付职工薪酬——职工福利费　　10 000

【例4-41】 接【例4-39】，按工资总额的2%和8%，企业分别计提本月应付的工会经费和职工教育经费。企业编制会计分录如下：

借：生产成本——基本生产成本　　12 000
　　制造费用　　3 000
　　管理费用　　2 000
　　销售费用　　4 000
　　在建工程　　1 500
　贷：应付职工薪酬——工会经费　　4 500
　　　　　　　　　——职工教育经费　　18 000

【例4-42】 接【例4-39】，企业按规定计提的应由企业负担的向社保经办机构缴纳的社会保险费（不含基本养老保险和失业保险）共计26 910元，按规定计提的住房公积金为24 840元。企业编制会计分录如下：

借：生产成本——基本生产成本　　27 600
　　制造费用　　6 900
　　管理费用　　4 600
　　销售费用　　9 200
　　在建工程　　3 450
　贷：应付职工薪酬——社会保险费　　26 910
　　　　　　　　　——住房公积金　　24 840

假定企业从应付职工薪酬中代扣个人应缴纳的社会保险费（不含基本养老保险和失业保险）4 485元，住房公积金24 840元，共计29 325元。企业编制会计分录如下：

借：应付职工薪酬——工资　　29 325
　贷：其他应付款——社会保险费　　4 485
　　　　　　　　——住房公积金　　24 840

【例4-43】 企业从20×1年1月1日起实行累积带薪缺勤制度。该制度规定，每个职工每年可享受5个工作日带薪年休假，未使用的年休假只能向后结转一个公历年度，超过1公历年度未使用的权利作废，在职工离开企业时也无权获得现金支付；职工休年假时，首先使用当年可享受的权利，不足部分再从上年结转的带薪年休假中扣除。

至20×1年12月31日，丁企业有1 000名职工未享受当年的带薪年休假，丁企业预计20×2年有900名职工将享受不超过5天的带薪年休假，剩余100名职工每人将平均享受6天半的带薪年休假，假定这100名职工全部为总部各部门经理，该企业平均每名职工每个工作日工资为400元。不考虑其他相关因素。20×1年12月31日，丁企业应编制会计分录如下：

借：管理费用　　60 000
　贷：应付职工薪酬——带薪缺勤（短期带薪缺勤——累积带薪缺勤）　　60 000

（2）确认非货币性职工薪酬

①企业以其自产产品发给职工的，按受益对象和该产品的含税市价借记“生产成本”“制造费用”“劳务成本”“在建工程”“研发支出”“管理费用”“销售费用”等账户，贷记“应付职工薪酬——非货币性福利”账户。

微课4-6
非货币性职工薪酬核算

【例4-44】公司以自产电风扇作为福利发放给每名职工，每人一台。100名职工中直接从事生产的有80名，管理人员20名。该型号的电风扇成本为每台120元，市场售价为每台200元，公司适用的增值税税率为13%。企业编制会计分录如下：

借：生产成本——基本生产成本　　18 080
　　管理费用　　4 520
　贷：应付职工薪酬——非货币性福利　　22 600

②企业将自有房屋等资产无偿提供给职工使用的，按受益对象和该住房每期应计提的折旧借记“生产成本”“制造费用”“劳务成本”“在建工程”“研发支出”“管理费用”“销售费用”等账户，贷记“应付职工薪酬——非货币性福利”账户。

③企业租赁住房等资产无偿提供给职工使用的，按受益对象和该住房每期应支付的租金借记“生产成本”“制造费用”“劳务成本”“在建工程”“研发支出”“管理费用”“销售费用”等账户，贷记“应付职工薪酬——非货币性福利”账户。

2.发放职工薪酬

（1）发放货币性职工薪酬

①发放工资时，按原计提的应付工资数额借记“应付职工薪酬——工资”账户，按扣回帮职工代垫的有关费用贷记“其他应收款”账户，按代扣的有关款项贷记“其他应付款”“应交税费——应交个人所得税”等账户，按实发工资数额贷记“银行存款”“库存现金”等账户。

【例4-45】企业本月应付职工工资225 000元，其中代垫职工家属医药费3 000元，代扣个人所得税8 000元，实发工资214 000元。企业编制会计分录如下：

借：应付职工薪酬——工资　　214 000
　贷：银行存款　　214 000

借：应付职工薪酬——工资　　11 000
　贷：其他应收款——代垫医药费　　3 000
　　应交税费——应交个人所得税　　8 000

②发放其他货币性职工薪酬时，按实际支付的数额借记“应付职工薪酬——职工福利费”“应付职工薪酬——工会经费”“应付职工薪酬——职工教育经费”等账户，贷记“银行存款”“库存现金”等账户。

（2）发放非货币性职工薪酬

① 企业以其自产产品发给职工时，按原计提的数额借记“应付职工薪酬——非货币性福利”账户，按市价贷记“主营业务收入”账户，按应交的增值税税额贷记“应交税费——应交增值税（销项税额）”账户；同时，按产品成本借记“主营业务成本”账户，贷记“库存商品”账户。

②企业将自有房屋等资产无偿提供给职工使用时，按该住房每期应计提的折旧，借记“应付职工薪酬——非货币性福利”账户，贷记“累计折旧”等账户。

③ 企业支付无偿提供给职工使用的租赁住房等资产的租金时，按实际支付的数额借记“应付职工薪酬——非货币性福利”账户，贷记“银行存款”“库存现金”等账户。

（三）处理长期职工薪酬

1.离职后福利

企业应当将离职后福利计划分类为设定提存计划和设定受益计划。设定提存计划是指向独立的基金缴存固定费用后，企业不再进一步承担支付义务的离职后福利计划；设定受益计划是指除设定提存计划以外的离职后福利计划。

企业应当在职工为其提供服务的会计期间，将根据设定提存计划计算的应缴存金额确认为负债，并计入当期损益或相关资产成本。

【例4-46】 接【例4-39】，企业根据所在地政府规定，按照职工工资总额的16%计提基本养老保险费，缴存当地社保经办机构。

借：生产成本　　19 200
　　制造费用　　4 800
　　管理费用　　3 200
　　销售费用　　6 400
　　在建工程　　2 400
　贷：应付职工薪酬——设定提存计划（基本养老保险费）　　36 000

2.处理辞退福利

企业向职工提供辞退福利的，应当在下列两者孰早日确认辞退福利产生的职工薪酬负债，并计入当期损益。

（1）企业不能单方面撤回因解除劳动关系计划或裁减建议所提供的辞退福利时。

（2）企业确认与涉及支付辞退福利的重组相关的成本或费用时。

企业应当按照辞退计划条款的规定，合理预计并确认辞退福利产生的应付职工薪酬。

辞退福利预期在其确认的年度报告期结束后12个月内完全支付的，应当适用短期职工薪酬的相关规定，否则遵循其他长期职工薪酬的有关规定。

3.处理其他长期职工福利

企业向职工提供的其他长期职工福利，符合设定提存计划条件的，应当按照设定提存计划的有关规定进行处理；符合设定受益计划条件的，应当按照设定受益计划有关的规定进行处理。

长期残疾福利水平取决于职工提供服务期间长短的，企业应当在职工提供服务的期间确认应付长期残疾福利义务，计量时应考虑长期残疾福利支付的可能性和预期支付的期限；长期残疾福利与职工提供服务时间长短无关的，企业应当在导致职工长期残疾的事件发生的当期确认应付长期残疾福利义务。

任务实施

龙腾公司20×3年1月发生经济业务的有关会计处理如下：

（1）8日，发放职工工资时：

借：应付职工薪酬——工资　583 000
　贷：其他应收款——职工医药费　10 000
　　其他应付款——职工房租　50 000
　　应交税费——应交个人所得税　20 000
　　银行存款　503 000

（2）10日，计提为5名高管配备的小汽车的折旧费时：

借：管理费用　10 000
　贷：应付职工薪酬——非货币性福利　10 000
借：应付职工薪酬——非货币性福利　10 000
　贷：累计折旧　10 000

支付为销售人员租赁住房的租金时：

借：应付职工薪酬——非货币性福利　20 000
　贷：银行存款　20 000

（3）12日，缴纳职工的社会保险费和住房公积金时：

借：应付职工薪酬——社会保险费　120 000
　　　　　——住房公积金　90 000
　贷：银行存款　210 000

（4）15日，将公司生产的食用油作为春节福利发放给职工时：

借：生产成本　10 900
　制造费用　1 090
　管理费用　4 360
　销售费用　5 450
　贷：应付职工薪酬——非货币性福利　21 800
借：应付职工薪酬——非货币性福利　21 800
　贷：主营业务收入　20 000

贷：应交税费——应交增值税（销项税额） 1 800

借：主营业务成本 14 000

贷：库存商品 14 000

（5）18日，支付补贴时：

借：应付职工薪酬——职工福利费 42 000

贷：库存现金 30 000

银行存款 12 000

（6）20日，支付工会经费时：

借：应付职工薪酬——工会经费 10 000

贷：库存现金 10 000

（7）21日，支付职工岗位培训费时：

借：应付职工薪酬——职工教育经费 8 000

贷：银行存款 8 000

（8）31日，计提本月职工工资时：

借：生产成本 280 000

制造费用 32 000

管理费用 137 000

销售费用 151 000

贷：应付职工薪酬——工资 600 000

注意事项

1.非货币性职工薪酬的处理。

2.职工薪酬应根据受益对象分别记入不同账户。

任务评价

根据前面任务下达的要求实施并完成任务后，进行任务实施评价，填写任务实施评价表，见表4-5-1。

表4-5-1 应付职工薪酬会计处理训练评价表

考评内容标准	实施评价		
	自我评价	同学互评	教师评价
货币性职工薪酬的处理（50分）			
非货币性职工薪酬的处理（50分）			
合　　计			

同步练习

一、单项选择题

同步练习4-5

扫码答题

1.下列项目中，不属于职工薪酬的是（　　）。

A.职工工资　　B.职工福利费

C.医疗保险费　　D.职工出差报销的火车票

2.下列关于企业计提在建工程人员职工薪酬的会计处理中，正确的是（　　）。

A.借记“管理费用”科目，贷记“应付职工薪酬”科目

B.借记“固定资产”科目，贷记“应付职工薪酬”科目

C.借记“在建工程”科目，贷记“应付职工薪酬”科目

D.借记“研发支出”科目，贷记“应付职工薪酬”科目

3.某企业以现金支付行政管理人员生活困难补助2 000元，下列各项会计处理中正确的是（　　）。

A.借：其他业务成本　　2 000
　　贷：库存现金　　2 000

B.借：营业外支出　　2 000
　　贷：库存现金　　2 000

C.借：管理费用　　2 000
　　贷：库存现金　　2 000

D.借：应付职工薪酬——职工福利费　　2 000
　　贷：库存现金　　2 000

4.企业将自有房屋无偿提供给本企业行政管理人员使用，下列关于计提房屋折旧会计处理的表述中，正确的是（　　）。

A.借记“其他业务成本”科目，贷记“累计折旧”科目

B.借记“其他应收款”科目，贷记“累计折旧”科目

C.借记“营业外支出”科目，贷记“累计折旧”科目

D.借记“管理费用”科目，贷记“应付职工薪酬”科目；同时借记“应付职工薪酬”科目，贷记“累计折旧”科目

5.某企业为增值税一般纳税人。20×9年9月25日，向职工发放一批自产的空气净化器作为福利，该批产品售价为10万元，生产成本为7.50万元，按计税价格计算的增值税销项税额为1.30万元。不考虑其他因素，该笔业务应确认的应付职工薪酬为（　　）万元。

A.7.50　　B.11.30　　C.10　　D.8.80

二、多项选择题

习题精讲4-16

1.下列各项中，应确认为应付职工薪酬的有（　　）。

A.非货币性福利

B.社会保险费和辞退福利

C.职工工资、福利费、工会经费和职工教育经费

D.住房公积金

2.下列各项中，属于“应付职工薪酬”账户核算内容的有（　　）。

A. 正式任命并聘请的独立董事津贴

B. 已订立劳动合同的全职职工的奖金

C. 已订立劳动合同的临时职工的工资

D. 向住房公积金管理机构缴存的住房公积金

3. 企业计提的职工福利费，主要用于（　　）。

A. 职工医药费用　　B. 职工因公负伤赴外地就医路费

C. 职工生活困难补助　　D. 福利部门人员工资

三、判断题

1. 企业生产工人的医疗保险费、养老保险费、失业保险费、工伤保险费等社会保险费应计入当期管理费用。（　　）

2. 租赁住房等资产供职工无偿使用的，应当根据受益对象，将每期应付的租金计入相关资产成本或当期损益，并确认应付职工薪酬。（　　）

3. 企业提前解除劳动合同给予职工解除劳动关系的补偿，应通过“应付职工薪酬——辞退福利”账户核算。（　　）

四、账务处理题

1. 目的：练习应付职工薪酬的核算。

2. 资料：

甲上市公司为增值税一般纳税人，适用的增值税税率为13%，20×9年6月份发生与职工薪酬有关的交易事项如下：

（1）对行政管理部门使用的设备进行日常维修，应付企业内部维修人员工资12 000元。

（2）对车间生产用的设备进行改良，应付改良人员工资30 000元。

（3）为公司总部下属25位部门经理每人配备汽车一辆免费使用，假定每辆汽车每月计提的折旧为800元。

（4）将50台自产的V型厨房清洁器作为福利分配给本公司行政管理人员。该清洁器每台生产成本为1 200元，市场售价为1 500元（不含增值税）。

（5）月末，分配职工工资1 500 000元。其中生产工人工资1 050 000元，车间管理人员工资150 000元，企业行政管理人员工资200 000元，专设销售机构人员工资100 000元。

（6）以银行存款缴纳职工医疗保险费50 000元。

（7）按规定计算代扣代缴职工个人所得税18 000元。

（8）以现金支付职工李某生活困难补助1 000元。

（9）从应付张经理的工资中，扣回上月代垫的应由其本人负担的医疗费2 000元。

3. 要求：编制甲上市公司20×9年6月份上述交易事项的会计分录（“应交税费”科目要求写出明细科目）。

技能训练

请扫码后依据所提供的原始凭证编制相关业务的会计分录。

素养拓展

比亚迪的研发费用和固定资产折旧处理

经历了一年的价格战后，比亚迪交出了一份亮眼的答卷。

2023年，比亚迪实现营业收入6 023.15亿元，同比增长42.04%，净利润300.41亿元，同比增长80.72%。

300.41亿元的利润，对于绝大多数上市公司来说都堪称巨额，但对于全球新能源车销冠，2023年卖出302万辆车的比亚迪来说，并不惊艳。

2023年，比亚迪研发投入399.18亿元，同比增长97.39%，几乎翻倍。更值得注意的是，资本化研发投入占研发投入比例仅有0.86%，几乎可以忽略不计。即便是2022年，这个数值也只有7.76%。资本化比重越高，当期扣除的金额就越少，这些数字就会反哺到净利润，使得利润更高。

而比亚迪399.18亿元的研发费用，几乎没有资本化，全部费用化，在2023年扣掉，也看出比亚迪300.41亿元的净利润之扎实。

再看比亚迪的计提折旧，比亚迪2023年共计提折旧377.15亿元。

比亚迪的计提折旧非常激进，财报显示，其动力电池非流动资产折旧/摊销年限拟统一变更为3年。这一动作预计会在2023年使比亚迪减少净利润约27.97亿元。

比亚迪的设备和厂房折旧相较于其他车企年限更短，这可以让成本前置，在比亚迪增速最快的这几年在账面上舍弃一部分利润，从而在利润最高时提前摊平成本。

这样的好处是在资本市场中给比亚迪留下更多的想象空间，也未雨绸缪，减小了当新能源车销量增速放缓时比亚迪的利润压力。

资料来源：韩永昌.比亚迪年报：隐藏利润，留待决战时［EB/OL］.［2024-03-29］. https://finance.stockstar.com/IG2024032900020117.shtml.有删改.

请分析：

（1）研发费用对企业有何影响？如何进行会计处理？

（2）比亚迪缩短固定资产折旧年限对当期利润有何影响？

分析提示：

企业的核心竞争力就是技术的先进性，而研发费用的投入，保证了其技术的领先。虽然研发费用的投入并不一定能够带来产出，但是如果不投入，就一定没有产出。研发支出是指企业进行研究与开发无形资产过程中发生的各项支出，属于成本类支出。企业应设置“研发支出”科目进行核算。科目可按研究开发项目，分别“费用化支出”“资本化支出”进行明细核算。比亚迪固定资产折旧年限缩短让成本前置，会减少当期利润。

模块五

产品生产

本模块主要介绍企业生产过程中产品成本的计算与核算。产品生产是工业企业最基本的活动，它既是资产的耗费过程，又是新产品的制造过程；既是原资产价值的转移过程，又是新产品价值的形成过程。对企业来说，正确地核算出产品成本至关重要。本模块包含以下两项任务：认识生产过程、计算与核算产品成本。

学习目标

知识目标

1. 了解：成本的概念、成本核算的程序；
2. 熟悉：成本核算的账户；
3. 掌握：产品成本的计算与账务处理。

技能目标

1. 会归集和分配各项要素费用；
2. 会归集和分配辅助生产成本、制造费用；
3. 会用约当产量法计算完工产品成本和在产品成本。

素养目标

1. 通过昆明市持续开展制造业质量提升行动出台一系列措施，帮助企业提高产品质量的案例，了解产品质量是企业长久生存的根基，是企业竞争的免死金牌；
2. 结合制造业产品质量的重要性，知晓产品生产各个环节的会计核算对于控制产品质量的关键作用，树立质量意识。

思维导图

- 产品生产
  - 认识生产过程
    - 生产过程核算的内容
    - 生产过程核算的基本要求
    - 产品成本核算的一般程序
    - 成本会计机构
    - 产品成本核算的账户设置
      - 生产成本
        - 基本生产成本
        - 辅助生产成本
      - 制造费用
  - 计算与核算产品成本
    - 材料费用的核算
    - 工资薪酬费用的核算
    - 其他费用的核算
    - 辅助生产成本的分配
    - 制造费用的分配
    - 生产成本在完工产品与在产品之间的分配

德技并修

昆明市制造业产品质量合格率位居全省第一

2022年8月15日，记者从昆明市市场监管局获悉，省实施品牌和质量强省战略领导小组办公室去年对16个州（市）开展制造业产品质量合格率统计调查工作，昆明市调查合格率为95.5%，高于全省总体水平2.57个百分点，位列全省第一。至此，昆明市该项统计调查结果连续3年位居全省第一名。

本次调查对全省16个州（市）的25个制造业行业开展，结果显示昆明市制造业产品质量持续向好。其中，黑色金属、有色金属、食品加工、医药制造、烟草制品等行业贡献突出，稳定可靠的产品符合性质量有力支撑全市工业经济平稳较快发展，但细分行业间产品符合性水平差异大。

近年来，昆明市持续开展质量提升行动，强化质量机制建设，健全质量治理体系，夯实产业基础，制造业产品质量合格率稳中有升。其中，持续开展了9个领域的质量提升行动，强化创新设计、优质制造，推动高质量行业增品种、提品质，引领并带动其他领域产品质量水平的提升。帮扶企业建立健全质量管理体系，以“中小企业质量技术服务”为载体，开展“质量问诊”，积极推广卓越绩效先进质量管理方法，推动全员、全要素、全过程、全新数据的新型质量管理体系在广大中小微企业中的应用，提升制造业企业质量管理水平。加强质量基础设施建设，以新材料、新能源等重点战略性制造业行业产品需求为导向，推进“产学研用”融合，并统筹选择产业较为集中的区域率先建立质量基础设施“一站式”平台特色服务试点，提升产业技术创新和质量提升的服务效能。

资料来源：云南日报. 昆明市制造业产品质量合格率稳中有升 连续三年保持全省第一［EB/OL］.［2022-08-15］. https://www.yn.gov.cn/ywdt/zsdt/202208/t20220815_245739.html.

德技并修5

问题：

如何理解昆明市持续开展制造业质量提升行动的重要意义？

任务1 认识生产过程

任务描述

东方机械厂主要生产用于矿山企业的大型重型机械，全厂设有8个基本生产车间，分别负责生产矿山机械的各种零件和零部件的组装。另外，还设有4个辅助生产车间，为基本生产车间和其他部门提供劳务。该厂现有会计人员38人，其中成本会计8人（不包括各个生产车间的成本会计）。该厂规模较大，但为了满足集中控制成本和进行成本分析的需要，现在实行的是厂部一级集中成本核算体制，但有人建议该厂应该实行车间和厂部两级的分散成本核算体制。

请针对企业生产经营特点、成本核算等方面的情况，完成以下任务：

（1）你认为该企业现行的成本核算模式是否科学？简要说明理由，并提出进一步的改进意见。

（2）设置车间和厂部有关成本核算的总账和明细账。

相关知识

生产过程是指企业从原材料投入生产开始，经过一系列的加工，直到生产出来、检验合格入库为止所经历的全部过程。生产过程的内容及特点是会计核算的基础，即企业应根据生产过程的特点、经营管理的需要，分析生产过程中生产业务核算的主要内容，并建立会计账户。

一、生产过程核算的内容

企业在生产过程中发生的能用货币计量的全部生产耗费，称为生产费用。企业为生产一定种类和数量的产品所支出的全部生产费用，就是生产成本。对企业的生产过程进行核算，就是对企业产品的生产成本进行核算，即对直接材料、直接人工、制造费用等生产成本的归集和分配，计算出完工产品总成本和单位成本。

二、生产过程核算的基本要求

对企业生产过程核算的要求就是对企业产品的生产成本核算的要求。企业应依据实际情况组织成本核算，总的来说，有如下要求：

1.做好生产成本核算的基础工作

（1）原始记录制度的建立和健全；

（2）材料物资的计量、收发、领退和盘点制度的建立和健全；

（3）定额的制定和修订工作；

（4）企业内部结算制度的制定和修订工作。

2.正确划分各种费用支出的界限

（1）正确划分收益性支出和资本性支出的界限；

（2）正确划分产品成本与期间费用的界限；

（3）正确划分本期成本、费用与下期成本、费用的界限；

（4）正确划分各种产品成本的界限；

（5）正确划分完工产品和期末在产品的成本界限。

思考5-1： 什么是收益性支出？什么是资本性支出？

3.选择适当的成本计算方法

根据生产特点和管理要求等，选择适当的成本计算方法。可选用的成本计算方法有品种法、分批法和分步法等。

4.正确确定财产物资的计价方法等

正确确定财产物资的计价和价值结转方法、固定资产原值的计算方法和折旧方法。

5.编制产品成本报表

企业一般应当按月编制产品成本报表，全面反映企业生产成本、成本计划执行情况、产品成本及其变动情况等。

三、产品成本核算的一般程序

产品生产成本的核算程序，是指企业在计算产品生产成本过程中，从生产成本的归集、分配到确定完工产品成本的工作过程，包括：

①合理确定成本计算对象；

②科学地确定产品成本计算项目；

③确定成本计算期间；

④审核产品生产成本；

⑤归集与分配产品生产费用；

⑥计算月末在产品生产成本，确定完工产品总成本和单位成本。

四、成本会计机构

一般而言，大中型企业应在专设的会计部门中，单独设立成本会计机构，专门从事成本会计工作。在规模较小、会计人员不多的企业，可以在会计部门中指定专人负责成本会计工作。另外，企业的有关职能部门和生产车间，也应根据工作需要设置成本会计组或者配备专职或兼职的成本会计人员。企业内部各级成本会计机构之间的组织分工，有集中工作和分散工作两种基本方式。

所谓集中工作方式，是指企业的成本会计工作主要由厂部成本会计机构集中进行，车间等其他单位的成本会计机构或人员只负责原始记录和原始凭证的填制，并对它们进行初步的审核、整理和汇总，为厂部成本会计机构进一步工作提供基础资料。

所谓分散工作方式，是指成本会计工作中的计划、控制、核算和分析由车间等其他单位的成本会计机构或人员分别进行。成本考核工作由上一级成本会计机构对下一级成本会计机构逐级进行。厂部成本会计机构除对全厂成本进行综合的计划、控制、分析、考核及汇总核算外，还应负责对各下级成本会计机构或人员进行业务上的指导和监督。成本的预测和决策工作一般仍由厂部成本会计机构集中进行。

五、产品成本核算的账户设置

为了按成本核算程序归集生产费用，核算产品成本，应设置一定的总账账户及必要的明细账户。总账账户一般设置“生产成本”账户，该账户属于成本类账户，用以核算企业进行产品生产、自制材料、自制工具、自制设备等所发生的各项生产费用。

为了分别核算基本生产成本和辅助生产成本，还应在该总账账户下设立“基本生产成本”和“辅助生产成本”两个二级账户，在二级账户下再按一定要求设置明细账户。为了简化会计核算手续，企业也可以将两个二级账户提升为一级账户，不再设置“生产成本”总账账户。

基本生产是指为完成企业主要生产目的而进行的产品生产，“基本生产成本”账户是为了归集基本生产过程中所发生的各种生产费用和计算基本生产产品成本而设立的。账簿中应按成本项目分设专栏，登记各产品各成本项目的月初在产品成本、本月发生的成本、本月完工产品成本和月末在产品成本。

辅助生产是指为基本生产服务而进行的产品生产和劳务供应，如工具、模具、修理用备件等产品的生产和修理、运输等劳务的供应等。辅助生产所发生的各项费用，记入“辅助生产成本”账户的借方。该账户应按辅助生产车间和生产的产品、劳务分设辅助生产成本明细账，账中按辅助生产的成本项目或费用项目分设专栏进行登记。

另外，总账账户还需设置“制造费用”账户，用来核算企业为生产产品和提供劳务，在基本生产车间、辅助生产车间范围内发生的间接费用。其包括薪酬费用、折旧费、办公费、水电费、机物料消耗、劳动保护支出、季节性和修理期间的停工损失等。该账户按不同车间、部门设置明细账。

思考5-2：生产成本和制造费用有什么区别？

任务实施

根据任务描述，针对东方机械厂的实际情况，任务实施如下：

（1）该厂现行的成本核算模式是集中工作方式，该方式的优点是便于厂部成本会计机构及时地掌握整个企业与成本有关的全面信息；便于集中使用计算机进行成本数据处理；减少成本会计机构的层次。

但这种方式不便于直接从事生产经营活动的各车间和职工及时掌握本车间的成本信息，从而不便于成本的及时控制和责任成本制的推行。而该厂规模较大，有8个基本生产车间和4个辅助生产车间，组织结构复杂，会计人员相对充足，因此，为了便于各车间及时了解本车间的成本情况，做好成本费用的控制，建议将现行的成本核算模式改为分散工作方式。

（2）为了进行成本核算，车间和厂部应该设置的总账有：“生产成本”“制造费用”总账，还可按需要设置“废品损失”“停工损失”等总账。其中，“生产成本”总账下应开设“基本生产成本”和“辅助生产成本”两个明细账户，分别用于核算基本生产车间和辅助生产车间所发生的成本费用。“基本生产成本”明细账下还应按基本生产车间的名称和成本核算对象分设明细账；“辅助生产成本”明细账下应按辅助生产车间的名称和提供的劳务分设明细账。“制造费用”总账用来核算生产车间所发生的间接费用，可按车间名称开设明细账。“废品损失”账户应按车间设置明细账，账内按产品品种分设专户。“停工损失”账户应按车间设置明细账。

注意事项

1.选择成本核算模式时，注意考虑两种方式的优缺点及适用范围。

2.设置成本核算所需的账户时，应考虑企业的实际情况。

任务评价

根据前面任务下达的要求实施并完成任务后，进行任务实施评价，填写任务实施评价表，见表5-1-1。

表5-1-1 东方机械厂成本核算训练评价表

考评内容标准	实施评价		
	自我评价	同学互评	教师评价
选择成本核算模式及理由（60分）			
成本核算的账户设置（40分）			
合　　计			

同步练习

同步练习 5-1

扫码答题

习题精讲 5-1

一、单项选择题

1.正确计算产品成本，应该做好的基础工作是（　　）。

A.正确划分各种费用界限　　B.确定成本计算对象

C.建立和健全原始记录工作　　D.各种费用的分配

2.下列成本计算方法中，不属于成本计算基本方法的是（　　）。

A.品种法　　B.分类法

C.分步法　　D.分批法

3.下列各项中，不属于成本项目的是（　　）。

A.直接材料　　B.折旧费

C.制造费用　　D.直接人工

二、多项选择题

习题精讲 5-2

1.降低产品成本的途径包括（　　）。

A.控制业务招待费　　B.控制工资费用

C.降低材料的采购成本　　D.减少废品损失

2.下列各项费用中，不应计入产品生产成本的有（　　）。

A.销售费用　　B.管理费用

C.财务费用　　D.制造费用

三、判断题

1.任何一个会计主体只要发生经济行为，就会发生耗费，在会计上就要核算其成本。（　　）

2.成本一般以生产过程中取得的各种原始凭证为计算依据。（　　）

任务2
计算与核算产品成本

任务描述

寰宇工厂设有一个基本生产车间，生产甲、乙两种产品，还设有一个辅助生产车间——运输车间。该厂20×3年5月份有关产品成本核算资料如下。

（1）产品成本核算资料（见表5-2-1）。

表5-2-1　　产品成本核算资料　　数量单位：件

产品名称	月初在产品	本月投产	完工产品	月末在产品	完工率
甲	800	7 200	6 500	1 500	60%
乙	320	3 680	3 200	800	40%

（2）月初在产品成本（见表5-2-2）。

表 5-2-2 **月初在产品成本** 单位：元

产品名称	直接材料	直接人工	制造费用	合计
甲	8 090	5 860	6 810	20 760
乙	6 176	2 948	2 728	11 852

（3）该月发生的生产费用。

① 材料费用。生产甲产品耗用材料 4 410 元，生产乙产品耗用材料 3 704 元，生产甲、乙产品共同耗用材料 9 000 元（甲产品材料定额耗用量为 3 000 千克，乙产品材料定额耗用量为 1 500 千克）。运输车间耗用材料 900 元，基本生产车间耗用消耗性材料 1 938 元。

② 工资费用。基本生产车间工人工资 10 000 元，运输车间人员工资 800 元，基本生产车间管理人员工资 1 600 元。

③ 其他费用。运输车间固定资产折旧费为 200 元，水电费为 160 元，办公费为 40 元。基本生产车间厂房、机器设备折旧费为 5 800 元，水电费为 260 元，办公费为 402 元。其中，水电费和办公费以银行存款支付。

（4）工时记录。甲产品耗用实际工时为 1 800 小时，乙产品耗用实际工时为 2 200 小时。

（5）辅助生产车间费用。本月运输车间共完成 2 100 公里运输工作量，其中，基本生产车间耗用 2 000 公里，企业管理部门耗用 100 公里。

（6）该厂有关费用分配方法如下：

① 甲、乙产品共同耗用材料按定额耗用量比例分配；

② 生产工人工资按甲、乙产品工时比例分配；

③ 辅助生产费用按运输公里比例分配；

④ 制造费用按甲、乙产品工时比例分配；

⑤ 按约当产量法分配计算甲、乙完工产品和月末在产品成本。其中，甲产品耗用的材料随加工程度陆续投入，乙产品耗用的材料于生产开始时一次性投入。

要求：

（1）计算分配材料费用，并作出有关会计处理；

（2）计算分配人工费用，并作出有关会计处理；

（3）计算分配折旧费、水电费、办公费等其他费用，并作出有关会计处理；

（4）计算分配辅助生产成本，并作出有关会计处理；

（5）计算分配制造费用，并作出有关会计处理；

（6）将生产费用在完工产品与在产品之间进行分配，计算甲、乙两种产品成本（列示产品成本计算单），并作出有关会计处理。

相关知识

企业生产过程中会发生各种各样的费用，对于一定的成本计算对象来说无非只有两种：直接成本和间接成本。

直接成本是生产产品发生的能直接记入某种产品“生产成本”账户的各种耗费；间接成本是企业生产车间共同为生产产品发生的，不能直接记入某种产品“生产成本”账户的各种间接成本。如果企业只生产一种产品，则直接成本和间接成本没有差别，都应该直接计入生产成本。但是，企业一般都是生产多种产品。这样，直接成本仍可以直接计入生产成本，而间接成本就必须先汇集起来，然后再分配计入各个不同的成本计算对象。

一、材料费用的核算

材料是工业企业生产加工的劳动对象，是产品生产中必不可少的物质要素。材料费用是构成产品成本的主要生产费用，它包括企业在生产经营过程中实际消耗的各种原料及主要材料、辅助材料、外购半成品、燃料、动力、包装物以及其他材料的价值。对于生产过程中发生的材料费用，首先是进行领用材料的核算，然后根据领用材料的具体用途分配材料费用，计算各种产品成本。

月末，企业应根据领料凭证编制“材料费用分配表”并遵循以下原则对生产产品耗用的材料进行归集、分配。

凡是基本生产车间领用的直接用于某种产品生产的材料成本，可以根据领料单按产品进行归集，直接记入“生产成本——基本生产成本（××产品）”账户。

凡是辅助生产车间领用的直接用于产品生产和劳务供应的材料，可以根据领料单按产品和劳务进行归集，直接记入“生产成本——辅助生产成本（××产品）（或××劳务）”账户。

凡对于几种产品或劳务共同耗用的材料成本，在领用时无法确定每种产品或劳务耗用多少，应采用适当的分配方法在各种产品或劳务之间进行分配。基本的分配方法有定额消耗量比例分配法、材料定额费用比例分配法等。

采用定额消耗量比例分配法分配材料费用时，首先根据各种产品的产量和各种产品单位消耗定额，计算出各种产品的定额耗用量；再根据应分配材料费用的合计和全部产品的定额耗用总量计算分配率；最后根据各种产品的定额耗用量乘以分配率计算出该种产品应负担的材料费用。其计算公式如下：

$$\text{某产品的定额耗用量}=\text{该种产品的产量}\times\text{该种产品单位消耗定额}$$

$$\text{材料费用分配率}=\frac{\text{应分配的材料费用}}{\text{各种产品的定额耗用量之和}}$$

$$\text{某产品应负担的材料费用}=\text{该种产品的定额耗用量}\times\text{材料费用分配率}$$

生产车间管理耗用的材料，直接记入“制造费用——××车间”账户。

厂部管理部门领用的材料，直接记入“管理费用”账户。

为产品销售领用的材料，直接记入“销售费用”账户。

思考5-3： 如果是福利部门或是工程部门领用材料应分别记入什么账户？

二、工资薪酬费用的核算

工资薪酬是指企业为获得职工提供的服务而给予的各种形式的报酬及其他相关支出。其包括：职工工资、奖金、津贴和补贴；职工福利费；医疗保险费、养老保险费、失业保险费、工伤保险费等；住房公积金；工会经费和职工教育经费；非货币性福利；因解除与职工的劳动关系给予的补偿等。

职工薪酬费用按其发生地点进行归集，按照用途进行分配。工资费用分配表是进行工资分配的主要依据。根据工资费用分配表进行工资的分配时，直接进行产品生产和辅助生产的生产工人工资，应分别记入“生产成本——基本生产成本”账户和“生产成本——辅助生产成本”账户；生产车间管理人员的工资记入“制造费用”账户；厂部管理人员的工资记入“管理费用”账户；销售人员的工资记入“销售费用”账户；应分配的工资总额，记入“应付职工薪酬”账户的贷方。

如果生产工人生产多种产品，则需要选用合适的方法，在各种产品之间进行分配。一般以产品生产所耗用的生产工时作为分配标准进行分配。其计算公式如下：

$$工资费用分配率=\frac{应分配的工资费用}{各种产品的生产工时之和}$$

某产品应负担的工资费用=该种产品的生产工时×工资费用分配率

三、其他费用的核算

其他费用包括固定资产的折旧费、办公费、保险费、业务招待费等。发生这些费用时，应该按照发生的车间、部门和用途进行归集，分别借记“制造费用”“管理费用”“销售费用”等账户。

四、辅助生产成本的分配

企业应根据辅助生产车间所提供的产品和劳务数量，采用一定的分配标准和方法，将已归集在“生产成本——辅助生产成本”账户借方的辅助生产成本分别转出分配到“生产成本——基本生产成本”“管理费用”“销售费用”等账户。“生产成本——辅助生产成本”账户期末一般无余额。

五、制造费用的分配

制造费用发生时，根据有关的付款凭证和各种费用分配表记账。月末再按成本计算对象将制造费用分配记入“生产成本——基本生产成本”账户。“制造费用”账户除季节性的生产企业外，期末一般无余额。

六、生产成本在完工产品与在产品之间的分配

生产企业在月末（期末），如果既有完工产品，又有在产品，则产品生产成本明细账中归集的生产成本合计数，还必须在完工产品与月末在产品之间，采用适当的分配方式进行分配，以计算出完工产品和月末在产品的成本。常用的分配方法有约当产量法、定额比例法等。

约当产量法，是将月末在产品数量折合成完工产品数量参与生产成本的分配，同时确定月末在产品成本与本期完工产品成本的方法。采用约当产量法，应将月末在产品数量按照完工程度折算为相当于完工产品的产量，即约当产量，然后将产品应负担的全部成本在月末在产品约当产量和完工产品产量之间进行分配，以计算完工产品成本和月末在产品成本。这种方法适用于月末在产品数量较多，各月在产品数量变化也较大，且生产成本中直接材料成本和直接人工等加工成本相差不大的产品。其计算公式如下：

在产品约当产量=在产品数量×投料程度（或完工程度）

$$某项费用分配率=\frac{月初在产品成本+本月发生的生产费用}{本月完工产品数量+月末在产品约当产量}$$

完工产品应负担的某项费用=完工产品产量×该项费用分配率

在产品应负担的某项费用=在产品约当产量×该项费用分配率

本月完工产品总成本=∑本期完工产品应负担的各项生产费用

以约当产量计算分配成本时，关键问题在于在产品的投料程度和完工程度的确定。

（一）投料程度的确定

直接材料的投料程度应根据具体情况分别予以确定：

（1）原材料在生产开始时一次投入的，在产品的投料程度为100%，即不论在产品完工程度如何，其单位在产品耗用的原材料与单位完工产品耗用的原材料是相等的。因此，用以分配直接材料费用的在产品的约当产量即为在产品的实际数量。

（2）原材料在生产过程中陆续、均衡地投入的，在产品投料程度的计算方法与完工程度的计算方法相同。

（二）完工程度的确定

微课 5-1

基本生产成本、辅助生产成本和制造费用的区别

完工程度应参考生产进度、工序等因素确定。当企业生产进度比较均衡，产品加工数量相差不大时，全部在产品的完工程度可按50%计算。

任务实施

根据任务描述，寰宇工厂本月甲、乙两种产品的成本计算过程如下。

（1）分配材料费用（甲、乙产品共同耗用材料按定额耗用量比例分配）（见表5-2-3）。

表 5-2-3 材料费用分配表 金额单位：元

应借记账户		成本或费用项目	直接计入金额	分配计入		合计
				分配标准	分配金额	
基本生产成本	甲产品	直接材料	4 410	3 000	6 000	10 410
	乙产品	直接材料	3 704	1 500	3 000	6 704
小计			8 114	4 500	9 000	17 114
辅助生产成本	运输车间	机物料消耗	900			900
制造费用		机物料消耗	1 938			1 938
合计			10 952			19 952

编制会计分录如下：

借：生产成本——基本生产成本（甲产品） 10 410

——基本生产成本（乙产品） 6 704

——辅助生产成本（运输车间） 900

制造费用 1 938

贷：原材料 19 952

（2）分配工资费用（生产工人工资按甲、乙产品工时比例分配）（见表5-2-4）。

表 5-2-4 工资费用分配表 金额单位：元

应借记账户		成本或费用项目	直接计入金额	分配计入		合计
				分配标准	分配金额	
基本生产成本	甲产品	直接人工		1 800	4 500	4 500
	乙产品	直接人工		2 200	5 500	5 500
小计				4 000	10 000	10 000
辅助生产成本	运输车间	工资	800			800
制造费用		工资	1 600			1 600
合计			2 400			12 400

编制会计分录如下：

借：生产成本——基本生产成本（甲产品） 4 500
　　　　　——基本生产成本（乙产品） 5 500
　　　　　——辅助生产成本（运输车间） 800
　　制造费用 1 600
　贷：应付职工薪酬 12 400

（3）分配其他费用（见表 5-2-5）。

表 5-2-5 其他费用汇总表 单位：元

应借记账户	折旧费	水电费	办公费	合计
辅助生产成本——运输车间	200	160	40	400
制造费用	5 800	260	402	6 462
合计	6 000	420	442	6 862

编制会计分录如下：

借：生产成本——辅助生产成本（运输车间） 400
　　制造费用 6 462
　贷：累计折旧 6 000
　　　银行存款 862

（4）分配辅助生产成本（按运输公里比例分配）（见表 5-2-6 和表 5-2-7）。

表 5-2-6 辅助生产成本明细账

运输车间 单位：元

月	日	摘要	机物料消耗	工资	折旧费	水电费	办公费	合计
略	略	材料费用分配表	900					900
		工资费用分配表		800				800
		其他费用汇总表			200	160	40	400
		合计	900	800	200	160	40	2 100
		分配转出	900	800	200	160	40	2 100

表 5-2-7 **辅助生产费用分配表** 金额单位：元

应借记账户	费用项目	耗用劳务数量	分配率	分配额
制造费用	运输费	2 000		2 000
管理费用	运输费	100		100
合计		2 100	1	2 100

编制会计分录如下：

借：制造费用　　2 000

　　管理费用　　100

　贷：生产成本——辅助生产成本（运输车间）　　2 100

（5）分配制造费用（按甲、乙产品工时比例分配）（见表 5-2-8 和表 5-2-9）。

表 5-2-8 **制造费用明细账** 单位：元

月	日	摘要	机物料消耗	工资	折旧费	水电费	办公费	运输费	合计
略	略	材料费用分配表	1 938						1 938
		工资费用分配表		1 600					1 600
		其他费用汇总表			5 800	260	402		6 462
		辅助生产费用分配表						2 000	2 000
		合计	1 938	1 600	5 800	260	402	2 000	12 000
		分配转出	1 938	1 600	5 800	260	402	2 000	12 000

表 5-2-9 **制造费用分配表** 金额单位：元

应借记账户	成本项目	生产工时	分配率	分配额
基本生产成本——甲产品	制造费用	1 800		5 400
基本生产成本——乙产品	制造费用	2 200		6 600
合计		4 000	3	12 000

编制会计分录如下：

借：生产成本——基本生产成本（甲产品）　　5 400

　　　　　　——基本生产成本（乙产品）　　6 600

　贷：制造费用　　12 000

（6）将生产费用在完工产品与在产品之间进行分配（按约当产量法分配）（见表 5-2-10、表 5-2-11、表 5-2-12 和表 5-2-13）。

表 5-2-10 基本生产成本明细账（一）

产品：甲产品 20×3 年 5 月 单位：元

月	日	凭证号	摘要	直接材料	直接人工	制造费用	合计
略	略	略	月初在产品成本	8 090	5 860	6 810	20 760
			材料费用分配表	10 410			10 410
			工资费用分配表		4 500		4 500
			制造费用分配表			5 400	5 400
			合计	18 500	10 360	12 210	41 070
			完工产品成本转出	16 250	9 100	10 725	36 075
			月末在产品成本	2 250	1 260	1 485	4 995

表 5-2-11 基本生产成本明细账（二）

产品：乙产品 20×3 年 5 月 单位：元

月	日	凭证号	摘要	直接材料	直接人工	制造费用	合计
略	略	略	月初在产品成本	6 176	2 948	2 728	11 852
			材料费用分配表	6 704			6 704
			工资费用分配表		5 500		5 500
			制造费用分配表			6 600	6 600
			合计	12 880	8 448	9 328	30 656
			完工产品成本转出	10 304	7 680	8 480	26 464
			月末在产品成本	2 576	768	848	4 192

表 5-2-12 产品成本计算单（一）

产品：甲产品 20×3 年 5 月 数量单位：件 金额单位：元

成本项目	直接材料	直接人工	制造费用	合计
月初在产品成本	8 090	5 860	6 810	20 760
本月生产费用	10 410	4 500	5 400	20 310
合计	18 500	10 360	12 210	41 070
完工产品数量	6 500	6 500	6 500	
在产品约当产量	900	900	900	
约当产量合计	7 400	7 400	7 400	
费用分配率	2.5	1.4	1.65	
完工产品成本	16 250	9 100	10 725	36 075
月末在产品成本	2 250	1 260	1 485	4 995

分配材料费用的约当产量=1 500×60%=900（件）

材料费用分配率=$\frac{18\ 500}{7\ 400}$=2.5

完工产品应负担的材料费用=6 500×2.5=16 250（元）

在产品应负担的材料费用=900×2.5=2 250（元）

分配人工费用的约当产量=1 500×60%=900（件）

人工费用分配率=$\frac{10\ 360}{7\ 400}$=1.4

完工产品应负担的人工费用=6 500×1.4=9 100（元）

在产品应负担的人工费用=900×1.4=1 260（元）

分配制造费用的约当产量=1 500×60%=900（件）

制造费用分配率=$\frac{12\ 210}{7\ 400}$=1.65

完工产品应负担的制造费用=6 500×1.65=10 725（元）

在产品应负担的人工费用=900×1.65=1 485（元）

表 5-2-13 产品成本计算单（二）

产品：乙产品 20×3年5月 数量单位：件 金额单位：元

成本项目	直接材料	直接人工	制造费用	合计
月初在产品成本	6 176	2 948	2 728	11 852
本月生产费用	6 704	5 500	6 600	18 804
合计	12 880	8 448	9 328	30 656
完工产品数量	3 200	3 200	3 200	
在产品约当产量	800	320	320	
约当产量合计	4 000	3 520	3 520	
费用分配率	3.22	2.4	2.65	
完工产品成本	10 304	7 680	8 480	26 464
月末在产品成本	2 576	768	848	4 192

分配材料费用的约当产量=800×100%=800（件）

材料费用分配率=$\frac{12\ 880}{4\ 000}$=3.22

完工产品应负担的材料费用=3 200×3.22=10 304（元）

在产品应负担的材料费用=800×3.22=2 576（元）

分配人工费用的约当产量=800×40%=320（件）

人工费用分配率=$\frac{8\ 448}{3\ 520}$=2.4

完工产品应负担的人工费用=3 200×2.4=7 680（元）

在产品应负担的人工费用=320×2.4=768（元）

分配制造费用的约当产量=800×40%=320（件）

制造费用分配率=$\frac{9\ 328}{3\ 520}$=2.65

完工产品应负担的制造费用=3 200×2.65=8 480（元）

在产品应负担的制造费用=320×2.65=848（元）

编制会计分录如下：

借：库存商品——甲产品　　36 075

　　　　　——乙产品　　26 464

　贷：生产成本——基本生产成本（甲产品）　　36 075

　　　　　　——基本生产成本（乙产品）　　26 464

注意事项

1.分配材料费用、人工费用、辅助生产费用、制造费用的方法。

2.采用约当产量法在完工产品与期末在产品之间的分配方法。

任务评价

根据前面任务下达的要求实施并完成任务后，进行任务实施评价，填写任务实施评价表，见表5-2-14。

表5-2-14　寰宇工厂成本计算训练评价表

考评内容标准	实施评价		
	自我评价	同学互评	教师评价
分配材料费用（10分）			
分配人工费用（10分）			
分配其他费用（5分）			
分配辅助生产费用（20分）			
分配制造费用（20分）			
将生产费用在完工产品与期末在产品之间进行分配（35分）			
合　计			

同步练习

一、单项选择题

同步练习5-2

扫码答题

1.根据“工资费用分配表”分配工资费用时，会计分录中不可能出现的借方科目是（　　）。

A.生产成本　　B.制造费用

C.管理费用　　D.财务费用

2.某企业只生产一种产品，20×3年12月期初在产品成本3.5万元。12月份发生如下费用：生产领用材料6万元，生产工人工资2万元，制造费用1万元，管理费用1.5万元，广告费0.8万元。月末在产品成本3万元。该企业12月份完工产品的生产成本为（　　）万元。

A.9.5　　B.8.3　　C.9　　D.11.8

习题精讲5-3

二、多项选择题

1.对于几种产品共同耗用的原材料，常用的分配方法有（　　）。

A.定额消耗量比例分配法　　B.定额工时法

C.生产工人工资比例法　　D.材料定额费用比例分配法

2.采用约当产量法计算月末在产品成本，在产品的约当产量应按（　　）来计算。

习题精讲5-4

A.完工入库程度　　B.产品等级程度

C.投料程度　　D.完工程度

3.发生下列费用时，可以直接借记“基本生产成本”的有（　　）。

A.车间照明用电费　　B.构成产品实体的原材料费用

C.车间管理人员工资　　D.车间生产人员工资

习题精讲5-5

三、判断题

1.基本生产车间发生其他费用，与产品生产没有直接关系，不应计入产品成本。（　　）

2.假设企业只生产一种产品，那么直接生产成本和间接生产成本都可以直接计入该种产品成本。（　　）

3.应计入产品成本，但不能分清应由何种产品负担的费用，应记入“生产成本”科目。（　　）

四、账务处理题

（一）

1.目的：练习生产要素费用的分配。

2.资料：

南国服装厂用某布料生产男式衬衫和女式衬衫。5月份实际用布料936米，单价为80元/米，共计74 880元。其中，生产男式衬衫200件，单位消耗定额为2.6米；生产女式衬衫100件，单位消耗定额为2米。

3.要求：请用定额消耗量比例分配法计算男式衬衫和女式衬衫耗用的材料费用，并编制会计分录。

（二）

1.目的：练习制造费用的分配。

2.资料：

假设某基本生产车间甲产品的生产工时为2 500小时，乙产品的生产工时为7 500小时，本月发生的制造费用为8 950元。

3.要求：按生产工人工时比例法在甲、乙产品之间分配制造费用，并编制会计分录。

（三）

1.目的：练习生产费用在完工产品和月末在产品之间的分配。

2.资料：

某企业生产甲产品，原材料在生产开始时一次投入，月末在产品完工程度估计为50%，甲产品本月完工200件，月末在产品40件。月初在产品费用为，直接材料3 512元，直接人工1 152元，制造费用550元。本月发生的生产费用为直接材料75 688元，直接人工21 948元，制造费用33 770元。

3.要求：按约当产量法计算甲产品完工产品的成本和月末在产品的成本。

技能训练

请扫码后依据所提供的原始凭证编制相关业务的会计分录。

素养拓展

锻造新质生产力，建设新型能源体系

向“新”而动，逐“绿”前行。2024年政府工作报告再次对大力推进现代化产业体系建设、加快发展新质生产力作出部署。其中，“新质生产力”不仅被首次写入政府工作报告，更成为热词，引发能源行业广泛关注。深入实施创新驱动发展战略，以新质生产力推动传统能源转型升级。

锻造新质生产力，高水平能源科技自立自强要跟上。

2023年，我国能源资源供应稳定，重要产业链供应链自主可控能力提升；关键核心技术攻关成果丰硕，航空发动机、燃气轮机、第四代核电机组等高端装备研制取得长足进展；启动首批碳达峰试点城市和园区建设；推动外贸稳规模、优结构，新能源汽车、锂电池、光伏产品“新三样”出口增长近30%……

得益于技术创新，我国新能源发电成本快速下降，过去10年光伏成本下降了90%，风电成本下降了50%以上，为替代传统化石能源打下了坚实基础。

党的十八大以来，新型能源体系加快构建，能源保障基础不断夯实，为经济社会发展提供了有力支撑。2023年，我国可再生能源发展呈现历史性变化，总装机达14.5亿千瓦，在全国发电总装机中占比过半，超过火电装机。风电、光伏等新能源成为新增装机和新增发电量双重主体。新型储能、氢能等产业进入规模化发展阶段。

资料来源：渠沛然，刘澄谚.锻造新质生产力，建设新型能源体系［EB/OL］.［2024-03-12］. http://paper.people.com.cn/zgnyb/html/2024-03/11/content_26047079.htm.有删改.

请分析：

（1）什么是新质生产力？

（2）为什么要大力发展新质生产力？

分析提示：

新质生产力是创新起主导作用，摆脱传统经济增长方式、生产力发展路径的先进生产力，具有高科技、高效能、高质量的特征，同时符合新发展理念的先进生产力质态。新质生产力的形成和发展，将极大提高劳动生产率、生产成本，降低劳动强度，改善劳动环境，有效缩短劳动时间，提高人们的生活品质，改善生活质量。大力发展新质生产力，符合我国当前国家战略需要，为中华民族伟大复兴筑牢坚实的基础。

模块六

收入确认

本模块主要介绍企业收入的确认及账务处理。获取收入是企业进行日常销售与收款业务活动最主要的目标之一。企业通过销售活动所取得的收入来补偿为此而发生的支出，以获得利润，收入成为影响企业利润指标的重要因素。本模块包含以下三个任务：认识收入、处理一般商品销售和可变对价销售、处理在某一段时间内完成的商品销售。

学习目标

知识目标

1. 了解：收入的概念、特征、分类；
2. 熟悉：收入确认的原则和条件；
3. 掌握：一般商品销售和可变对价销售、在某一段时间内完成的商品销售的会计处理。

技能目标

1. 会判断收入确认的原则和条件；
2. 会认定不同收入方式下的收入确认时点和金额；
3. 会处理一般商品销售和可变对价销售、在某一段时间内完成的商品销售等业务。

素养目标

1. 通过一位“80后”财政部门脱贫攻坚工作业务主办人员的日常工作介绍，学习脱贫攻坚战线上基层工作人员勤于钻研、恪尽职守、精益求精的优良品质；
2. 结合企业收入的来源，知晓企业创收特别是处于相对贫困地区的企业创收，离不开政府的扶持和帮助，同时企业创收会助力当地经济发展，培养学生的爱国精神和创新精神。

思维导图

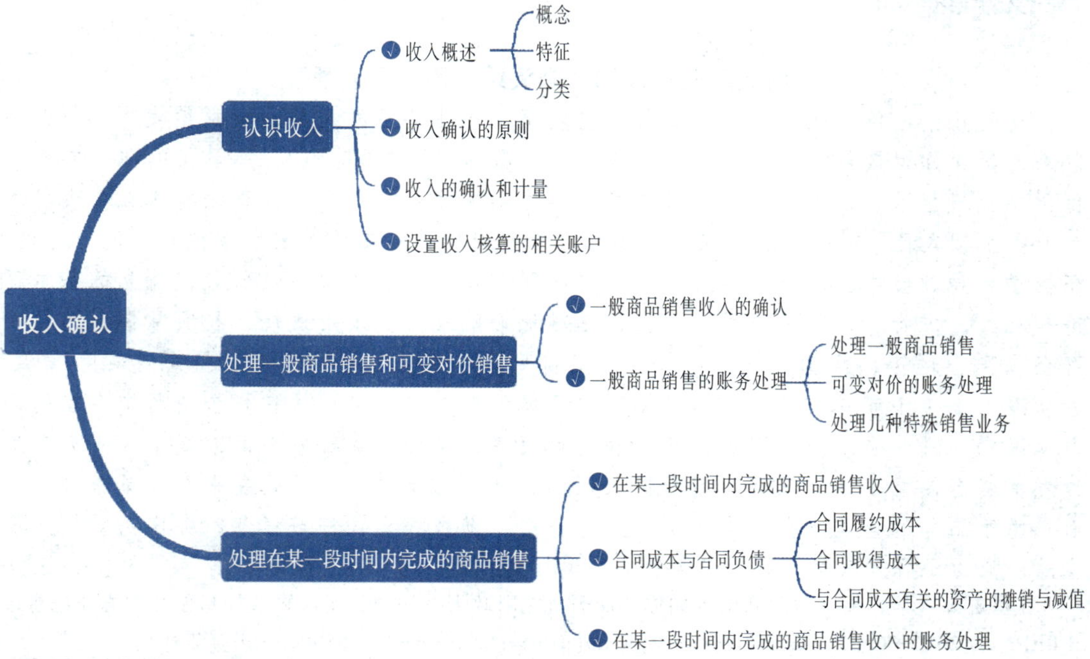
收入确认
认识收入
收入概述
概念
特征
分类
收入确认的原则
收入的确认和计量
设置收入核算的相关账户
处理一般商品销售和可变对价销售
一般商品销售收入的确认
一般商品销售的账务处理
处理一般商品销售
可变对价的账务处理
处理几种特殊销售业务
处理在某一段时间内完成的商品销售
在某一段时间内完成的商品销售收入
合同成本与合同负债
合同履约成本
合同取得成本
与合同成本有关的资产的摊销与减值
在某一段时间内完成的商品销售收入的账务处理

德技并修

脱贫攻坚一线的“排头兵”和“领头雁”

赵俊妹，一位“80后”财政部门脱贫攻坚工作业务主办人员，自脱贫攻坚工作开展以来，她深知财政部门作为脱贫攻坚战役的“粮草官”“军需处”，所承担的职责有多么重要，也清醒地认识到作为全区扶贫资金具体调配的业务负责人，责任有多么重大。作为业务主管人员，必须吃透政策、熟悉业务。平时的她在工作中高度重视自身能力建设，积极学习和领会中央、省、市关于全面打赢脱贫攻坚战的各项决策部署，将党的基本理论和路线、方针、政策率先学通学懂；精准把握财政扶贫政策法规，扎实掌握财政扶贫资金分配、运转、监管政策文件精神，坚持先学一步、先懂一步；坚持向“实际”学，主动深入资金主管单位、项目建设单位，了解他们在财政专项扶贫资金使用中存在的问题和困惑，进一步规范了资金的运转和支付程序，在确保资金安全的前提下，更大限度地发挥资金效益。通过认真学习和深入调研，她准确掌握了财政扶贫资金政策精神，全面熟悉了工作的重点难点，在脱贫攻坚工作中，勤奋扎实，任劳任怨，务实高效，无私奉献，成为了脱贫攻坚一线的“排头兵”和“领头雁”。

资料来源：李林果．骄阳满山不如你　最美石龙财政人——记石龙区财政局赵俊妹同志先进事迹［EB/OL］．［2019-06-27］．https：//www.zyjjw.cn/pds/news/2019-06-27/555000.html.有删减．

德技并修6

问题：

如何理解赵俊妹同志在脱贫攻坚一线上取得的工作成绩？

任务1 认识收入

任务描述

华兴公司为增值税一般纳税人，20×3年1月份，发生如下经济业务：

（1）1月1日，华兴公司与长江公司签订一项为期3个月的房屋装修合同，合同约定装修总价款为50万元，增值税税额为4.5万元。20×3年1月31日，经专业测量师测量后确定，该项装修劳务的完工程度为25%；截至20×3年1月31日，华兴公司为完成该合同累计发生劳务成本10万元（假定均为装修人员薪酬），预计还将发生劳务成本30万元。假定该项装修劳务属于在一段时间内履行的履约义务，华兴公司按照专业测量师实际测量的完工程度确定履约进度。长江公司按履约进度支付价款及相关的增值税税款。

（2）1月5日，华兴公司向黄河公司销售甲商品4 000件，不含税单价为250元，单位成本为150元，符合收入确认条件。由于批量销售，承诺给予黄河公司10%的商业折扣，合同规定的现金折扣条件为“1/20、N/30”（计算现金折扣时不考虑增值税），华兴公司预计黄河公司20天内付款的概率为85%，20天后付款的概率为15%。华兴公司认为按照最可能发生的金额能够更好地预测其有权获取的对价金额。12日，收到黄河公司支付的购货款项。

（3）1月13日，华兴公司与长城公司签订一份委托代销协议，委托长城公司代销乙商品一批，共计150件，合同约定长城公司应按每件10万元（不含增值税）对外销售，按售价的10%收取手续费，每件商品实际成本为8.5万元，当日发出商品。19日，华兴公司收到长城公司开具的100件已销乙商品的代销清单，据此向长城公司开具了增值税专用发票，注明的价款为1 000万元，增值税税额为130万元；同时收到长城公司提供代销服务开具的增值税专用发票，注明的价款为100万元，增值税税额为6万元；该笔委托代销款项尚未收到。

（4）1月20日，华兴公司向泰山公司销售一批丙商品，该批丙商品售价为150万元，成本为125万元。华兴公司销售商品时，得知泰山公司资金周转困难，但鉴于泰山公司以往信用记录良好，华兴公司仍然发出商品。

假定华兴公司适用的增值税税率如下：销售商品适用的增值税税率为13%，装修服务适用的增值税税率为9%，委托代销服务适用的增值税税率为6%。

请分析华兴公司对于上述经济业务是否应确认收入。

相关知识

一、收入概述

（一）收入的概念

收入是企业在日常活动中形成的，会导致所有者权益增加的，与所有者投入资本无关的经济利益的总流入。

收入有广义与狭义之分。广义的收入是指企业在全部活动中形成的经济利益的总流入，包括营业收入、投资收益和营业外收入等。狭义的收入是指企业在销售商品、提供劳务及让渡资产使用权等日常经营活动中所形成的经济利益的总流入。我国《企业会计准则》所规定的收入是狭义的收入，它不包括偶然所得，也不包括企业为第三方或客户代收的款项，以及企业在交付产品或提供劳务之前预收的款项。

要注意收入、收益与利得的区别。收入是企业日常经营活动经济利益的总流入；收益是已实现收入与相应费用之间的差额，是企业日常经营活动经济利益的净流入；利得来源于企业偶发的经济业务，如接受捐赠的资产、处置固定资产和无形资产的净损益、因物价上涨而引起的资产增值等。

思考6-1： 企业销售商品所实现的毛利属于收入、收益还是利得？

（二）收入的特征

收入主要来源于日常经营活动，这种经营活动是经常性、重复性和可预见性的，而不是在偶发交易或事项中产生的。

收入的实现往往伴随着资产（现金、应收账款或其他现金等价物）的增加或负债的减少，最终导致企业的所有者权益增加。

（三）收入的分类

按照企业经营业务的主次分为主营业务收入和其他业务收入。

主营业务通常指企业所从事的主要日常经营活动，可根据企业营业执照注明的主营业务范围来确定。不同行业的主营业务收入内容不一样，如制造业主营业务收入是指销售产成品、自制半成品、代制品、代修品以及提供工业性作业等所取得的收入；商业流通企业的主营业务收入主要来源于销售商品、代购和代销商品等活动；施工企业的主营业务收入主要包括承揽建造合同所取得的工程价款收入；运输企业的主营业务收入主要包括营运收入等。

其他业务指主营业务以外的其他日常活动，可通过企业营业执照注明的兼营业务范围来确定，如制造业销售材料、转让无形资产使用权、提供运输服务等活动都属于其他业务，在这些活动中取得的收入就称为其他业务收入。它与主营业务收入一起构成了企业的营业收入。

企业的主营业务收入与其他业务收入内容的划分是相对的，主要取决于该项业务与企业发展战略的关系。一般来说，主营业务的业务量大，主营业务收入占企业全部业务收入比例较高，其次则是其他业务收入。

思考6-2： 工业企业出租仓库所收取的租金属于什么收入？

二、收入确认的原则

企业应当在履行了合同中的履约义务，即在客户取得相关商品控制权时确认收入。取得相关商品控制权，是指能够主导该商品的使用并从中获得几乎全部的经济利益，也包括有能力阻止其他方主导该商品的使用并从中获得经济利益。企业在判断商品的控制权是否发生转移时，应当从客户的角度进行分析，即客户是否取得了相关商品的控制权以及何时取得该控制权。取得商品控制权同时包括下列三项要素：

（一）能力

企业只有在客户拥有现时权利，能够主导该商品的使用并从中获得几乎全部经济利益时，才能确认收入。如果客户只能在未来的某一期间主导该商品的使用并从中获益，则表明其尚未取得该商品的控制权。

（二）主导该商品的使用

客户有能力主导该商品的使用，是指客户在其活动中有权使用该商品，或者能够允许或阻止其他方使用该商品。

（三）能够获得几乎全部的经济利益

商品的经济利益，是指该商品的潜在现金流量，既包括现金流入的增加，也包括现金流出的减少。客户可以通过使用、消耗、出售、处置、交换、抵押或持有等多种方式直接或间接地获得商品的经济利益。

三、收入的确认和计量

收入确认和计量大致分为以下五步：识别与客户订立的合同、识别合同中的单项履约义务、确定交易价格、将交易价格分摊至各单项履约义务和履行各单项履约义务时确认收入。

其中，第一步、第二步和第五步主要与收入的确认有关，第三步和第四步主要与收入的计量有关。

（一）识别与客户订立的合同

合同是指双方或多方之间订立有法律约束力的权利义务的协议。合同包括书面形式、口头形式以及其他形式（如隐含于商业惯例或企业以往的习惯做法中等）。

企业与客户之间的合同同时满足以下五项条件的，企业应当在履行了合同中的履约义务，即在客户取得相关商品控制权时确认收入：

（1）合同各方已批准该合同并承诺将履行各自义务；

（2）该合同明确了合同各方与所转让商品相关的权利和义务；

（3）该合同有明确的与所转让商品相关的支付条款；

（4）该合同具有商业实质，即履行该合同将改变企业未来现金流量的风险、时间分布或金额；

（5）企业因向客户转让商品而有权取得的对价很可能收回。

对于不符合上述五项条件的合同，企业只有在不再负有向客户转让商品的剩余义务（如合同已完成或取消），且已向客户收取的对价（包括全部或部分对价）无须退回时，才能将已收取的对价确认为收入；否则，应当将已收取的对价作为负债进行会计处理。企业向客户收取无须退回的对价的，应当在已经将该部分对价所对应的商品的控制权转移给客户，并已停止向客户转让额外的商品，且也不再负有此类义务时；或者，相关合同已经终止时，将该部分对价确认为收入。

（二）识别合同中的单项履约义务

履约义务，是指合同中企业向客户转让可明确区分商品的承诺。合同开始日，企业应当对合同进行评估，识别该合同所包含的各单项履约义务，并确定各单项履约义务是在某一时段内履行，还是在某一时点履行，然后，在履行了各单项履约义务时分别确认收入。

下列情况下，企业应当将向客户转让商品的承诺作为单项履约义务：

（1）企业向客户转让可明确区分商品（或者商品的组合）的承诺。

（2）企业向客户转让一系列实质相同且转让模式相同的、可明确区分商品的承诺。

企业为履行合同而应开展的初始活动，通常不构成履约义务，除非该活动向客户转让了承诺的商品。实务中，企业可能会为订立合同而开展一些行政管理性质的准备工作，这些准备工作并未向客户转让任何承诺的商品，因此，不构成单项履约义务。例如，某俱乐部为注册会员建立档案，该活动并未向会员转让承诺的商品，因此不构成单项履约义务。

（三）确定交易价格

交易价格，是指企业因向客户转让商品而预期有权收取的对价金额。企业代第三方收取的款项（例如增值税）以及企业预期将退还给客户的款项，应当作为负债进行会计处理，不计入交易价格。合同标价并不一定代表交易价格，企业应当根据合同条款，并结合以往的习惯做法等确定交易价格。确定交易价格时应考虑可变对价、合同中存在的重大融资成分、非现金对价和应付客户对价等因素的影响。

1. 可变对价

在对可变对价进行估计时，企业应当按照期望值或最可能发生金额确定可变对价的最佳估计数。

2. 合同中存在的重大融资成分

合同中存在重大融资成分的，企业应当按照假定客户在取得商品控制权时即以现金支付的应付金额（即现销价格）确定交易价格。

3.非现金对价

企业通常应当按照非现金对价在合同开始日的公允价值确定交易价格。

4.应付客户对价

企业在向客户转让商品的同时，需要向客户或第三方支付对价的，应当将该应付对价冲减交易价格，但应付客户对价是为了自客户取得其他可明确区分商品的除外。这里的应付客户对价还包括可以抵减应付企业金额的相关项目金额，如优惠券、兑换券等。

（四）将交易价格分摊至各单项履约义务

当合同中包含两项或多项履约义务时，企业应当在合同开始日，按照每一单项履约义务所承诺商品的单独售价的相对比例，将交易价格分摊至各单项履约义务。企业通过分摊交易价格，使各单项履约义务分摊的交易价格能够反映其因向客户转让已承诺的相关商品（或提供已承诺的相关服务）而预期有权收取的对价金额。

（五）履行各单项履约义务时确认收入

企业应当在履行了合同中的履约义务，即客户取得相关商品控制权时确认收入。企业应当根据实际情况，首先判断履约义务是否满足在某一时段内履行的条件，如不满足，则该履约义务属于在某一时点履行的履约义务。对于在某一时段内履行的履约义务，企业应当选取恰当的方法来确定履约进度；对于在某一时点履行的履约义务，企业应当综合分析控制权转移的迹象，判断其转移时点。

四、设置收入核算的相关账户

（一）“主营业务收入”账户

“主营业务收入”账户属于损益类账户。该账户用来核算企业确认的销售商品、提供劳务等主营业务的收入。该账户贷方登记本期销售商品或提供劳务所取得的收入，借方登记销货退回和期末结转“本年利润”的本期销售收入，结转“本年利润”后，该账户无余额。该账户可按主营业务的种类进行明细核算。

（二）“主营业务成本”账户

“主营业务成本”账户属于损益类账户。该账户用来核算企业确认销售商品、提供劳务等主营业务时应结转的成本。该账户借方登记本期销售商品或提供劳务发生的实际成本，贷方登记销货退回和期末余额结转到“本年利润”账户的数额，结转后该账户无余额。该账户可按主营业务的种类进行明细核算。

（三）“税金及附加”账户

“税金及附加”账户属于损益类账户，用来核算企业经营活动发生的消费税、城市维护建设税、资源税和教育费附加及房产税、车船税、城镇土地使用税、印花税等相关税费。该账户借方登记按照规定计算确定的与经营活动相关的税费，贷方登记期末转入“本年利润”账户的数额，结转后该账户无余额。

思考6-3：企业销售无形资产应交的增值税是否应记入本账户？

（四）“其他业务收入”账户

“其他业务收入”账户属于损益类账户。该账户用来核算企业确认的除主营业务活动以外的其他经营活动实现的收入，包括出租固定资产、出租无形资产、出租包装物和商品、销售材料等实现的收入。该账户贷方登记本期各项其他业务收入的发生数额，借方登记期末余额结转到“本年利润”账户的数额，结转后该账户无余额。该账户可按其他业务收入的种类进行明细核算。

（五）“其他业务成本”账户

“其他业务成本”账户属于损益类账户。该账户用来核算企业确认的除主营业务活动以外的其他经营活动所发生的支出，包括销售材料的成本、出租固定资产的折旧额、出租无形资产的摊销额、出租包装物的成本或摊销额等。该账户借方登记企业发生的其他业务支出，贷方登记期末结转到“本年利润”账户中的其他业务支出，结转后本账户无余额。该账户可按其他业务成本的种类进行明细核算。

（六）“合同履约成本”账户

“合同履约成本”账户属于资产类账户。该账户用来核算企业为履行当前或预期取得的合同所发生的、不属于其他企业会计准则规范范围且按照《企业会计准则第14号——收入》的规定应当确认为一项资产的成本。该账户借方登记企业发生的合同履约成本，贷方登记合同履约成本摊销的数额。该账户期末借方余额，反映企业尚未结转的合同履约成本。该账户可按合同，分别“服务成本”“工程施工”等进行明细核算。

（七）“合同履约成本减值准备”账户

“合同履约成本减值准备”账户属于资产类账户。该账户用来核算与合同履约成本有关的资产的减值准备。该账户贷方登记与合同履约成本有关的资产发生减值的金额，借方登记转回已计提的资产减值准备金额。该账户期末贷方余额，反映企业已计提但尚未转销的合同履约成本减值准备。该账户可按合同进行明细核算。

（八）“合同取得成本”账户

“合同取得成本”账户属于资产类账户。该账户用来核算企业取得合同发生的、预计能够收回的增量成本。该账户借方登记企业发生的合同取得成本，贷方登记合同取得成本摊销的数额。该账户期末借方余额，反映企业尚未结转的合同取得成本。该账户可按合同进行明细核算。

（九）“合同取得成本减值准备”账户

“合同取得成本减值准备”账户属于资产类账户。该账户用来核算与合同取得成本有关的资产的减值准备。该账户贷方登记与合同取得成本有关的资产发生减值的金额，借方登记转回已计提的资产减值准备金额。该账户期末贷方余额，反映企业已计提但尚未转销的合同取得成本减值准备。

（十）“应收退货成本”账户

“应收退货成本”账户属于资产类账户。该账户用来核算销售商品时预期将退回商品的账面价值，扣除收回该商品预计发生的成本（包括退回商品的价值减损）后的余额。该账户借方登记已发出但因为预计可能发生退货而不能转入主营业务成本的那部分存货资产的成本的增加金额，贷方登记已发出但因为预计可能发生退货而不能转入主营业务成本的那部分存货资产的成本的减少金额。该账户期末借方余额，反映企业预期将退回商品转让时的账面价值，扣除收回该商品预计发生的成本（包括退回商品的价值减损）后的余额。该账户可按合同进行明细核算。

（十一）“合同资产”账户

“合同资产”账户属于资产类账户。该账户用来核算企业已向客户转让商品而有权收取对价的权利，且该权利取决于时间流逝之外的其他因素。该账户借方登记企业在客户实际支付合同对价或在该对价到期应付之前，已经向客户转让了商品，按因已转让商品而有权收取的对价金额。该账户贷方登记企业取得无条件收款权时，获得的对价金额。该账户期末借方余额，反映企业已向客户转让商品而有权收取的对价余额。该账户可按合同进行明细核算。

（十二）"合同资产减值准备"账户

"合同资产减值准备"账户属于资产类账户。该账户用来核算与合同资产有关的减值准备。该账户贷方登记合同资产发生的减值金额，借方登记转回已计提的资产减值准备金额。该账户期末贷方余额，反映企业已计提但尚未转销的合同资产减值准备。

（十三）"合同负债"账户

"合同负债"账户属于负债类账户。该账户用来核算企业已收或应收客户对价而应向客户转让商品的义务。该账户借方登记企业向客户转让商品时冲销的金额，贷方登记企业在向客户转让商品之前，已经收到或已经取得无条件收取合同对价权利的金额。该账户期末贷方余额，反映企业在向客户转让商品之前，已经收到的合同对价或已经取得的无条件收取合同对价权利的金额。该账户按合同进行明细核算。

任务实施

根据任务描述，华兴公司关于1月份经济业务的具体分析如下：

（1）该项经济业务应该确认收入。华兴公司与长江公司签订的这项房屋装修合同构成单项履约义务，满足某一时段内履行履约义务的判断，华兴公司应按照1月份测量的履约进度确认收入。

（2）该项经济业务应该确认收入。华兴公司向黄河公司销售甲商品属于某一时点履行的履约义务。对于商业折扣，华兴公司应从确认的销售收入中予以扣除。对于现金折扣，华兴公司认为按照能够更好地预测其有权获取的对价金额，即按照891 000元（4 000×250×（1−10%）×（1−1%））确认收入。

（3）该项经济业务应该在收到代销清单时确认收入。该项业务属于某一时点履行的履约义务。华兴公司将乙商品发送给长城公司后，长城公司承担该批商品的保管责任，但并不能主导该批商品的销售，该批商品是否对外销售，售价多少，是否获利等都不由长城公司控制，即长城公司并没有取得该批商品的控制权。因此华兴公司在发出商品时不应确认收入，应当在长城公司提供代销清单时确认收入。

（4）该项经济业务不应确认收入。该笔业务属于某一时点履行的履约义务。泰山公司由于资金周转存在困难，使得华兴公司收取货款存在不确定性，不满足某一时点履行的履约义务收入确认的条件，因此华兴公司不应确认收入。

注意事项

1. 把握收入要素的内涵。
2. 收入确认的5个条件的辨别。

任务评价

根据前面任务下达的要求实施并完成任务后，进行任务实施评价，填写任务实施评价表，见表6-1-1。

表 6-1-1 收入确认训练评价表

考评内容标准	实施评价		
	自我评价	同学互评	教师评价
能明确收入的特征（40分）			
会使用收入确认和计量的五步法（60分）			
合 计			

同步练习

一、单项选择题

同步练习 6-1

扫码答题

1. M公司与W公司签订一项建造厂房的合同。合同约定，W公司作为承包方，负责项目的总体管理并提供商品和各项服务，包括施工场地整理、厂房建设和装修等。下列说法中，正确的是（ ）。

A.W公司应将办公楼整个项目确认为一项收入

B.W公司应分别按商品和服务确认收入

C.W公司如果在合同中明确区分各项目，则可以按各项目确认收入

D.W公司可以选择按一个项目或多个项目确认收入

习题精讲 6-1

2.X公司与Y公司签订合同，向Y公司销售甲、乙两种产品，不含增值税的合同总价款为6万元。甲、乙产品不含增值税的单独售价分别为4.6万元和2.3万元。该合同包含两项可明确区分的履约义务。不考虑其他因素，按照交易价格分摊原则，甲产品应分摊的交易价格为（ ）万元。

A.4　　B.2　　C.4.6　　D.2.3

二、多项选择题

1.下列企业取得的价款中，符合收入会计要素定义的有（ ）。

A.出租固定资产收取的租金　　B.出售固定资产收取的价款

C.出售原材料收取的价款　　D.出售自制半成品收取的价款

2.下列各项中，制造业企业应通过“其他业务收入”科目核算的有（ ）。

A.出租包装物实现的收入　　B.对外提供运输服务取得的收入

C.对外出租闲置设备取得的租金收入　　D.出售自产产品取得的销售收入

3.下列关于履约义务的说法中，正确的有（ ）。

A.履约义务是指合同中企业向客户转让可明确区分商品的承诺

B.企业向客户转让一系列实质相同且转让模式相同的、可明确区分商品的承诺，应当作为单项履约义务

C.企业为履行合同而应开展的初始活动通常不构成履约义务

D. 企业应当在履行了各单项履约义务时分别确认收入

三、判断题

1. 企业确实无法支付的应付账款属于企业的收入。（ ）

2. 企业代第三方收取的款项以及企业预期将退还给客户的款项，应当作为负债进行会计处理，不计入交易价格。（ ）

任务2 处理一般商品销售和可变对价销售

任务描述

龙腾公司为增值税一般纳税人，商品销售业务适用的增值税税率为13%，20×3年1月份发生如下相关经济业务：

（1）1月2日，向X公司销售甲商品一批，开具的增值税专用发票上注明价款为200万元，该批商品实际成本为160万元，龙腾公司以银行存款支付应由其负担的甲商品运杂费1.2万元，X公司于当日收到该批商品并验收入库，款项尚未收到。

（2）1月5日，向Y公司销售乙商品一批，开具的增值税专用发票上注明价款为100万元，该批商品实际成本为70万元，Y公司于当日取得该商品的控制权。1月15日收到乙商品销售款项及增值税税额。

（3）1月10日，X公司发现甲商品外观上存在瑕疵，但基本上不影响使用，要求龙腾公司在价格上给予10%的折让。龙腾公司同意价格折让，并按规定向X公司开具了增值税专用发票（红字）。

（4）1月20日，Y公司发现部分乙商品质量出现严重问题，将该批商品的50%退回给龙腾公司，龙腾公司同意退货，于退货当日支付退货款，并按规定向Y公司开具了增值税专用发票（红字）。

（5）1月23日，龙腾公司与Z公司签订委托代销合同，龙腾公司委托Z公司销售丙商品500件，丙商品已经发出，每件商品成本为680元。合同约定Z公司应按每件1 000元对外销售，龙腾公司按不含增值税的销售价格的5%向Z公司支付手续费。

请分析判断龙腾公司1月份的相关经济业务是否可以确认销售收入，并作出相应的会计处理。

相关知识

一、一般商品销售收入的确认

一般商品销售属于在某一时点履行合约的义务。在某一时点履行合约的义务，企业应当在客户取得相关商品控制权时确认收入。在判断客户是否已取得商品控制权（即客户是否能够主导该商品的使用并从中获得几乎全部的经济利益）时，企业应当考虑下列五个迹象：

（一）企业就该商品享有现时收款权利，即客户就该商品负有现时付款义务

当企业就该商品享有现时收款权利时，可能表明客户已经有能力主导该商品的使用并

从中获得几乎全部的经济利益。

（二）企业已将该商品的法定所有权转移给客户，即客户已拥有该商品的法定所有权

当客户取得了商品的法定所有权时，可能表明其已经有能力主导该商品的使用并从中获得几乎全部的经济利益，或者能够阻止其他企业获得这些经济利益，即客户已取得对该商品的控制权。如果企业仅仅是为了确保到期收回货款而保留商品的法定所有权，那么该权利通常不会对客户取得对该商品的控制权构成障碍。

（三）企业已将该商品实物转移给客户，即客户已占有该商品实物

客户如果已经占有商品实物，则可能表明其有能力主导该商品的使用并从中获得其几乎全部的经济利益，或者使其他企业无法获得这些利益。需要说明的是，客户占有了某项商品实物并不意味着其就一定取得了该商品的控制权，反之亦然。

（四）企业已将该商品所有权上的主要风险和报酬转移给客户，即客户已取得该商品所有权上的主要风险和报酬

企业向客户转移了商品所有权上的主要风险和报酬，可能表明客户已经取得了主导该商品的使用并从中获得其几乎全部经济利益的能力。但是，在评估商品所有权上的主要风险和报酬是否转移时，不应考虑导致企业在除所转让商品之外产生其他单项履约义务的风险。例如，企业将产品销售给客户，并承诺提供后续维护服务的安排中，销售产品和提供维护服务均构成单项履约义务，企业将产品销售给客户之后，虽然仍然保留了与后续维护服务相关的风险，但是，由于维护服务构成单项履约义务，所以该保留的风险并不影响企业已将产品所有权上的主要风险和报酬转移给客户的判断。

（五）客户已接受该商品

如果客户已经接受了企业提供的商品，例如，企业销售给客户的商品通过了客户的验收，可能表明客户已经取得了该商品的控制权。

二、一般商品销售的账务处理

（一）处理一般商品销售

在符合确认收入的条件时，按不含税销售收入贷记“主营业务收入”账户，按应交的增值税贷记“应交税费——应交增值税（销项税额）”账户，按价税款合计借记“应收账款”“应收票据”“银行存款”等账户。

结转相关的销售成本，按库存商品的生产成本借记“主营业务成本”账户，贷记“库存商品”账户，如有已计提的存货跌价准备，也要一并转销。

支付由销售方承担的运输费、包装费、广告费、保险费等，借记“销售费用”账户，贷记“银行存款”账户；代垫购买方承担的运杂费用，则借记“应收账款”账户，贷记“银行存款”“库存现金”等账户。

月末，要结转当月应缴纳的消费税、资源税、城市维护建设税、教育费附加等税费金额，借记“税金及附加”账户，贷记“应交税费”账户。

【例6-1】20×4年4月1日，江海公司向长城公司采用托收承付结算方式销售一批商品，开出的增值税专用发票上注明售价为600 000元，增值税税额为78 000元；商品已经发出，并已向银行办妥托收手续；该批商品的成本为420 000元，江海公司开出一张支票给货运公司，支付了运输费用3 000元（假设不考虑增值税）。江海公司会计处理如下。

（1）确认商品销售收入时：

借：应收账款 678 000

　贷：主营业务收入 600 000

　　应交税费——应交增值税（销项税额） 78 000

（2）结转成本时：

借：主营业务成本 420 000

　贷：库存商品 420 000

（3）向货运公司支付商品的运输费用时：

借：销售费用 3 000

　贷：银行存款 3 000

如果企业已向客户转让商品而有权收取对价，但不是无条件的收款权，应通过“合同资产”账户进行核算。

【例6-2】 20×4年4月1日，江海公司向长城公司采用托收承付结算方式销售A、B两种商品，总价款为600 000元。同时合同约定，A商品于1日交付，B商品于20天之后再交付，只有当两种商品全部交付之后，江海公司才有权收取全部货款。A商品单独售价为240 000元，B商品单独售价为480 000元。A、B商品的成本分别为180 000元和360 000元。江海公司支付了运输费用3 000元（假设不考虑增值税）。假定A商品、B商品分别构成了单项履约义务，其控制权在交付时转移给客户（以上价格均不包含增值税）。江海公司的会计处理如下。

分摊至A商品的合同价格=600 000×240 000÷（240 000+480 000）=200 000（元）

分摊至B商品的合同价格=600 000×480 000÷（240 000+480 000）=400 000（元）

（1）交付A商品时：

借：合同资产 200 000

　贷：主营业务收入 200 000

（2）交付B商品时：

借：应收账款 678 000

　贷：合同资产 200 000

　　主营业务收入 400 000

　　应交税费——应交增值税（销项税额） 78 000

（3）向货运公司支付商品的运输费用时：

借：销售费用 3 000

　贷：银行存款 3 000

（4）结转成本时：

借：主营业务成本 540 000

　贷：库存商品——A商品 180 000

　　　　　　——B商品 360 000

思考6-4： 上述业务如改成购货方交款提货，又该如何处理呢？如上述业务的运输费用由购买方承担，又该如何处理呢？

如果售出商品不满足"因向客户转让商品而有权取得的对价很可能收回"的确认条件，则企业不应确认收入。对于已经发出的商品，应当通过"发出商品"账户进行核算。

【例6-3】 20×4年3月18日，江海公司与韦迪公司签署了商品销售合同，销售商品一批。4月10日，江海公司在销售时已得知韦迪公司资金周转暂时出现困难，但为了维护公司信誉，仍在当日将商品发往韦迪公司，并在开出的增值税专用发票上注明售价为400 000元，增值税税额为52 000元。20×4年10月28日，韦迪公司经营情况有所好转，江海公司收到该公司开出的不带息银行承兑汇票一张，票面金额为452 000元，期限为2个月。该批商品成本为320 000元。江海公司会计处理如下：

（1）4月10日发出商品时：

借：发出商品　　320 000

　贷：库存商品　　320 000

开具增值税专用发票时：

借：应收账款——韦迪公司　　52 000

　贷：应交税费——应交增值税（销项税额）　　52 000

（2）10月28日收到韦迪公司开出的银行承兑汇票时：

借：应收票据——韦迪公司　　452 000

　贷：主营业务收入　　400 000

　　　应收账款——韦迪公司　　52 000

同时结转成本：

借：主营业务成本　　320 000

　贷：发出商品　　320 000

（二）可变对价的账务处理

企业与客户的合同中约定的对价金额可能是固定的，也可能会因折扣、价格折让、返利、退款、奖励积分、激励措施、业绩奖金、索赔、未来事项等因素而变化。此外，企业有权收取的对价金额，将根据一项或多项或有事项的发生有所不同，也属于可变对价的情形。如企业售出商品但允许客户退货时，企业有权收取的对价金额将取决于客户是否退货，因此该合同的交易价格是可变的。

企业在判断交易价格是否为可变对价时，应当考虑各种相关因素（如企业已公开宣布的政策、特定声明、以往的习惯做法、销售战略以及客户所处的环境等），以确定其是否会接受一个低于合同标价的金额，即企业向客户提供一定的价格折让。

1.现金折扣的会计处理

现金折扣是指销售方为鼓励购货方在规定的期限内付款而向购货方提供的债务扣除。现金折扣通常发生在以赊销方式销售商品或提供劳务的交易中，一般用"折扣率/付款期限（天数）"来表示，如"2/10，1/20，N/30"表示在1~10天内付款给予2%的折扣，在11~20天内付款给予1%的折扣，在21~30天内付款则不给折扣，信用期限为30天。现金折扣是否发生应视买方的付款情况而定。企业销售商品涉及现金折扣的，应按照能够更好地预测其有权获取的对价金额确认收入，现金折扣实际发生时调整收入金额，涉及的增值税按照扣除现金折扣之前的销售额确定。

2.商业折扣的会计处理

商业折扣是指作为销货方的企业为鼓励购货方多购买商品，根据其购货数量的多少，在商品价目单价格的基础上按规定百分比给予购货方一定的价格折扣。商品价目单价格扣除商业折扣后的余额作为双方交易的实际价格，即发票价格。企业销售商品涉及商业折扣的，应按扣除商业折扣后的金额确定商品销售收入。

3.销售折让的会计处理

销售折让是指企业因售出商品的质量不合格等原因而在售价上给予的减让。销售折让可能发生在销售收入确认之前，也可能发生在销售收入确认之后。发生在销售收入确认之前的折让，其会计处理与商业折扣相同，按折让后的实际售价计算营业收入，不作账务处理。发生在销售收入确认之后的折让，如不属于资产负债表日后事项，应在实际发生时冲减当期的收入。发生销售折让时，如按规定允许扣减当期销项税额，除冲减“主营业务收入”账户外，还应冲减“应交税费——应交增值税（销项税额）”账户。

【例6-4】甲公司向乙公司销售一批商品，开出的增值税专用发票上注明的销售价款为30 000元，增值税税额为3 900元。乙公司在验收过程中发现商品质量不合格，要求在价格上给予6%的折让。如果此时甲公司已确认商品销售收入，且其不属于资产负债表日后事项，款项尚未收到，发生的销售折让允许扣减当期增值税税额，则甲公司的账务处理如下。

（1）销售实现时：

借：应收账款——乙公司	33 900	
贷：主营业务收入		30 000
应交税费——应交增值税（销项税额）		3 900

（2）发生销售折让时：

借：主营业务收入	1 800	
应交税费——应交增值税（销项税额）	234	
贷：应收账款——乙公司		2 034

（3）实际收到货款时：

借：银行存款	31 866	
贷：应收账款——乙公司		31 866

思考6-5：如销售折让发生时企业未确认收入，又该如何处理呢？

微课6-1

销售折让和销售退回的区别

4.可变对价最佳估计数的账务处理

合同中存在可变对价的，企业应当对计入交易价格的可变对价进行估计。在对可变对价进行估计时，企业应当按照期望值或最可能发生金额确定可变对价的最佳估计数。

期望值是按照各种可能发生的对价金额及相关概率计算确定的金额。如果企业拥有大量具有类似特征的合同，企业据此估计合同可能产生多个结果时，按照期望值估计可变对价金额通常是恰当的。

最可能发生金额是一系列可能发生的对价金额中最可能发生的单一金额，即合同最可能产生的单一结果。当合同仅有两个可能结果（例如，企业能够达到或不能达到某业绩奖金目标）时，按照最可能发生金额估计可变对价金额可能是恰当的。

【例6-5】 W公司生产和销售电磁炉。20×4年3月，W公司向零售商M公司销售2 000台电磁炉，每台价格为1 000元，合同价款合计200万元。同时，W公司向M公司承诺，如果在未来3个月内，同类电磁炉售价下降，则按照合同价格与最低售价之间的差额向M公司支付差价。W公司根据以往执行类似合同的经验，预计未来3个月内，不降价的概率为50%；每台降价100元的概率为40%；每台降价250元的概率为10%。假定不考虑增值税等因素。则W公司的账务处理如下：

W公司认为期望值能够更好地预测其有权获取的对价金额。

估计每台交易价格=（1 000 ×50%+ 900 ×40% + 750 ×10%）=935（元）

20×4年3月，W公司销售电磁炉时：

借：应收账款	1 870 000	
贷：主营业务收入		1 870 000

5. 销售退回的会计处理

销售退回，是指企业销售的商品由于质量、品种不符合要求等原因而发生的退货。对于销售退回应当分情况进行处理。

对于未确认收入的售出商品发生销售退回的，借记“库存商品”账户，贷记“发出商品”账户。采用计划成本或售价核算的，应按计划成本或售价计入库存商品，并计算成本差异或进销差价。

对于已确认收入的售出商品发生销售退回，且不属于资产负债表日后事项的，企业应在发生时冲减销售商品收入，借记“主营业务收入”；按允许扣减的当期销项税额，借记“应交税费——应交增值税（销项税额）”；按已收或应收的金额，贷记“银行存款”或“应收账款”账户。根据配比原则应同时冲减当期销售商品的成本，按退回商品的成本，借记“库存商品”账户，贷记“主营业务成本”账户。

【例6-6】 江海公司在20×4年2月18日向韦迪公司销售一批商品，开出的增值税专用发票上注明的销售价款为50 000元，增值税税额为6 500元。该批商品成本为26 000元。韦迪公司在20×4年2月27日支付货款。20×4年6月5日，该批商品因质量问题被韦迪公司退回，江海公司当日支付有关款项。假定销售退回不属于资产负债表日后事项。江海公司的账务处理如下。

（1）20×4年2月18日销售实现时：

借：应收账款	56 500	
贷：主营业务收入		50 000
应交税费——应交增值税（销项税额）		6 500
借：主营业务成本——韦迪公司	26 000	
贷：库存商品		26 000

（2）20×4年6月5日发生销售退回时：

借：主营业务收入	50 000	

借：应交税费——应交增值税（销项税额） 6 500
　　贷：银行存款 56 500
借：库存商品 26 000
　　贷：主营业务成本 26 000

思考6-6：确认收入后，销售退回和销售折让发生时在会计处理上相同吗？

（三）处理几种特殊销售业务

1.销售材料等存货

企业在日常活动中还可能发生对外销售不需用的原材料、随同商品对外销售单独计价的包装物等业务。企业销售原材料、包装物等存货也视同商品销售，其收入确认和计量原则比照商品销售处理。企业销售原材料、包装物等存货实现的收入以及结转的相关成本，通过“其他业务收入”“其他业务成本”账户核算。

【例6-7】20×4年4月15日，龙腾公司转让多余甲材料1 000千克，单位售价8元，总计8 000元，材料成本为7 000元，开出的增值税专用发票上列明的增值税税额为1 040元，材料已发出，收到转账支票一张存入银行，则龙腾公司销售材料时：

借：银行存款 9 040
　　贷：其他业务收入——材料销售 8 000
　　　　应交税费——应交增值税（销项税额） 1 040

结转该批甲材料成本7 000元：

借：其他业务成本——材料销售 7 000
　　贷：原材料——甲材料 7 000

2.合同中存在重大融资成分

分期收款销售商品，是指商品已经交付，但货款分期收回的一种销售方式。企业采用递延方式分期收款，收款期限一般较长，实质上具有融资性质，应收的合同或协议价款与其公允价值相差较大的，应按照应收的合同或协议价款的公允价值确定销售商品收入金额，应收的合同或协议价款与其公允价值之间的差额，应当在合同或协议期间内采用实际利率法进行摊销，作为财务费用的抵减处理。其中，实际利率是指具有类似信用等级的企业发行类似工具的现时利率，或者将应收的合同或协议价款折现为商品现销价格时的折现率等。

【例6-8】20×4年1月1日，龙腾公司采用分期收款方式向捷运国际运输公司出售一套大型机器设备，合同约定的销售价格为2 000万元，分5次于每期12月31日等额收取400万元。该大型设备的成本为1 560万元，在现销方式下，其销售价格为1 600万元。假定龙腾公司发出商品时，其有关的增值税纳税义务尚未发生；在合同约定的收款日期，发生有关的增值税纳税义务。

融资性质的分期收款销售商品会计处理如下：

根据本例资料，龙腾公司应当确认的销售商品收入金额为1 600万元。

该企业未来5年收款额的现值为：400×（P/A，r，5）=1 600。

由插值法计算可得r=7.93%，每期计入财务费用的金额见表6-2-1。

表 6-2-1 **融资收益分配表（实际利率法）** 单位：万元

日期	分期应收款 ①	应分配融资收益 ②=上期④×7.93%	应收本金 减少额 ③=①-②	应收本金 ④=上期④-③
20×4-1-1				1 600
20×4-12-31	400	126.88	273.12	1 326.88
20×5-12-31	400	105.22	294.78	1 032.10
20×6-12-31	400	81.85	318.15	713.95
20×7-12-31	400	56.62	343.38	370.57
20×8-12-31	400	29.43	370.57	0
合计	2 000	400	1 600	—

（1）20×4 年 1 月 1 日销售实现时：

借：长期应收款 22 080 000

　贷：主营业务收入 16 000 000

　　未实现的融资收益 4 000 000

　　应交税费——待转销项税额 2 080 000

借：主营业务成本 15 600 000

　贷：库存商品 15 600 000

（2）20×4 年 12 月 31 日收取货款和增值税时：

借：银行存款 4 520 000

　应交税费——待转销项税额 520 000

　贷：长期应收款 4 520 000

　　应交税费——应交增值税（销项税额） 520 000

借：未实现的融资收益 1 268 800

　贷：财务费用 1 268 800

（3）20×5 年 12 月 31 日收取货款和增值税时：

借：银行存款 4 520 000

　应交税费——待转销项税额 520 000

　贷：长期应收款 4 520 000

　　应交税费——应交增值税（销项税额） 520 000

借：未实现的融资收益 1 052 200

　贷：财务费用 1 052 200

（4）20×6 年 12 月 31 日收取货款和增值税时：

借：银行存款 4 520 000

　应交税费——待转销项税额 520 000

贷：长期应收款　　4 520 000

应交税费——应交增值税（销项税额）　　520 000

借：未实现的融资收益　　818 500

贷：财务费用　　818 500

（5）20×7年12月31日收取货款和增值税时：

借：银行存款　　4 520 000

应交税费——待转销项税额　　520 000

贷：长期应收款　　4 520 000

应交税费——应交增值税（销项税额）　　520 000

借：未实现的融资收益　　566 200

贷：财务费用　　566 200

（6）20×8年12月31日收取货款和增值税时：

借：银行存款　　4 520 000

应交税费——待转销项税额　　520 000

贷：长期应收款　　4 520 000

应交税费——应交增值税（销项税额）　　520 000

借：未实现的融资收益　　294 300

贷：财务费用　　294 300

3.代销商品——收取手续费方式

微课6-2

采用支付手续费方式的委托代销商品核算

在代销商品方式下，委托方应设置“发出商品”账户，核算已经发给受托方但尚未售出的商品；受托方应设置“受托代销商品”和“受托代销商品款”账户，核算收到的尚未销售的代销商品。

【例6–9】 20×4年4月1日，甲企业委托乙企业代销4 000件A产品，双方协议价为50元/件，单位成本40元/件，增值税税率为13%，甲企业按10%支付手续费。4月30日，甲企业收到乙企业开来的代销清单，已销售商品2 000件，甲企业据以开具了增值税专用发票，交给了乙企业，并收到乙企业提供代销服务开具的增值税专用发票，注明价款10 000元，增值税税额600元。5月18日，收到乙企业支付的代销款项。假定甲企业发出商品时纳税义务尚未发生，甲企业对商品采用实际成本法核算，乙企业采用进价核算代销商品。

甲企业的会计处理如下：

（1）4月1日，向乙企业发出代销商品时：

借：发出商品　　160 000

贷：库存商品　　160 000

（2）4月30日，收到代销清单，并向乙企业开具增值税专用发票时：

借：应收账款——乙企业　　113 000

贷：主营业务收入——乙企业　　100 000

应交税费——应交增值税（销项税额）　　13 000

（3）同时结转成本：

借：主营业务成本 80 000
　贷：发出商品 80 000

(4) 确认代销手续费时：

借：销售费用 10 000
　　应交税费——应交增值税（进项税额） 600
　贷：应收账款——乙企业 10 600

(5) 5月18日，收到乙企业汇来的代销款项时：

借：银行存款 102 400
　贷：应收账款——乙企业 102 400

乙企业的会计处理如下：

(1) 4月1日，收到甲企业发来的代销商品时：

借：受托代销商品 200 000
　贷：受托代销商品款 200 000

(2) 4月28日，实际销售商品并收到货款时：

借：银行存款 113 000
　贷：受托代销商品 100 000
　　　应交税费——应交增值税（销项税额） 13 000

(3) 4月30日，向甲企业开具代销清单，并收到甲企业开来的增值税专用发票时：

借：应交税费——应交增值税（进项税额） 13 000
　贷：应付账款——甲企业 13 000

借：受托代销商品款 100 000
　贷：应付账款——甲企业 100 000

(4) 5月18日，向甲企业支付代销款项，并计算手续费时：

借：应付账款——甲企业 113 000
　贷：银行存款 102 400
　　　主营业务收入（或其他业务收入） 10 000
　　　应交税费——应交增值税（销项税额） 600

任务实施

龙腾公司有关会计处理如下：

(1) 龙腾公司向X公司销售甲商品，满足收入的确认条件，应确认商品销售收入。

1月2日，销售商品时，确认收入：

借：应收账款 2 260 000
　贷：主营业务收入 2 000 000
　　　应交税费——应交增值税（销项税额） 260 000

结转销售商品成本：

借：主营业务成本 1 600 000

贷：库存商品 1 600 000

支付运杂费：

借：销售费用 12 000

贷：银行存款 12 000

(2) 龙腾公司向Y公司销售乙商品，满足收入的确认条件，应确认商品销售收入。

1月5日，龙腾公司发货，应确认销售收入：

借：应收账款 1 130 000

贷：主营业务收入 1 000 000

应交税费——应交增值税（销项税额） 130 000

结转销售商品成本：

借：主营业务成本 700 000

贷：库存商品 700 000

1月15日，收到货款：

借：银行存款 1 130 000

贷：应收账款 1 130 000

(3) 龙腾公司给予X公司的销售折让，在实际发生时冲减当期的收入，不需要冲减主营业务成本。

借：主营业务收入 200 000

应交税费——应交增值税（销项税额） 26 000

贷：应收账款 226 000

(4) 对于已确认收入的售出商品发生销售退回的，龙腾公司应在发生时冲减销售商品收入，同时冲减当期销售商品的成本，

龙腾公司发生销售退回业务相关会计处理为：

借：主营业务收入 500 000

应交税费——应交增值税（销项税额） 65 000

贷：应收账款 565 000

冲减销售商品的成本：

借：库存商品 350 000

贷：主营业务成本 350 000

(5) 1月23日，龙腾公司发出商品时，商品控制权尚未转移，不应确认收入。相关会计分录为：

借：发出商品 340 000

贷：库存商品 340 000

注意事项

1. 不同商品销售方式下收入确认的时点不同。

2. 销售折让和销售退回在会计处理上的不同。

任务评价

根据前面任务下达的要求实施并完成任务后，进行任务实施评价，填写任务实施评价表，见表6-2-2。

表 6-2-2 一般商品销售和可变对价销售训练评价表

考评内容标准	实施评价		
	自我评价	同学互评	教师评价
一般销售的会计处理（20分）			
可变对价的销售处理（20分）			
销售折让的会计处理（20分）			
销售退回的会计处理（20分）			
委托代销——收取手续费的会计处理（20分）			
合　计			

同步练习

一、单项选择题

同步练习 6-2
扫码答题

1.长江公司采用委托收款结算方式销售一批商品，增值税专用发票上注明的价款为200万元，增值税税额为26万元，销售商品为客户代垫运输费2万元，已办妥委托收款手续并且客户已收到商品。长江公司应确认的应收账款为（　　）万元。

A.200　　B.202　　C.226　　D.228

习题精讲 6-2

2.采用支付手续费委托代销方式下，下列各项中，委托方在收到受托方开出的代销清单时应将支付的代销手续费记入的会计科目是（　　）。

A.“销售费用”　　B.“财务费用”

C.“其他业务成本”　　D.“管理费用”

二、多项选择题

1.20×3年5月1日，大海公司与客户签订合同，向其销售甲、乙两项商品，甲商品的单独售价为3 000元，乙商品的单独售价为12 000元，合同价款为12 500元。合同约定，甲商品于合同开始日交付，乙商品在一个月之后交付，只有当两项商品全部交付之后，大海公司才有权收取12 500元的合同对价。假定甲商品和乙商品分别构成单项履约义务，其控制权在交付时转移给客户。上述价格均不包含增值税，且假定不考虑相关税费影响。大海公司下列会计处理中正确的有（　　）。

习题精讲 6-3

A.分摊至甲商品的合同价款为2 500元

B.分摊至乙商品的合同价款为10 000元

C.20×3年5月1日，销售甲商品应确认合同资产2 500元

D.20×3年5月1日，销售甲商品应确认应收账款2 500元

2. 下列说法中，错误的有（　　）。

A. 企业出售原材料取得的款项扣除成本及相关税费后，应当确认为营业外收入或营业外支出

B. 企业发出商品后，即使无法确认收入，也不应将其确认为存货

C. 企业销售商品如果价款收回的可能性不大，即使满足收入确认的其他条件，也不应确认收入

D. 销售单独计价的包装物，其收入应通过“营业外收入”科目核算

三、判断题

1. 企业代第三方收取的款项以及企业预期将退还给客户的款项，应当作为负债进行会计处理，不计入交易价格。（　　）

2. 若销售合同中存在可变对价，企业应当对计入交易价格的可变对价进行估计。可变对价应按照最可能发生金额确定。（　　）

3. 某企业赊销商品时知晓客户财务困难，不能确定能否收回货款，为了维持客户的长期合作关系仍将商品发出并开具销售发票，对于该赊销，不需要进行相关的会计处理。（　　）

四、账务处理题

1. 目的：练习商品销售收入核算。

2. 资料：

远华公司系工业企业，为增值税一般纳税人，适用的增值税税率为13%，适用的所得税税率为25%。销售单价除标明外，均为不含增值税价格。远华公司发生以下业务（除特别标明外均为主营业务）：

（1）远华公司20×4年6月份销售给乙企业一批H产品2 000件，每件售价为250元，产品销售总价为50万元，增值税税率13%，产品已经发出，并收到了乙企业开出、3个月后到期承兑的银行承兑汇票。该批产品的实际成本为30万元。

（2）远华公司委托乙企业销售K商品300件，该批商品每件成本价为60元，按协议价每件100元的价格出售给顾客，远华公司按售价的10%支付乙企业手续费。乙企业实际销售时，即向买方开出一张增值税专用发票，发票上注明K商品售价30 000元。远华公司在收到乙企业交来的代销清单时，向乙企业开具一张相同金额的增值税专用发票，假定不考虑其他相关税费。

（3）远华公司在20×4年6月1日销售一批P商品200件，不含税单位售价150元。企业为了及早收回货款而在合同中规定现金折扣的条件为“2/10，N/30”（假定计算现金折扣时不考虑增值税）。远华公司预计客户10天内付款的概率为85%，10天后付款的概率为15%。分别写出客户6月9日、6月15日付款时的相关分录。

（4）远华公司销售一批商品，增值税专用发票上注明的销售价格为50 000元，增值税为6 500元，货款尚未收取。货到后购货方发现商品质量不合格，要求在价格上给予10%的折让。假定已获得税务部门开具的红字增值税专用发票。几天后，收到货款存入银行。

（5）远华公司20×4年12月6日销售Q产品300件，单位售价20元，单位销售成本14元，货款尚未收取。该商品因质量问题于20×4年12月25日退回。销售退回应退回的增值

税已取得有关证明。

3. 要求：根据以上经济业务，编制相关会计分录。

任务3 处理在某一段时间内完成的商品销售

任务描述

万利达公司为增值税一般纳税人，主要从事设备安装服务业务，适用的增值税税率为9%。20×3年该公司发生安装服务业务如下：

（1）9月30日，万利达公司与甲公司签订一项为期3个月的K设备安装调试合同，合同价为300 000元（不含增值税），该合同构成万利达公司的单项履约义务，公司以实际测量的完工进度作为履约进度，并据以确认收入。甲公司每月按完工进度支付价款及相应的增值税。

（2）10月份，万利达公司实际发生劳务成本72 000元（均为职工薪酬），估计还将发生劳务成本168 000元。月末，经专业部门测定，K设备安装调试工作的完工进度为30%。甲公司已按完工进度结清相应的价款及增值税，万利达公司收到当月全部款项并存入银行。

（3）11月份，万利达公司实际发生劳务成本120 000元（均为职工薪酬），估计还将发生劳务成本48 000元。月末，经专业部门测定，K设备安装调试工作的完工进度为80%。甲公司已按完工进度结清相应的价款及增值税，万利达公司收到当月全部款项并存入银行。

（4）12月份，万利达公司实际发生劳务成本48 000元（均为职工薪酬）。12月31日，K设备安装调试工作全部完毕，甲公司验收合格，并支付未结算的合同尾款，万利达公司收到款项并存入银行。

以万利达公司财务部门负责人的身份，分析以上经济业务，作出相关会计处理。

相关知识

一、在某一段时间内完成的商品销售收入

在某一段时间内完成的商品销售属于某一时段内履行履约义务。

（一）某一时段内履行履约义务收入的确认条件

满足下列条件之一的，属于在某一时段内履行履约义务，相关收入应当在该履约义务履行的期间内确认：

1. 客户在企业履约的同时即取得并消耗企业履约所带来的经济利益

企业在履约过程中是持续地向客户转移企业履约所带来的经济利益的，该履约义务属于在某一时段内履行的履约义务，企业应当在履行履约义务的期间确认收入。

2. 客户能够控制企业履约过程中在建的商品

客户能够控制企业履约过程中在建的商品，该履约义务属于在某一时段内履行的履约义务，企业应当在该履约义务履行的期间内确认收入。

3. 企业履约过程中所产出的商品具有不可替代用途，且该企业在整个合同期间内有权就累计至今已完成的履约部分收取款项

具有不可替代用途，是指因合同限制或实际可行性限制，企业不能轻易地将商品用于其他用途。有权就累计至今已完成的履约部分收取款项，是指在由于客户或其他方原因终止合同的情况下，企业有权就累计至今已完成的履约部分收取能够补偿其已发生成本和合理利润的款项，并且该权利具有法律约束力。

（二）在某一时段内履行的履约义务的收入确认

对于在某一时段内履行的履约义务，企业应当在该段时间内按照履约进度确认收入，但是，履约进度不能合理确定的除外。企业应当考虑商品的性质，采用产出法或投入法确定恰当的履约进度，并且在确定履约进度时，应当扣除那些控制权尚未转移给客户的商品和服务。企业按照履约进度确认收入时，通常应当在资产负债表日按照合同的交易价格总额乘以履约进度扣除以前会计期间累计已确认的收入后的金额，确认为当期收入。

当履约进度不能合理确定时，企业已经发生的成本预计能够得到补偿的，应当按照已经发生的成本金额确认收入，直到履约进度能够合理确定为止。

二、合同成本与合同负债

（一）合同履约成本

企业为履行合同可能会发生各种成本，在确认收入的同时应当对这些成本进行分析，若不属于存货、固定资产、无形资产等其他企业会计准则规范范围且同时满足下列条件的，应当作为合同履约成本确认为一项资产：该成本与一份当前或预期取得的合同直接相关；该成本增加了企业未来用于履行（包括持续履行）履约义务的资源；该成本预期能够收回。

与合同直接相关的成本包括：

① 直接人工（如支付给直接为客户提供所承诺服务的人员的工资、奖金等）；

② 直接材料（如为履行合同耗用的原材料、辅助材料、构配件、零件、半成品的成本和周转材料的摊销及租赁费用等）；

③ 制造费用或类似费用（如组织和管理生产、施工、服务等活动发生的费用，包括管理人员的职工薪酬、劳动保护费、固定资产折旧费及修理费、物料消耗、取暖费、水电费、办公费、差旅费、财产保险费、工程保修费、临时设施摊销费等）；

④ 明确由客户承担的成本以及仅因该合同而发生的其他成本（如支付给分包商的成本、机械使用费、设计和技术援助费用、施工现场二次搬运费、生产工具和用具使用费、检验试验费、工程定位复测费、工程点交费用、场地清理费等）。

企业应当在下列支出发生时，将其计入当期损益：

① 管理费用，除非这些费用明确由客户承担；

② 非正常消耗的直接材料、直接人工和制造费用（或类似费用），这些支出为履行合同发生，但未反映在合同价格中；

③ 与履约义务中已履行（包括已全部履行或部分履行）部分相关的支出，即该支出与企业过去的履约活动相关；

④ 无法在尚未履行的与已履行（或已部分履行）的履约义务之间区分的相关支出。

（二）合同取得成本

企业为取得合同发生的增量成本预期能够收回的，应当作为合同取得成本确认为一项资产。增量成本，是指企业不取得合同就不会发生的成本，如销售佣金等。为简化实务操作，该资产摊销期限不超过一年的，可以在发生时计入当期损益。企业采用该简化处理方法的，应当对所有类似合同一致采用。

企业为取得合同发生的、除预期能够收回的增量成本之外的其他支出，例如，无论是否取得合同均会发生的差旅费、投标费、为准备投标资料发生的相关费用等，应当在发生时计入当期损益，除非这些支出明确由客户承担。

（三）与合同成本有关的资产的摊销与减值

1.摊销

与合同成本有关的资产，应当采用与该资产相关的商品收入确认相同的基础（即在履约义务履行的时点或按照履约义务的履约进度）进行摊销，计入当期损益。

2.与合同成本有关的资产的减值

与合同成本有关的资产，其账面价值高于下列第一项减去第二项的差额的，超出部分应当计提减值准备，并确认为资产减值损失：

① 企业因转让与该资产相关的商品预期能够取得的剩余对价；

② 为转让该相关商品估计将要发生的成本。

以前期间减值的因素之后发生变化，使得企业上述第一项减去第二项的差额高于该资产账面价值的，应当转回原已计提的资产减值准备，并计入当期损益，但转回后的资产账面价值不应超过假定不计提减值准备情况下该资产在转回日的账面价值。

三、在某一段时间内完成的商品销售收入的账务处理

企业发生相关成本时，借记“合同履约成本”“合同取得成本”账户，贷记“银行存款”“应付职工薪酬”等账户。

确认收入、摊销成本时，借记“银行存款”“应收账款”等账户，贷记“主营业务收入”“应交税费——应交增值税（销项税额）”账户；借记“主营业务成本”“其他业务成本”“销售费用”等账户，贷记“合同履约成本”“合同取得成本”账户。

期末“合同履约成本”“合同取得成本”账户有余额的，表示尚未结转完毕的相关成本。

【例6-10】 W公司是一家装修公司，于20×3年12月1日与M公司签订一份为期3个月的装修合同，合同总价款为200 000元，增值税税额为18 000元，适用的增值税税率为9%，装修费用按完工程度每月月末支付。截至20×3年12月31日，经专业测量师测量后，确定该项装修工程完工程度为60%。M公司按照完工进度支付了价款及相应的增值税税款。截至20×3年12月31日，W公司为该项工程支付的劳务成本为90 000元（假定均为装修人员薪酬），估计还要发生的劳务成本为60 000元。

20×4年1月，W公司为该项工程支付的劳务成本为30 000元（假定均为装修人员薪酬），估计还要发生的劳务成本为30 000元。20×4年1月31日，经专业测量师测量，完工进度为80%。M公司按照完工进度支付了价款及相应的增值税税款。

20×4年2月28日，装修完工。M公司验收合格。20×4年2月，W公司为该项工程支付的劳务成本为30 000元（假定均为装修人员薪酬）。M公司按照完工进度支付了价款及

相应的增值税税款。

假定该业务为W公司主营业务，全部由其自行完成；该项装修服务构成单项履约义务，并属于在某一时间段内履行的履约义务。W公司按实际测量的完工进度确定履约进度。W公司的账务处理如下：

20×3年12月，W公司实际发生劳务成本时：

借：合同履约成本 90 000

贷：应付职工薪酬 90 000

20×3年12月31日，W公司确认收入并结转成本：

W公司应确认的劳务收入=200 000×60%-0=120 000（元）

借：银行存款 130 800

贷：主营业务收入 120 000

应交税费——应交增值税（销项税额） 10 800

借：主营业务成本 90 000

贷：合同履约成本 90 000

20×4年1月，W公司实际发生劳务成本时：

借：合同履约成本 30 000

贷：应付职工薪酬 30 000

20×4年1月31日，W公司确认收入并结转成本：

W公司应确认的劳务收入=200 000×80%-120 000=40 000（元）

借：银行存款 43 600

贷：主营业务收入 40 000

应交税费——应交增值税（销项税额） 3 600

借：主营业务成本 30 000

贷：合同履约成本 30 000

20×4年2月，W公司实际发生劳务成本时：

借：合同履约成本 30 000

贷：应付职工薪酬 30 000

20×4年2月28日，W公司确认收入并结转成本：

W公司应确认的劳务收入=200 000×100%-120 000-40 000=40 000（元）

借：银行存款 43 600

贷：主营业务收入 40 000

应交税费——应交增值税（销项税额） 3 600

借：主营业务成本 30 000

贷：合同履约成本 30 000

【例6-11】W公司是一家咨询公司，对外提供财务咨询服务，适用的增值税税率为6%。W公司通过竞标赢得一个新客户，为取得和该客户的合同，W公司聘请外部律师进行尽职调查支付的相关费用为15 000元，为投标而发生的差旅费为10 000元，支付销售人员佣金6 000元。甲公司预期这些支出未来均能够收回。此外，甲公司根据其年度销售目标、整体盈利情况及个人业绩等，向销售部门经理支付年度奖金10 000元。该客户与W公司签订的咨询合同规定，合同期限为5年，每年年末支付W公司含税咨询费1 272 000元。

在此案例中，W公司因签订与该客户的合同而向销售人员支付的佣金属于为取得合同发生的增量成本，应当将其作为合同取得成本确认为一项资产。甲公司聘请外部律师进行尽职调查发生的支出、为投标发生的差旅费，无论是否取得合同都会发生，不属于增量成本，因此，应当于发生时直接计入当期损益。甲公司向销售部门经理支付的年度奖金也不是为取得合同发生的增量成本，这是因为该奖金发放与否以及发放金额还取决于其他因素（包括公司的盈利情况和个人业绩），其并不能直接归属于可识别的合同。W公司的账务处理如下：

（1）支付与取得合同相关的费用时：

借：合同取得成本	6 000	
管理费用	25 000	
贷：银行存款		31 000

（2）每月确认服务费收入，摊销合同取得成本：

每月服务费收入=[1 272 000÷（1+6%）]÷12=100 000（元）

每月摊销合同取得成本=6 000÷5÷12=100（元）

借：应收账款	106 000	
贷：主营业务收入		100 000
应交税费——应交增值税（销项税额）		6 000
借：销售费用	100	
贷：合同取得成本		100

（3）确认销售部门经理年度奖金时：

借：销售费用	10 000	
贷：应付职工薪酬		10 000

企业因销售商品向客户收取的预收款，赋予了客户一项在未来从企业取得该商品的权利，并使企业承担了向客户转让该商品的义务，因此，企业应当将预收的款项确认为合同负债，待未来履行了相关履约义务，即向客户转让相关商品时，再将该负债转为收入。

【例6-12】W公司经营连锁主题公园。20×3年1月1日，W公司向客户销售了477张年卡，每张卡的面值为200元，总额为95 400元。客户可在W公司经营的任何一家门店使用该卡进行消费，无次数限制。该年卡有效期为1年，即20×3年12月31日到期。假定W公司为增值税一般纳税人，该业务适用的增值税税率为6%。

在此案例中，客户在年卡使用期间可随时来主题公园游玩，不受次数限制。这就意味着W公司应随时准备在客户需要时为其提供相关服务。因此，该履约义务属于某一时段内履行的履约义务，且该义务会随着时间的流逝而履行。

W公司的相关账务处理如下：

（1）20×3年1月1日，收到年卡费用时：

确认的合同负债金额=95 400÷（1+6%）=90 000（元）

借：银行存款　　95 400
　贷：合同负债　　90 000
　　　应交税费——待转销项税额　　5 400

（2）20×3年1月31日，确认收入：

W公司按直线法确认每月收入：

每月应确认的收入=[95 400÷（1+6%）]÷12=7 500（元）

借：合同负债　　7 500
　　应交税费——待转销项税额　　450
　贷：主营业务收入　　7 500
　　　应交税费——应交增值税（销项税额）　　450

2—12月每月确认收入的会计分录同上。

任务实施

万利达公司相关账务处理如下：

（1）10月份发生相关劳务成本，

借：合同履约成本　　72 000
　贷：应付职工薪酬　　72 000

10月份万利达公司应确认的收入=300 000×30%=90 000（元）

借：银行存款　　98 100
　贷：主营业务收入　　90 000
　　　应交税费——应交增值税（销项税额）　　8 100

10月份结转成本：

借：主营业务成本　　72 000
　贷：合同履约成本　　72 000

（2）11月份发生相关劳务成本：

借：合同履约成本　　120 000
　贷：应付职工薪酬　　120 000

11月份万利达公司应确认的收入=300 000×80%-90 000=150 000（元）

借：银行存款　　163 500
　贷：主营业务收入　　150 000
　　　应交税费——应交增值税（销项税额）　　13 500

11月份结转成本：

借：主营业务成本　　120 000
　贷：合同履约成本　　120 000

（3）12月份发生相关劳务成本：

借：合同履约成本　　48 000
　贷：应付职工薪酬　　48 000

12月份万利达公司应确认的收入=300 000-90 000-150 000=60 000（元）

借：银行存款　　65 400
　贷：主营业务收入　　60 000
　　　应交税费——应交增值税（销项税额）　　5 400

12月份结转成本：

借：主营业务成本　　48 000
　贷：合同履约成本　　48 000

注意事项

1. 某一时段内履行履约义务收入的确认条件。
2. 合同履约成本和合同取得成本的核算。

任务评价

根据前面任务下达的要求实施并完成任务后，进行任务实施评价，填写任务实施评价表，见表6-3-1。

表6-3-1　在某一段时间内完成的商品销售训练评价表

考评内容标准	实施评价		
	自我评价	同学互评	教师评价
能辨析合同履约成本和合同取得成本（20分）			
会对某一时段内履行履约义务收入进行账务处理（80分）			
合　　计			

同步练习

一、单项选择题

同步练习6-3　扫码答题

1.某企业为建筑施工单位，20×3年10月1日与客户签订一份施工合同，属于在某一时段内履行的单项履约义务。合同总金额为1 750万元，预计总成本为1 000万元。截至20×3年12月31日，该企业为履行履约义务实际发生成本400万元，履约进度不能合理确定，已经发生的成本预计能够得到补偿。不考虑相关税费和其他因素，20×3年该企业应确认的收入为（　　）万元。

A.1 000　　B.700　　C.400　　D.1 050

习题精讲6-4

2.下列各项中，应计入合同履约成本的是（　　）。

A. 本期发生直接为客户提供承诺服务且预期能够收回的人员工资

B. 与企业过去的履约活动相关的差旅费

C. 非正常消耗的直接材料

D. 企业承担的管理费用

二、多项选择题

1.下列各项中，不属于合同履约成本的有（　　）。

A. 为取得合同发生但预期能够收回的增量成本

B. 为组织和管理企业生产经营发生的但非由客户承担的管理费用

C. 无法在尚未履行的与已履行（或已部分履行）的履约义务之间区分的支出

D. 为履行合同发生的非正常消耗的直接材料、直接人工和制造费用

2. 下列各项中，属于企业应在某一时段内履行履约义务的情形有（　　）。

A. 客户在企业履约的同时即取得并消耗企业履约所带来的经济利益

B. 客户能够控制企业履约过程中在建的商品

C. 企业履约过程中所产出的商品不具有不可替代用途

D. 企业在整个合同期间内无权就累计至今已完成的履约部分收取款项

三、判断题

1. 对于在某一时段内履行的履约义务，当履约进度不能合理确定时，企业已发生的成本预计能够得到补偿的，应当按照已发生的成本金额确认收入。（　　）

习题精讲6-5

2. 由企业承担的为取得合同发生的投标费，应确认为合同取得成本。（　　）

3. 企业向客户预收销售商品款项的，只有在客户要求企业履行剩余履约义务的可能性极低时，才能将上述负债的相关余额转为收入。（　　）

四、账务处理题

1. 目的：练习商品销售收入核算。

2. 资料：

WH公司为增值税一般纳税人，20×3年12月发生如下经济业务：

（1）3日，与A公司签订代销协议，A公司为WH公司代销甲产品，该产品成本300万元，与A公司约定的结算价格为325万元，当日产品已经发出。WH公司向A公司支付代销款的10%作为手续费。

（2）10日，将乙产品销售给B公司，产品成本为60万元，标价为100万元，WH公司给予B公司15%的商业折扣。WH公司已按折扣后的金额开具了增值税专用发票，款项尚未收到。

（3）26日，WH公司为C公司建造厂房，已知建筑工程累计已发生成本450万元（均以银行存款支付），预计还将发生成本300万元，合同约定结算价格为1 150万元，WH公司已预收950万元。WH公司采用成本法确定履约进度。已知上年度已确认收入240万元，成本130万元。

3. 要求：根据以上资料，完成WH公司有关账务处理。

技能训练

请扫码后依据所提供的原始凭证编制相关业务的会计分录。

素养拓展

华为2022年年报

2023年3月31日，华为发布了2022年年度报告。报告显示，在严峻的外部环境和非市场因素影响下，华为整体经营平稳，2022年实现全球销售收入6 423亿人民币，约924亿美元，净利润356亿元人民币。

此外，2022年华为的研发费用达到1 615亿元人民币，占销售收入的25.1%。华为近十年研发费用投入总计超过9 773亿元人民币。

从各主营业务来看，华为运营商业务实现销售收入2 840亿元人民币，与上一年基本持平。企业业务实现销售收入1 332亿元人民币，同比增长30%。消费者业务实现销售收入2 145亿元人民币，同比下降11.9%。

资料来源 作者根据华为公司网站相关内容整理而成.

请分析：

（1）华为2022年年报中哪部分业务收入增加？原因是什么？

（2）企业开展研发对收入增加有何益处？

分析提示：

华为2022年运营商业务实现销售收入增加，企业业务增长最快，而消费者业务却下降了近12个百分点。主要还是近几年该公司受到外部环境和非市场因素的影响。所以该公司一直致力于研发投入，降低非市场因素对其的制约作用。研发支出可以提高企业自主创新能力，提高企业产品质量，提高产品的科技含量和附加值，从而从总体上提高我国企业在国际上的竞争力，激发我国高端制造业向上发展的活力。

模块七

税费缴纳

本模块主要介绍的是企业在进行生产经营过程中根据税法规定应缴纳的各种税费的账务处理方法。税费是国家机关向有关当事人提供某种特定劳务或服务，按规定收取的一种费用，它对企业的利润有着重要影响。本模块包含以下四个任务：处理增值税，处理消费税，处理企业所得税，处理其他税费。

学习目标

知识目标

1. 了解：各种税费的概念、征税范围、税率等；
2. 熟悉：各种税费的计算方法；
3. 掌握：各种税费的会计处理方法。

技能目标

1. 会判断增值税、消费税、企业所得税和其他税费的征税范围；
2. 会处理增值税、消费税、企业所得税和其他税费的相关业务。

素养目标

1. 通过山西综改区潇河税务分局实行的“网上办税”和“掌上办税”，了解数字化转型激发了市场主体的生机和活力，使之成为助推经济高质量发展的生力军；
2. 结合“网上办税”和“掌上办税”开展的预填申报、集团企业“一键申报”、自动减免税、发票派送、“税务秘书”智能提醒等人性化服务，知晓税费缴纳的线上流程，加强学习技能的宝贵意识。

思维导图

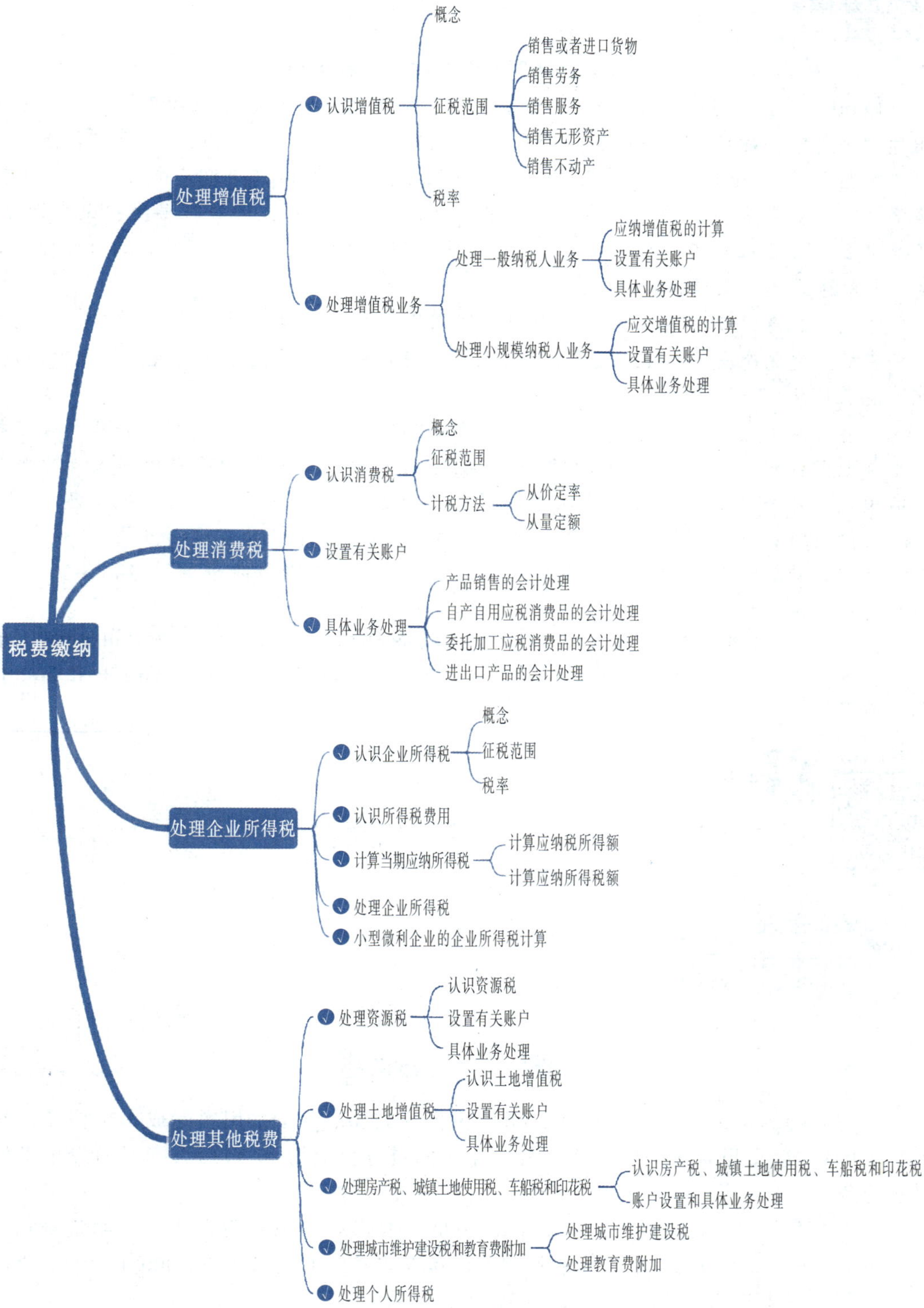
税费缴纳
处理增值税
认识增值税
概念
征税范围
销售或者进口货物
销售劳务
销售服务
销售无形资产
销售不动产
税率
处理增值税业务
处理一般纳税人业务
应纳增值税的计算
设置有关账户
具体业务处理
处理小规模纳税人业务
应交增值税的计算
设置有关账户
具体业务处理
处理消费税
认识消费税
概念
征税范围
计税方法
从价定率
从量定额
设置有关账户
具体业务处理
产品销售的会计处理
自产自用应税消费品的会计处理
委托加工应税消费品的会计处理
进出口产品的会计处理
处理企业所得税
认识企业所得税
概念
征税范围
税率
认识所得税费用
计算当期应纳所得税
计算应纳税所得额
计算应纳所得税额
处理企业所得税
小型微利企业的企业所得税计算
处理其他税费
处理资源税
认识资源税
设置有关账户
具体业务处理
处理土地增值税
认识土地增值税
设置有关账户
具体业务处理
处理房产税、城镇土地使用税、车船税和印花税
认识房产税、城镇土地使用税、车船税和印花税
账户设置和具体业务处理
处理城市维护建设税和教育费附加
处理城市维护建设税
处理教育费附加
处理个人所得税

德技并修

数字化转型改变纳税人办税习惯

4 600万笔涉税业务、880万户次预填式自动减免税、94%以上纳税人通过线上办理、18项“一件事一次办”办税套餐……在山西，越来越多的纳税人开始习惯于“网上办税”和“掌上办税”。走进山西综改区潇河税务分局办税厅，立即有导税工作人员迎上前询问需要办理的业务类型，对于能够自助办理的业务，引导纳税人无需取号直接到自助办税区，由工作人员指导纳税人自行办理。电子申报等常用功能，一般只要一到两次的指导，纳税人就能自己在家操作。

这几天，干了7年的韩会计在刚刚办理完所在公司的退税业务之后深有感触地说，退税审批是完完全全的“不见面”，从网上提交退税申请到退税资金到账，从以前的周办缩短到了日办。

目前山西已经实现了376项业务“网上”和52项业务“掌上”办税，提供预填申报、集团企业“一键申报”、自动减免税、发票派送、“税务秘书”智能提醒等人性化服务，让纳税人足不出户就能轻松、高效地办理相关业务。从“一厅办”到“一窗办”，再到“跨部门联办”；从“同城通办”到“全省通办”，再到探索“跨省域通办”；从“人找政策”到“政策找人”……这些案例都呈现了山西税收征管改革推进的脉络，改变了山西纳税人的办税习惯。

资料来源：王莉莉．“网上、掌上”办理涉税业务4 600万笔！被数字化转型改变的山西纳税人办税习惯［EB/OL］．［2022-01-10］．https：//jingji.cctv.com/2022/01/10/ARTIa9eKI9mYHAaKDRzi42Xu220110.shtml.有删改．

德技并修7

问题：

纳税方面的数字化转型对企业发展有何重要作用？

任务1 处理增值税

任务描述

龙腾公司为增值税一般纳税人，增值税税率13%，存货采用实际成本法核算，20×3年8月1日“应交税费——应交增值税”账户的贷方余额为40 000元，8月份发生了如下经济业务：

（1）2日，向一般纳税人购入原材料一批，取得增值税专用发票上注明货款60 000元，增值税税额7 800元，取得运输费用增值税专用发票上注明运费1 000元，增值税税额90元，货物尚未到达，款项已用银行存款支付。

（2）5日，购入免税农产品一批，价款100 000元，规定的扣除率为9%，货物尚未到达，货款已用银行存款支付。

（3）8日，购入不需要安装的设备一台，价款300 000元，增值税专用发票上注明的增值税税额39 000元，款项尚未支付。

（4）10日，购入自行建造办公楼工程所用的物资一批，价款100 000元，增值税专用发票上注明增值税税额13 000元，物资已验收入库，款项尚未支付。

（5）12日，生产车间委托外单位修理机器设备，对方开来的增值税专用发票上注明修理费用10 000元，增值税税额1 300元，款项已用银行存款支付。

（6）15日，因火灾毁损原材料一批，原采购时的实际成本为80 000元，其增值税为10 400元。

（7）18日，建造办公楼工程领用生产用原材料50 000元，原材料购入时支付的增值税为6 500元。

（8）20日，所属职工医院维修领用原材料5 000元，其购入时支付的增值税为650元。

（9）21日，销售产品一批，价款500 000元，按规定应缴纳增值税税额65 000元，提货单和增值税专用发票已交给买方，款项尚未收到。

（10）23日，为外单位代加工电脑桌400个，每个收取加工费100元，适用的增值税税率为13%，加工完成，款项已收到并存入银行。

（11）27日，将自己生产的产品用于自行建造办公楼。该批产品的成本为200 000元，计税价格为300 000元。

（12）28日，向小规模纳税人购买包装物，以银行存款支付2 000元，并取得增值税普通发票，包装物已经入库。

（13）30日，企业以银行存款缴纳本月增值税50 000元。

请完成以下任务：为龙腾公司作出相应的会计处理，计算该公司本月发生的销项税额、进项税额、进项税额转出、已交税金的金额，并判断本月“应交税费——应交增值税”账户的余额所在方向及具体金额。

相关知识

一、认识增值税

（一）增值税的概念

增值税是以商品（含应税劳务、应税行为）在流转过程中实现的增值额作为计税依据而征收的一种流转税。我国增值税相关法规规定，在我国境内销售货物，提供加工修理或修配劳务（简称劳务），销售服务、无形资产和不动产以及进口货物的企业单位和个人为增值税的纳税人。

（二）增值税的征税范围

1.销售或者进口货物

货物是指有形动产，包括电力、热力、气体在内。销售货物，是指有偿转让货物的所有权。有偿，是指从购买方取得货币、货物或其他经济利益。

2.销售劳务

劳务是指纳税人提供的加工、修理修配劳务。加工是指受托加工货物，即委托方提供原料及主要材料，受托方按照委托方的要求制造货物并收取加工费的业务；修理修配是指受托对损伤和丧失功能的货物进行修复，使其恢复原状和功能的业务。销售劳务，是指有偿提供加工、修理修配劳务。单位或者个体工商户聘用的员工为本单位或者雇主提供加工、修理修配劳务，不包括在内。

3.销售服务

销售服务，是指提供交通运输服务、邮政服务、电信服务、建筑服务、金融服务、现代服务、生活服务等。

4.销售无形资产

销售无形资产，是指转让无形资产所有权或者使用权的业务活动。无形资产，是指不具有实物形态，但能带来经济利益的资产，包括技术、商标、著作权、商誉、自然资源使用权和其他权益性无形资产等。

5.销售不动产

销售不动产，是指转让不动产所有权的业务活动。不动产，是指不能移动或者移动后会引起性质、形状改变的财产，包括建筑物、构筑物等。

转让建筑物有限产权或者永久使用权的，转让在建的建筑物或者构筑物所有权的，以及在转让建筑物或者构筑物时一并转让其所占土地的使用权的，按照销售不动产缴纳增值税。

（三）增值税的税率

增值税税率有基本税率13%，低税率9%、6%和零税率，具体情况见表7-1-1。

表 7-1-1 增值税的税率

项目	业务	税率
基本税率	销售或者进口货物（税法规定适用低税率的除外）	13%
	销售加工、修理修配劳务	
	销售有形动产租赁服务	
低税率1	销售或进口下列货物： （1）粮食等农产品、食用植物油、食用盐 （2）自来水、暖气、冷气、热水、煤气、石油液化气、天然气、二甲醚、沼气、居民用煤炭制品 （3）图书、报纸、杂志、音像制品、电子出版物 （4）饲料、化肥、农药、农机、农膜 （5）国务院规定的其他货物	9%
	销售交通运输、邮政、基础电信、建筑、不动产租赁服务，销售不动产，转让土地使用权	
低税率2	除适用上述基本税率和低税率1以外的其他征税项目	6%
零税率	出口货物	
	境内单位和个人跨境销售国务院规定范围内的服务、无形资产	

思考7-1： 增值税税率与增值税征收率有何不同？

二、处理增值税业务

增值税实行凭专用发票抵扣税款的制度，客观上要求纳税人具备健全的会计核算制度和能力。增值税纳税人按会计核算水平和经营规模分为一般纳税人和小规模纳税人两类，分别采取不同的增值税处理方法。

（一）处理一般纳税人业务

1.应纳增值税的计算

增值税一般纳税人销售货物或者提供应税劳务的应纳税额，应该等于当期销项税额抵扣当期进项税额后的余额。其计算公式如下：

当期应纳税额=当期销项税额−当期进项税额

增值税一般纳税人当期应纳税额，取决于当期销项税额和当期进项税额两个因素。其中，当期销项税额的确定关键在于确定当期销售额。

销项税额=不含税销售额×适用税率

不含税销售额=含税销售额÷（1+税率）

进项税额的主要来源有以下几个方面：

（1）从销售方取得的增值税专用发票上注明的增值税税额。

（2）从海关取得的海关进口增值税专用缴款书上注明的增值税税额。

（3）购进农产品，除取得增值税专用发票或者海关进口增值税专用缴款书外，按照农产品收购发票或者销售发票上注明的农产品买价和扣除率计算进项税额。进项税额计算公式为：

进项税额=买价×扣除率

（4）纳税人购进国内旅客运输服务进项税额的确定方法见表7−1−2：

表 7−1−2　　购进国内旅客运输服务进项税额的确定方法

合法扣税凭证	准予抵扣的进项税额
增值税专用发票	按票面注明的税额抵扣
注明旅客身份信息的航空运输电子客票行程单	进项税额=（票价+燃油附加费）÷（1+9%）×9%
注明旅客身份信息的铁路车票	进项税额=票面金额÷（1+9%）×9%
注明旅客身份信息的公路、水路等其他客票	进项税额=票面金额÷（1+3%）×3%

（5）从境外单位或者个人购进劳务、服务、无形资产或者境内的不动产，自税务机关或者扣缴义务人取得的解缴税款的完税凭证上注明的增值税税额。

思考7−2：进项税额计算中涉及的扣除率和税率之间有什么区别？

2.设置有关账户

为反映企业应交的增值税，增值税一般纳税人应在“应交税费”账户下设置“应交增值税”“未交增值税”“预交增值税”“待抵扣进项税额”“待认证进项税额”“待转销项税额”“增值税留抵税额”“简易计税”“转让金融商品应交增值税”“代扣代交增值税”“增值税检查调整”共11个明细账户进行核算。

“应交税费——应交增值税”账户借方设置“进项税额”“销项税额抵减”“已交税金”“减免税款”“转出未交增值税”“出口抵减内销产品应纳税额”等专栏；贷方设置“销项税额”“进项税额转出”“出口退税”“转出多交增值税”等专栏。

“应交税费——未交增值税”账户，核算一般纳税人月度终了从“应交增值税”或“预交增值税”明细科目转入当月应交未交、多交或预缴的增值税税额，以及当月应纳以前期间未交的增值税税额。

“应交税费——预交增值税”账户，核算一般纳税人转让不动产、提供不动产经营租赁服务、提供建筑服务、采用预收款方式销售自行开发的房地产项目等，以及其他按现行增值税制度规定应预缴的增值税税额。

“应交税费——待抵扣进项税额”账户，核算纳税人已取得增值税扣税凭证并经税务机关认证，按照现行增值税制度的规定准予以后期间从销项税额中抵扣的进项税额。如实行纳税辅导期管理的一般纳税人取得的尚未交叉稽核比对的增值税扣税凭证上注明或计算的进项税额。

“应交税费——待认证进项税额”账户，核算一般纳税人由于未经税务机关认证而不得从当期销项税额中抵扣的进项税额。

“应交税费——待转销项税额”账户，核算一般纳税人销售货物、加工修理修配劳务、服务、无形资产或不动产，已确认相关收入（或利得）但尚未发生增值税纳税义务而需于以后期间确认为销项税额的增值税税额。

“应交税费——增值税留抵税额”账户，核算兼有销售服务、无形资产或不动产的原增值税一般纳税人，截止到纳入营改增试点之日前的增值税期末留抵税额按照现行增值税制度规定不得从销售服务、无形资产或不动产的销项税额中抵扣的增值税留抵税额。

“应交税费——简易计税”账户，核算一般纳税人采用简易计税方法发生的增值税计提、扣减、预缴、缴纳等业务。

“应交税费——转让金融商品应交增值税”账户，核算增值税纳税人转让金融商品发生的增值税税额。

“应交税费——代扣代交增值税”账户，核算纳税人购进在境内未设经营机构的境外单位或个人在境内的应税行为代扣代缴的增值税。

“应交税费——增值税检查调整”账户，核算增值税检查时，查处的调增或调减的增值税税额。

小规模纳税人只需在“应交税费”账户下设置“应交增值税”明细账户，不需要设置上述专栏及除“转让金融商品应交增值税”“代扣代交增值税”外的明细账户。

3.具体业务处理

（1）取得资产或接受劳务等业务。

①采购等业务的进项税额允许抵扣的处理。

微课 7-1

进项税额小结

“进项税额”专栏，核算企业购进货物、加工修理修配劳务、服务、无形资产或不动产而支付或负担的、准予从销项税额中抵扣的增值税。企业支付的进项税额，用蓝字登记；退回所购货物应冲销的进项税额，用红字登记。

企业在国内采购的货物，按照应计入相关成本费用或资产的金额，借记“材料采购”“在途物资”“原材料”“库存商品”“无形资产”“固定资产”等账户，按当月已认证的可抵扣增值税税额，借记“应交税费——应交增值税（进项税额）”账户，按当月未认证的可抵扣增值税税额，借记“应交税费——待认证进项税额”账户，按应付或实际支付的金额，贷记“应付账款”“应付票据”“银行存款”等。

②采购等业务的进项税额不得抵扣的处理。

一般纳税人购进货物、加工修理修配劳务、服务、无形资产或不动产，用于简易计税方法计税项目、免征增值税项目、集体福利或个人消费等，其进项税额按照现行增值税制度的规定不得从销项税额中抵扣的，取得增值税专用发票时，应借记相关成本费用或资产账户，借记“应交税费——待认证进项税额”账户，贷记“银行存款”“应付账款”等账户，经税务机关认证后，应借记相关成本费用或资产账户，贷记“应交税费——应交增值税（进项税额转出）”账户。

（2）销项税额的处理。

“销项税额”专栏，核算企业一般销售（或视同销售）货物、加工修理修配劳务、服务、无形资产或不动产收取的增值税税额。企业销售货物或提供应税劳务应收取的增值税税额，用蓝字登记；退回销售货物应根据按规定开具的红字增值税专用发票，冲销销项税额，用红字登记。

微课 7-2

销项税额小结

①一般销售的处理。

企业一般销售货物、加工修理修配劳务、服务、无形资产或不动产，应当按应收或已收的金额，借记“应收账款”“应收票据”“银行存款”等账户；按照现行增值税制度规定计算的销项税额（或采用简易计税方法计算的应纳增值税税额），贷记“应交税费——应交增值税（销项税额）”或“应交税费——简易计税”账户；按实现的销售收入，贷记“主营业务收入”“其他业务收入”“固定资产清理”等账户。发生的销售退回，作相反的会计分录。

②视同销售处理。

企业的有些业务从会计角度看不属于销售行为，不能确定为销售收入，但按税法规定，应视同销售处理，计算缴纳增值税。

如企业将货物交付给其他单位或个人代销；销售代销货物；非同一县（市）的两个以上机构实行统一核算的纳税人，货物从一个机构移送至其他机构用于销售时，均须确认收入，结转成本并确认应交增值税金额。

再如企业将自产、委托加工或外购的货物对外投资、分配给股东或用于非增值税应税项目时，一方面应借记“长期股权投资”“利润分配”等账户，贷记“主营业务收入”或“其他业务收入”，“应交税费——应交增值税（销项税额）”或“应交税费——简易计税”等账户；另一方面应借记“主营业务成本”或“其他业务成本”账户，贷记“库存商品”“原材料”等账户。而企业将自产、委托加工或外购的货物对外赠送时，应借记“营业外支出”“销售费用”等账户，贷记“库存商品”、“原材料”或“周转材料”等账户和“应交税费——应交增值税（销项税额）”或“应交税费——简易计税”等账户。

另外，企业将自产、委托加工的货物用于集体福利或个人消费时，应借记“应付职工薪酬”“管理费用”“在建工程”等账户，贷记“库存商品”，“应交税费——应交增值税（销项税额）”或“应交税费——简易计税”等账户。

（3）进项税额转出的处理。

“进项税额转出”专栏，核算企业购进的货物、在产品、产成品等发生非正常损失（自然灾害损失除外），购进用于集体福利或个人消费的货物、购进用于非应税项目的货物或者应税劳务等按规定不予抵扣增值税进项税额，以及其他原因而不应从销项税额中抵扣、按规定转出的进项税额。

属于购入货物时即能认定其进项税额不能抵扣的，如购进用于集体福利或个人消费的货物、购入的货物直接用于免税项目、直接用于非增值税应税项目，进行会计处理时，其增值税专用发票上注明的增值税税额，计入购入货物及接受劳务的成本。

属于购入货物时不能直接认定其进项税额能否抵扣的，按增值税专用发票上注明的增值税税额，记入“应交税费——应交增值税（进项税额）”账户；如果这部分购入货物以后用于按规定不得抵扣进项税额项目的，应将原已计入进项税额并已支付的增值税转入有关的承担者予以承担，通过“应交税费——应交增值税（进项税额转出）”账户转入有关的“应付职工薪酬——职工福利”“待处理财产损溢”等账户。

（4）出口退税的处理。

“出口退税”专栏，核算企业出口适用零税率的货物，向海关办理报关出口手续后，凭出口报关单等有关凭证，向税务机关申报办理出口退税而收到的退回的税款。发生上述业务时，借记“银行存款”等账户，贷记“应交税费——应交增值税（出口退税）”账户。

（5）转出多交增值税和未交增值税的处理。

为了分别反映增值税一般纳税人欠交增值税税款和待抵扣增值税的情况，确保企业及时足额上交增值税，避免出现企业用以前月份欠交增值税抵扣以后月份未抵扣的增值税的情况，企业应在“应交税费”账户下设置“未交增值税”明细账户，核算企业月份终了从“应交税费——应交增值税”账户转入的当月未交或多交的增值税；同时，在“应交税费——应交增值税”账户下设置“转出未交增值税”和“转出多交增值税”专栏。月份终了，企业计算出当月应交未交的增值税，借记“应交税费——应交增值税（转出未交增值税）”账户，贷记“应交税费——未交增值税”账户；当月多交的增值税，借记“应交税费——未交增值税”账户，贷记“应交税费——应交增值税（转出多交增值税）”账户。

【例7-1】某公司9月份，发生销项税额合计523 600元，进项税额转出合计27 200元，进项税额合计为170 700元。月末结转公司未交的增值税。该企业会计处理如下。

该公司当月应交增值税计算结果如下：

应交增值税=523 600+27 200-170 700=380 100（元）

借：应交税费——应交增值税（转出未交增值税） 380 100

　贷：应交税费——未交增值税 380 100

（6）缴纳增值税的处理。

企业当月缴纳当月的增值税，通过“应交税费——应交增值税（已交税金）”账户核算，借记“应交税费——应交增值税（已交税金）”账户，贷记“银行存款”账户；当月缴纳以前各期未交的增值税，通过“应交税费——未交增值税”账户核算，借记“应交税费——未交增值税”账户，贷记“银行存款”账户。

企业预缴增值税，借记“应交税费——预交增值税”账户，贷记“银行存款”账户。月末，企业应将“预交增值税”明细账户余额转入“未交增值税”明细账户，借记“应交税费——未交增值税”账户，贷记“应交税费——预交增值税”账户。

【例7-2】接【例7-1】，次月初，该公司缴纳上月未交增值税380 100元。该企业会计处理如下：

借：应交税费——未交增值税 380 100
　贷：银行存款 380 100

（二）处理小规模纳税人业务

1.应交增值税的计算

小规模纳税人的特点有：

（1）小规模纳税人销售货物或者提供应税劳务，一般情况下，只能开具普通发票，不能开具增值税专用发票；

（2）小规模纳税人销售货物或提供应税劳务，实行简易办法计算应纳税额，按照销售额的一定比例计算；

（3）小规模纳税人的销售额不包括其应纳税额。采用销售额和应纳税额合并定价方法的，要还原为不含税销售额计算。其计算公式如下：

当期应交的增值税=不含税销售额×征收率

不含税销售额=含税销售额÷（1+征收率）

2.设置有关账户

由于小规模纳税人不能抵扣进项税额，因此，只需在“应交税费”账户下设置“应交增值税”明细账户进行核算，不需要再设置三级专栏。该账户贷方登记应缴纳的增值税，借方登记已缴纳的增值税，期末贷方余额为应交未交的增值税，借方余额为多交的增值税。

3.具体业务处理

（1）购进货物和接受应税劳务时支付的增值税，直接计入有关货物和劳务的成本，借记“材料采购”“在途物资”等账户，贷记“银行存款”等账户。

【例7-3】某小规模纳税人购入材料一批，取得的专用发票上注明货款20 000元，增值税2 600元，款项以银行存款支付，材料已验收入库（该企业按实际成本计价核算）。该企业会计处理如下：

借：原材料 22 600
　贷：银行存款 22 600

（2）销售货物和提供应税劳务收取增值税时，借记“银行存款”等账户，贷记“主营业务收入”“应交税费——应交增值税”等账户。

【例7-4】某小规模纳税人销售产品一批，所开出的增值税普通发票上注明的货款（含税）为20 600元，增值税征收率为3%，款项已存入银行。该企业会计处理如下：

借：银行存款 20 600
　贷：主营业务收入 20 000
　　　应交税费——应交增值税 600

（3）上交增值税时，借记“应交税费——应交增值税”账户，贷记“银行存款”等账户。

任务实施

龙腾公司本月有关会计处理如下。

（1）2日，向一般纳税人购入原材料时：

借：在途物资　　61 000

　　应交税费——应交增值税（进项税额）　　7 890

　贷：银行存款　　68 890

（2）5日，购入免税农产品一批时：

借：在途物资　　91 000

　　应交税费——应交增值税（进项税额）　　9 000

　贷：银行存款　　100 000

（3）8日，购入不需要安装的设备一台时：

借：固定资产　　300 000

　　应交税费——应交增值税（进项税额）　　39 000

　贷：应付账款　　339 000

（4）10日，购入自行建造办公楼工程所用的物资一批时：

借：工程物资　　100 000

　　应交税费——应交增值税（进项税额）　　13 000

　贷：应付账款　　113 000

（5）12日，生产车间委托外单位修理机器设备时：

借：制造费用　　10 000

　　应交税费——应交增值税（进项税额）　　1 300

　贷：银行存款　　11 300

（6）15日，因火灾毁损原材料一批时：

借：待处理财产损溢　　90 400

　贷：原材料　　80 000

　　　应交税费——应交增值税（进项税额转出）　　10 400

（7）18日，建造办公楼工程领用生产用原材料时：

借：在建工程　　50 000

　贷：原材料　　50 000

（8）20日，所属职工医院维修领用原材料时：

借：应付职工薪酬——职工福利　　5 650

　贷：原材料　　5 000

　　　应交税费——应交增值税（进项税额转出）　　650

（9）21日，销售产品一批时：

借：应收账款　　565 000

　贷：主营业务收入　　500 000

　　　应交税费——应交增值税（销项税额）　　65 000

（10）23日，为外单位代加工电脑桌时：

借：银行存款　　45 200

　贷：主营业务收入　　40 000

　　　应交税费——应交增值税（销项税额）　　5 200

（11）27日，将自己生产的产品用于自行建造办公楼时：

借：在建工程　　200 000

　贷：库存商品　　200 000

（12）28日，向小规模纳税人购买包装物时：

借：周转材料——包装物　　2 000

　贷：银行存款　　2 000

（13）30日，缴纳增值税时：

借：应交税费——应交增值税（已交税金）　　50 000

　贷：银行存款　　50 000

该公司本月发生的应交增值税三级专栏的金额如下：

销项税额=65 000+5 200=70 200（元）

进项税额=7 890+9 000+39 000+13 000+1 300=70 190（元）

进项税额转出=10 400+650=11 050（元）

已交税金=50 000元

该企业本月“应交税费——应交增值税”账户的余额为：

40 000+70 200−70 190+11 050−50 000=1 060（元）

该余额在贷方，表示企业尚未缴纳的增值税为1 060元。

注意事项

1.进项税额转出的会计处理。

2.视同销售的会计处理。

任务评价

根据前面任务下达的要求，实施并完成任务后，进行任务实施评价，填写任务实施评价表，见表7-1-3。

表7-1-3　　**增值税处理训练评价表**

考评内容标准	实施评价		
	自我评价	同学互评	教师评价
掌握增值税的会计处理（70分）			
掌握增值税的计算（20分）			
掌握应交增值税期末余额的确定（10分）			
合　计			

同步练习

一、单项选择题

同步练习7-1

扫码答题

1.企业建造办公大楼领用生产用原材料时，相关的增值税（　　）。

A.借记“管理费用”科目　　B.借记“生产成本”科目

C.不做处理　　D.借记“其他业务成本”科目

2.一般纳税人企业在月度终了，对本月应交未交增值税的会计处理方法是（　　）。

A.保留在“应交增值税”明细科目的贷方

B.保留在“应交增值税”明细科目的借方

C.将其转入“未交增值税”明细科目的借方

D.将其转入“未交增值税”明细科目的贷方

习题精讲7-1

3.一般纳税人企业收购免税农产品一批，实际支付价款30 000元，规定的扣除率为9%，另支付运费价税合计1 090元，则应记入“应交税费——应交增值税（进项税额）”账户的金额为（　　）元。

A.2 700　　B.2 790

C.3 790　　D.3 100

4.某小规模纳税人企业本期购入原材料并验收入库，取得的增值税专用发票记载原材料价格10 000元，增值税税额1 300元，该企业当期产品销售价（含增值税，征收率3%）78 750元，则该企业当期应该缴纳的增值税为（　　）。

A.0　　B.993.69元　　C.7 759.73元　　D.2 293.69元

习题精讲7-2

二、多项选择题

1.下列各项增值税中，应计入有关成本的有（　　）。

A.以产成品对外投资应交的增值税

B.在建工程使用本企业生产的产品应交的增值税

C.小规模纳税人购入商品已交的增值税

D.购入固定资产已交的增值税

2.下列与一般纳税人企业增值税有关的业务中，应作为增值税进项税额转出的有（　　）。

A.购入货物发生非正常损失

B.购入货物用于（厂房）工程项目

C.购入货物用于免税项目

D.购入货物用于产品生产

3.下列行为中，应视同销售确认销项税额的有（　　）。

A.购入货物发生正常损失　　B.将自产货物用于非应税项目

C.将外购货物用于对外投资　　D.销售代销货物

4.下列各项中，按照“销售货物”征收增值税的有（　　）。

A.销售电力　　B.销售热力　　C.销售天然气　　D.销售商品房

三、判断题

习题精讲7-3

1.某企业为小规模纳税人，销售产品一批，含税价格41 200元，增值税征收率为3%，该批产品应交增值税1 200元。（　　）

2.纳税人外购的货物因管理不善丢失的，该货物的增值税进项税额不得从销项税额中抵扣。（　　）

四、账务处理题

1.目的：练习应交增值税的核算。

2.资料：

甲公司为增值税一般纳税人，适用的增值税税率为13%，原材料采用实际成本法进行日常核算。20×3年6月份，该企业发生如下涉及增值税的经济业务或事项：

（1）购入无需安装的生产经营用设备一台，增值税专用发票上注明的价款为40万元，增值税税额为5.2万元。货款尚未支付。

（2）职工医务室领用生产用库存原材料5万元，应由该批原材料负担的增值税税额为0.65万元。

（3）销售商品一批，增值税专用发票上注明的价款为100万元，增值税税额为13万元，提货单和增值税专用发票已交购货方，并收到购货方开出并承兑的商业承兑汇票。该批商品的实际成本为80万元。

（4）由于管理不善被盗原材料一批，价值2万元，应由该批原材料负担的增值税税额为0.26万元，尚未经批准处理。

（5）用银行存款15万元缴纳当期应交增值税。

3.要求：编制上述经济业务的会计分录（“应交税费”科目要求写出明细科目及专栏名称，答案中的金额单位用“元”表示）。

任务2 处理消费税

任务描述

龙腾公司为增值税一般纳税人，增值税税率13%，20×3年3月发生如下经济业务：

（1）3日，销售其生产的应纳消费税产品，应纳消费税产品的售价为240 000元（不含增值税税额），产品成本为150 000元。该产品消费税税率为10%。产品已经发出，符合收入确认条件，款项尚未收到。

（2）8日，在建工程领用自产材料一批，价值50 000元，应缴纳消费税6 000元。

（3）10日，委托外单位加工一批原材料（非金银首饰），该材料加工后用于继续生产，用银行存款支付加工费用50 000元，由受托方代收代缴的消费税为5 000元。

请作出以上业务的有关会计处理。

相关知识

一、认识消费税

（一）消费税的概念

消费税是指在我国境内生产、委托加工和进口应税消费品的单位和个人，按其流转额缴纳的一种税。

（二）消费税的征税范围

消费税的征税范围为：烟、酒、高档化妆品、贵重首饰及珠宝玉石、鞭炮和焰火、成品油、摩托车、小汽车、高尔夫球及球具、高档手表、游艇、木制一次性筷子、实木地板、电池、涂料等。消费税税目税率（税额）见表7-2-1。

表 7-2-1 消费税税目税率（税额）表

税目	子目	税率（税额）
一、烟	1. 卷烟	
	（1）甲类卷烟（调拨价70元（不含增值税）/条以上（含70元））（生产或进口环节）	56%加0.003元/支
	（2）乙类卷烟（调拨价70元（不含增值税）/条以下）（生产或进口环节）	36%加0.003元/支
	（3）批发环节	11%加0.005元/支
	2. 雪茄	36%
	3. 烟丝	30%
	4. 电子烟	
	（1）生产（进口）环节	36%
	（2）批发环节	11%
二、酒	1. 啤酒	
	（1）甲类啤酒（每吨啤酒出厂价格（含包装物及包装物押金）在3 000元（含3 000元，不含增值税）以上）	250元/吨
	（2）乙类啤酒（每吨啤酒出厂价格（含包装物及包装物押金）在3 000元（不含3 000元，不含增值税）以下）	220元/吨
	2. 白酒	20%加0.5元/500克（或500毫升）
	3. 黄酒	240元/吨
	4. 其他酒	10%
三、高档化妆品	—	15%
四、贵重首饰及珠宝玉石	1. 除镀金（银）、包金（银）首饰以及镀金（银）、包金（银）的镶嵌首饰以外的金银首饰；铂金首饰；钻石及钻石饰品（零售环节）	5%
	2. 其他贵重首饰和珠宝玉石	10%
五、鞭炮、焰火	—	15%
六、成品油	1. 汽油	1.52元/升

续表

税目	子目	税率（税额）
六、成品油	2.柴油	1.2元/升
	3.石脑油	1.52元/升
	4.溶剂油	1.52元/升
	5.润滑油	1.52元/升
	6.燃料油	1.2元/升
	7.航空煤油	1.2元/升
七、小汽车	1.乘用车	—
	（1）气缸容量（排气量，下同）在1.0升（含1.0升）以下	1%
	（2）气缸容量在1.0升以上至1.5升（含1.5升）	3%
	（3）气缸容量在1.5升以上至2.0升（含2.0升）	5%
	（4）气缸容量在2.0升以上至2.5升（含2.5升）	9%
	（5）气缸容量在2.5升以上至3.0升（含3.0升）	12%
	（6）气缸容量在3.0升以上至4.0升（含4.0升）	25%
	（7）气缸容量在4.0升以上	40%
	2.中轻型商用客车	5%
	3.超豪华小汽车（每辆零售价格130万元（不含增值税）及以上）（零售环节）	10%
八、摩托车	1.气缸容量为250毫升的	3%
	2.气缸容量为250毫升以上的	10%
九、高尔夫球及球具	—	10%
十、高档手表	—	20%
十一、游艇	—	10%

续表

税目	子目	税率（税额）
十二、木制一次性筷子	—	5%
十三、实木地板	—	5%
十四、电池	—	4%
十五、涂料	—	4%

（三）消费税的计税方法

消费税的征收采取从价定率和从量定额两种方法。实行从价定率办法计征的应纳税额的税基为销售额。如果企业应税消费品的销售额中未扣除增值税税款，或者因不得开具增值税专用发票而发生价款和增值税税款合并收取的，在计算消费税时，按公式“应税消费品的销售额=含增值税的销售额÷（1+增值税税率或征收率）”换算为不含增值税税款的销售额。实行从量定额办法计征的应纳税额的销售数量是指应税消费品的数量。具体地，属于销售应税消费品的，为应税消费品的销售数量；属于自产自用应税消费品的，为应税消费品的移送使用数量；属于委托加工应税消费品的，为纳税人收回的应税消费品数量；属于进口应税消费品的，为海关核定的应税消费品进口征税数量。

二、设置有关账户

企业按规定应交的消费税，在“应交税费”账户下设置“应交消费税”明细账户核算。“应交消费税”明细账户的借方发生额，反映实际缴纳的消费税和待扣的消费税；贷方发生额，反映按规定应缴纳的消费税；期末贷方余额，反映尚未缴纳的消费税；期末借方余额，反映多交或待扣的消费税。

三、具体业务处理

（一）产品销售的会计处理

企业将生产的产品直接对外销售的，对外销售产品应缴纳的消费税，通过“税金及附加”账户核算；企业按规定计算出应交的消费税，借记“税金及附加”账户，贷记“应交税费——应交消费税”账户。

（二）自产自用应税消费品的会计处理

企业将应税消费品用于在建工程、非生产机构等其他方面，按规定应缴纳的消费税，应计入有关的成本。如企业将应税消费品用于在建工程项目时，借记“在建工程”账户，贷记“应交税费——应交消费税”“库存商品”等账户。

（三）委托加工应税消费品的会计处理

按照税法的规定，企业委托加工的应税消费品，由受托方在向委托方交货时代扣代缴税款。委托加工的应税消费品，委托方用于连续生产应税消费品的，所纳税款准予按规定抵扣。这里的委托加工应税消费品，是指由委托方提供原料和主要材料，受托方只收取加工费和代垫部分辅助材料加工的应税消费品。对于由受托方提供原材料生产的应税消费品，或者受托方先将原材料卖给委托方，然后再接受加工的应税消费品，以及由受托方以委托方名义购进原材料生产的应税消费品，都不作为委托加工应税消费品，而应当按照销售自制应税消费品缴纳消费税。委托加工的应税消费品直接出售的，不再征收消费税。

在会计处理时，需要缴纳消费税的委托加工应税消费品，在委托方提货时，由受托方代收代缴税款。受托方按应扣税款金额，借记“应收账款”“银行存款”等账户，贷记“应交税费——应交消费税”账户。委托加工应税消费品收回后：直接用于销售的，委托方应将代收代缴的消费税计入委托加工的应税消费品成本，借记“委托加工物资”等账户，贷记“应付账款”“银行存款”等账户，待委托加工应税消费品销售时，不需要再缴纳消费税；委托加工的应税消费品收回后用于连续生产应税消费品，按规定准予抵扣的，委托方应按代收代缴的消费税税款，借记“应交税费——应交消费税”账户，贷记“应付账款”“银行存款”等账户，待用委托加工的应税消费品生产出应纳消费税的产品销售时，再缴纳消费税。

（四）进出口产品的会计处理

需要缴纳消费税的进口消费品，其缴纳的消费税应计入该进口消费品的成本，借记“固定资产”“材料采购”等账户，贷记“银行存款”等账户。

免征消费税的出口应税消费品分不同情况进行账务处理：属于生产企业直接出口应税消费品或通过外贸企业出口应税消费品，按规定直接予以免税的，可以不计算应交消费税；属于委托外贸企业代理出口应税消费品的生产企业，应在计算消费税时，按应交消费税税额，借记“应收账款”账户，贷记“应交税费——应交消费税”账户。应税消费品出口收到外贸企业退回的税金时，借记“银行存款”账户，贷记“应收账款”账户。发生退关、退货而补交已退的消费税，作相反的会计分录。

任务实施

龙腾公司有关业务的会计处理如下。

（1）3日，销售其生产的应纳消费税产品时：

借：应收账款	271 200	
贷：主营业务收入		240 000
应交税费——应交增值税（销项税额）		31 200
借：税金及附加	24 000	
贷：应交税费——应交消费税		24 000
借：主营业务成本	150 000	
贷：库存商品		150 000

（2）8日，在建工程领用自产材料时：

借：在建工程	56 000	
贷：库存商品		50 000
应交税费——应交消费税		6 000

（3）10日，委托外单位加工材料，支付加工费和有关税费时：

借：委托加工物资	50 000	
应交税费——应交增值税（进项税额）	6 500	
——应交消费税	5 000	
贷：银行存款		61 500

注意事项

委托加工应税消费品时所涉及的增值税和消费税处理。

任务评价

根据前面任务下达的要求，实施并完成任务后，进行任务实施评价，填写任务实施评价表，见表7-2-2。

表7-2-2 龙腾公司消费税训练评价表

考评内容标准	实施评价		
	自我评价	同学互评	教师评价
掌握消费税的计算（20分）			
掌握消费税的处理（80分）			
合 计			

同步练习

同步练习7-2

扫码答题

一、单项选择题

1.根据消费税法律制度的规定，下列各项中，不属于消费税征税范围的是（ ）。

A.成品油　　B.酒精

C.烟丝　　D.实木地板

2.根据消费税法律制度的规定，下列行为中，应缴纳消费税的是（ ）。

A.卷烟厂销售自产的卷烟　　B.汽车厂销售自产的载货汽车

C.外贸公司进口高档电器　　D.银行销售金银纪念币

习题精讲7-4

3.某啤酒厂12月生产150吨啤酒，销售100吨，取得不含增值税的销售额30万元，增值税税额3.9万元。该啤酒厂当月销售啤酒应交消费税的计税依据为（ ）。

A.33.9万元　　B.30万元

C.150吨　　D.100吨

二、多项选择题

1.根据消费税法律制度的规定，下列应税消费品中，采取复合计征消费税的有（ ）。

A.白酒　　B.雪茄烟　　C.卷烟　　D.黄酒

2.下列各项中，应征收消费税的有（ ）。

A.甲电池厂生产销售电池　　B.乙百货公司零售钻石胸针

C.丙首饰厂生产销售玉手镯　　D.丁超市零售啤酒

3.下列说法中，不正确的有（ ）。

A. 由受托方代扣代缴的委托加工直接用于对外销售的商品负担的消费税记入“应交税费——应交消费税”科目的借方

B. 企业以自产的产品用于在建工程，应缴纳的消费税，借记“税金及附加”科目，贷记“应交税费——应交消费税”科目

C. 将自产产品用于对外投资，应缴纳的消费税，应借记“营业外支出”科目，贷记“应交税费——应交消费税”科目

D. 企业只有在对外销售应税消费品时，才缴纳消费税

三、判断题

习题精讲7-5

1. 酒厂将自产的5箱普通白酒移送到厂工会用于奖励先进员工，在移送使用环节不缴纳消费税。（ ）

2. 企业支付的消费税不一定都记入“税金及附加”账户。（ ）

任务3 处理企业所得税

任务描述

龙腾公司20×3年度按企业会计准则计算的利润总额为9 000 000元，所得税税率为25%。其中包括本年收到的国库券利息收入200 000元，另外按税法核定的全年计税工资为2 000 000元，龙腾公司全年实发工资为2 200 000元；经查，龙腾公司当年营业外支出中有100 000元为税款滞纳罚金。假定龙腾公司全年无其他纳税调整事项。龙腾公司递延所得税负债年初数为400 000元，年末数为500 000元，递延所得税资产年初数为250 000元，年末数为200 000元。

请计算龙腾公司当期应交所得税额并作出有关会计处理。

相关知识

一、认识企业所得税

（一）企业所得税的概念

企业所得税是对我国境内企业和其他取得收入的组织的生产经营所得和其他所得征收的一种税。在中华人民共和国境内的企业和其他取得收入的组织为企业所得税的纳税人。

企业所得税采取地域管辖权和居民管辖权相结合的双重管辖权，把企业分为居民企业和非居民企业。居民企业，是指依法在中国境内成立，或者依照外国（地区）法律成立但实际管理机构在中国境内的企业。非居民企业，是指依照外国（地区）法律成立且实际管理机构不在中国境内，但在中国境内设立机构、场所的，或者在中国境内未设立机构、场所，但有来源于中国境内所得的企业。

（二）企业所得税的征税范围

企业所得税的征税对象是纳税人取得的所得，包括销售货物所得、提供劳务所得、转让财产所得、股息红利所得、利息所得、租金所得、特许权使用费所得、接受捐赠所得和其他所得。

居民企业应当就其来源于中国境内、境外的所得缴纳企业所得税；非居民企业在中国境内设立机构、场所的，应当就其所设机构、场所取得的来源于中国境内的所得，以及发生在中国境外但与其所设机构、场所有实际联系的所得，缴纳企业所得税；对非居民企业在中国境内未设立机构、场所的，或者虽设立机构、场所但取得的所得与其所设机构、场所没有实际联系的，应当就其来源于中国境内的所得缴纳企业所得税。

（三）企业所得税税率

《中华人民共和国企业所得税法》规定一般企业所得税的税率为25%。部分企业可享受企业所得税的优惠税率。比如，对国家需要重点扶持的高新技术企业，减按15%的税率征收企业所得税。对经认定的符合条件的技术先进型服务企业，减按15%的税率征收企业所得税。自2021年1月1日至2030年12月31日，对设在西部地区的鼓励类产业企业减按15%的税率征收企业所得税。另外，小型微利企业按20%的税率缴纳企业所得税。

二、认识所得税费用

企业在计算确定当期所得税以及递延所得税费用的基础上，应将两者之和确认为利润表中的所得税费用。有关计算公式如下：

所得税费用（或收益）=当期所得税+递延所得税费用

所得税费用=当期所得税+递延所得税费用

递延所得税费用=（递延所得税负债的期末余额－递延所得税负债的期初余额）－（递延所得税资产的期末余额－递延所得税资产的期初余额）

三、计算当期应纳所得税

（一）计算应纳税所得额

微课7-3

纳税调整事项介绍

企业所得税是对企业的应纳税所得额征税，但是应纳税所得额不等于会计利润。因为会计利润是按会计政策计算的，而应纳税所得额是按税法计算的，两者存在一定差异。应纳税所得额的计算通常会用会计利润的资料，对会计利润按照税法的规定进行调整，其计算公式为：

应纳税所得额=税前会计利润+纳税调整增加额−纳税调整减少额

纳税调整增加额主要包括税法规定允许扣除项目中，企业已计入当期费用但超过税法规定扣除标准的金额（如超过税法规定标准的工资支出、业务招待费支出等），以及企业已计入当期损失但税法规定不允许扣除项目的金额（如税收滞纳金、罚款、罚金）。

纳税调整减少额主要包括按税法规定允许弥补的亏损和准予免税的项目，如前五年内的未弥补亏损和国债利息收入等。

（二）计算应纳所得税额

企业当期应纳所得税额的计算公式为：

应纳所得税额=应纳税所得额×适用税率

四、处理企业所得税

当期应缴纳的所得税，在“应交税费”账户下设置“应交所得税”明细账户核算；当期应计入损益的所得税，设置“所得税费用”账户核算，作为一项费用，在净收益前扣除。企业按照一定方法计算计入损益的所得税，借记“所得税费用”账户，贷记“应交税费——应交所得税”账户，借记或贷记“递延所得税资产”或“递延所得税负债”账户。

五、小型微利企业的企业所得税计算

小型微利企业是指从事国家非限制和禁止行业，且同时符合年度应纳税所得额不超过300万元、从业人数不超过300人、资产总额不超过5 000万元3个条件的企业。至2027年12月31日，对小型微利企业年应纳税所得额，减按25%计入应纳税所得额，按20%的税率缴纳企业所得税。

任务实施

龙腾公司有三项纳税调整事项：一是企业购买国库券的利息收入；二是已计入当期费用但超过税法规定标准的工资支出；三是已计入当期营业外支出但按税法规定不允许扣除的税款滞纳金。第一个事项应调整减少应纳税所得额；后两个事项均应调整增加应纳税所得额。公司当期所得税的计算如下：

纳税调整数=−200 000+（2 200 000−2 000 000）+100 000=100 000（元）

应纳税所得额=9 000 000+100 000=9 100 000（元）

当期应交所得税额=9 100 000×25%=2 275 000（元）

递延所得税费用=（500 000−400 000）+（250 000−200 000）=150 000（元）

所得税费用=2 275 000+150 000=2 425 000（元）

有关会计处理如下：

借：所得税费用	2 425 000	
贷：应交税费——应交所得税		2 275 000
递延所得税负债		100 000
递延所得税资产		50 000

注意事项

1. 计算企业所得税时，要注意纳税调整项目的处理。
2. 确认所得税费用的会计处理。

任务评价

根据前面任务下达的要求实施并完成任务后，进行任务实施评价，填写任务实施评价表，见表7-3-1。

表7-3-1 龙腾公司企业所得税训练评价表

考评内容标准	实施评价		
	自我评价	同学互评	教师评价
应纳税所得额的计算（40分）			
应纳所得税额的计算（20分）			
企业所得税的会计处理（40分）			
合　　计			

同步练习

同步练习 7-3

扫码答题

一、单项选择题

1.根据企业所得税法律制度的规定，下列各项中，属于不征税收入的是（　　）。

A.财政拨款　　B.国债利息收入

C.接受捐赠收入　　D.转让股权收入

习题精讲 7-6

2.某企业20×3年度的利润总额为900万元，其中包括本年收到的国库券利息收入10万元；全年计税工资为300万元，实发工资为410万元，企业所得税税率为25%，该企业20×3年应交所得税为（　　）万元。

A.267.3　　B.297

C.250　　D.333.3

二、多项选择题

1.根据企业所得税法律制度的规定，下列所得中，属于企业所得税征税对象的有（　　）。

A.在中国境内设立机构、场所的非居民企业，其机构、场所来源于中国境内的所得

B.居民企业来源于中国境外的所得

C.在中国境内未设立机构、场所的非居民企业来源于中国境外的所得

D.居民企业来源于中国境内的所得

习题精讲 7-7

2.下列各项中，影响利润表“所得税费用”项目金额的有（　　）。

A.当期应交所得税　　B.递延所得税资产

C.递延所得税负债　　D.代扣代缴的个人所得税

三、判断题

1.企业缴纳的税收罚款应调增应纳税所得额。（　　）

2.本期所得税费用一定等于本期应交所得税。（　　）

四、账务处理题

1.目的：练习所得税的核算。

2.资料：

甲公司20×3年度实现利润总额1 600万元，该公司所得税税率为25%。本年度存在以下纳税调整事项：

（1）接受工商局违法经营罚款20万元；

（2）业务招待费支出30万元，税法规定的扣除标准为20万元；

（3）国债利息收入90万元；

（4）非公益性捐赠支出200万元；

（5）超过计税工资标准支付工资110万元（不考虑应付福利费、工会经费和职工教育经费的纳税影响）。

3.要求：

（1）计算应纳税所得额及应纳所得税额，并编制确认所得税费用和将其转入“本年利润”的会计分录；

（2）计算净利润数额，并编制结平“本年利润”账户的会计分录。

任务4 处理其他税费

任务描述

龙腾公司20×3年8月份发生如下业务：

（1）5日，对外销售某种资源税应税产品2 000吨，每吨应交资源税5元。

（2）8日，将自产的资源税应税产品500吨用于企业的非资源税应税产品生产，每吨应交资源税5元。

（3）18日，用银行存款支付合同应付的印花税3 000元。

（4）20日，结算本月应付职工工资总额200 000元，代扣职工个人所得税共计2 000元，实发工资198 000元。

（5）31日，本期实际应上缴增值税400 000元，消费税241 000元。该公司适用的城市维护建设税税率为7%，教育费附加费率为3%。

请作出以上业务的会计分录。

相关知识

一、处理资源税

（一）认识资源税

资源税是对在我国领域或者管辖的其他海域开发应税资源的单位和个人课征的一种税。自2016年起全面推进资源税改革，对绝大部分应税产品实行从价计征方式，对经营分散、多为现金交易且难以控管的黏土、砂石等，按照便利征管原则，仍实行从量定额计征。

实行从价定率方式征收资源税的，其计算公式为：

应纳税额=销售额×适用税率

实行从量定额方式征收资源税的，根据应税产品的课税数量和规定的单位税额计算，其计算公式为：

应纳税额=课税数量×单位税额

开采或者生产应税产品销售的，以销售数量为课税数量；开采或者生产应税产品自用的，以自用数量为课税数量。

（二）设置有关账户

企业按规定应交的资源税，在“应交税费”账户下设置“应交资源税”明细账户核算。“应交资源税”明细账户的借方发生额，反映企业已交的或按规定允许抵扣的资源税；贷方发生额，反映应交的资源税；期末借方余额，反映多交或尚未抵扣的资源税；期末贷方余额，反映尚未缴纳的资源税。

（三）具体业务处理

对外销售应税产品缴纳资源税时，借记“税金及附加”等账户，贷记“应交税费——

应交资源税”账户；自产自用应税产品缴纳资源税时，借记“生产成本”“制造费用”等账户，贷记“应交税费——应交资源税”账户。

二、处理土地增值税

（一）认识土地增值税

转让国有土地使用权、地上建筑物及其附着物并取得收入的单位和个人，均应缴纳土地增值税。土地增值税按照转让房地产所取得的增值额和规定的税率计算征收。这里的增值额是指转让房地产所取得的收入减去规定扣除项目金额后的余额。企业转让房地产所取得的收入，包括货币收入、实物收入和其他收入。

计算土地增值额的主要扣除项目有：取得土地使用权所支付的金额；开发土地的成本、费用；新建房屋及配套设施的成本、费用，或者旧房及建筑物的评估价格；与转让房地产有关的税金；财政部确定的其他扣除项目。

（二）设置有关账户

企业缴纳的土地增值税通过“应交税费——应交土地增值税”账户核算。该账户的借方发生额，反映企业已交的土地增值税；贷方发生额，反映应交的土地增值税；期末借方余额，反映多交或尚未抵扣的土地增值税；期末贷方余额，反映尚未缴纳的土地增值税。

（三）具体业务处理

兼营房地产业务的企业，应由当期收入负担的土地增值税，借记“税金及附加”账户，贷记“应交税费——应交土地增值税”账户。

转让的国有土地使用权与其地上建筑物及其附着物一并在“固定资产”或“在建工程”账户核算的，转让时应缴纳的土地增值税，借记“固定资产清理”“在建工程”账户，贷记“应交税费——应交土地增值税”账户。

企业在项目全部竣工结算前转让房地产取得的收入，按税法规定预交的土地增值税，借记“应交税费——应交土地增值税”账户，贷记“银行存款”等账户；待该项房地产销售收入实现时，再按上述销售业务的会计处理方法进行处理。该项目全部竣工、办理结算后进行清算，收到退回多交的土地增值税，借记“银行存款”等账户，贷记“应交税费——应交土地增值税”账户。补交的土地增值税作相反的会计分录。

三、处理房产税、城镇土地使用税、车船税和印花税

（一）认识房产税、城镇土地使用税、车船税和印花税

房产税是以房屋为征税对象，按照房屋的计税余值或租金收入，向产权所有人征收的一种税。房产税依照房产原值一次扣减10%~30%后的余额计算缴纳。没有房产原值作为依据的，由房产所在地税务机关参考同类房产核定；房产出租的，以房产租金收入为房产税的计税依据。

城镇土地使用税是国家为了合理利用城镇土地、调节土地级差收入、提高土地使用效益、加强土地管理而开征的一种税，以纳税人实际占用的土地面积为计税依据，依照规定税额计算征收。

车船税由拥有并且使用车船的单位和个人缴纳。车船税按照适用税额计算缴纳。

印花税是对经济活动中书立应税凭证、进行证券交易行为所征收的一种税。应税凭证是指《中华人民共和国印花税法》所附《印花税税目税率表》列明的合同（包括借款合同、融资租赁合同、买卖合同、承揽合同、建设工程合同、运输合同、技术合同、租赁合

同、保管合同、仓储合同、财产保险合同）、产权转移书据和营业账簿。证券交易是指转让在依法设立的证券交易所、国务院批准的其他全国性证券交易场所交易的股票和以股票为基础的存托凭证。证券交易印花税对证券交易的出让方征收，不对受让方征收。

（二）账户设置和具体业务处理

计算房产税、城镇土地使用税、车船税时，借记“税金及附加”账户，贷记“应交税费——应交房产税（或城镇土地使用税、车船税）”账户；上交时，借记“应交税费——应交房产税（或城镇土地使用税、车船税）”账户，贷记“银行存款”账户。

企业缴纳的印花税不需要通过“应交税费”账户核算，在购买印花税票时，借记“税金及附加”账户，贷记“银行存款”账户。

四、处理城市维护建设税和教育费附加

（一）处理城市维护建设税

为了加强城市的维护建设，扩大和稳定城市维护建设资金的来源，国家开征了城市维护建设税。在会计核算时，企业按依法实际缴纳的增值税、消费税税额的一定比例计算，借记“税金及附加”账户，贷记“应交税费——应交城市维护建设税”账户；上交时，借记“应交税费——应交城市维护建设税”账户，贷记“银行存款”账户。

（二）处理教育费附加

教育费附加是为了发展教育事业而向企业征收的附加费用，企业按依法实际缴纳的增值税、消费税税额的一定比例计算缴纳。企业应交的教育费附加，借记“税金及附加”账户，贷记“应交税费——应交教育费附加”账户。

五、处理个人所得税

企业按规定计算的代扣代缴的职工个人所得税，借记“应付职工薪酬”账户，贷记“应交税费——应交个人所得税”账户；企业缴纳个人所得税时，借记“应交税费——应交个人所得税”账户，贷记“银行存款”等账户。

任务实施

龙腾公司有关会计处理如下。

（1）5日，对外销售某种资源税应税产品时：

借：税金及附加	10 000	
贷：应交税费——应交资源税		10 000

（2）8日，将自产的资源税应税产品用于非资源税应税产品生产时：

借：生产成本	2 500	
贷：应交税费——应交资源税		2 500

（3）18日，用银行存款支付合同应付的印花税时：

借：税金及附加	3 000	
贷：银行存款		3 000

（4）20日，结算本月职工工资，代扣职工个人所得税时：

借：应付职工薪酬——工资	2 000	
贷：应交税费——应交个人所得税		2 000

（5）31日，计算本期应交城市维护建设税和教育费附加时：

应交的城市维护建设税=（400 000+241 000）×7%=44 870（元）

应交的教育费附加=（400 000+241 000）×3%=19 230（元）

借：税金及附加　　64 100

　贷：应交税费——应交城市维护建设税　　44 870

　　　　　　　——应交教育费附加　　19 230

注意事项

1.资源税在处理时有两种情况。

2.印花税不通过“应交税费”账户核算。

任务评价

根据前面任务下达的要求实施并完成任务后，进行任务实施评价，填写任务实施评价表，见表7-4-1。

表7-4-1　龙腾公司其他税费处理训练评价表

考评内容标准	实施评价		
	自我评价	同学互评	教师评价
资源税的处理（40分）			
印花税和个人所得税的处理（40分）			
城市维护建设税、教育费附加的处理（20分）			
合　计			

同步练习

同步练习7-4

扫码答题

习题精讲7-8

一、单项选择题

1.某企业为增值税一般纳税人，20×3年实际已缴纳税金情况如下：增值税850万元，消费税150万元，城市维护建设税70万元，车船税0.5万元，印花税1.5万元，所得税120万元。上述各项税金应记入“应交税费”科目借方的金额是（　　）万元。

A.1 190　　B.1 190.5

C.1 191.5　　D.1 192

2.企业销售的应税产品应交的资源税，应计入（　　）。

A.制造费用　　B.生产成本

C.主营业务成本　　D.税金及附加

3.下列各项税金中，不影响企业损益的是（　　）。

A.消费税　　B.印花税

C.增值税（销项税额）　　D.所得税

4.教育费附加的计税基础是（　　）。

A.营业收入　　B.工资总额　　C.应交流转税　　D.应交所得税

二、多项选择题

1.企业缴纳的下列税费中，应通过“应交税费”科目核算的有（　　）。

A.财产保险费　　B.车船税　　C.教育费附加　　D.资源税

习题精讲 7-9

2.下列税费中，工业企业应记入“税金及附加”科目的有（　　）。

A.应缴纳的城市维护建设税

B.销售应税消费品应缴纳的消费税

C.应缴纳的教育费附加

D.销售不动产应缴纳的增值税

3.企业缴纳的各种税金中，按照税法规定，可以在净利润前扣除的有（　　）。

A.车船税　　B.房产税　　C.增值税　　D.消费税

三、判断题

1.企业应交的各种税金，应通过“应交税费”账户核算。（　　）

2.从价计征房产税的，是以房产原值为计税依据。（　　）

四、账务处理题

1.目的：练习其他应交税费的核算。

2.资料：

华丰企业为增值税一般纳税人，本月发生下列经济业务：

（1）在建工程领用自产柴油的成本为20 000元，应纳消费税3 000元。

（2）本月应交增值税380 000元，消费税120 000元，计提本月应交的城市维护建设税（适用税率为7%）。

（3）计提应交房产税28 000元。

（4）代扣本月职工薪酬中应由个人缴纳的个人所得税6 000元。

3.要求：根据上述经济业务编制有关会计分录。

技能训练

请扫码后依据所提供的原始凭证编制相关业务的会计分录。

素养拓展

“金税四期”全面铺开

“金税四期”是全国统一的税收征管系统，该系统可以实现税费全数据、全业务、全流程的打通，这为税务部门的智慧监管提供了条件。

进入2024年，伴随全面数字化的电子发票在全国的推广，“数据”在税务工作中的应用越来越普遍，尤其是在“金税四期”背景下，各部门之间信息互联互通的推进，使得税务部门对纳税人的风险监管更加准确和全面。

相比传统纸质发票，数电票覆盖了企业经营管理的“账、票、款”全生命周期，具有领票流程简单、开票用票便捷、入账归档一体化等优势。同时，与纸质发票不同的是，线上开具的数电票不必使用税控设备就能开票，这省去了打印、盖章、邮寄等流程，极大地节约了企业的财务成本。

在数电票模式下，企业需要整理、核对各类涉税数据，从而确保数据的真实、完整，这些数据不仅包括收入、成本、费用等常规数据，还包括固定资产折旧、无形资产摊销等平时容易忽视的数据。相比传统监管，税务部门依靠大数据监测，可以完整掌握企业从开具、传递、入账、抵扣到归档的发票全生命周期信息链条。

“金税四期”工程中，企业的入账信息与电子发票服务平台会同步更新，这将倒逼企业提高合规遵从度。对企业来说，在大数据背景下，企业以期通过虚开发票等方式获利，面临的也将是税务机关的稽查。

国家税务总局相关人员表示，在税收征管过程中，税务部门也将持续推进税收征管数字化升级和智能化改造，不断完善精确执法、精细服务、精准监管，加快建设智慧税务，初步构建起优化高效统一的税费征管体系，实现征纳成本明显降低、征管效能显著提升。

资料来源：杜丽娟．“金税四期”全面铺开　税企征纳成本有望明显降低［EB/OL］．［2024-01-15］．http：//dianzibao.cb.com.cn/html/2024-01/15/content_328490.htm.有删改．

请分析：

（1）相较于传统纸质发票，电子发票在纳税方面有何优势？

（2）我国推行“金税四期”有何意义？

分析提示：

数电票覆盖了企业经营管理的“账、票、款”全生命周期，数电票在不必使用税控设备的情况下可以实现线上开具，不仅极大地节约了企业的财务成本，而且还提高了企业纳税申报的效率。金税四期利用大数据打通企业、银行、税务等相关部门的网络链路，实现对企业业务的全面监管，促进企业更合法合规地开展经营活动和财务活动，进一步助力我国经济高质量发展。

模块八
对外投资

本模块主要介绍企业对外投资业务及其账务处理。企业在正常的生产经营之外，为了有效地利用暂时闲置的资金，以获取一定的经济利益，而将资产让渡给其他单位获得另一项资产，从而形成企业的各种投资。企业对外投资主要包括：金融资产投资、长期股权投资、投资性房地产投资。本模块包含以下四个任务：认识对外投资、处理投资性房地产、处理长期股权投资、处理交易性金融资产。

学习目标

知识目标

1. 了解：对外投资的概念、特点、分类；
2. 熟悉：交易性金融资产、长期股权投资、投资性房地产的核算流程；
3. 掌握：交易性金融资产、长期股权投资、投资性房地产的账务处理。

技能目标

1. 会判断交易性金融资产、长期股权投资、投资性房地产之间的区别；
2. 会处理交易性金融资产、长期股权投资、投资性房地产相关业务。

素养目标

1. 通过江苏苏州相城区冯梦龙村村股份经济合作社首次以数字人民币给村民发放股金分红的案例，知悉数字技术、数字经济、数字货币对我国经济发展的重要意义；
2. 结合农村合作社给村民们分红的案例，知晓投资和回报之间的关系，理解对外投资的意义，培养创新精神和风险意识。

思维导图

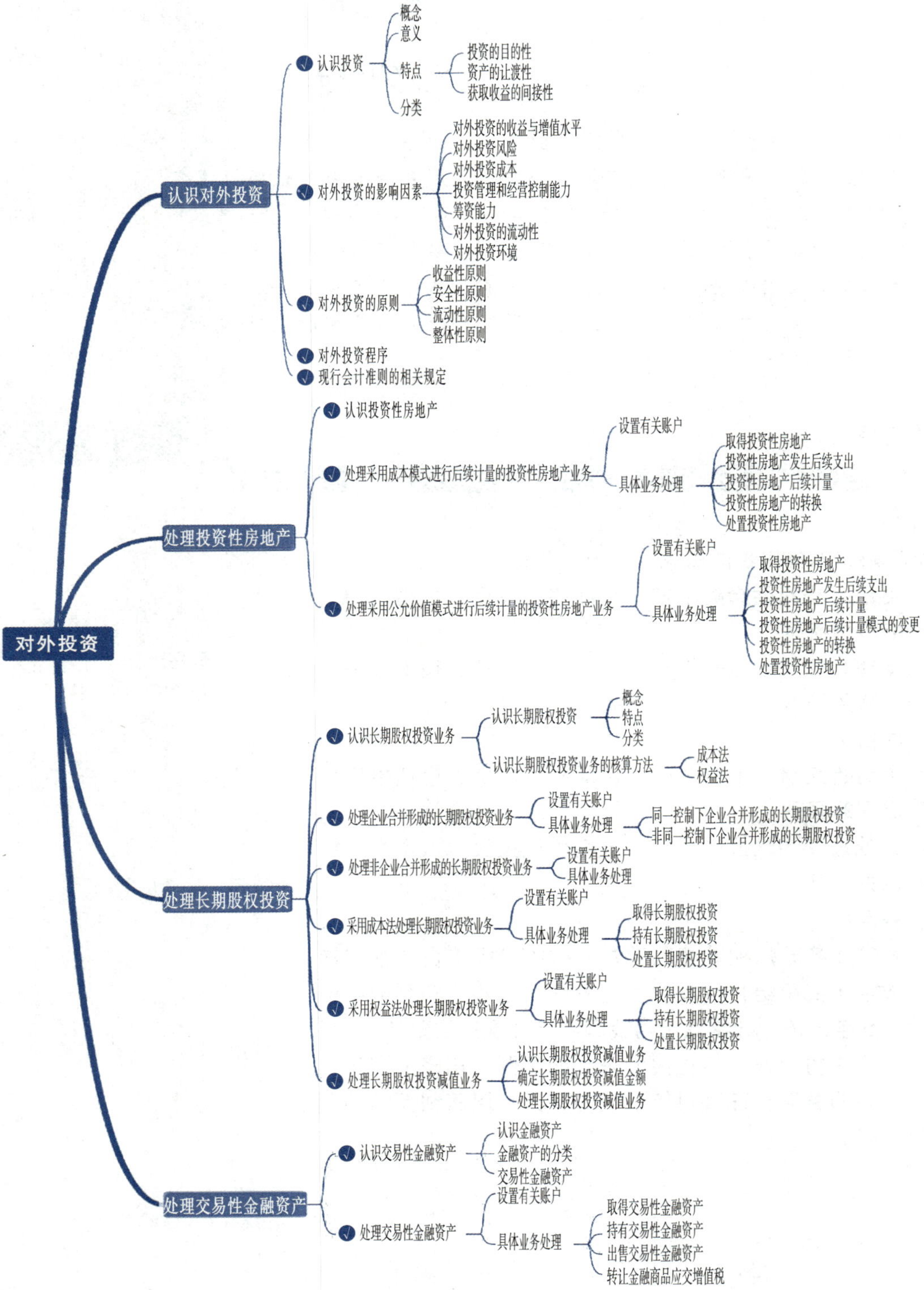
对外投资
认识对外投资
认识投资
概念
意义
特点
投资的目的性
资产的让渡性
获取收益的间接性
分类
对外投资的影响因素
对外投资的收益与增值水平
对外投资风险
对外投资成本
投资管理和经营控制能力
筹资能力
对外投资的流动性
对外投资环境
对外投资的原则
收益性原则
安全性原则
流动性原则
整体性原则
对外投资程序
现行会计准则的相关规定
处理投资性房地产
认识投资性房地产
处理采用成本模式进行后续计量的投资性房地产业务
设置有关账户
具体业务处理
取得投资性房地产
投资性房地产发生后续支出
投资性房地产后续计量
投资性房地产的转换
处置投资性房地产
处理采用公允价值模式进行后续计量的投资性房地产业务
设置有关账户
具体业务处理
取得投资性房地产
投资性房地产发生后续支出
投资性房地产后续计量
投资性房地产后续计量模式的变更
投资性房地产的转换
处置投资性房地产
处理长期股权投资
认识长期股权投资业务
认识长期股权投资
概念
特点
分类
认识长期股权投资业务的核算方法
成本法
权益法
处理企业合并形成的长期股权投资业务
设置有关账户
具体业务处理
同一控制下企业合并形成的长期股权投资
非同一控制下企业合并形成的长期股权投资
处理非企业合并形成的长期股权投资业务
设置有关账户
具体业务处理
采用成本法处理长期股权投资业务
设置有关账户
具体业务处理
取得长期股权投资
持有长期股权投资
处置长期股权投资
采用权益法处理长期股权投资业务
设置有关账户
具体业务处理
取得长期股权投资
持有长期股权投资
处置长期股权投资
处理长期股权投资减值业务
认识长期股权投资减值业务
确定长期股权投资减值金额
处理长期股权投资减值业务
处理交易性金融资产
认识交易性金融资产
认识金融资产
金融资产的分类
交易性金融资产
处理交易性金融资产
设置有关账户
具体业务处理
取得交易性金融资产
持有交易性金融资产
出售交易性金融资产
转让金融商品应交增值税

德技并修

村股份经济合作社首次以数字人民币给村民发放股金分红

每到年底，不少地方的农村合作社就会向村民们分红，分享一年来的劳动所得。就在几天前，苏州市相城区冯梦龙村的村民们收到了2021年的股金分红，不过，这次他们收到的分红有点不一样。

江苏苏州是全国首批数字人民币试点城市之一，而冯梦龙村则是当地的数字人民币试点村。目前，村里已经初步打造了一个数字人民币应用生态圈。于是，冯梦龙村股份经济合作社决定，今年用数字人民币给村民们发放年终股金分红。

苏州市相城区黄埭镇冯梦龙村张会计说："以前我们要从银行把一大捆一大捆的现金取回来，再挨家挨户地给到村民手上。后来是给每家每户开好支票，村民还要拿支票去银行取现金，比较麻烦。今年我们就（将股金分红）发到了村民的数字人民币账户上。"

在如今的冯梦龙村，已有几十家商铺开通了数字人民币支付渠道，各类自助服务设施随处可见。数字人民币试点村也成为村里的一张新名片。数字经济、电子支付，正悄然改变着农民的生活方式。

资料来源：央视网.【数字人民币首批试点】江苏苏州：首次以数字人民币发放合作社股金分红[EB/OL].[2021-12-29]. https://news.cctv.com/2021/12/29/ARTIpzMCQychktwvm6CX2ztk211229.shtml.

问题：

如何理解数字技术在推进城乡融合上所起的作用？

德技并修8

任务1 认识对外投资

任务描述

五湖公司是一家员工多、规模大、资金雄厚的特种机械制造公司。该公司生产的产品一直由政府有关部门集中采购，供应全国市场。

随着市场经济的发展，由于五湖公司产品单一、廉价替代品的出现、产品积压日趋严重，使五湖公司的市场地位岌岌可危。公司决策层感觉到危机，连续召开会议，分析形势，研究对策。

公司决策层认为：五湖公司专业化程度高，有些产品目前虽然滞销，但技术性强、资本投入大，别的企业一时难以进入，要加强产品的更新换代，机械制造主业不能放，同时也应该不断地开辟新的经营领域，开展多种经营。为了充分利用企业富余资金、技术和人员，公司确定了新的发展战略："一业为主，多种经营，立足本业，面向全国，走向世界。"

之后不久，公司获悉这样两条信息：一是山东省一家饭店筹建期因为缺乏资金面临停工。该饭店预计投资100万元，地处市中心，预测年利润率达25%以上，是一个投资少、见效快的项目。二是辽宁省有个年产40万吨的煤矿，正在寻求合作伙伴，允诺投资回报率至少为20%。目前煤炭正供不应求，市场前景很乐观。

得到信息后，公司立即派人分赴山东和辽宁了解情况，证实了信息真实可靠，投资前景好。报经领导批准后，向山东的饭店和辽宁的煤矿分别投资50万元，并划拨了资金。有了资金后，山东的饭店得以顺利施工，并于第二年开始营业，辽宁的煤矿也顺利扩大生产规模。可到了第三年年底却传来这样的消息：山东的饭店全年亏损10万元，辽宁的煤矿亏损5万元，都没有利润可分。第四年也是这种局面，饭店和煤矿都是小亏，没有利润可分。五湖公司领导感到此问题很棘手，一下子又拿不出有效对策。

根据以上资料，完成以下任务：

（1）判断该公司的投资决策是否正确，并指出所存在的问题。

（2）指出该公司应对饭店和煤矿采取的对策。

相关知识

一、认识投资

（一）投资的概念

企业投资的概念有广义和狭义之分。广义的投资既包括对外投资，如债权性投资、权益性投资等，也包括对内投资，如投资购买存货、固定资产、无形资产等；狭义的投资一般仅指对外投资。本模块所讲的投资是狭义的投资。所以，投资是指企业为通过分配来增加财富，或者为谋求其他利益，而将资产让渡给其他单位所获得的另一项资产。

（二）投资的意义

企业在正常的生产经营之外，为了有效地利用暂时闲置的资金，获取一定的经济利益，而将资产让渡给其他单位获得另一项资产，从而形成企业的各种投资。通过投资，企业可以获得正常经营活动以外的经济利益，包括获得投资收益、对其他企业进行参股控股、控制原材料供应基地、保障产品的销售渠道、实现多元化经营等。

（三）投资的特点

1.投资的目的性

企业对外投资一般有以下几种目的：资金调度的需要；企业扩张的需要；满足特定用途的需要；企业战略转型的需要。

2.资产的让渡性

投资是以让渡其他资产而换取的另一项资产，这项资产与其他资产一样，能为投资者带来未来的经济利益。

3.获取收益的间接性

投资为企业带来的经济利益，不是通过自身直接生产经营产生的，而是通过其他单位使用投资者投入的资产并创造效益后分配取得的，或是通过投资改善贸易关系等获得经济利益，还可能通过证券市场买卖证券获取价差收益等，具有间接性。

（四）投资的分类

1.按投资性质分类，可以分为权益性投资、债权性投资以及混合性投资

权益性投资形成被投资企业的资本金，而投资企业则拥有被投资企业的股权，如购买

上市公司的股票、兼并投资、联营投资等；债权性投资形成被投资单位的负债，而投资企业则是被投资企业的债权人，包括购买的各种债券和租赁投资等；混合性投资则是介于权益性投资与债权性投资之间的一种投资。

2.按投资方式分类，可以分为直接投资和间接投资

直接投资是以取得或拥有被投资单位，或直接参与其经营管理为目的的投资；间接投资则是仅以取得利息或股息等形式的资本增值为直接目的的投资。

3.按投资方向分类，可以分为实物投资和证券投资

实物投资属于直接投资的一种，是直接将现金、实物、无形资产等投入其他单位，并直接形成生产经营活动的能力，为从事某种生产经营活动创造必要条件。它具有与生产经营联系紧密、投资回收期长、投资变现速度慢、流动性差的特点。

证券投资属于间接投资的一种，是指用现金、实物、无形资产等购买或取得其他单位的有价证券的对外投资。

4.按投资目的分类，可以分为金融资产投资、长期股权投资、投资性房地产投资

金融资产是指企业持有的现金、其他方的权益工具以及符合下列条件之一的资产：

① 从其他方收取现金或其他金融资产的合同权利；

② 在潜在有利条件下，与其他方交换金融资产或金融负债的合同权利；

③ 将来须用或可用企业自身权益工具进行结算的非衍生工具合同，且企业根据该合同将收到可变数量的自身权益工具；

④ 将来须用或可用企业自身权益工具进行结算的衍生工具合同，但以固定数量的自身权益工具交换固定金额的现金或其他金融资产的衍生工具合同除外。

企业应当根据其管理金融资产的业务模式和金融资产的合同现金流量特征，将金融资产划分为以下三类，且分类一经确定，不得随意变更。

① 以摊余成本计量的金融资产；

② 以公允价值计量且其变动计入其他综合收益的金融资产；

③ 以公允价值计量且其变动计入当期损益的金融资产。

长期股权投资是指企业通过付出现金或非现金资产等取得被投资单位的股份或股权，成为被投资单位的股东，按所持股份的比例享有权益并承担责任的投资。按照企业会计准则的相关规定，根据投资方在股权投资后对被投资单位能够施加影响的程度，区分为应当按照金融工具准则进行核算和应当按照长期股权投资准则核算两种情况。其中后者是根据投资方在获取投资后能够对被投资单位施加影响的程度划分确定的，包括对联营企业、合营企业以及子公司的投资。除此之外的股权投资划分为金融工具准则范围的以公允价值计量且其变动计入当期损益的金融资产，或直接指定为以公允价值计量且其变动计入其他综合收益的金融资产进行管理和核算。

投资性房地产投资是指为赚取租金或资本增值，或者两者兼有而持有的房地产，包括已出租的土地使用权、持有并准备增值后转让的土地使用权、已出租的建筑物。

二、对外投资的影响因素

企业在作出对外投资决策时，要周密地研究影响对外投资的各种因素。这些因素主要包括：

（一）对外投资的收益与增值水平

对外投资的收益与增值超过对内投资的收益、增值水平，是进行对外投资的先决条件。

（二）对外投资风险

对外投资风险是指企业由于对外投资遭受经济损失的可能性，或者说不能获得预期投资收益的可能性。投资风险加大会破坏投资收益的安全性。诱发对外投资风险的因素很多，包括政治的、经济的、技术的等。自然的和企业自身的各种因素往往结合在一起共同对投资收益产生影响。对外投资的风险主要有利率风险、物价风险、市场风险、外汇风险、决策风险五种。

（三）对外投资成本

对外投资成本是从分析、制定对外投资决策开始到收回全部投资整个过程的全部开支，包括前期费用、实际投资额、资金成本、投资回收费用等。

（四）投资管理和经营控制能力

通过投资获得其他企业的一部分或全部的经营控制权，以服务于企业的其他经营目标，是对外投资的主要目的。企业应该考虑用多大的投资额才能拥有必要的经营控制权，以及取得控制权后如何实现其权利等问题。

（五）筹资能力

对外投资决策要求企业能够及时、足额、低成本地筹集到所需资金。

（六）对外投资的流动性

对外投资的资金应当能够以合理的价格、较快的速度转换为货币资金。为此，必须合理安排对外投资的结构。一般来说，短期投资的流动性高于长期投资的流动性，证券投资的流动性高于非证券投资的流动性。

（七）对外投资环境

对外投资不能脱离一定的投资环境。投资环境是指企业内外影响企业投资活动的条件总和。有的属于内部条件，是能被企业控制的；有的属于外部条件，是企业不能控制的。一个良好的企业投资环境，应当有比较多的投资机会、比较健全的投资管理体制以及完善的资金市场。

三、对外投资的原则

（一）收益性原则

企业在进行对外投资时，必须考虑该项目的经济效益以及对企业整体经济效益的影响。

（二）安全性原则

企业必须在投资报酬与风险之间权衡利弊。安全性原则就是投资能够按期收回本金和应得的投资收益。

（三）流动性原则

有的对外投资期限很长，一般不考虑在近期变现；有的对外投资只是为了充分利用现有的闲置资金，这种投资就要考虑其流动性，以便在将来需要现金时能够及时变现。

（四）整体性原则

企业的对外投资活动是企业整体经营活动的重要组成部分，对外投资必须服从企业的整体经营活动，对外投资的目标应该与企业总的经营目标一致。

四、对外投资程序

对外投资程序一般为：

（1）分析企业生产经营情况，明确投资目的；

（2）认真进行可行性分析，科学选择投资对象；

（3）根据投资对象特点，正确选择出资方式；

（4）根据国家有关规定，合理确定投资资产的价值；

（5）加强对被投资企业的监控，不断提高投资效益；

（6）认真评价投资业绩，及时反馈各种信息。

五、现行会计准则的相关规定

自2006年2月颁布《企业会计准则——基本准则》和38项具体会计准则以来，财政部陆续发布了8项新增或修订的企业会计准则。针对与对外投资相关的《企业会计准则第22号——金融工具确认和计量》和《企业会计准则第37号——金融工具列报》，财政部进行了细化和补充。会计准则的这些变化，使得我国企业会计准则基本与相关国际财务报告准则一致，保持了持续趋同。

任务实施

（1）根据任务描述，该公司原投资决策方案欠妥。分析如下：

首先，五湖公司是大型特种机械制造企业，资金和技术力量都十分雄厚，因产品品种单一和外部环境的变化失去一部分市场份额是正常的。公司居危思变，在力保主业的前提下谋求新发展、开辟新市场、实行多元化经营的思路是正确的。其次，五湖公司投资煤矿和餐饮业，行业跨度太大，公司在这两个领域经营不仅不具备优势，反而浪费了自己在资金、技术、人才等方面的良好资源条件。最后，投资决策应经过充分论证才可付诸实施，五湖公司对投资从决策到实施都显得匆忙和草率，加之项目投产后，又疏于监控和指导，造成经营不善和亏损。

（2）五湖公司应对饭店和煤矿采取以下对策：

一是对两个项目进行再论证和追踪决策，在充分论证的基础上再决定取舍，如有继续发展的潜力就应加强监控和管理，力争尽快扭亏为盈。二是把煤矿和餐饮业做大，在这两个领域实现规模经营，变外行为内行。三是利用企业的资源和人才优势，引入新技术，开发新产品，在机械制造、煤矿开采和餐饮业之间寻求联营，力争跨行业经营，开拓国际、国内两个市场。

注意事项

1.进行投资决策时，一定要认真地对投资项目进行可行性分析。

2.进行投资后，要加强对被投资单位的监控和指导。

任务评价

根据前面任务下达的要求实施并完成任务后，进行任务实施评价，填写任务实施评价表，见表8-1-1。

表 8-1-1 五湖公司投资决策方案训练评价表

考评内容标准	实施评价		
	自我评价	同学互评	教师评价
判断投资的正确性（20分）			
说明投资存在的问题（40分）			
指出应采取的对策（40分）			
合　计			

同步练习

同步练习 8-1

扫码答题

一、单项选择题

1. 投资是指企业为通过分配来增加财富，或者为谋求其他利益，而将资产让渡给其他单位所获得的另一项（　　）。

A. 资产　　B. 负债

C. 所有者权益　　D. 收入

2. 投资按投资方式分类可分为（　　）。

A. 权益性投资、债权性投资以及混合性投资

B. 直接投资和间接投资

C. 实物投资和证券投资

D. 金融资产投资、长期股权投资、投资性房地产投资

3. 投资按投资目的分类可分为（　　）。

A. 权益性投资、债权性投资以及混合性投资

B. 直接投资和间接投资

C. 实物投资和证券投资

D. 金融资产投资、长期股权投资、投资性房地产投资

二、多项选择题

1. 投资的特点有（　　）。

A. 投资的目的性　　B. 资产的让渡性

C. 获取收益的间接性　　D. 持有并准备增值后转让

2. 按投资的目的，投资可以分为（　　）。

A. 货币资金投资　　B. 金融资产投资

C. 长期股权投资　　D. 投资性房地产投资

3. 对外投资的原则有（　　）。

A. 收益性原则　　B. 安全性原则　　C. 流动性原则　　D. 整体性原则

任务2 处理投资性房地产

任务描述

（1）龙腾公司为一家上市公司，发生如下经济业务：

① 20×3年3月，龙腾公司购入一幢写字楼用于出租，价款为750万元，款项以银行存款支付，不考虑其他相关税费。

② 龙腾公司购入的上述用于出租的写字楼预计使用寿命为20年，预计净残值为50万元，采用年限平均法按年计提折旧。

③ 龙腾公司将取得的该项写字楼自当月起用于对外经营租赁，龙腾公司对该房地产采用成本模式进行后续计量。

④ 该项房地产20×3年取得租金收入65万元、20×4年取得租金收入100万元，均已存入银行。假定不考虑其他相关税费。

⑤ 20×5年12月，龙腾公司将原用于出租的写字楼收回，作为企业管理用固定资产。

请作出龙腾公司相关业务的会计处理。

（2）华泰公司于20×3年12月25日将一自用建筑物对外出租并采用公允价值计量模式对其进行后续计量，租期5年，每年年底收取租金150万元。出租当日，该建筑物的成本为3 000万元，已计提折旧500万元，尚可使用年限为30年，公允价值为3 000万元。20×4年12月31日，该建筑物的公允价值为3 200万元。20×5年12月31日，该建筑物的公允价值为3 100万元。20×6年1月10日将该建筑物对外出售，收到2 950万元存入银行。

请作出华泰公司相关业务的会计处理。

相关知识

一、认识投资性房地产

投资性房地产是指为赚取租金或资本增值，或者两者兼有而持有的房地产。其具有以下特征：一是投资性房地产是一种经营性活动；二是投资性房地产在用途、状态、目的等方面区别于作为生产经营场所的房地产和用于销售的房地产。投资性房地产主要包括已出租的土地使用权、持有并准备增值后转让的土地使用权和已出租的建筑物。

企业为生产商品、提供劳务或者经营管理而持有的房地产，以及房地产开发企业持有的作为存货的房地产，不属于投资性房地产的范畴。

在会计实务中，存在某项房地产部分自用或作为存货出售、部分用于赚取租金或资本增值的情形。如某项投资性房地产不同用途的部分能够单独计量和出售的，应当分别确认为固定资产（或无形资产、存货）和投资性房地产。

处理投资性房地产业务，主要是处理投资性房地产的取得业务、后续计量业务以及处置业务。投资性房地产业务的核算因其后续计量模式的不同而有所区别。投资性房地产的后续计量有成本和公允价值计量两种模式。同一企业只能采用一种计量模式对所有投资性房地产进行后续计量，不得同时采用两种计量模式。

二、处理采用成本模式进行后续计量的投资性房地产业务

（一）设置有关账户

为了处理投资性房地产价值的增减变动情况，企业应设置“投资性房地产”账户。该账户属于资产类账户，借方登记投资性房地产价值的增加额；贷方登记投资性房地产价值的减少额；期末借方余额，反映企业采用成本模式计量的投资性房地产的成本。“投资性房地产”账户按类别或项目进行明细核算。

（二）具体业务处理

会计处理上，采用成本模式计量的投资性房地产比照固定资产或无形资产进行核算。

1.取得投资性房地产

投资性房地产按照其取得时的成本进行计量，分外购与自行建造两种情况：

（1）外购投资性房地产

企业外购的房地产，只有在购入的同时开始对外出租或用于资本增值，才能将其确认为投资性房地产。企业购入房地产，自用一段时间之后再改为出租或用于资本增值的，应当先将外购的房地产确认为固定资产或无形资产，自租赁期开始日或用于资本增值之日起，才能从固定资产或无形资产转为投资性房地产。

外购投资性房地产的成本，包括购买价款、相关税费和可直接归属于该资产的其他支出。外购取得投资性房地产时，按照取得时的实际成本，借记“投资性房地产”账户，贷记“银行存款”等账户。

（2）自行建造投资性房地产

企业自行建造的房地产，只有在自行建造活动完成（即达到预定可使用状态）的同时开始对外出租或用于资本增值，才能将自行建造的房地产确认为投资性房地产。自行建造房地产达到预定可使用状态后一段时间才对外出租或用于资本增值的，应当先将自行建造的房地产确认为固定资产、无形资产或存货，自租赁期开始日或用于资本增值之日开始，从固定资产、无形资产或存货转换为投资性房地产。

自行建造投资性房地产的成本，由建造该项房地产达到预定可使用状态前发生的必要支出构成，包括土地开发费、建筑成本、安装成本、应予以资本化的借款费用、支付的其他费用和分摊的间接费用等。建造过程中发生的非正常损失，直接计入当期损益，不计入建造成本。建造完工后，应按照确定的成本，借记“投资性房地产”账户，贷记“在建工程”等账户。

2.投资性房地产发生后续支出

（1）资本化的后续支出

与投资性房地产有关的后续支出，满足投资性房地产确认条件的，应当计入投资性房地产成本。例如，企业为了提高投资性房地产的使用效能，往往需要对投资性房地产进行改建、扩建而使其更加坚固耐用，或者通过装修而改善其室内装潢，改扩建或装修支出满足确认条件的，应当将其资本化。

投资性房地产进入改扩建或装修阶段后，应当将其账面价值转入改扩建工程，借记“投资性房地产——在建”“投资性房地产累计折旧”等账户，贷记“投资性房地产”账户。发生资本化的改良或装修支出等，借记“投资性房地产——在建”账户，贷记“银行存款”“应付账款”等账户。改扩建或装修完成后，借记“投资性房地产”账户，贷记“投资性房地产——在建”账户。

企业对某项投资性房地产进行改扩建等再开发且将来仍作为投资性房地产的，再开发期间应继续将其作为投资性房地产，不计提折旧或摊销。

【例8-1】 20×3年6月，甲公司与乙公司的一栋写字楼经营租赁合同即将到期。该写字楼原价1 000万元，已提折旧300万元。为了提高写字楼的租金收入，甲公司决定在租赁期满后对该写字楼进行装修，并与丙公司签订了经营租赁协议，约定自装修完工起将该写字楼出租给丙公司。20×3年6月30日，与乙公司的租赁合同到期，该写字楼随即进入装修工程。20×3年10月31日，该写字楼装修工程完工，共发生支出100万元，均已支付，即日按照租赁合同出租给丙公司。假定甲公司采用成本模式进行后续计量，不考虑相关税费。

甲公司账务处理如下：

20×3年6月30日，投资性房地产转入装修工程时：

借：投资性房地产——写字楼（在建）	7 000 000	
投资性房地产累计折旧	3 000 000	
贷：投资性房地产——写字楼		10 000 000

20×3年6月30日至10月31日，发生装修支出时：

借：投资性房地产——写字楼（在建）	1 000 000	
贷：银行存款		1 000 000

20×3年10月31日，装修工程完工时：

借：投资性房地产——写字楼	8 000 000	
贷：投资性房地产——写字楼（在建）		8 000 000

（2）费用化的后续支出

与投资性房地产有关的后续支出，不满足投资性房地产确认条件的，如企业对投资性房地产进行日常维护所发生的支出，应当在发生时计入当期损益，借记“其他业务成本”等账户，贷记“银行存款”等账户。

3.投资性房地产后续计量

采用成本模式进行后续计量的投资性房地产，应当按照固定资产或无形资产的有关规定，按期（月）计提折旧或摊销，借记“其他业务成本”等账户，贷记“投资性房地产累计折旧（投资性房地产累计摊销）”账户。取得的租金收入，借记“银行存款”等账户，贷记“其他业务收入”账户。

投资性房地产存在减值迹象的，经减值测试后确定发生减值的，应当计提减值准备，借记“资产减值损失”账户，贷记“投资性房地产减值准备”账户。已经计提减值准备的投资性房地产，其减值损失在以后的会计期间不得转回。

【例8-2】 20×3年12月20日，新华公司以银行存款510万元购入一栋写字楼，准备对外出租。同月，新华公司与同福公司签订租赁协议，将该写字楼出租给同福公司，从20×4年1月1日开始，租期4年，每月租金4万元。新华公司将该写字楼确认为投资性房地产，采用成本模式计量。已知该写字楼预计使用寿命为20年，采用年限平均法计提折旧，预计净残值为零。新华公司应编制如下会计分录：

（1）新华公司购入写字楼并确认为投资性房地产时：

借：投资性房地产	5 100 000	

贷：银行存款 5 100 000

（2）每月取得租金收入时：

借：银行存款 40 000

贷：其他业务收入 40 000

（3）每月计提折旧时：

每月计提的折旧额=5 100 000÷20÷12=21 250（元）

借：其他业务成本 21 250

贷：投资性房地产累计折旧 21 250

4.投资性房地产的转换

投资性房地产的转换，是因房地产用途发生改变而对房地产进行重分类。这里的房地产转换是针对房地产用途发生改变而言的，而非计量模式的转变。企业必须有确凿证据表明房地产的用途发生改变，才能将投资性房地产转换为非投资性房地产，或者将非投资性房地产转换为投资性房地产。房地产转换形式主要包括：投资性房地产转为自用房地产；作为存货的房地产改为出租；自用建筑物停止自用改为出租；自用土地使用权停止自用改用于赚取租金或资本增值；房地产企业将用于经营出租的房地产重新开发用于对外销售等。

企业将采用成本模式计量的投资性房地产转为自用时，应按其在转换日的账面余额、累计折旧、减值准备等，分别转入“固定资产”“累计折旧”“固定资产减值准备”等账户。转换时，按投资性房地产的账面余额，借记“固定资产”或“无形资产”账户，贷记“投资性房地产”账户；按已计提的折旧或摊销，借记“投资性房地产累计折旧”或“投资性房地产累计摊销”账户，贷记“累计折旧”或“累计摊销”账户；原已计提的减值准备，借记“投资性房地产减值准备”账户，贷记“固定资产减值准备”或“无形资产减值准备”账户。

企业将自用的土地使用权或建筑物转换为以成本模式计量的投资性房地产时，应当按土地使用权或建筑物的账面余额，借记“投资性房地产”账户，贷记“固定资产”或“无形资产”账户；按已计提的折旧或摊销，借记“累计折旧”或“累计摊销”账户，贷记“投资性房地产累计折旧”或“投资性房地产累计摊销”账户；原已计提减值准备的，借记“固定资产减值准备”或“无形资产减值准备”账户，贷记“投资性房地产减值准备”账户。

企业将采用成本模式计量的投资性房地产转为存货时，应当按照该项房地产在转换日的账面价值，借记“开发产品”账户，按已计提的折旧或摊销，借记“投资性房地产累计折旧”或“投资性房地产累计摊销”账户，按原已计提的减值准备，借记“投资性房地产减值准备”账户，按其账面余额，贷记“投资性房地产”账户。

【例8-3】 甲公司20×3年1月1日将一栋自用厂房出租给天宇公司。该厂房原值8 250万元。预计使用寿命是20年，已使用4年，已计提折旧1 620万元，预计净残值150万元，采用年限平均法计提折旧。该厂房每年租金收入600万元，租期3年。20×5年12月31日，已知该厂房发生减值180万元。租赁期满后甲公司将该厂房转为自用。甲公司应编制如下会计分录：

（1）20×3年1月1日，确认投资性房地产时：

借：投资性房地产——厂房 82 500 000

累计折旧 16 200 000

贷：固定资产 82 500 000

投资性房地产累计折旧 16 200 000

（2）20×3年、20×4年、20×5年确认租金收入时：

借：银行存款 6 000 000

贷：其他业务收入 6 000 000

计提折旧时：

借：其他业务成本 4 050 000

贷：投资性房地产累计折旧 4 050 000

（3）20×5年12月31日，确认该厂房减值时：

借：资产减值损失 1 800 000

贷：投资性房地产减值准备 1 800 000

（4）租赁期满，投资性房地产转为自用时：

借：固定资产——厂房 82 500 000

投资性房地产累计折旧 28 350 000

投资性房地产减值准备 1 800 000

贷：投资性房地产——厂房 82 500 000

累计折旧 28 350 000

固定资产减值准备 1 800 000

5. 处置投资性房地产

企业可以通过对外出售或转让的方式处置投资性房地产取得收益。对于那些由于使用而不断磨损直到最终报废，或者由于遭受自然灾害等非正常原因发生毁损的投资性房地产应当及时进行清理。企业出售、转让、报废投资性房地产或者发生投资性房地产毁损，应当将处置收入扣除其账面价值和相关税费后的金额计入当期损益。

处置时，按照实际收到的款项，借记"银行存款"等账户，贷记"其他业务收入"等账户；按该项投资性房地产的累计折旧或累计摊销，借记"投资性房地产累计折旧"或"投资性房地产累计摊销"账户；按该项投资性房地产的账面余额，贷记"投资性房地产"账户；原已计提减值准备的，借记"投资性房地产减值准备"；按其差额，借记"其他业务成本"账户。

【例8-4】 接【例8-3】，假定甲公司于20×4年12月31日将该投资性房地产出售，实际收到价款6 150万元（不考虑相关税费），已存入银行。甲公司应编制如下会计分录：

（1）确认处置收入时：

借：银行存款 61 500 000

贷：其他业务收入 61 500 000

（2）结转成本时：

借：其他业务成本 58 200 000

投资性房地产累计折旧 24 300 000

贷：投资性房地产——厂房 82 500 000

三、处理采用公允价值模式进行后续计量的投资性房地产业务

（一）设置有关账户

企业采用公允价值模式计量的投资性房地产，除设置“投资性房地产”账户按类别或项目进行明细核算外，还应当分别通过“成本”和“公允价值变动”账户进行明细核算。

（二）具体业务处理

1.取得投资性房地产

企业外购、自行建造等取得的投资性房地产，按应计入投资性房地产成本的金额，借记“投资性房地产——成本”账户，贷记“银行存款”“在建工程”“开发产品”等账户。

2.投资性房地产发生后续支出

发生资本化后续支出时，即投资性房地产进入改扩建或装修阶段后，应当将其账面价值转入改扩建工程，借记“投资性房地产——在建”账户，贷记“投资性房地产——成本”账户，借记或贷记“投资性房地产——公允价值变动”等账户。发生资本化的改良或装修支出等，借记“投资性房地产——在建”账户，贷记“银行存款”“应付账款”等账户。改扩建或装修完成后，借记“投资性房地产——成本”账户，贷记“投资性房地产——在建”账户。

发生费用化后续支出时，应当在发生时计入当期损益，借记“其他业务成本”等账户，贷记“银行存款”等账户。

【例8-5】20×3年6月，甲公司与乙公司的一栋写字楼的经营租赁合同即将到期。为了提高写字楼的租金收入，甲公司决定在租赁期满后对该写字楼进行装修，并与丙公司签订了经营租赁协议，约定自装修完工时起将该写字楼出租给丙公司。20×3年6月30日，与乙公司的租赁合同到期，该写字楼随即进入装修阶段。20×3年6月30日，该写字楼账面余额为1 300万元，其中成本1 000万元，累计公允价值变动300万元。20×3年10月31日，该写字楼装修工程完工，共发生支出200万元，均已支付，即日起按照租赁合同出租给丙公司。假定甲公司采用公允价值计量模式进行后续计量，不考虑相关税费。

甲公司账务处理如下：

20×3年6月30日，投资性房地产转入装修工程时：

借：投资性房地产——写字楼（在建）	13 000 000	
贷：投资性房地产——写字楼（成本）		10 000 000
——写字楼（公允价值变动）		3 000 000

20×3年6月30日至10月31日，发生装修支出时：

借：投资性房地产——写字楼（在建）	2 000 000	
贷：银行存款		2 000 000

20×3年10月31日，装修工程完工时：

借：投资性房地产——写字楼（成本）	15 000 000	
贷：投资性房地产——写字楼（在建）		15 000 000

3.投资性房地产后续计量

企业有确凿证据表明其投资性房地产的公允价值能够持续可靠取得的，可以对投资性房地产采用公允价值模式进行后续计量。

投资性房地产采用公允价值模式进行后续计量的，不计提折旧或摊销，企业应当以资产负债表日的公允价值为基础，调整其账面价值，公允价值与原账面价值之间的差额计入当期损益。

资产负债表日，投资性房地产的公允价值高于其账面余额的差额，借记“投资性房地产——公允价值变动”账户，贷记“公允价值变动损益”；公允价值低于其账面余额的差额，作相反的会计分录。取得的租金收入，借记“银行存款”等账户，贷记“其他业务收入”账户。

【例8-6】 甲公司于20×3年1月1日将其自建完工的写字楼对外出租，确认为投资性房地产，并采用公允价值模式计量。已知该写字楼的造价和公允价值均为6 000万元。预计使用20年，净残值为零。租期3年，每年收取租金300万元。20×3年12月31日，该写字楼的公允价值为6 300万元。20×4年12月31日，该写字楼的公允价值为6 200万元。甲公司应编制如下会计分录：

（1）20×3年1月1日，确认投资性房地产时：

借：投资性房地产——写字楼（成本）　　60 000 000

　贷：在建工程——写字楼　　60 000 000

（2）20×3年确认租金收入时：

借：银行存款　　3 000 000

　贷：其他业务收入　　3 000 000

20×3年12月31日确认公允价值变动时：

借：投资性房地产——写字楼（公允价值变动）　　3 000 000

　贷：公允价值变动损益　　3 000 000

（3）20×4年确认租金收入时：

借：银行存款　　3 000 000

　贷：其他业务收入　　3 000 000

20×4年12月31日确认公允价值变动时：

借：公允价值变动损益　　1 000 000

　贷：投资性房地产——写字楼（公允价值变动）　　1 000 000

思考8-1：投资性房地产采用公允价值模式进行后续计量需要什么条件？

4.投资性房地产后续计量模式的变更

为保证会计信息的可比性，企业对投资性房地产的计量模式一经确定，不得随意变更。只有在房地产市场比较成熟、能够满足采用公允价值模式条件的情况下，才允许企业对投资性房地产从成本模式计量变更为公允价值模式计量。成本模式转为公允价值模式的，应当作为会计政策变更处理，将计量模式变更时公允价值与账面价值的差额调整期初留存收益。具体会计处理如下：

变更时，按投资性房地产的公允价值，借记“投资性房地产——成本”账户；按原成本模式下计提的折旧额、摊销额及减值准备额，分别借记“投资性房地产累计折旧”“投资性房地产累计摊销”“投资性房地产减值准备”账户；按投资性房地产的账面余额，贷记“投资性房地产”账户；按投资性房地产公允价值与其原账面价值之间的差额，贷记或借记“利润分配——未分配利润”“盈余公积”等账户。

已采用公允价值模式计量的投资性房地产，不得从公允价值模式转为成本模式。

5.投资性房地产的转换

采用公允价值模式计量的投资性房地产转换为自用房地产时，应当以其转换当日的公允价值作为自用房地产的账面价值，借记“固定资产”或“无形资产”账户，按该项投资性房地产的成本，贷记“投资性房地产——成本”账户，按该项投资性房地产的累计公允价值变动，贷记或借记“投资性房地产——公允价值变动”账户，按其差额，贷记或借记“公允价值变动损益”账户。

采用公允价值模式计量的投资性房地产转换为存货时，应当以其转换当日的公允价值作为存货的账面价值，借记“开发产品”等账户，按该项投资性房地产的成本，贷记“投资性房地产——成本”账户，按该项投资性房地产的累计公允价值变动，贷记或借记“投资性房地产——公允价值变动”账户，按其差额，贷记或借记“公允价值变动损益”账户。

企业将自用土地使用权或建筑物转换为采用公允价值模式计量的投资性房地产，应当按该土地使用权或建筑物在转换日的公允价值入账，借记“投资性房地产——成本”账户，原已计提累计摊销或累计折旧的，借记“累计摊销”或“累计折旧”账户；原已计提减值准备的，借记“固定资产减值准备”或“无形资产减值准备”账户；按其账面余额，贷记“固定资产”或“无形资产”账户。同时，转换日的公允价值小于账面价值的，按其差额，借记“公允价值变动损益”账户；转换日的公允价值大于账面价值的，按其差额，贷记“其他综合收益”账户。待该项投资性房地产处置时，因转换计入其他综合收益的部分应转入当期损益。

企业将作为存货的房地产转换为采用公允价值模式计量的投资性房地产，应当按其转换日的公允价值入账，借记“投资性房地产——成本”账户，原已计提跌价准备的，借记“存货跌价准备”账户，按其账面余额，贷记“开发产品”等账户。同时，转换日的公允价值小于账面价值的，按其差额，借记“公允价值变动损益”账户；转换日的公允价值大于账面价值的，按其差额，贷记“其他综合收益”账户。待该项投资性房地产处置时，因转换计入其他综合收益的部分应转入当期损益。

【例8-7】江华房地产公司于20×3年1月1日将其开发完成的写字楼对外出租，确认为投资性房地产，并采用公允价值模式计量。已知该写字楼的建造成本为5 000万元，公允价值为6 000万元。江华公司应编制如下会计分录：

借：投资性房地产——写字楼（成本）	60 000 000	
贷：开发产品		50 000 000
其他综合收益		10 000 000

6.处置投资性房地产

企业在出售、转让按公允价值模式进行后续计量的投资性房地产时，按照实际收到的款项，借记“银行存款”等账户，贷记“其他业务收入”账户。按该项投资性房地产的账面余额，借记“其他业务成本”账户，按其成本，贷记“投资性房地产——成本”账户，按其累计公允价值变动，贷记或借记“投资性房地产——公允价值变动”账户。同时，结转投资性房地产累计公允价值变动。若存在原转换日计入其他综合收益的金额，也一并结转。

【例8-8】接【例8-6】，假定20×5年1月5日，甲公司将该投资性房地产出售，取得收入6 260万元。甲公司应编制如下会计分录：

（1）处置取得收入时：

借：银行存款　　62 600 000

　贷：其他业务收入　　62 600 000

（2）结转成本时：

借：其他业务成本　　60 000 000

　　公允价值变动损益　　2 000 000

　贷：投资性房地产——写字楼（成本）　　60 000 000

　　　　　　　　　——写字楼（公允价值变动）　　2 000 000

任务实施

（1）龙腾公司相关业务处理如下：

20×3年3月取得写字楼时：

借：投资性房地产——写字楼　　7 500 000

　贷：银行存款　　7 500 000

20×3年度计提的折旧=（750−50）÷20÷12×9=26.25（万元）

20×3年度计提折旧时：

借：其他业务成本　　262 500

　贷：投资性房地产累计折旧　　262 500

20×3年取得租金收入时：

借：银行存款　　650 000

　贷：其他业务收入　　650 000

20×4年计提折旧时：

借：其他业务成本　　350 000

　贷：投资性房地产累计折旧　　350 000

20×4年取得租金收入时：

借：银行存款　　1 000 000

　贷：其他业务收入　　1 000 000

20×5年12月收回写字楼时：

借：其他业务成本　　350 000

　贷：投资性房地产累计折旧　　350 000

借：固定资产——写字楼　　7 500 000

　　投资性房地产累计折旧　　962 500

　贷：投资性房地产——写字楼　　7 500 000

　　　累计折旧　　962 500

（2）华泰公司相关业务会计处理如下：

20×3年12月25日，将自用建筑物对外出租时：

借：投资性房地产——建筑物（成本） 30 000 000
　　累计折旧 5 000 000
　贷：固定资产——建筑物 30 000 000
　　　其他综合收益 5 000 000

20×4年12月31日收取租金时：

借：银行存款 1 500 000
　贷：其他业务收入 1 500 000

公允价值发生变动时：

借：投资性房地产——建筑物（公允价值变动） 2 000 000
　贷：公允价值变动损益 2 000 000

20×5年12月31日收取租金时：

借：银行存款 1 500 000
　贷：其他业务收入 1 500 000

公允价值发生变动时：

借：公允价值变动损益 1 000 000
　贷：投资性房地产——建筑物（公允价值变动） 1 000 000

20×6年1月10日出售取得价款时：

借：银行存款 29 500 000
　贷：其他业务收入 29 500 000

借：其他业务成本 25 000 000
　　其他综合收益 5 000 000
　　公允价值变动损益 1 000 000
　贷：投资性房地产——建筑物（成本） 30 000 000
　　　　　　　　　——建筑物（公允价值变动） 1 000 000

注意事项

1. 处理采用成本模式和公允价值模式进行后续计量业务的区别。
2. 不同计量模式下，投资性房地产的转换和处置业务处理。

任务评价

根据前面任务下达的要求实施并完成任务后，进行任务实施评价，填写任务实施评价表，见表8-2-1。

表8-2-1 投资性房地产业务核算训练评价表

考评内容标准	实施评价		
	自我评价	同学互评	教师评价
掌握成本模式下投资性房地产业务的处理（50分）			
掌握公允价值模式下投资性房地产业务的处理（50分）			
合　　计			

同步练习

一、单项选择题

同步练习 8-2

扫码答题

1.下列各项中，不属于投资性房地产的是（　　）。

A.已出租的建筑物

B.持有并准备增值后转让的房屋建筑物

C.已出租的土地使用权

D.持有并准备增值后转让的土地使用权

2.企业出售、转让、报废投资性房地产时，应当将所处置投资性房地产的账面价值计入（　　）。

A.其他业务成本　　B.资本公积

C.营业外支出　　D.公允价值变动损益

3.下列说法中，不正确的是（　　）。

A.只要与投资性房地产有关的经济利益很可能流入企业，就应确认投资性房地产

B.外购投资性房地产的成本，包括购买价款、相关税费和可直接归属于该资产的其他支出

C.自行建造投资性房地产的成本，由建造该项资产达到预定可使用状态前所发生的必要支出构成

D.与投资性房地产有关的后续支出，满足投资性房地产准则规定的确认条件的，应当计入投资性房地产成本；不满足准则规定的确认条件的，应当在发生时计入当期损益

习题精讲 8-1

4.自用房地产转换为采用公允价值模式计量的投资性房地产，投资性房地产应当按照转换当日的公允价值计量。转换当日的公允价值小于原账面价值的，其差额通过（　　）科目核算。

A.“营业外收入”　　B.“其他综合收益”

C.“公允价值变动损益”　　D.“其他业务收入”

5.某企业投资性房地产采用成本模式计量。20×3年2月1日购入一幢建筑物用于出租。该建筑物的成本为540万元，预计使用年限为20年，预计净残值为60万元，采用直线法计提折旧。20×3年应计提的折旧额是（　　）万元。

A.10　　B.12　　C.20　　D.24

习题精讲 8-2

6. 20×3年1月1日，甲公司购入一幢建筑物用于出租，取得的发票上注明的价款为100万元，款项以银行存款支付。购入该建筑物发生的契税为2万元，也以银行存款支付。该投资性房地产的入账价值为（　　）万元。

A.102　　B.104

C.100　　D.98

二、多项选择题

习题精讲 8-3

1.下列各项中，属于投资性房地产的有（　　）。

A.已出租的土地使用权

B.已出租的建筑物

C.持有并准备增值后转让的土地使用权

D.房地产公司作为库存商品准备销售的房产

2.下列各项中，不属于投资性房地产的有（　　）。

A.自用的建筑物

B.已出租的建筑物

C.自用土地使用权

D.房地产公司作为库存商品准备销售的房产

3.投资性房地产后续计量模式有（　　）。

A.历史成本模式　　B.初始成本模式

C.成本模式　　D.公允价值模式

习题精讲8-4

4.对投资性房地产的后续计量，下列说法中，不正确的有（　　）。

A.企业通常应当采用成本模式对投资性房地产进行后续计量，也可采用公允价值模式对投资性房地产进行后续计量

B.企业选择采用公允价值模式对投资性房地产进行后续计量的，以后期间也可采用成本模式对投资性房地产进行后续计量

C.同一企业对不同的投资性房地产可以采用不同的计量模式

D.企业只能采用成本模式对投资性房地产进行后续计量

5.下列各项中，属于投资性房地产资本化后续支出的有（　　）。

A.对投资性房地产进行扩建　　B.对投资性房地产进行装修

C.对投资性房地产进行日常维护　　D.对投资性房地产进行改建

三、判断题

1.企业投资性房地产的后续计量只能采用成本模式。（　　）

2.自行建造投资性房地产的成本，由建造该项资产达到预定可使用状态前所发生的必要支出构成。（　　）

3.与投资性房地产有关的后续支出，应当在发生时计入当期损益。（　　）

4.企业对投资性房地产的计量模式一经确定，不得随意变更。（　　）

5.投资性房地产采用公允价值模式进行后续计量的，不计提折旧或摊销。（　　）

四、账务处理题

（一）

1.目的：练习成本模式计量投资性房地产的核算。

2.资料：

甲股份有限公司（以下简称甲公司）为房地产开发企业，有关业务资料如下：

（1）甲公司开发的A办公楼于20×3年1月10日达到预定可使用状态，全部工程造价为4 960万元，甲公司已经与乙公司签订租赁合同。该办公楼预计使用25年，采用直线法计提折旧，预计净残值160万元。

（2）20×3年1月31日，甲公司将A办公楼整体出租给乙公司，租期为3年，租金按季预收，每季度180万元。当日，甲公司已收到乙公司支付的首期A办公楼租金并存入银行。

（3）20×6年1月31日，甲公司按与乙公司达成的协议，将A办公楼出售给乙公司，实际收款5 200万元存入银行，不考虑相关税费。

3.要求：根据上述资料编制有关会计分录（该投资性房地产采用成本模式计量，分录金额用万元表示）。

（二）

1.目的：练习公允价值模式计量投资性房地产的核算。

2.资料：

甲公司投资性房地产后续支出采用公允价值模式计量，有关业务资料如下：

（1）20×3年1月1日将其自建完工的厂房对外出租，确认为投资性房地产，并采用公允价值模式计量。已知该厂房的造价和公允价值均为3 000万元。预计使用20年，净残值为零。

（2）租期3年，每年收取租金200万元。

（3）20×3年12月31日，该厂房的公允价值为3 150万元。

（4）20×4年12月31日，该厂房的公允价值为3 100万元。

（5）20×5年1月21日，甲公司将该厂房出售，取得收入3 130万元。

3.要求：根据上述资料编制有关会计分录。

任务3
处理长期股权投资

任务描述

（1）华泰公司20×4年3月1日购入乙公司发行的股票50万股，准备长期持有，每股买入价6元（含已宣告但尚未发放的现金股利0.20元），另支付相关税费1万元，占乙公司实际发行在外股数的51%，款项已通过银行支付。20×4年3月10日，华泰公司收到乙公司分派的上述股利。20×5年2月5日，乙公司宣告分派20×4年度的现金股利0.1元/股。20×5年2月15日，华泰公司收到乙公司分派的现金股利。20×5年4月3日，华泰公司将所拥有的乙公司的股票全部出售，实际取得价款380万元，款项已收存银行。

假定不考虑相关税费，请作出华泰公司上述有关投资业务的会计处理。

（2）龙腾公司于20×3年1月1日用银行存款购入B公司股票400万股，每股购入价为10元（含已宣告但尚未发放的现金股利1元），另支付相关税费20万元，占B公司实际发行在外股数的30%。龙腾公司采用权益法核算此项投资。20×3年1月1日B公司可辨认净资产公允价值为13 000万元。20×3年1月20日收到上述现金股利。20×3年B公司实现净利润1 000万元。20×4年3月5日，B公司宣告分派现金股利100万元。20×4年3月16日，龙腾公司收到现金股利。20×4年B公司发生净亏损300万元。20×5年2月1日，B公司因为将自用房地产转为采用公允价值模式计量的投资性房地产，使其他综合收益增加了80万元。20×5年3月5日，龙腾公司将持有的B公司的股份全部对外出售，收到款项4 500万元存入银行。

假定不考虑相关税费，请作出龙腾公司上述有关投资业务的会计处理。

相关知识

一、认识长期股权投资业务

（一）认识长期股权投资

1.长期股权投资的概念

长期股权投资是指企业通过付出现金或非现金资产等取得被投资单位的股份或股权，

成为被投资单位的股东，按所持股份的比例享有权益并承担责任的投资。

2.长期股权投资的特点

（1）投资企业一般取得被投资单位的股份，成为被投资单位的股东，并准备长期持有，同时承担被投资单位可能因为经营状况不佳、破产清算等导致相应投资损失的风险，投资期限长，投资风险大。

（2）投资企业一旦成为被投资单位的股东，依所持股份份额享有股东权利并承担相应义务，一般情况下不得随意抽回投资。

（3）投资的目的除了获取投资收益外，更重要的是对被投资单位施加影响，增强企业竞争力，以谋求最大的经济利益。

3.长期股权投资的分类

长期股权投资主要分为以下几种类型：

（1）企业持有的能够对被投资单位实施控制的权益性投资，即对子公司投资。控制，是指有权决定一个企业的财务和经营政策，并能据此从该企业的经营活动中获取利益。具体来说，投资企业能够对被投资单位实施控制主要有以下几种情况：

① 投资企业直接拥有被投资单位50%以上（不含50%）的表决权资本。表决权资本，是指具有投票权的资本。

② 投资企业虽然拥有被投资单位50%或以下的表决权资本，但具有实质控制权。

（2）企业持有的能够与其他合营方一同对被投资单位实施共同控制且对被投资单位净资产享有权利的权益性投资，即对合营企业投资。共同控制，是指按照相关约定对某项安排所共有的控制，并且该安排的相关活动必须经过分享控制权的参与方一致同意后才能存在。相关活动，是指对某项安排的回报产生重大影响的活动。某项安排的相关活动应当根据具体情况进行判断，通常包括商品或劳务的销售和购买、金融资产的管理、资产的购买和处置、研究与开发活动以及融资活动等。

在判断是否存在共同控制时，应当首先判断所有参与方或参与方组合是否集体控制该安排，其次判断该安排相关活动的决策是否必须经过这些集体控制该安排的参与方一致同意。如果存在两个或两个以上的参与方组合能够集体控制某项安排的，则不构成共同控制。仅享有保护性权利的参与方不享有共同控制。

（3）企业持有的能够对被投资单位施加重大影响的权益性投资，即对联营企业投资。重大影响，是指对一个企业的财务和经营政策有参与决策的权力，但并不能够控制或者与其他方一起共同控制这些政策的制定。在确定能否对被投资单位施加重大影响时，应考虑投资方直接或间接持有被投资单位的表决权股份，同时要考虑投资方及其他方持有的当期可执行潜在表决权在假定转换为对被投资单位的股权后产生的影响，如被投资单位发行的当期可转换的认股权证、股份期权及可转换公司债券等的影响。

投资企业直接或通过子公司间接拥有被投资单位20%以上但低于50%的表决权时，一般认为对被投资单位具有重大影响，除非有明确的证据表明该种情况下不能参与被投资单位的生产经营决策，不形成重大影响。企业通常可以通过以下一种或几种情形来判断是否对被投资单位具有重大影响：

① 在被投资单位的董事会或类似的权力机构中派有代表；

② 参与被投资单位财务和经营政策制定过程；

③ 与被投资单位之间发生重要交易；

④ 向被投资单位派出管理人员；

⑤ 向被投资单位提供关键技术资料。

（二）认识长期股权投资业务的核算方法

1.成本法

成本法是指长期股权投资按照初始投资成本入账，不随被投资单位权益的增减而调整的方法。成本法主要适用于企业能够对被投资单位实施控制的长期股权投资，即企业对子公司的长期股权投资。

2.权益法

权益法是指对长期股权投资最初以投资成本计价，以后根据投资企业享有被投资单位所有者权益份额的变动对投资的账面价值进行调整的方法。权益法主要适用于：

（1）企业对被投资单位具有共同控制的长期股权投资，即对合营企业的长期股权投资。

（2）企业对被投资单位具有重大影响的长期股权投资，即对联营企业的长期股权投资。

处理长期股权投资业务，一般包括处理长期股权投资初始取得业务、处理长期股权投资持有期间业务、处理长期股权投资处置业务。

二、处理企业合并形成的长期股权投资业务

（一）设置有关账户

为了处理企业合并形成的长期股权投资业务，企业应设置“长期股权投资”“资本公积”“盈余公积”等账户，并按投资单位设置明细账，进行明细分类核算。

（二）具体业务处理

1.同一控制下企业合并形成的长期股权投资

同一控制下企业合并实质是集团内部资产的重新配置与账面调拨，仅涉及集团内部不同企业间资产和所有者权益的变动，不具有商业实质，不应产生经营性和非经营性损益。

（1）合并方以支付现金、转让非现金资产或承担债务方式作为合并对价的，应在合并日按取得被合并方所有者权益在最终控制方合并财务报表中的账面价值份额，借记“长期股权投资”账户，按支付的合并对价的账面价值，贷记或借记有关资产、负债账户，按其差额，贷记“资本公积——资本溢价或股本溢价”账户；如为借方差额，借记“资本公积——资本溢价或股本溢价”账户，该账户不足以冲减的，应依次冲减“盈余公积”“利润分配——未分配利润”账户。

【例8-9】 A企业和B企业为同一母公司甲公司最终控制下的两家企业。20×3年12月31日，A企业向甲公司支付现金50 000 000元，取得甲公司拥有的B企业100%的股权，于当日起对B企业实施控制。合并后B企业仍维持其独立法人地位继续经营。20×3年12月31日甲公司合并报表中B企业净资产账面价值为48 000 000元。A企业和B企业合并前采用的会计政策相同。假定不考虑相关税费等其他因素影响。

合并日，A企业应作会计分录如下：

借：长期股权投资——B企业	48 000 000	
资本公积——股本溢价	2 000 000	
贷：银行存款		50 000 000

（2）合并方以发行权益性证券作为合并对价的，应当在合并日按照被合并方所有者权益在最终控制方合并财务报表中的账面价值份额，借记“长期股权投资”账户，按照发行股份的面值总额，贷记“股本”账户，按其差额，贷记“资本公积——资本溢价或股本溢价”账户；如为借方差额，借记“资本公积——资本溢价或股本溢价”账户，该账户不足冲减的，应依次冲减“盈余公积”“利润分配——未分配利润”账户。

【例8-10】 A企业和B企业为同一母公司甲公司最终控制下的两家企业。如A企业向甲公司发行10 000 000股普通股（每股面值1元，每股公允价值为5元），取得甲公司拥有的B企业100%的股权，于当日起对B企业实施控制。合并后B企业仍维持其独立法人地位继续经营。20×3年12月31日甲公司合并报表中B企业净资产账面价值为48 000 000元。A企业和B企业合并前采用的会计政策相同。假定不考虑相关税费等其他因素影响。

合并日，A企业应作会计分录如下：

借：长期股权投资——B企业	48 000 000	
贷：股本		10 000 000
资本公积——股本溢价		38 000 000

2.非同一控制下企业合并形成的长期股权投资

非同一控制下企业合并实质是不同市场主体间产生产权交易，购买方如果以转让非现金资产方式作为对价的，实质是转让或处置了非现金资产，具有商业实质，产生经营性或非经营性损益。

（1）购买方以支付现金、转让非现金资产或承担债务方式作为合并对价的，应在购买日按照现金、非现金货币性资产的公允价值作为初始投资成本计量确定合并成本，借记“长期股权投资”账户，按付出的合并对价的账面价值，贷记或借记有关资产、负债类账户，按发生的直接相关费用（如资产处置费用），贷记“银行存款”等账户，按其差额，贷记“主营业务收入”“资产处置损益”“投资收益”等账户或借记“管理费用”“主营业务成本”“资产处置损益”等账户。

【例8-11】 A企业和B企业为非同一控制下的两家独立企业。20×3年12月31日，A企业以固定资产对B企业投资，取得B企业60%的股权，该固定资产原值20 000 000元，已计提折旧5 000 000元，已计提减值准备300 000元。投资日该固定资产的公允价值为16 000 000元。20×3年12月31日B公司的可辨认净资产公允价值为20 000 000元。假定不考虑相关税费等其他因素影响。

购买日，A企业应作会计分录如下：

借：长期股权投资——B企业	16 000 000	
累计折旧	5 000 000	
固定资产减值准备	300 000	
贷：固定资产		20 000 000
资产处置损益		1 300 000

（2）购买方以发行权益性证券作为合并对价的，应在购买日按照发行的权益性证券的公允

价值，借记“长期股权投资”账户，按照发行权益性证券的面值总额，贷记“股本”账户，按其差额，贷记“资本公积——资本溢价或股本溢价”账户。企业为合并发生的审计、法律服务、评估咨询等中介费用以及其他相关费用，应当于发生时借记“管理费用”账户，贷记“银行存款”账户。

【例8-12】 A企业和B企业为非同一控制下的两家独立企业。20×3年12月31日，A企业以发行普通股70 000 000股取得B企业有表决权股份的60%。该股票面值为每股1元，市场发行价为每股3元。向证券承销机构支付股票发行相关税费6 300 000元。假定不考虑其他因素影响。

购买日，A企业应作会计分录如下：

借：长期股权投资——B企业　　210 000 000

　贷：股本　　70 000 000

　　　资本公积——股本溢价　　14 000 000

支付发行相关税费：

借：资本公积——股本溢价　　6 300 000

　贷：银行存款　　6 300 000

三、处理非企业合并形成的长期股权投资业务

（一）设置有关账户

为了处理非企业合并形成的长期股权投资业务，企业应设置“长期股权投资”“银行存款”“资产处置损益”等账户，并按投资单位设置明细账，进行明细分类核算。

（二）具体业务处理

企业以非企业合并方式形成的长期股权投资，其实质是进行权益投资性质的商业交易。以支付现金、非现金资产等其他方式取得的长期股权投资，应按现金、非现金货币性资产的公允价值或按照非货币性资产交换或债务重组准则确定的初始投资成本，借记“长期股权投资”账户，贷记“银行存款”等账户，贷记或借记“资产处置损益”等处置非现金资产相关的账户。

【例8-13】 A企业和B企业为非同一控制下的两家独立企业。20×3年12月31日，A企业支付现金32 000 000取得B企业20%有表决权的股份。A企业准备长期持有。假定不考虑其他因素影响。

购买日，A企业应作会计分录如下：

借：长期股权投资——B企业　　32 000 000

　贷：银行存款　　32 000 000

四、采用成本法处理长期股权投资业务

（一）设置有关账户

为了处理长期股权投资业务，企业应设置“长期股权投资”账户，并按被投资单位设置明细账户，进行明细分类核算。该账户属于资产类账户，借方登记长期股权投资取得时的成本，贷方登记收回的长期股权投资的价值，期末借方余额反映企业持有的长期股权投资的价值。

（二）具体业务处理

1.取得长期股权投资

企业取得长期股权投资时，应当按照初始投资成本计价。除企业合并形成的长期股权投资以外，以支付现金、非现金资产等方式取得的长期股权投资，应当按照实际支付的购买价款或对价（不包括已宣告但尚未发放的现金股利和利润，包括企业所发生的与取得长期股权投资直接相关的费用、税金及其他必要支出）作为初始投资成本，借记“长期股权投资”账户，按实际支付的购买价款或对价中包含的已宣告但尚未发放的现金股利或利润，借记“应收股利”账户，按实际支付的价款或对价贷记“银行存款”等账户。

【例8-14】 甲公司20×3年1月16日购买了D公司60%的股权准备长期持有，支付了价款500万元，另外支付了相关税费5万元，款项通过银行存款支付。甲公司应编制如下会计分录：

借：长期股权投资——D公司 5 050 000

　贷：银行存款 5 050 000

2.持有长期股权投资

持有长期股权投资，被投资单位宣告发放现金股利或利润时，企业按应享有的部分确认投资收益，借记“应收股利”账户，贷记“投资收益”账户。实际收到现金股利或利润时，借记“银行存款”等账户，贷记“应收股利”账户。

【例8-15】 接【例8-14】，假设甲公司于20×3年4月20日收到D公司宣告发放现金股利的通知，应分得现金股利12万元。20×3年5月10日，收到D公司发放的现金股利，款项已存入银行。甲公司应编制如下会计分录：

（1）20×3年4月20日，D公司宣告发放现金股利时：

借：应收股利——D公司 120 000

　贷：投资收益 120 000

（2）20×3年5月10日，收到现金股利时：

借：银行存款 120 000

　贷：应收股利——D公司 120 000

3.处置长期股权投资

处置长期股权投资时，按实际取得的价款与长期股权投资账面价值的差额确认为投资损益，并应同时结转已计提的长期股权投资减值准备。具体业务处理是：按实际收到的金额，借记“银行存款”等账户；已计提减值准备的，借记“长期股权投资减值准备”账户；按其账面余额，贷记“长期股权投资”账户；按尚未领取的现金股利或利润，贷记“应收股利”账户；差额作为处置损益，贷记或借记“投资收益”账户。

【例8-16】 接【例8-14】和【例8-15】，假设甲公司于20×3年3月10日将其持有的D公司的股权以600万元的价格全部出售，并支付相关税费11万元，取得价款589万元，已存入银行。假定没有计提减值准备。甲公司应编制如下会计分录：

借：银行存款 5 890 000

　贷：长期股权投资——D公司 5 050 000

　　投资收益 840 000

五、采用权益法处理长期股权投资业务

（一）设置有关账户

在权益法下处理长期股权投资业务时，企业设置“长期股权投资”账户，除按被投资单位设置明细账户进行明细分类核算外，还需进一步设置“成本”“损益调整”“其他综合收益”“其他权益变动”等明细账户。

（二）具体业务处理

1.取得长期股权投资

取得长期股权投资时，长期股权投资的初始投资成本大于投资时应享有被投资单位可辨认净资产公允价值份额的，不调整已确认的初始投资成本，借记“长期股权投资——成本”账户，贷记“银行存款”等账户。若长期股权投资的初始投资成本小于投资时应享有被投资单位可辨认净资产公允价值份额的，借记“长期股权投资——成本”账户，贷记“银行存款”等账户，按其差额，贷记“营业外收入”账户。

【例8-17】 甲公司20×3年3月10日购买了E公司30%的股权并准备长期持有，支付了价款4 000万元，另外支付了相关税费50万元，款项通过银行存款支付。已知E公司可辨认净资产公允价值为13 000万元。甲公司应编制如下会计分录：

借：长期股权投资——E公司（成本）	40 500 000	
贷：银行存款		40 500 000

【例8-18】 若【例8-17】中，甲公司在购买E公司的股权时，E公司可辨认净资产的公允价值为14 000万元。则甲公司应编制如下会计分录：

借：长期股权投资——E公司（成本）	42 000 000	
贷：银行存款		40 500 000
营业外收入		1 500 000

2.持有长期股权投资

持有长期股权投资时，被投资单位实现净利润或发生净亏损均影响所有者权益的变动，因此投资企业的长期股权投资的账面价值需要进行相应的调整。具体业务处理为：

（1）根据被投资单位实现的净利润计算应享有的份额，借记“长期股权投资——损益调整”账户，贷记“投资收益”账户。被投资单位发生净亏损作相反的会计分录，但以该账户的账面价值减记至零为限，借记“投资收益”账户，贷记“长期股权投资——损益调整”账户。需要注意的是，上述账面价值减记至零为限的账户是指“长期股权投资”账户，包括“成本”“损益调整”“其他综合收益”“其他权益变动”四个明细账户；账面价值减记至零是指该账户的四个明细账户的余额合计为零。

（2）被投资单位宣告发放现金股利时，投资企业计算应享有的份额，借记“应收股利”账户，贷记“长期股权投资——损益调整”账户。实际收到时，借记“银行存款”账户，贷记“应收股利”账户。投资企业收到被投资单位宣告发放的股票股利，不进行账务处理，只在备查账簿中登记。

（3）持有期间被投资单位其他综合收益发生变动时，投资企业按持股比例计算应享有的份额，借记“长期股权投资——其他综合收益”账户，贷记“其他综合收益”账户，或

作相反的会计分录。

（4）被投资单位发生除净损益、其他综合收益以及利润分配以外的所有者权益的其他变动时，投资企业按持股比例计算应享有的份额，借记“长期股权投资——其他权益变动”账户，贷记“资本公积——其他资本公积”账户，或作相反的会计分录，并在备查账簿中登记。被投资单位除净损益、其他综合收益以及利润分配以外的所有者权益的其他变动，主要包括：被投资单位接收其他股东的资本性投入、被投资单位发行可分离交易的可转债中包含的权益成分、以权益结算的股份支付、其他股东对被投资单位增资导致投资方持股比例变动等。

【例8-19】 接【例8-17】，20×3年12月31日，E公司实现净利润2 000万元，甲公司按持股比例确认投资收益600万元。20×4年4月15日，E公司宣告分配现金股利1 200万元，甲公司可分到360万元。20×4年5月15日，甲公司收到分派的现金股利。20×4年12月31日，E公司实现净亏损400万元，甲公司按持股比例确认投资损失120万元。甲公司应编制如下会计分录：

（1）20×3年12月31日，确认从E公司实现的投资收益时：

借：长期股权投资——E公司（损益调整） 6 000 000

  贷：投资收益 6 000 000

（2）20×4年4月15日，确认E公司分配的现金股利时：

借：应收股利——E公司 3 600 000

  贷：长期股权投资——E公司（损益调整） 3 600 000

（3）20×4年5月15日，收到现金股利时：

借：银行存款 3 600 000

  贷：应收股利——E公司 3 600 000

（4）20×4年12月31日，确认从E公司实现的投资亏损时：

借：投资收益 1 200 000

  贷：长期股权投资——E公司（损益调整） 1 200 000

【例8-20】 接【例8-19】，假设20×4年E公司持有的分类为以公允价值计量且其变动计入其他综合收益的金融资产公允价值增加了500万元，甲公司按持股比例确认相应的收益。甲公司应编制如下会计分录：

借：长期股权投资——E公司（其他综合收益） 1 500 000

  贷：其他综合收益 1 500 000

思考8-2： 权益法下长期股权投资持有时的处理与成本法下的区别是什么？

3.处置长期股权投资

处置长期股权投资时，按实际取得的价款与长期股权投资账面价值的差额确认为投资损益，并应同时结转已计提的长期股权投资减值准备。具体业务处理是：按实际收到的金额，借记“银行存款”等账户；已计提减值准备的，借记“长期股权投资减值准备”账户；按该长期股权投资的账面余额，贷记“长期股权投资——成本”，贷记或借记“长期股权投资——损益调整”“长期股权投资——其他综合收益”“长期股权投资——其他权益变动”账户；按尚未领取的现金股利或利润，贷记“应收股利”账户；差额作为处置损益，贷记或借记“投资收益”账户。

同时，应结转原计入“其他综合收益”账户的相关金额，借记或贷记“其他综合收益”账户，贷记或借记“投资收益”账户。应结转原计入“资本公积——其他资本公积”账户的相关金额，借记或贷记“资本公积——其他资本公积”账户，贷记或借记“投资收益”账户。

【例8-21】 接【例8-17】、【例8-19】、【例8-20】，20×4年12月31日，甲公司出售其持有的E公司的全部股权，实际收到款项4 800万元，已存入银行。甲公司应编制如下会计分录：

借：银行存款　　48 000 000
　贷：长期股权投资——E公司（成本）　　40 500 000
　　　　　　　　——E公司（损益调整）　　1 200 000
　　　　　　　　——E公司（其他综合收益）　　1 500 000
　　投资收益　　4 800 000

同时：

借：其他综合收益　　1 500 000
　贷：投资收益　　1 500 000

六、处理长期股权投资减值业务

（一）认识长期股权投资减值业务

企业持有的长期股权投资，应当定期对其账面价值逐项进行检查，至少于每年年末检查一次。如果由于市价持续下跌或被投资单位经营状况发生变化等原因，导致其可收回金额低于账面价值，则表明该项投资已发生减值。

（二）确定长期股权投资减值金额

企业对资产进行减值测试并计算确定可收回金额后，如果资产的可收回金额低于账面价值，应当将资产的账面价值减记至可收回金额，减记的金额确认为资产减值损失，计入当期损益，同时计提相应的资产减值准备。

（三）处理长期股权投资减值业务

企业计提长期股权投资减值准备，应当设置“长期股权投资减值准备”账户核算。该账户属于资产类账户，是“长期股权投资”账户的备抵账户。

企业计提减值准备时，按应减记的金额，借记“资产减值损失”账户，贷记“长期股权投资减值准备”账户。

长期股权投资减值损失一经确认，在以后会计期间不得转回。

任务实施

（1）华泰公司投资业务处理如下：

20×4年3月1日取得长期股权投资时：

借：长期股权投资——乙公司　　2 910 000
　　应收股利　　100 000
　贷：银行存款　　3 010 000

20×4年3月10日收到现金股利时：

借：银行存款 100 000

贷：应收股利 100 000

20×5年2月5日被投资单位宣告分派现金股利时：

借：应收股利 50 000

贷：投资收益 50 000

20×5年2月15日收到现金股利时：

借：银行存款 50 000

贷：应收股利 50 000

20×5年4月3日处置长期股权投资时：

借：银行存款 3 800 000

贷：长期股权投资——乙公司 2 910 000

投资收益 890 000

（2）龙腾公司投资业务处理如下：

20×3年1月1日取得长期股权投资时：

借：长期股权投资——B公司（成本） 36 200 000

应收股利 4 000 000

贷：银行存款 40 200 000

长期股权投资的初始投资成本为3 620万元，小于投资时应享有被投资单位可辨认净资产公允价值份额3 900万元（13 000×30%），应调整长期股权投资的初始投资成本。

借：长期股权投资——B公司（成本） 2 800 000

贷：营业外收入 2 800 000

20×3年1月20日收到现金股利时：

借：银行存款 4 000 000

贷：应收股利 4 000 000

20×3年12月31日被投资单位实现净利润时：

借：长期股权投资——B公司（损益调整） 3 000 000

贷：投资收益 3 000 000

20×4年3月5日被投资单位宣告分派现金股利时：

借：应收股利 300 000

贷：长期股权投资——B公司（损益调整） 300 000

20×4年3月16日收到现金股利时：

借：银行存款 300 000

贷：应收股利 300 000

20×4年12月31日被投资单位发生净亏损时：

借：投资收益 900 000

贷：长期股权投资——B公司（损益调整） 900 000

20×5年2月1日被投资单位发生其他综合收益变动时：

借：长期股权投资——B公司（其他综合收益） 240 000

贷：其他综合收益 240 000

20×5年3月5日处置长期股权投资时：

借：银行存款 45 000 000

贷：长期股权投资——B公司（成本） 39 000 000

——B公司（损益调整） 1 800 000

——B公司（其他综合收益） 240 000

投资收益 3 960 000

借：其他综合收益 240 000

贷：投资收益 240 000

注意事项

1.在核算长期股权投资业务时，请注意成本法和权益法下的初始计量业务处理。

2.采用权益法时，被投资单位发生影响所有者权益变动事项时，长期股权投资需按份额相应调整其账面价值。

任务评价

根据前面任务下达的要求实施并完成任务后，进行任务实施评价，填写任务实施评价表，见表8-3-1。

表8-3-1 长期股权投资业务核算训练评价表

考评内容标准	实施评价		
	自我评价	同学互评	教师评价
掌握成本法下长期股权投资业务的处理（50分）			
掌握权益法下长期股权投资业务的处理（50分）			
合　计			

同步练习

一、单项选择题

同步练习8-3 扫码答题

1.采用成本法核算的长期股权投资，被投资单位宣告分派现金股利时，投资企业按享有的份额应记入（　　）科目。

A.“长期股权投资”　B.“投资收益”

C.“资本公积”　D.“营业外收入”

2.在采用成本法核算长期股权投资的情况下，被投资单位发生亏损时，投资企业应当（　　）。

A.借记“投资收益”　B.借记“资本公积”

C.贷记“长期股权投资”　D.不作处理

3.A公司于20×3年1月1日从证券市场上购入B公司发行在外股份的25%，实际支付价款500万元，另支付相关税费5万元。同日，B公司可辨认净资产的公允价值为2 200万元。A公司20×3年1月1日取得的长期股权投资的初始投资成本为（　　）万元。

A.550　B.505　C.500　D.555

习题精讲8-5

4.某企业20×4年1月1日购入B公司60%的有表决权股份，实际支付价款300万元。4月1日B公司宣告派发20×3年现金股利100万元，当年B公司经营获利100万元。20×4年年末企业的股票投资账面余额为（　　）万元。

A.290　　B.300

C.310　　D.320

5. 20×3年1月1日A公司购入B公司30%的股权，能够对B公司的生产经营活动产生重大影响，B公司当年实现的净利润为3 000万元，因公允价值变动计入其他综合收益的金额为600万元，除净损益、其他综合收益以及利润分配以外的所有者权益其他变动为200万元。假定A公司和B公司采用的会计政策、会计期间相同，投资时B公司有关资产的公允价值与其账面价值相同，无其他内部交易。则A公司当年对该项长期股权投资的下列处理中，表述不正确的是（　　）。

习题精讲8-6

A. 应确认投资收益900万元

B. 应确认其他综合收益180万元

C. 应增加长期股权投资的账面价值1 140万元

D. 不应确认资本公积的金额

二、多项选择题

1.下列属于长期股权投资核算内容的有（　　）。

A.对子公司股权投资　　B.对合营企业股权投资

C.对共同经营企业股权投资　　D.对联营企业股权投资

2.下列各项中，不会引起采用权益法核算的长期股权投资账面价值发生变动的有（　　）。

A.收到被投资单位分派的股票股利　　B.被投资单位实现净利润

C.被投资单位的资本公积转增资本　　D.计提长期股权投资减值准备

3.下列各项中，能引起采用权益法核算的长期股权投资账面价值发生变动的有（　　）。

A.被投资单位实现净利润

B.被投资单位宣告分派股票股利

C.被投资单位宣告分派现金股利

D.被投资单位除净损益、其他综合收益以及利润分配以外的所有者权益其他变动

习题精讲8-7

4.长期股权投资采用成本法核算，下列关于持有股权期间的会计处理的表述中，正确的有（　　）。

A.按获得的现金股利确认投资收益

B.按应享受的收益份额确认投资收益

C.被投资方无论盈亏均不需要进行相应处理

D.投资发生减值时应减记投资的账面价值

5.下列关于处置长期股权投资的表述中，正确的有（　　）。

A.企业处置长期股权投资时，应将出售价款与处置长期股权投资账面价值之间的差额计入营业外收入

B.企业处置长期股权投资时，应将出售价款与处置长期股权投资账面价值之间的差额计入投资收益

C.采用权益法核算时，原计入资本公积的金额，在处置时不应予以结转

D. 采用权益法核算时，原计入其他综合收益的金额，在处置时应予以结转

三、判断题

1. 长期股权投资减值准备一经确认，在以后会计期间不得转回。（ ）

2. 在采用权益法核算的情况下，投资企业应于被投资单位宣告分派利润时，按持有表决权资本比例计算应分得的利润，确认投资收益，并调整长期股权投资的账面价值。（ ）

3. 取得长期股权投资时，对于支付的对价中包含的应享有被投资单位已经宣告但尚未发放的现金股利或利润应构成取得长期股权投资的初始投资成本。（ ）

4. 在权益法下，当被投资单位亏损时，投资企业一般不做账务处理；当被投资单位盈利时，投资企业应按持股比例计算应享有的份额并确认为投资收益。（ ）

5. 长期股权投资采用权益法核算时，被投资单位宣告发放现金股利时，投资方应当确认投资收益。（ ）

四、账务处理题

（一）

1. 目的：练习长期股权投资成本法的核算。

2. 资料：

甲公司20×3年发生如下有关业务：

（1）20×3年1月20日，购买D公司60%的股权并准备长期持有，支付了价款300万元，另外支付了相关税费15万元，款项通过银行存款支付。

（2）20×3年4月20日，收到D公司宣告发放现金股利的通知，应分得现金股利20万元。

（3）20×3年5月20日，收到D公司发放的现金股利，款项已存入银行。

（4）20×3年6月10日，将其持有的D公司的股权以520万元的价格全部出售，并支付相关税费25万元，取得价款495万元，已存入银行。

3. 要求：假定不考虑减值因素，根据上述业务，编制甲公司的相关会计分录（分录金额用万元表示）。

（二）

1. 目的：练习长期股权投资权益法的核算。

2. 资料：

甲公司发生如下有关业务：

（1）20×3年1月7日，购入乙公司有表决权的股票100万股，占乙公司股份的25%，从而对乙公司的财务和经营政策有重大影响。该股票每股买入价为8元，其中每股包含已宣告但尚未发放的现金股利0.20元；另外，甲公司在购买股票时还支付了相关税费1万元，款项均由银行存款支付，乙公司20×3年年初可辨认净资产的公允价值为3 000万元。

（2）20×3年2月15日，收到乙公司发放的现金股利20万元。

（3）20×3年度，乙公司实现净利润200万元。

（4）20×4年1月6日，乙公司宣告分派20×3年度现金股利，每股分派现金股利0.10元。

（5）20×4年2月15日，甲公司收到乙公司发放的20×3年度现金股利。

（6）20×4年度，乙公司发生亏损20万元。

（7）20×5年1月7日，甲公司出售所持有的乙公司股票10万股，每股销售价格10元（假定不考虑相关税费，甲公司出售股票后，仍能对乙公司财务与经营政策产生重大影响）。

3.要求：假定不考虑减值因素，根据上述业务，编制甲公司的相关会计分录（“长期股权投资”科目要求写出明细科目，分录金额用万元表示）。

任务4 处理交易性金融资产

任务描述

（1）龙腾公司20×3年1—3月发生如下业务：

1月1日，购进中兴公司股票100万股，每股市价5元，另发生相关的交易费用2万元，相关增值税为1 200元，款项均通过证券账户支付。企业将该股票划归为交易性金融资产。

1月31日，该股票在证券交易所的收盘价格为每股4.7元。

2月28日，该股票在证券交易所的收盘价格为每股5.2元。

3月5日，中兴公司宣告按每股0.1元分派现金股利。

3月10日，收到中兴公司分派的现金股利。

3月20日，将所持有的该股票全部出售，所得价款565万元，已存入银行。

请对龙腾公司的相关业务作出会计处理。

（2）20×3年1月1日，金茂公司支付价款110万元（含已到付息期但尚未领取的利息2万元），购入天宇公司发行的债券，并划归为交易性金融资产，另发生交易费用2万元，相关增值税为1 200元。该债券的面值为100万元，剩余期限2年，票面利率为4%，每半年付息一次。

20×3年1月5日，收到该债券20×2年下半年的利息2万元。

20×3年6月30日，该债券的公允价值为115万元（不含利息）。

20×3年7月1日，收到该债券20×3年上半年利息。

20×3年12月31日，该债券的公允价值为110万元（不含利息）。

20×4年1月5日，收到该债券20×3年下半年的利息。

20×4年1月10日，金茂公司将该债券出售，取得价款118万元。

请对金茂公司的以上业务作出会计处理。

相关知识

一、认识交易性金融资产

（一）认识金融资产

金融资产是指企业持有的现金、其他方的权益工具以及符合下列条件之一的资产：

一是从其他方收取现金或其他金融资产的合同权利；

二是在潜在有利条件下，与其他方交换金融资产或金融负债的合同权利；

三是将来须用或可用企业自身权益工具进行结算的非衍生工具合同，且企业根据该合同将收到可变数量的自身权益工具；

四是将来须用或可用企业自身权益工具进行结算的衍生工具合同，但以固定数量的自身权益工具交换固定金额的现金或其他金融资产的衍生工具合同除外。

（二）金融资产的分类

企业应当根据其管理金融资产的业务模式和金融资产的合同现金流量特征，将金融资产划分为以下三类：

①以摊余成本计量的金融资产；

②以公允价值计量且其变动计入其他综合收益的金融资产；

③以公允价值计量且其变动计入当期损益的金融资产。

上述分类一经确定，不得随意变更。

本任务只涉及以公允价值计量且其变动计入当期损益的金融资产。

（三）交易性金融资产

交易性金融资产主要是指企业为了近期内出售而持有的金融资产，如企业以赚取差价为目的从二级市场购入的股票、债券、基金等。

金融资产满足下列条件之一的，应当划分为交易性金融资产：

①取得该金融资产的目的，主要是指在近期内出售。

②属于进行集中管理的可辨认金融工具组合的一部分，且有客观证据表明企业近期采用短期获利方式对该组合进行管理。

③属于衍生金融工具，比如国债期货、远期合同、股指期货等。

二、处理交易性金融资产

交易性金融资产业务主要包括初始取得业务、持有期间收取现金股利或利息业务、期末计量业务、处置业务。交易性金融资产的确认与计量是以公允价值为计量基础的。交易性金融资产的公允价值如果发生变动，其变动计入当期损益。

（一）设置有关账户

为了处理交易性金融资产的取得、收取现金股利或利息、期末计价、处置等业务，企业应当设置“交易性金融资产”“公允价值变动损益”“投资收益”等账户。

“交易性金融资产”账户核算企业为交易目的所持有的债券投资、股票投资、基金投资等交易性金融资产的公允价值。企业持有的直接指定为以公允价值计量且其变动计入当期损益的金融资产也在此账户核算。该账户为资产类账户，借方登记交易性金融资产的取得成本，以及资产负债表日公允价值高于账面价值的差额；贷方登记资产负债表日公允价值低于账面价值的差额，以及企业出售交易性金融资产时注销的账面价值；期末借方余额反映企业持有的交易性金融资产的公允价值。企业应当按照交易性金融资产的类别和品种分设明细账，分别设置“成本”“公允价值变动”等明细账户进行核算。

“公允价值变动损益”账户核算企业交易性金融资产等公允价值变动而形成的应计入当期损益的利得或损失。该账户为损益类账户，借方登记资产负债表日企业持有的交易性金融资产等的公允价值低于账面价值的差额；贷方登记资产负债表日企业持有的交易性金融资产等的公允价值高于账面价值的差额。期末应将本账户余额转入“本年利润”账户，结转后本账户无余额。该账户应当按照交易性金融资产等的类别和品种设置明细账户。

微课 8-1

交易性金融资产核算

“投资收益”账户核算企业持有交易性金融资产等期间取得的投资收益以及处置交易性金融资产等实现的投资收益或投资损失。该账户为损益类账户，借方登记企业出售交易性金融资产等发生的投资损失；贷方登记企业出售交易性金融资产等实现的投资收益。期末应将本账户余额转入“本年利润”账户，结转后本账户无余额。

（二）具体业务处理

1.取得交易性金融资产

企业应当按照该金融资产取得时的公允价值（不包括支付的价款中所包含的已到付息期但尚未领取的利息或已宣告但尚未发放的现金股利），借记“交易性金融资产——成本”账户；按发生的交易费用（交易费用是指可直接归属于购买、发行或处置金融工具新增的外部费用，包括支付给代理机构、咨询公司、券商等的手续费和佣金及其他必要支出），借记“投资收益”账户；发生交易费用取得增值税专用发票的，按其注明的增值税进项税额，借记“应交税费——应交增值税（进项税额）”账户，按已到付息期但尚未领取的利息或已宣告但尚未发放的现金股利，借记“应收利息”或“应收股利”账户；按实际支付的金额，贷记“其他货币资金”等账户。

【例8-22】20×3年1月15日，甲公司从证券交易所购入A公司股票100万股，并将其划分为以公允价值计量且其变动计入当期损益的金融资产。该股票在购买日的公允价值为800万元，其中包含已宣告但尚未发放的现金股利50万元。另支付相关交易费用10万元，相关增值税为6 000元。甲公司应编制如下会计分录：

（1）购买A公司股票时：

借：交易性金融资产——A公司股票（成本）	7 500 000	
应收股利	500 000	
贷：其他货币资金——存出投资款		8 000 000

（2）支付相关交易费用时：

借：投资收益	100 000	
应交税费——应交增值税（进项税额）	6 000	
贷：其他货币资金——存出投资款		106 000

【例8-23】20×4年1月1日，甲公司购入B公司发行的公司债券。该笔债券于20×2年7月1日发行，面值为3 000万元，票面利率为6%。上年债券利息于下年年初支付。甲公司将其划分为以公允价值计量且其变动计入当期损益的金融资产，支付价款3 200万元，其中包含已到付息期但尚未领取的债券利息90万元，另支付交易费用50万元，相关增值税为3万元。甲公司应编制如下会计分录：

（1）购买B公司债券时：

借：交易性金融资产——B公司债券（成本）	31 100 000	
应收利息——B公司	900 000	
贷：其他货币资金——存出投资款		32 000 000

（2）支付相关交易费用时：

借：投资收益	500 000	

借：应交税费——应交增值税（进项税额） 30 000
　　贷：其他货币资金——存出投资款 530 000

2.持有交易性金融资产

（1）对于持有期间被投资单位宣告发放的现金股利或在资产负债表日按票面利率计算的分期付息、一次还本的债券利息，借记“应收股利”或“应收利息”账户，贷记“投资收益”账户。企业实际收到现金股利或债券利息时，借记“其他货币资金”账户，贷记“应收股利”或“应收利息”账户。

对于收到的属于取得交易性金融资产支付价款中包含的已宣告但尚未发放的现金股利或已到付息期但尚未领取的债券利息，借记“其他货币资金”账户，贷记“应收股利”或“应收利息”账户。

【例8-24】 接【例8-23】，20×4年1月5日，甲公司收到该笔债券的利息90万元。20×5年1月6日，收到上年度的债券利息180万元。甲公司应编制如下会计分录：

（1）20×4年1月5日，收到购买价款中包含的已到付息期但尚未领取的债券利息时：

借：其他货币资金——存出投资款 900 000
　　贷：应收利息——B公司 900 000

（2）20×4年12月31日，确认B公司的债券利息收入180万元（3 000×6%）时：

借：应收利息——B公司 1 800 000
　　贷：投资收益 1 800 000

（3）20×5年1月6日，收到B公司的债券利息时：

借：其他货币资金——存出投资款 1 800 000
　　贷：应收利息——B公司 1 800 000

思考8-3：“应收股利”和“应收利息”账户的区别是什么？

（2）资产负债表日，交易性金融资产的公允价值高于其账面余额的，企业应按其差额，借记“交易性金融资产——公允价值变动”账户，贷记“公允价值变动损益”账户。若交易性金融资产的公允价值低于其账面余额，则作相反的会计分录。

【例8-25】 接【例8-24】，假定20×4年6月30日，甲公司购买的B公司债券的公允价值为3 250万元；20×4年12月31日，甲公司购买的B公司债券的公允价值是3 150万元。甲公司应编制如下会计分录：

（1）20×4年6月30日，确认B公司债券的公允价值变动损益时：

借：交易性金融资产——B公司债券（公允价值变动） 1 400 000
　　贷：公允价值变动损益 1 400 000

（2）20×4年12月31日，确认B公司债券的公允价值变动损益时：

借：公允价值变动损益 1 000 000
　　贷：交易性金融资产——B公司债券（公允价值变动） 1 000 000

3.出售交易性金融资产

企业应按实际收到的金额，借记“其他货币资金”等账户；按该金融资产的账户余额，贷记或借记“交易性金融资产——成本”“交易性金融资产——公允价值变动”账户；按其差额，贷记或借记“投资收益”账户。

【例8-26】 接【例8-25】，假定20×5年1月20日，甲公司出售了所持有的B公司债券，实际收到款项3 220万元。甲公司应编制如下会计分录：

借：其他货币资金——存出投资款	32 200 000	
贷：交易性金融资产——B公司债券（成本）		31 100 000
——B公司债券（公允价值变动）		400 000
投资收益		700 000

4.转让金融商品应交增值税

金融商品转让按照卖出价扣除买入价（不需要扣除已宣告但尚未发放的现金股利和已到付息期但尚未领取的利息）后的余额作为销售额计算增值税。若相抵后出现负差，可结转下一纳税期与下期转让金融商品销售额互抵，但年末时仍出现负差，不得转入下一会计年度。

转让金融资产当月月末，如产生转让收益，则按应纳税额，借记“投资收益”等科目，贷记“应交税费——转让金融商品应交增值税”科目；如产生转让损失，则按可结转下月抵扣税额，借记“应交税费——转让金融商品应交增值税”科目，贷记“投资收益”等科目。

年末，如果“应交税费——转让金融商品应交增值税”科目有借方余额，说明本年度的金融商品转让损失无法弥补，且本年度的金融商品转让损失不可转入下年度继续抵减转让金融商品的收益，因此，应借记“投资收益”等科目，贷记“应交税费——转让金融商品应交增值税”科目，将“应交税费——转让金融商品应交增值税”科目的借方余额转出，使其余额为零。

【例8-27】 接【例8-26】，计算该项转让金融商品业务应交的增值税。

转让金融商品应交增值税=（32 200 000－32 000 000）÷（1+6%）×6%=11 320.75（元）

甲公司会计分录如下：

借：投资收益	11 320.75	
贷：应交税费——转让金融商品应交增值税		11 320.75

任务实施

（1）龙腾公司20×3年1—3月业务会计处理如下：

1月1日购买股票时：

借：交易性金融资产——中兴公司股票（成本）	5 000 000	
投资收益	20 000	
应交税费——应交增值税（进项税额）	1 200	
贷：其他货币资金——存出投资款		5 021 200

1月31日公允价值下降时：

借：公允价值变动损益	300 000	
贷：交易性金融资产——中兴公司股票（公允价值变动）		300 000

2月28日公允价值上升时：

借：交易性金融资产——中兴公司股票（公允价值变动）	500 000	
贷：公允价值变动损益		500 000

3月5日分派现金股利时：

借：应收股利——中兴公司 100 000

贷：投资收益 100 000

3月10日收到现金股利时：

借：其他货币资金——存出投资款 100 000

贷：应收股利——中兴公司 100 000

3月20日出售股票时：

借：其他货币资金——存出投资款 5 650 000

贷：交易性金融资产——成本 5 000 000

——公允价值变动 200 000

投资收益 450 000

同时，计算转让金融商品应交增值税：

转让金融商品应交增值税=（5 650 000－5 000 000）÷（1+6%）×6%=36 792.45（元）

会计分录如下：

借：投资收益 36 792.45

贷：应交税费——转让金融商品应交增值税 36 792.45

（2）金茂公司业务会计处理如下：

20×3年1月1日购买债券时：

借：交易性金融资产——天宇公司债券（成本） 1 080 000

应收利息——天宇公司 20 000

投资收益 20 000

应交税费——应交增值税（进项税额） 1 200

贷：其他货币资金——存出投资款 1 121 200

20×3年1月5日收到利息时：

借：其他货币资金——存出投资款 20 000

贷：应收利息——天宇公司 20 000

20×3年6月30日公允价值上升时：

借：交易性金融资产——公允价值变动 70 000

贷：公允价值变动损益 70 000

确认应收利息时：

借：应收利息——天宇公司 20 000

贷：投资收益 20 000

20×3年7月1日收到利息时：

借：其他货币资金——存出投资款 20 000

贷：应收利息——天宇公司 20 000

20×3年12月31日公允价值下降时：

借：公允价值变动损益 50 000

贷：交易性金融资产——公允价值变动 50 000

确认应收利息时：

借：应收利息——天宇公司 20 000

　贷：投资收益 20 000

20×4年1月5日收到利息时：

借：其他货币资金——存出投资款 20 000

　贷：应收利息——天宇公司 20 000

20×4年1月10日出售债券时：

借：其他货币资金——存出投资款 1 180 000

　贷：交易性金融资产——成本 1 080 000

　　　　　　　　　——公允价值变动 20 000

　　　投资收益 80 000

同时，计算转让金融商品应交增值税：

转让金融商品应交增值税=（1 180 000－1 100 000）÷（1+6%）×6%=4 528.30（元）

会计分录如下：

借：投资收益 4 528.30

　贷：应交税费——转让金融商品应交增值税 4 528.30

注意事项

1. 在核算交易性金融资产取得业务时，请注意交易费用的确认。
2. 注意转让金融商品相关税费的计算和账务处理。

任务评价

根据前面任务下达的要求实施并完成任务后，进行任务实施评价，填写任务实施评价表，见表8-4-1。

表8-4-1 交易性金融资产处理训练评价表

考评内容标准	实施评价		
	自我评价	同学互评	教师评价
掌握交易性金融资产取得时的处理（30分）			
掌握交易性金融资产持有期间的处理（25分）			
掌握交易性金融资产公允价值变动的处理（25分）			
掌握交易性金融资产处置时的处理（20分）			
合　　计			

同步练习

同步练习8-4

扫码答题

一、单项选择题

1. 下列各项中，构成交易性金融资产成本的是（　　）。

A. 购买股票的价款中包含的已宣告但尚未领取的现金股利

B. 购买股票支付的价款

C. 购买股票支付的手续费

D. 购买债券支付的手续费

2.A公司于20×3年4月5日从证券市场上购入B公司发行在外的股票200万股，作为交易性金融资产，每股支付价款4元（含已宣告但尚未发放的现金股利0.5元），另支付相关费用3万元，A公司交易性金融资产取得时的入账价值为（　　）万元。

习题精讲8-8

A.800　　B.700　　C.803　　D.703

3.A公司于20×3年11月5日从证券市场购入B公司发行在外的股票200万股作为交易性金融资产，每股支付价款5元，另支付相关费用20万元。20×3年12月31日，这部分股票的公允价值为1 050万元，20×3年12月31日应确认的公允价值变动损益为（　　）万元。

习题精讲8-9

A.损失50　　B.收益50　　C.收益30　　D.损失30

4.甲公司为增值税一般纳税人，20×3年2月1日，甲公司购入乙公司发行的公司债券，支付价款600万元，其中包括已到付息期但尚未领取的债券利息12万元，另支付相关交易费用3万元，取得的增值税专用发票上注明的增值税税额为0.18万元。甲公司将其划分为交易性金融资产进行核算，该项交易性金融资产的入账价值为（　　）万元。

A.603　　B.591　　C.600　　D.588

5.在资产负债表日，企业计算确认所持有交易性金融资产的公允价值低于其账面余额的金额，应借记的会计科目是（　　）。

A.“营业外支出”　　B.“投资收益”

C.“公允价值变动损益”　　D.“其他业务成本”

二、多项选择题

习题精讲8-10

1.“交易性金融资产”科目借方登记的内容有（　　）。

A.交易性金融资产取得的成本

B.资产负债表日，其公允价值高于账面余额的差额

C.取得交易性金融资产所发生的相关交易费用

D.资产负债表日，其公允价值低于账面余额的差额

2.下列各项中，会引起交易性金融资产账面余额发生变化的有（　　）。

A.收到原已计入应收项目的交易性金融资产的利息

B.期末交易性金融资产公允价值高于其账面余额的差额

C.期末交易性金融资产公允价值低于其账面余额的差额

D.出售交易性金融资产

3.下列关于交易性金融资产的表述中，正确的有（　　）。

A.持有期间发生的公允价值变动计入公允价值变动损益

B.持有期间被投资单位宣告发放的现金股利计入投资收益

C.取得时支付的价款中包含的应收股利计入初始成本

D.取得时支付的相关交易费用计入投资收益

4.下列各项经济业务中，应通过“投资收益”科目核算的有（　　）。

习题精讲8-11

A.持有期间被投资单位宣告分派的现金股利

B.资产负债表日发生的公允价值变动

C.取得时支付的交易费用

D.出售时公允价值与其账面余额的差额

5.下列关于交易性金融资产的表述中，正确的有（　　）。

A.取得交易性金融资产所发生的相关交易费用应当在发生时计入投资收益

B.资产负债表日交易性金融资产公允价值与账面余额的差额计入当期损益

C.取得交易性金融资产价款中包含已宣告但尚未发放的现金股利计入应收股利

D.出售交易性金融资产时应将其公允价值与账面余额之间的差额确认为投资收益

三、判断题

1.收到购买交易性金融资产时支付的价款中包含的已到付息期但尚未领取的利息，应计入当期损益。（　　）

2.企业出售交易性金融资产时，应将其出售时实际收到的款项扣除增值税后的差额与其账面价值之间的差额计入当期投资损益。（　　）

3.企业出售交易性金融资产时，应将原计入该金融资产的公允价值变动转出，由公允价值变动损益转为投资收益。（　　）

四、账务处理题

（一）

1.目的：练习交易性金融资产的核算。

2.资料：

某有限责任公司20×3年发生如下有关业务：

（1）3月3日，购买A公司股票100 000元，另支付交易费用2 000元，相关增值税费用120元，全部款项均从相关账户中支付，已办妥有关手续。

（2）4月6日，购买B公司股票600 000元，其中包括已宣告但尚未发放的现金股利10 000元，另支付手续费12 000元，相关增值税费用720元。全部款项均从相关账户中支付，已办妥有关手续。

（3）4月20日，收到B公司发放的现金股利10 000元，存入银行。

（4）4月29日，A公司宣告发放现金股利1 000元。

（5）6月30日，A公司股票市价下跌到95 000元。

（6）11月1日，购入C公司债券50 000元，其中包括已到付息期但尚未领取的债券利息1 250元，另支付交易费用1 000元，相关增值税费用60元。该债券年利率5%，每半年付息一次。

3.要求：根据上述资料编制有关会计分录。

（二）

1.目的：练习交易性金融资产的核算。

2.资料：

乙公司发生如下有关业务：

（1）20×3年5月1日，乙公司购入B公司发行的债券，支付价款26 000 000元（其中包含已到付息期但尚未领取的债券利息500 000元），另支付交易费用300 000元，取得的增值税专用发票上注明的增值税额为18 000元。该笔B公司债券面值为25 000 000元。乙公司将其划分为交易性金融资产进行管理和核算。

（2）20×3年5月10日，乙公司收到该笔债券利息500 000元。

（3）20×3年6月30日，乙公司持有B公司债券的公允价值为26 700 000元。

（4）20×3年12月31日，乙公司持有B公司债券的公允价值为25 800 000元。

（5）20×4年3月15日，乙公司出售了所持有的全部B公司债券，售价为35 500 000元。增值税税率为6%，不考虑其他因素。

3.要求：根据上述资料编制有关会计分录。

技能训练

请扫码后依据所提供的原始凭证编制相关业务的会计分录。

素养拓展

字节跳动全资收购高端私立妇儿医院美中宜和

2022年6月，字节跳动完成对高端私立妇儿医院美中宜和的全资收购。6月24日，美中宜和新增股东小荷健康香港有限公司（以下简称小荷香港），其持股比例为69.5%，与此前的股东小荷健康科技（北京）有限公司（以下简称小荷健康）所持美中宜和的30.5%股权相加，共计持股100%，而小荷香港是小荷健康的持股主体，两家公司均为字节跳动控股公司。

资料显示，美中宜和成立于2006年，是一家面向全国中高端客户的专业妇儿医院。截至目前拥有7家妇儿医院，2家综合门诊中心及5家月子中心，已覆盖京津冀、长三角和珠三角三大区域。自2011年起，美中宜和先后获得中金旗下基金、君联资本等多家企业机构的投资。

字节跳动最早入股美中宜和是在2021年9月。彼时，其通过子公司小荷健康从清华“启迪系”手中接过了美中宜和17.57%的股权，直接晋升为美中宜和的第二大股东。2022年6月，小荷健康旗下小荷香港进一步对美中宜和实施增持，根据市场监管总局反垄断执行二司披露的文件，获得反垄断机构审查通过后，小荷香港凭借此次股权转让收购了美中宜和共计41.49%的股权。

资料来源：蓝鲸财经，屠俊，小财女部落.字节跳动收购美中宜和，互联网大厂布局私立妇儿医院意欲何为？[EB/OL].［2022-08-11］. https：//m.thepaper.cn/baijiahao_19399314.有删减.

请分析：

（1）字节跳动为何要收购美中宜和？

（2）对外投资对企业的发展有何意义？

分析提示：

字节跳动于2012年3月在北京市成立，所属行业为科技推广和应用服务业，其是主要从事技术开发、技术推广、技术转让、技术咨询和技术服务的科技企业。字节跳动这次收购是为了从线上医疗向线下医疗逐步拓展，实现流量+实体医院协同效应。

模块九

利润形成与分配

本模块主要介绍利润的形成和分配及其账务处理。企业作为独立的经济实体，应当以自己的经营收入抵补其成本费用，并且实现盈利。利润的大小在很大程度上反映企业的经济效益，表明企业在会计期间的经营成果。本模块包含以下三个任务：认识利润及利润分配、处理利润形成业务、处理利润分配业务。

学习目标

知识目标

1. 了解：利润的概念、形成过程；
2. 熟悉：利润分配的顺序；
3. 掌握：期间费用、营业外收支、利润结转以及利润分配的账务处理。

技能目标

1. 会计算营业利润、利润总额、所得税费用、净利润；
2. 会处理期间费用业务和营业外收支业务；
3. 会处理企业年末利润形成和分配的业务。

素养目标

1. 通过我国实施更大规模的减税降费政策举措，持续助力小微企业做大做强的案例，了解国家减税降费政策的实施使企业能轻装上阵，提高竞争力，激发活力；
2. 结合减税降费给企业利润带来的益处，加强爱国主义精神教育。

思维导图

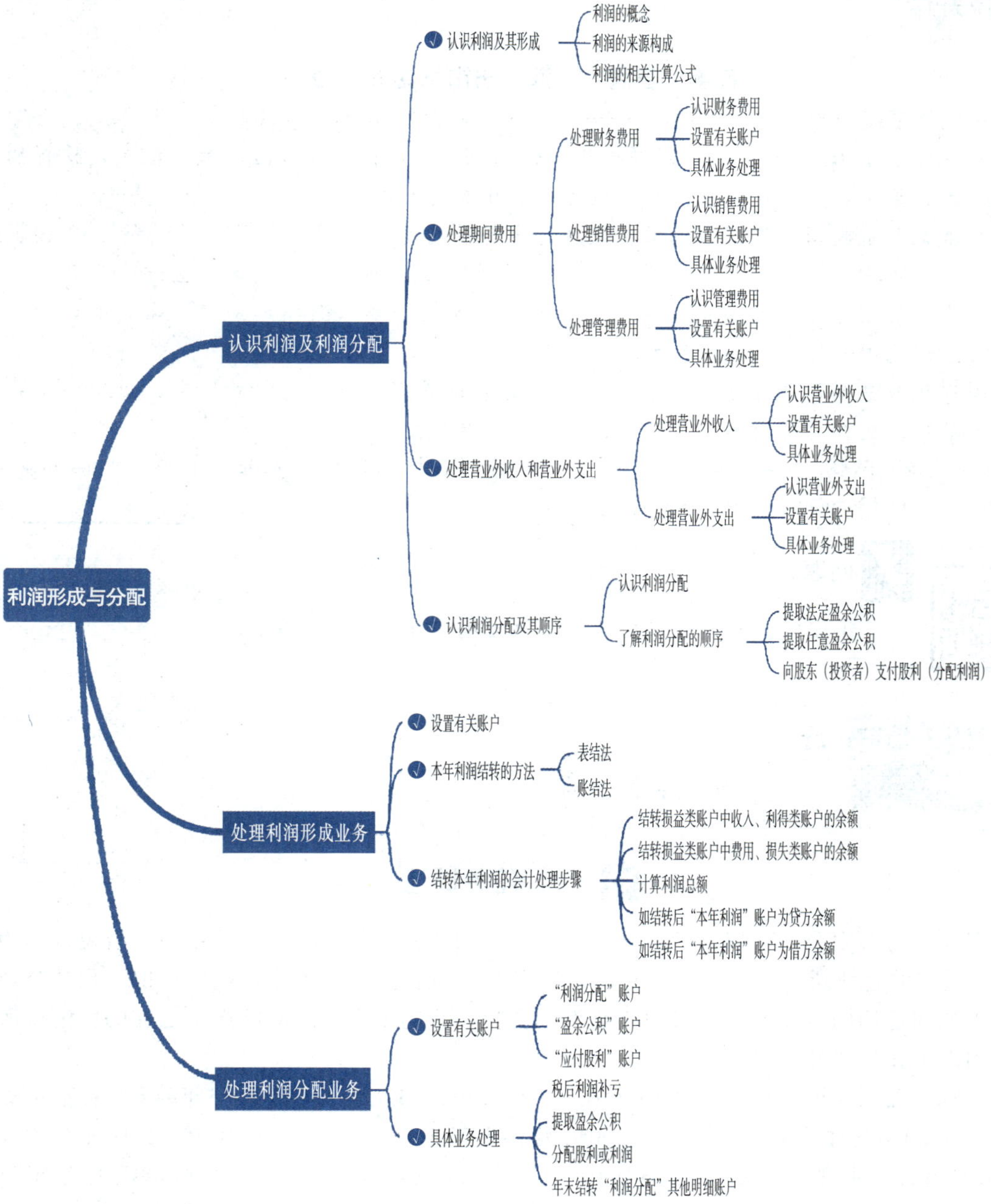
利润形成与分配
认识利润及利润分配
认识利润及其形成
利润的概念
利润的来源构成
利润的相关计算公式
处理期间费用
处理财务费用
认识财务费用
设置有关账户
具体业务处理
处理销售费用
认识销售费用
设置有关账户
具体业务处理
处理管理费用
认识管理费用
设置有关账户
具体业务处理
处理营业外收入和营业外支出
处理营业外收入
认识营业外收入
设置有关账户
具体业务处理
处理营业外支出
认识营业外支出
设置有关账户
具体业务处理
认识利润分配及其顺序
认识利润分配
了解利润分配的顺序
提取法定盈余公积
提取任意盈余公积
向股东（投资者）支付股利（分配利润）
处理利润形成业务
设置有关账户
本年利润结转的方法
表结法
账结法
结转本年利润的会计处理步骤
结转损益类账户中收入、利得类账户的余额
结转损益类账户中费用、损失类账户的余额
计算利润总额
如结转后“本年利润”账户为贷方余额
如结转后“本年利润”账户为借方余额
处理利润分配业务
设置有关账户
“利润分配”账户
“盈余公积”账户
“应付股利”账户
具体业务处理
税后利润补亏
提取盈余公积
分配股利或利润
年末结转“利润分配”其他明细账户

德技并修

税惠“春雨”，“润”出市场澎湃活力

减税降费亮出最新“成绩单”——国家税务总局数据显示，2021年前三季度，全国新增减税降费9 101亿元，其中新增减税7 889亿元，新增降费1 212亿元。能完成这样的成绩，靠的是一系列旨在减轻企业负担的减税降费政策措施。

小微企业是我国经济活力的重要来源，也是吸纳就业的“主力军”。近年来，我国出台了一系列面向小微企业的税费优惠政策，政策力度不断加码，政策效应逐步显现。这些政策有效缓解了小微企业的资金压力和经营困难。税惠政策持续助力小微企业做大做强，为经济稳中向好注入持续动力。

国家税务总局副局长表示，税务部门将继续以更高标准优化税费服务，更实举措助企纾困解难，更大力度激发市场活力，更好服务高质量发展。

资料来源：陈晨．税惠“春雨”，“润”出市场澎湃活力［EB/OL］．［2021-11-13］．https://news.gmw.cn/2021-11/13/content_35307964.htm．

德技并修9

问题：

我国对企业实施减税降费政策措施有什么重大意义？

任务1 认识利润及利润分配

任务描述

江汉股份有限公司（以下简称江汉公司）为增值税一般纳税人，适用的增值税税率为13%，适用的企业所得税税率为25%，采用资产负债表债务法核算企业所得税。预计公司在未来期间适用的企业所得税税率不会发生变化，假定未来期间能够产生足够的应纳税所得额用以抵扣暂时性差异。

20×4年公司的年初未分配利润余额在借方，金额为35.5万元（不属于5年内未弥补亏损）。

公司20×4年主营业务收入为5 000万元，主营业务成本为2 900万元，其他业务收入为1 000万元，其他业务成本为534万元，税金及附加为60万元，资产减值损失为20万元，公允价值变动收益为10万元，投资收益为40万元，20×4年应纳税所得额为2 000万元。20×4年该公司递延所得税资产年初数为200万元，年末数为300万元；递延所得税负债年初数为100万元，年末数为300万元。公司法定盈余公积的计提比例为10%，任意盈余公积的计提比例为8%。

除以上数据外，江汉公司在20×4年还发生了以下经济业务：

（1）20×4年1月23日，因往来单位方大集团宣告破产，江汉公司转销一笔对方大集团的应付账款58万元。

（2）20×4年3月1日，江汉公司向汉元公司销售商品一批，按价目表上标明的价格计算，不含增值税的售价总额为3 000万元，为鼓励汉元公司及早付清款项，江汉公司规定的现金折扣条件为“2/10，1/20，N/30”，且计算现金折扣时不考虑增值税。江汉公司基于对汉元公司的了解，预计汉元公司10天内付款的概率为90%，10天后付款的概率为10%。汉元公司于3月8日付款。（假定此业务涉及的收入已经包含在全年主营业务收入里）

（3）20×4年5月23日，江汉公司向西藏希望小学捐款468万元。

（4）20×4年12月1日，以银行存款支付下半年的水电费共计200万元，其中，车间产品耗用水电费100万元，车间一般耗用水电费14万元，行政管理部门耗用水电费36万元，专设销售机构耗用水电费50万元。

（5）20×4年12月20日，以银行存款支付董事会会议费70万元，法律诉讼费10万元。

请完成以下任务：

（1）对江汉公司20×4年的5笔经济业务作出相关会计处理。

（2）计算江汉公司20×4年度的营业利润、利润总额、所得税费用和净利润。

（3）经股东大会批准，该公司全体普通股股东可按照20×4年可供分配利润总额的30%分配股利，请计算该公司应付的20×4年普通股股利。

相关知识

一、认识利润及其形成

（一）利润的概念

利润是指企业在一定会计期间的经营成果，反映的是企业的经营业绩情况，是评价企业管理层业绩的一项重要指标，也是投资者等财务报告使用者进行决策时的重要参考。

（二）利润的来源构成

利润包括收入减去费用后的净额、直接计入当期损益的利得和损失等。其中，收入减去费用后的净额反映的是企业日常活动的业绩；直接计入当期损益的利得和损失，是指应当计入当期损益、最终会引起所有者权益发生增减变动的、与所有者投入资本或者向所有者分配利润无关的利得或者损失，即营业外收支，它反映的是企业非日常活动的业绩。

（三）利润的相关计算公式

1.营业利润

$$\text{营业利润}=\text{营业收入}-\text{营业成本}-\text{税金及附加}-\text{销售费用}-\text{管理费用}-\text{研发费用}-\text{财务费用}+\text{其他收益}+\text{投资收益}(-\text{投资损失})+\text{公允价值变动收益}(-\text{公允价值变动损失})-\text{信用减值损失}-\text{资产减值损失}+\text{资产处置收益}(-\text{资产处置损失})$$

其中：

营业收入是指企业经营业务所确认的收入总额，包括主营业务收入和其他业务收入。

营业成本是指企业经营业务所发生的实际成本总额，包括主营业务成本和其他业务成本。

资产减值损失是指企业计提各项资产减值准备所形成的损失。

公允价值变动收益（或损失）是指企业交易性金融资产等公允价值变动形成的应计入当期损益的利得（或损失）。

投资收益（或损失）是指企业以各种方式对外投资所取得的收益（或发生的损失）。

其他收益是指与企业日常活动相关，除冲减相关成本费用以外的政府补助。

2.利润总额

利润总额=营业利润+营业外收入-营业外支出

其中营业外收入是指企业发生的与其日常活动无直接关系的各项利得。营业外支出是指企业发生的与其日常活动无直接关系的各项损失。

3.净利润

净利润=利润总额-所得税费用

其中所得税费用是指企业确认的应从当期利润总额中扣除的所得税费用。

思考9-1：营业利润、利润总额与净利润三者之间的关系是什么？

二、处理期间费用

期间费用是指企业为组织和管理日常活动发生的，不能直接或间接计入一定产品成本，而是直接计入当期损益的各项费用，包括财务费用、销售费用和管理费用。

(一) 处理财务费用

1.认识财务费用

财务费用是指企业为筹集生产经营所需资金等而发生的筹资费用，包括利息支出（减利息收入）、汇兑损益以及相关的手续费等。

企业为购建或生产满足资本化条件的资产发生的应予资本化的借款费用，在“在建工程”等账户核算。

2.设置有关账户

企业应设置“财务费用”账户，并按费用项目设置明细账户，借方登记发生的各项财务费用，贷方登记冲减的数额以及转入“本年利润”账户的数额，期末该账户一般无余额。

3.具体业务处理

（1）企业发生财务费用时，借记“财务费用”账户，贷记“银行存款”“应付利息”等账户。

（2）发生的应冲减财务费用的利息收入、汇兑损益、现金折扣等，则借记“银行存款” “应付账款”等账户，贷记“财务费用”账户。

（3）期末，将该借方余额转入“本年利润”账户时，借记“本年利润”账户，贷记“财务费用”账户。

【例9-1】龙腾公司于20×4年1月1日向银行借入生产经营用短期借款300 000元，期限6个月，年利率5%，该借款本金到期后一次归还，利息分月预提，按季支付。假定1月份有100 000元的闲置资金尚未使用，并产生利息收入350元。假定所有利息均不符合利息资本化条件。1月末确定银行存款美元账户汇兑净损失3 000元。该公司的会计处理如下：

1月末，预提当月应计利息：

300 000×5%÷12=1 250（元）

借：财务费用——利息费用　　1 250

　贷：应付利息　　1 250

同时，当月取得的利息收入350元应作为冲减财务费用处理：

借：银行存款　　350

贷：财务费用——利息收入　　350

确定银行存款美元账户汇兑净损失3 000元：

借：财务费用——汇兑损益　　3 000

贷：银行存款——美元账户　　3 000

（二）处理销售费用

1.认识销售费用

销售费用是指企业在销售商品和材料、提供劳务的过程中发生的各种费用，包括企业在销售商品过程中发生的保险费、包装费、展览费、广告费、商品维修费、预计产品质量保证损失、运输费、装卸费等以及为销售本企业商品而专设的销售机构（含销售网点、售后服务网点等）的职工薪酬、业务招待费、折旧费等经营费用。企业发生的与专设销售机构相关的固定资产修理费用等后续支出属于销售费用。

2.设置有关账户

企业应当设置“销售费用”账户，并按费用项目设置明细账户，借方登记企业发生的各项销售费用，贷方登记企业期末转入“本年利润”账户的销售费用，期末该账户一般无余额。

3.具体业务处理

（1）企业发生销售费用时，按实际发生的金额借记“销售费用”账户，贷记“库存现金”“银行存款”“应付职工薪酬”“累计折旧”等账户。

（2）期末，将“销售费用”账户借方余额转入“本年利润”账户时，借记“本年利润”账户，贷记“销售费用”账户。

【例9-2】龙腾公司1月份为宣传新产品发生广告费100 000元；专设的销售部1月份共发生费用200 000元，其中：销售人员薪酬100 000元，销售部专用办公设备折旧费30 000元，业务招待费70 000元；1月份为销售产品支付运输费2 000元，保险费200元，装卸费320元；以上所有费用均用银行存款支付（假设不考虑相关税费）。该公司的会计处理如下：

支付广告费：

借：销售费用——广告费　　100 000

贷：银行存款　　100 000

销售部费用支出：

借：销售费用——专设销售机构经费　　200 000

贷：应付职工薪酬　　100 000

累计折旧　　30 000

银行存款　　70 000

销售产品支付费用：

借：销售费用——运输费　　2 000

——保险费　　200

——装卸费　　320

贷：银行存款　　2 520

（三）处理管理费用

1.认识管理费用

管理费用是指企业为组织和管理生产经营活动所发生的各种费用。其具体包括：

（1）企业在筹建期间内发生的开办费。

（2）企业的董事会和行政管理部门在企业的经营管理中发生的或者应由企业统一负担的公司经费（包括行政管理部门职工薪酬、物料消耗、低值易耗品摊销、办公费和差旅费等）、工会经费、董事会费（包括董事会成员津贴、会议费和差旅费等）、聘请中介机构费、咨询费（含顾问费）、诉讼费、业务招待费、技术转让费、研究费用等。

（3）企业行政管理部门发生的固定资产修理费用等后续支出，应在发生时计入管理费用。

2.设置有关账户

企业应当设置“管理费用”账户，并按费用项目设置明细账户，借方登记企业发生的各项管理费用，贷方登记企业期末转入“本年利润”账户的管理费用，期末该账户一般无余额。

3.具体业务处理

（1）发生各项管理费用时，按发生金额借记“管理费用”账户，贷记“银行存款”“累计折旧”“应付职工薪酬”“研发支出”“应交税费”等账户。

（2）期末，将“管理费用”账户借方余额转入“本年利润”账户时，借记“本年利润”账户，贷记“管理费用”账户。

【例9-3】龙腾公司用银行存款支付本月份应由行政管理部门负担的报纸杂志费400元，管理设备的日常维修费2 000元。该公司的会计处理如下：

用银行存款支付各项款项：

借：管理费用——修理费	2 000	
——其他	400	
贷：银行存款		2 400

三、处理营业外收入和营业外支出

营业外收入与营业外支出虽然与企业正常的生产经营活动无直接关系，但站在企业主体的角度来看，同样是其经济利益的流入或流出，从而构成利润的一部分，对企业的盈亏状况具有不可忽视的影响。

（一）处理营业外收入

1.认识营业外收入

营业外收入主要包括非流动资产毁损报废收益、与企业日常活动无关的政府补助、盘盈利得（主要指现金溢余无法查明原因部分）、捐赠利得等。

（1）非流动资产毁损报废收益。它主要包括毁损报废固定资产和无形资产的收益。它是指因自然灾害等发生毁损、已丧失使用功能而报废的非流动资产所产生的清理收益。

（2）政府补助。它是指与企业日常活动无关的，从政府无偿取得的货币性资产或非货币性资产形成的利得。

（3）盘盈利得。它是指企业在财产清查中发现的现金实存数超过账面数额而获得的资产，报经批准后计入营业外收入的金额。

（4）捐赠利得。它是指企业接受外部现金和非现金资产捐赠而获得的利得。

（5）无法支付的应付款项利得。它是指企业由于债权单位的撤销或者其他原因而无法支付，按规定程序报经批准后转入当期损益的应付款项。

思考9-2：企业出售不需用的一台机器设备的处置收益属于营业外收入吗？

2.设置有关账户

企业应通过"营业外收入"账户核算营业外收入的取得及结转情况。该账户属于损益类账户，并按利得种类设置明细分类账户。该账户贷方登记实现的各种利得，借方登记结转至"本年利润"账户的数额，期末一般无余额。

3.具体业务处理

（1）确认处置非流动资产毁损报废收益时，借记"固定资产清理""银行存款""待处理财产损溢"等账户，贷记"营业外收入"账户。

（2）确认各项利得时，借记"库存现金""银行存款""待处理财产损溢"等账户，贷记"营业外收入"账户。

（3）期末，应将"营业外收入"账户余额转入"本年利润"账户，借记"营业外收入"账户，贷记"本年利润"账户。

【例9-4】3月12日，龙腾公司将一台已丧失使用功能的机器设备正常报废，取得价款收入12万元，该机器设备的账面原值为60万元，已计提折旧50万元，已计提固定资产减值准备2万元，支付的清理费用为2万元；3月22日，公司完成政府下达的技能培训任务，收到财政补助资金8万元，该培训任务已发生了费用；3月31日，公司在现金清查中盘盈200元，按管理权限报经批准后转入营业外收入。本题不考虑相关税费。该公司的会计处理如下：

①3月12日，将机器设备报废：

转入清理：

借：固定资产清理　　80 000
　　累计折旧　　500 000
　　固定资产减值准备　　20 000
　贷：固定资产　　600 000

发生清理费用：

借：固定资产清理　　20 000
　贷：银行存款　　20 000

取得价款收入：

借：银行存款　　120 000
　贷：固定资产清理　　120 000

结转清理净损益：

借：固定资产清理　　20 000
　贷：营业外收入　　20 000

②3月22日，公司完成政府下达的技能培训任务，收到财政补助资金8万元：

借：银行存款 80 000

  贷：营业外收入 80 000

③3月31日，现金清查盘盈200元，按管理权限报经批准后转入营业外收入：

发现盘盈时：

借：库存现金 200

  贷：待处理财产损溢——待处理流动资产损溢 200

经批准转入营业外收入时：

借：待处理财产损溢——待处理流动资产损溢 200

  贷：营业外收入 200

（二）处理营业外支出

1.认识营业外支出

营业外支出是指企业发生的与生产经营活动没有直接关系的各种损失。营业外支出主要包括非流动资产毁损报废损失、捐赠支出、罚款支出、非常损失、盘亏损失等。

（1）非流动资产毁损报废损失。它包括固定资产毁损报废损失和无形资产毁损报废损失。它是指因自然灾害等发生毁损、已丧失使用功能而报废非流动资产所产生的清理损失。

（2）捐赠支出。它是指企业对外进行捐赠发生的支出。

（3）罚款支出。它是指企业接受各项行政部门的罚款和经营罚款的支出。

（4）非常损失。它是指企业对于因客观因素（如自然灾害）等造成的损失，在扣除相关责任人和保险公司赔偿后的净损失。

（5）盘亏损失。它主要指对于财产清查盘点中盘亏的资产，在查明原因后经批准计入营业外支出的损失。

思考9-3：企业缴纳的税收滞纳金属于哪种损失？

2.设置有关账户

企业应通过“营业外支出”账户核算营业外支出的发生及结转情况。该账户属于损益类账户，并按损失种类设置明细分类账户。该账户借方登记发生的各种损失，贷方登记结转至“本年利润”账户的数额，期末一般无余额。

3.具体业务处理

（1）企业发生各种损失时，借记“营业外支出”账户，贷记“固定资产清理”“待处理财产损溢”“银行存款”等账户。

（2）期末，应将“营业外支出”账户余额转入“本年利润”账户，借记“本年利润”账户，贷记“营业外支出”账户。

【例9-5】龙腾公司为增值税一般纳税人，增值税税率为13%，发生原材料的火灾损失27万元，4月5日，经批准全部转作营业外支出；4月18日，公司将价值为100万元（不考虑增值税）的非专利技术转入报废处理，报废时已累计摊销10万元，未计提减值准备，该公司的会计处理如下：

①发生原材料意外灾害损失时：

借：待处理财产损溢——待处理流动资产损溢 305 100
　贷：原材料 270 000
　　应交税费——应交增值税（进项税额转出） 35 100

②4月5日，将发生的原材料火灾损失全部转作营业外支出：

借：营业外支出 305 100
　贷：待处理财产损溢——待处理流动资产损溢 305 100

③4月18日，公司将价值为100万元的非专利技术报废：

借：累计摊销 100 000
　　营业外支出 900 000
　贷：无形资产 1 000 000

四、认识利润分配及其顺序

（一）认识利润分配

利润分配是指将企业实现的净利润，按照国家财务制度规定的分配形式和分配顺序，在国家、企业和投资者之间进行的分配。利润分配的过程与结果，是关系到所有者的合法权益能否得到保护，企业能否长期、稳定发展的重要问题。为此，企业必须加强利润分配的管理和核算。

（二）了解利润分配的顺序

根据《中华人民共和国公司法》等有关法规的规定，企业当年实现的净利润一般应按照下列内容、顺序和金额进行分配：

1.提取法定盈余公积

公司制企业的法定盈余公积按照税后利润的10%的比例提取，非公司制企业也可按照超过10%的比例提取。在计算提取法定盈余公积的基数时，不应包括企业年初未分配利润。企业提取的法定盈余公积累计额达到注册资本的50%以上的可不再提取。

2.提取任意盈余公积

任意盈余公积是公司从税后利润中提取法定盈余公积后，经股东会或者股东大会决议提取的。非公司制企业经类似权力机构批准，也可以提取任意盈余公积。

思考9-4：法定盈余公积可以不提取吗？任意盈余公积呢？

3.向股东（投资者）支付股利（分配利润）

企业以前年度未分配的利润，可以并入本年度分配。公司弥补亏损和提取盈余公积后所余税后利润，有限责任公司股东按照实缴的出资比例分取红利，但是，全体股东约定不按照出资比例分取红利的除外；股份有限公司按照股东持有的股份比例分配，但股份有限公司章程规定不按持股比例分配的除外。在提取法定盈余公积以前，不得向投资者分配利润。

企业提取盈余公积主要可以用于以下几个方面：

（1）弥补亏损。企业发生亏损时，应由企业自行弥补。弥补亏损的渠道主要有三条：一是用以后年度税前利润弥补。按照现行制度的规定，企业发生亏损时，可以用以后五年内实现的税前利润弥补，即税前利润弥补亏损的期间为五年。二是用以后年度税后利润弥补。企业发生的亏损经过五年期间未足额弥补的，尚未弥补的亏损应用所得税后的利润弥补。三是以盈余公积弥补亏损。企业以提取的盈余公积弥补亏损时，应当由公司董事会提议，并经股东会或者股东大会批准。

（2）转增资本。企业将盈余公积转增资本时，必须经股东会或者股东大会决议批准。

（3）扩大生产经营。

任务实施

（1）根据任务描述，江汉公司20×4年有关业务的会计处理如下：

①借：应付账款——方大集团　580 000
　贷：营业外收入　580 000

②江汉公司确认销售收入：

借：应收账款——汉元公司　33 300 000
　贷：主营业务收入　29 400 000
　　应交税费——应交增值税（销项税额）　3 900 000

3月8日收款（假定现金折扣按价款计算，不考虑增值税）：

借：银行存款　33 300 000
　贷：应收账款——汉元公司　33 300 000

③借：营业外支出　4 680 000
　贷：银行存款　4 680 000

④借：生产成本——基本生产成本　1 000 000
　　制造费用　140 000
　　管理费用　360 000
　　销售费用　500 000
　贷：银行存款　2 000 000

⑤借：管理费用　800 000
　贷：银行存款　800 000

（2）江汉公司20×4年度利润形成的计算情况如下：

20×4年营业利润=（5 000+1 000）-（2 900+534）-36-50-（70+10）-60-20+10+40=2 370（万元）

利润总额=2 370+58-468=1 960（万元）

当期所得税费用=2 000×25%=500（万元）

递延所得税费用=（300-100）-（300-200）=100（万元）

所得税费用=500+100=600（万元）

20×4年度实现的税后利润=1 960-600=1 360（万元）

（3）根据任务描述，江汉公司20×4年利润分配有关情况如下：

20×4年年末可供分配利润=-35.5+1 360=1 324.5（万元）

计提的法定盈余公积=1 324.5×10%=132.45（万元）

计提的任意盈余公积=1 324.5×8%=105.96（万元）

应付普通股股利=（1 324.5-132.45-105.96）×30%=325.83（万元）

注意事项

1.注意公司的税前利润只能弥补以前五年的累计亏损。

2.注意在不存在年初累计亏损的前提下，公司制企业的法定盈余公积按照税后利润的10%提取；若存在年初累计亏损，则按照可供分配利润的10%提取。

任务评价

根据前面任务下达的要求实施并完成任务后，进行任务实施评价，填写任务实施评价表，见表9-1-1。

表 9-1-1 认识利润及利润分配训练评价表

考评内容标准	实施评价		
	自我评价	同学互评	教师评价
掌握期间费用的处理（10分）			
掌握营业外收支的处理（20分）			
掌握利润形成的计算（30分）			
掌握利润分配的计算（40分）			
合　计			

同步练习

一、单项选择题

同步练习 9-1

扫码答题

1.企业支付的税收滞纳金应计入（　　）。

A.财务费用　　B.营业外支出

C.其他业务成本　　D.销售费用

2.20×4年8月份，某国有工业企业因雷击造成火灾，共计损失150万元，其中：流动资产损失90万元，固定资产损失60万元。企业收到保险公司的赔偿款100万元，其中：流动资产保险赔偿款70万元，固定资产保险赔偿款30万元。企业由于这次火灾损失应计入营业外支出的金额为（　　）万元。

A.150　　B.90　　C.60　　D.50

习题精讲 9-1

3.下列项目中，通过营业外收入核算的是（　　）。

A.确实无法支付的应付账款　　B.销售商品收入

C.提供劳务收入　　D.让渡资产使用权收入

4. 20×4年，某企业取得债券投资利息收入15万元，其中国债利息收入5万元，全年税前利润总额为150万元，所得税税率为25%，不考虑其他因素，20×4年该企业的净利润为（　　）万元。

A.112.5　　B.113.75　　C.116.75　　D.111.25

习题精讲 9-2

二、多项选择题

1.下列各项中，需通过“营业外支出”账户核算的有（　　）。

A.无法查明原因的现金短缺损失　　B.捐赠支出

C.支付的税款滞纳金　　D.出租无形资产的摊销额

习题精讲9-3

2.下列各项中，能够增加企业当期营业外收入的有（　　）。

A.正常毁损报废固定资产净收益　　B.出售无形资产净收益

C.政府补助形成的递延收益摊销额　　D.盘盈的固定资产

3.下列各项中，影响企业当期营业利润的是（　　）。

习题精讲9-4

A.销售原材料取得的收入

B.资产负债表日持有交易性金融资产的公允价值变动

C.无法查明原因的现金溢余

D.资产负债表日计提的存货跌价准备

三、判断题

习题精讲9-5

1.费用是相对于一定期间而言的，是一定期间为进行生产而发生的费用；成本则是相对于一定的产品而言的，是为一定产品的生产而发生的费用。（　　）

2.企业为组织生产经营活动而发生的一切管理活动的费用，包括车间管理费用和公司管理费用，都应作为期间费用处理。（　　）

习题精讲9-6

3.商品流通企业在进货、销货过程中发生的运输费、装卸费、包装费、运输途中的合理损耗、入库前的挑选整理费用等，均可作为销售费用入账。（　　）

习题精讲9-7

任务2 处理利润形成业务

任务描述

龙腾公司采用表结法进行损益核算，20×4年12月31日，有关损益类账户结转前余额见表9-2-1。

表9-2-1　　龙腾公司账户余额表

20×4年12月31日　　单位：元

收入、利得类账户	贷方余额	费用、损失类账户	借方余额
主营业务收入	5 000 000	主营业务成本	3 445 000
其他业务收入	1 100 000	其他业务成本	900 000
公允价值变动损益	100 000	税金及附加	60 000
投资收益	400 000	销售费用	200 000
营业外收入	51 000	管理费用	300 000
		财务费用	100 000
		资产减值损失	200 000
		营业外支出	30 000

该公司适用的所得税税率为25%，假设投资收益中有100 000元的国债利息收入，营业外支出中有10 000元的税收罚款支出，无其他纳税调整事项。根据上述资料，请完成以

下会计处理：

（1）结转收入、利得类账户的余额至“本年利润”账户；

（2）结转费用、损失类账户的余额至“本年利润”账户；

（3）计算利润总额；

（4）计算并确认所得税费用；

（5）结转所得税费用；

（6）计算并结转净利润。

相关知识

一、设置有关账户

为反映企业利润的形成情况，需要设置“本年利润”账户。该账户属于所有者权益类账户，用来核算企业本年度内实现的净利润或亏损。该账户贷方登记会计期末各类收入、利得类账户结转的余额，借方登记会计期末各类费用、损失类账户结转的余额。如“本年利润”账户期末出现贷方余额，反映本会计期间形成净利润；如“本年利润”账户期末出现借方余额，反映本会计期间发生亏损。年度终了，应将“本年利润”账户的余额转入“利润分配——未分配利润”账户。

二、本年利润结转的方法

企业在会计期末经过核对账目、财产清查和账项调整等一系列核算前的准备工作后，在试算平衡的基础上，将企业所有损益类账户的余额转入“本年利润”账户。

企业计算本月利润总额和本年累计利润，可以采用“账结法”，也可以采用“表结法”。我国一般采用“账结法”。

（一）表结法

表结法下，各损益类账户每月月末只需结计出本月发生额和月末累计余额，不结转到“本年利润”账户，只有在年末时才将全年累计余额结转到“本年利润”账户。但每月月末要将损益类账户的本月发生额合计数填入利润表的本月数栏，同时将本月末累计余额填入利润表的本年累计数栏，通过利润表计算反映各期的利润（或亏损）。

表结法下，年中损益类账户余额无须结转到“本年利润”账户，从而减少了转账环节和工作量，但并不影响利润表的编制及有关损益指标的利用。

（二）账结法

账结法下，每月月末均需编制转账凭证，将在账上结计出的各损益类账户的余额结转到“本年利润”账户。结转后“本年利润”账户的余额反映至当月为止累计实现的利润或发生的亏损。

微课 9-1

本年利润核算

账结法在各月均可通过“本年利润”账户提供当月及本年累计的利润（或亏损）额，但增加了转账环节和工作量。

思考 9-5： 账结法下 12 月末各损益类账户是否有余额？表结法呢？

三、结转本年利润的会计处理步骤

（一）结转损益类账户中收入、利得类账户的余额

会计期末，企业应按“主营业务收入”“其他业务收入”“营业外收入”“公允价值变动损益”“投资收益”“资产处置损益”等账户的贷方余额借记这些账户，贷记“本年利

润”账户。

（二）结转损益类账户中费用、损失类账户的余额

会计期末，企业应按“主营业务成本”“其他业务成本”“税金及附加”“销售费用”“管理费用”“财务费用”“资产减值损失”“营业外支出”“公允价值变动损益”“投资收益”“资产处置损益”等账户的借方余额贷记这些账户，借记“本年利润”账户。

（三）计算利润总额

将“本年利润”账户的贷方发生额减去借方发生额，如为正数，该账户为贷方余额，表示本年实现的利润总额；如为负数，该账户为借方余额，表示本年发生的税前亏损。

（四）如结转后“本年利润”账户为贷方余额

1.确认所得税费用

根据会计准则的规定，计算确定的当期所得税费用和递延所得税费用之和，即为应从当期利润总额中扣除的所得税费用。

借：所得税费用（当期所得税费用+递延所得税费用）

　　递延所得税资产（递延所得税资产期末余额-递延所得税资产期初余额，大于零，记蓝字，小于零，记红字）

贷：应交税费——应交所得税（当期所得税费用）

　　递延所得税负债（递延所得税负债期末余额-递延所得税负债期初余额，大于零，记蓝字，小于零，记红字）

2.结转所得税费用

根据计算出的所得税费用余额，借记“本年利润”账户，贷记“所得税费用”账户。

3.结转净利润

年度终了，按“本年利润”账户的贷方余额借记“本年利润”账户，贷记“利润分配——未分配利润”账户，结平该账户。

（五）如结转后“本年利润”账户为借方余额

年度终了，按“本年利润”账户的借方余额贷记“本年利润”账户，借记“利润分配——未分配利润”账户，结平该账户。

任务实施

根据任务描述，龙腾公司20×4年度结转利润的会计处理如下：

（1）将收入、利得类账户转入“本年利润”账户时：

借：主营业务收入	5 000 000	
其他业务收入	1 100 000	
公允价值变动损益	100 000	
投资收益	400 000	
营业外收入	51 000	
贷：本年利润		6 651 000

（2）将费用、损失类账户转入“本年利润”账户时：

借：本年利润	5 235 000	

贷：主营业务成本 3 445 000
其他业务成本 900 000
税金及附加 60 000
销售费用 200 000
管理费用 300 000
财务费用 100 000
资产减值损失 200 000
营业外支出 30 000

（3）利润总额=6 651 000−5 235 000=1 416 000（元）

（4）应纳税所得额=1 416 000+10 000−100 000=1 326 000（元）

应交所得税=1 326 000×25%=331 500（元）

确认所得税费用时：

借：所得税费用 331 500
贷：应交税费——应交所得税 331 500

（5）结转所得税费用时：

借：本年利润 331 500
贷：所得税费用 331 500

（6）净利润=1 416 000−331 500=1 084 500（元）

结转净利润时：

借：本年利润 1 084 500
贷：利润分配——未分配利润 1 084 500

注意事项

1. 结转不同种类的损益类账户到“本年利润”账户的方向。
2. 所得税费用的计算和净利润的计算。

任务评价

根据前面任务下达的要求实施并完成任务后，进行任务实施评价，填写任务实施评价表，见表9-2-2。

表 9-2-2 处理利润形成业务训练评价表

考评内容标准	实施评价		
	自我评价	同学互评	教师评价
收入、利得类账户的结转（25分）			
费用、损失类账户的结转（25分）			
利润总额的计算（10分）			
所得税费用的计算、确认和结转（20分）			
净利润的计算和结转（20分）			
合　计			

同步练习

同步练习 9-2

扫码答题

一、单项选择题

1.下列各项关于本年利润结转方法的表述中，正确的是（　　）。

A.采用表结法，增加了“本年利润”科目的结转环节和工作量

B.采用表结法，每月月末应将各损益类科目的余额结转记入“本年利润”科目

C.采用账结法，每月月末应将各损益类科目的余额结转记入“本年利润”科目

D.采用账结法，减少了“本年利润”科目的结转环节和工作量

习题精讲 9-8

2.下列各项关于“本年利润”的表述中，错误的是（　　）。

A.该科目年末一般无余额

B.“主营业务收入”期末一般将余额转入该科目的贷方

C.“主营业务成本”期末一般将余额转入该科目的借方

D.“资产处置损益”期末一般将余额转入该科目的贷方

习题精讲 9-9

二、多项选择题

1.下列可能转入“本年利润”账户借方的账户有（　　）。

A.“资产减值损失”　　B.“公允价值变动损益”

C.“投资收益”　　D.“所得税费用”

2.下列各项关于“所得税费用”的表述中，正确的有（　　）。

A.该科目属于损益类

B.该科目属于资产类

C.该科目反映当期所得税费用和递延所得税费用

D.该科目只反映当期所得税费用

三、判断题

1.表结法下，各损益类科目每月月末需编制转账凭证，将在账上结计出各损益类科目本月发生额和月末累计余额，并结转到“本年利润”账户。（　　）

2.“表结法”和“账结法”均应于每月终了将损益类账户余额转入“本年利润”账户。（　　）

习题精讲 9-10

3.年度终了，无论企业盈利或亏损，都需要将“本年利润”科目的本年累计余额转入“利润分配——未分配利润”科目。（　　）

四、账务处理题

1.目的：练习企业净利润形成的核算。

2.资料：

北方公司20×4年年终结账前有关损益类账户的年末余额见表9-2-3。

表 9-2-3　损益类账户的年末余额　单位：元

收入、利得类账户	期末余额	费用、损失类账户	期末余额
主营业务收入	950 000	主营业务成本	650 000
其他业务收入	200 000	其他业务成本	150 000
投资收益	15 000	税金及附加	36 000
营业外收入	40 000	销售费用	40 000

续表

收入、利得类账户	期末余额	费用、损失类账户	期末余额
		管理费用	120 000
		财务费用	25 000
		营业外支出	70 000

该公司12月31日现金清查中发现库存现金较账面余额多出1 500元，无法查明原因，经批准作营业外收入处理；该公司所得税税率为25%。本年度存在以下纳税调整事项：

（1）公司营业外支出中有1 000元为非公益性捐赠；

（2）经查公司该年超过合理工资支出数额为3 500元；

（3）本年国债利息收入4 000元已入账。

3.要求：

（1）编制库存现金清查的会计分录。

（2）将损益类账户余额结转至“本年利润”账户（该公司平时采用表结法计算利润）。

（3）计算公司当年应交的所得税，并编制有关会计分录。

（4）计算当年公司净利润，并转入“利润分配——未分配利润”账户。

任务3 处理利润分配业务

任务描述

承任务2，龙腾公司20×4年度年初“利润分配——未分配利润”账户有贷方余额50万元，20×4年度全年实现净利润108.45万元。根据股东大会决议，其利润分配方案如下：按净利润的10%提取法定盈余公积，按净利润的10%提取任意盈余公积，向投资者分派现金股利35万元。

请完成以下会计处理：

（1）计提法定盈余公积；

（2）计提任意盈余公积；

（3）分派投资者现金股利；

（4）结转“利润分配”其他明细账户余额；

（5）判断年末“利润分配——未分配利润”账户余额方向，计算该账户余额。

相关知识

一、设置有关账户

（一）“利润分配”账户

该账户属于所有者权益类账户，用来核算企业利润的分配（或亏损的弥补）和历年分配（或亏损）后的积存余额。该账户的借方登记利润分配数，如提取法定盈余公积和任意盈余公积、应付投资者利润及年末转入的亏损等，贷方登记年末转入的净利润。为了详细反映利润分配的情况，在“利润分配”账户下，要设置“提取法定盈余公积”“提取任意盈余公积”“转作股本的股利”“盈余公积补亏”“未分配利润”等明细分类账户。

年度终了，企业将全年实现的净利润（或净亏损）自“本年利润”账户转入“利润分配——未分配利润”明细账户后，还应将“利润分配”账户下的其他明细账户的余额与“未分配利润”明细账户进行对转。对转后，“利润分配”的其他明细账户应无余额。“利润分配——未分配利润”明细账户若有贷方余额，反映企业历年积存的未分配利润；若为借方余额，反映企业累计未弥补亏损。

思考9-6： 为什么要将“利润分配”账户所属明细分类账户在年终对转？

（二）“盈余公积”账户

该账户属于所有者权益类账户，反映盈余公积的形成及使用情况，用来核算企业从净利润中提取的法定盈余公积和任意盈余公积。该账户的贷方登记企业从净利润中提取的法定盈余公积和任意盈余公积；借方登记以盈余公积弥补亏损或转增的资本数；期末余额在贷方，表示盈余公积的结余数。企业应当分别设置“法定盈余公积”“任意盈余公积”等进行明细核算。外商投资企业还应分别设置“储备基金”“企业发展基金”等进行明细核算。

（三）“应付股利”账户

微课 9-2

利润分配核算

该账户属于负债类账户，用来核算股东大会或类似机构分配给国家、其他单位、个人等投资者的现金股利。该账户的贷方登记按照利润分配方案计算的应付现金股利；借方登记用货币资金支付给投资者的现金股利；期末余额在贷方，表示应付未付的现金股利。

二、具体业务处理

（一）税后利润补亏

税后利润补亏是指以已计算应交所得税后的企业净利润（又称税后利润）弥补企业往年被主管税务机关审核不得在税前弥补的亏损额或已超过延续弥补期限的挂账亏损额。企业当年发生亏损，用往年年末未分配利润或盈余公积弥补，也属于税后补亏的范畴。

企业用盈余公积弥补亏损或转增资本时，借记“盈余公积”账户，贷记“利润分配——盈余公积补亏”、“实收资本”或“股本”账户。

【例9-6】 大发公司20×4年各项损益结转后，“本年利润”账户的期末余额为借方余额10 000元，该企业已连续六年亏损，经董事会决定动用法定盈余公积补亏10 000元。

先将“本年利润”账户余额结转到“利润分配——未分配利润”账户：

借：利润分配——未分配利润　　10 000

　贷：本年利润　　10 000

用盈余公积补亏时：

借：盈余公积——法定盈余公积　　10 000

　贷：利润分配——盈余公积补亏　　10 000

用利润弥补亏损，在会计核算上无须作专门的账务处理。因为企业如果在当年发生亏损，表现为“本年利润”账户出现借方余额。此时应将本年发生的亏损从“本年利润”账户的贷方转入“利润分配——未分配利润”账户的借方；在以后年度实现净利润的情况下，应将本年度实现的净利润从“本年利润”账户的借方转入“利润分配——未分配利润”账户的贷方，其贷方发生额（即实现的利润）与借方发生额（未弥补的亏损）可自然抵补。而且，无论是税前利润补亏，还是税后利润补亏，其会计处理是相同的，唯一区别在于企业申报缴纳所得税时，前者可以作为应纳税所得额的调整数，而后者则不能。

（二）提取盈余公积

企业按照规定从净利润中提取法定盈余公积和任意盈余公积时，借记“利润分配——提取法定盈余公积”“利润分配——提取任意盈余公积”账户，贷记“盈余公积——法定盈余公积”“盈余公积——任意盈余公积”账户。

外商投资企业按规定提取的储备基金、企业发展基金、职工奖励及福利基金，借记“利润分配——提取储备基金”“利润分配——提取企业发展基金”“利润分配——提取职工奖励及福利基金”账户，贷记“盈余公积——储备基金”“盈余公积——企业发展基金”“应付职工薪酬”账户。

（三）分配股利或利润

经股东大会或类似机构决议，企业分配给股东或投资者现金股利或利润时，借记“利润分配——应付现金股利或利润”账户，贷记“应付股利”账户。

企业经股东大会或类似机构批准向股东或投资者分派股票股利，应于办理增资手续后，借记“利润分配——转作资本或股本的普通股股利”账户，贷记“实收资本”或“股本”账户。

（四）年末结转“利润分配”其他明细账户

年末，应将“利润分配”其他明细账户的余额转入“利润分配——未分配利润”明细账户。结转后，“利润分配——未分配利润”明细账户的贷方余额，就是未分配利润的金额；如出现借方余额，则表示未弥补亏损的金额。除“利润分配——未分配利润”明细账户有余额外，“利润分配”账户所属的其余明细账户均无余额。

任务实施

根据任务描述，龙腾公司20×4年度利润分配的账务处理如下：

（1）计提法定盈余公积时：

借：利润分配——提取法定盈余公积	108 450	
贷：盈余公积——法定盈余公积		108 450

（2）计提任意盈余公积时：

借：利润分配——提取任意盈余公积	108 450	
贷：盈余公积——任意盈余公积		108 450

（3）分派投资者现金股利时：

借：利润分配——应付现金股利或利润	350 000	
贷：应付股利		350 000

（4）年末结转“利润分配”其他各明细账户余额时：

借：利润分配——未分配利润　　566 900

　贷：利润分配——提取法定盈余公积　　108 450

　　　　　　——提取任意盈余公积　　108 450

　　　　　　——应付现金股利或利润　　350 000

（5）20×4年年末，“利润分配——未分配利润”账户余额为：

“利润分配——未分配利润”账户余额=500 000+1 084 500−566 900=1 017 600（元）

该账户余额的方向为贷方，表示截止到20×4年年底，公司的累计未分配利润为1 017 600元。

注意事项

1.“利润分配”账户所属各明细账户的设置。

2.未分配利润的计算及处理。

任务评价

根据前面任务下达的要求实施并完成任务后，进行任务实施评价，填写任务实施评价表，见表9-3-1。

表9-3-1　**处理利润分配业务训练评价表**

考评内容标准	实施评价		
	自我评价	同学互评	教师评价
计提法定盈余公积（20分）			
计提任意盈余公积（20分）			
分派投资者现金股利（20分）			
“利润分配”账户的结转（20分）			
年末未分配利润的计算（20分）			
合　计			

同步练习

同步练习9-3

扫码答题

一、单项选择题

1.20×4年1月1日，某股份有限公司未分配利润为100万元，20×4年度实现净利润400万元，法定盈余公积的提取比例为10%，不考虑其他因素，下列关于盈余公积的账务处理中，正确的是（　　）。

A.借：利润分配——提取法定盈余公积　　400 000

　　贷：盈余公积　　400 000

B.借：本年利润——提取法定盈余公积　　400 000

　　贷：盈余公积　　　　400 000

C.借：本年利润——提取法定盈余公积　　500 000

　　贷：盈余公积　　　　500 000

D.借：利润分配——提取法定盈余公积　　500 000

　　贷：盈余公积　　　　500 000

2.下列关于“利润分配”账户的表述中，错误的是（　　）。

习题精讲9-11

A.属于所有者权益账户

B.年末贷方余额表示历年积存的未分配利润

C.年末借方余额表示累计未弥补的亏损

D.贷方登记对外分配的利润

二、多项选择题

习题精讲9-12

1.下列各项关于盈余公积的用途的表述中，正确的有（　　）。

A.以盈余公积转增实收资本　　B.以盈余公积转增资本公积

C.以盈余公积弥补亏损　　D.以盈余公积发放现金股利

2.下列关于“应付股利”账户的表述中，错误的有（　　）。

习题精讲9-13

A.属于负债类账户

B.年末贷方余额表示应付未付的股票股利

C.借方登记支付的股票股利

D.贷方登记对外分配的股票股利

三、判断题

1.年度终了，“利润分配”账户的各明细账户均无余额。（　　）

2.企业未提取盈余公积前，不得向投资者分配利润。（　　）

3.年度终了，只有在企业盈利的情况下，才能将“本年利润”账户的本年累计余额转入“利润分配——未分配利润”账户。（　　）

4.企业按规定用盈余公积弥补以前年度亏损时，应按弥补数额，借记“盈余公积”账户，贷记“利润分配——盈余公积补亏”账户。（　　）

四、账务处理题

1.目的：练习企业利润分配的核算。

2.资料：

A公司20×4年年初“利润分配——未分配利润”账户有借方余额296 000元。当年A公司实现税前利润1 000 000元，经查，本年度确认的收支中，有购买国债的利息收入80 000元，支付罚金14 000元。

20×3年年底投入使用的一项设备，原价20万元，本年度利润表中列支年折旧费45 000元，按税法规定应列支的年折旧额为57 000元，形成了应纳税暂时性差异12 000元。

A公司适用的所得税税率为25%，采用资产负债表债务法核算，“递延所得税资产”与“递延所得税负债”账户的年初余额均为0。假设该公司当年无其他纳税调整事项。

该公司按净利润的10%和6%分别提取法定盈余公积和任意盈余公积，按当年净利润的10%向投资者分派现金股利。

3.要求：

（1）计算A公司20×4年当期的应交所得税以及所得税费用，并编制计提所得税费用的会计分录。

（2）计算A公司20×4年可供分配利润，提取的法定盈余公积、任意盈余公积，向投资者分配的利润及年末的未分配利润。

（3）根据上述计算结果，编制本年末提取盈余公积、向投资者分配利润以及结转“利润分配”账户的会计分录（“利润分配”账户应列示明细账户）。

技能训练

请扫码后依据所提供的原始凭证编制相关业务的会计分录。

素养拓展

南纺股份的利润操纵

因连续多年虚增利润被行政处罚的南京纺织品进出口股份有限公司（下称“南纺股份”）信息披露违法案在2014年一度引发市场密切关注。南纺股份财务造假横跨5年，通过在自营进口业务中调低进口成本、在转口业务中虚增收入、在以外汇融资为目的的虚假转口业务中虚增收入及成本隐瞒财务费用、调节应收外汇账款账龄以少提坏账准备等多种手段虚增利润。

该案查明后，证监会依法对南纺股份予以警告，并处50万元罚款；公司12名相关责任人被给予警告并处3万元到30万元不等的罚款，其中3名责任人被施以市场禁入的处罚。

证监会调查显示，南纺股份于2006至2010年的5年间，持续虚构利润，掩盖公司连续亏损的财务状况。

其中，南纺股份2006年虚构利润3 109.15万元，扣除虚构利润后公司当年利润为−668.65万元，虚构利润占其披露利润的127.39%；2007年虚构利润4 223.33万元，扣除虚构利润后公司当年利润为−1 430.59万元，虚构利润占其披露利润的151.23%；2008年虚构利润15 199.83万元，扣除虚构利润后公司当年利润为−13 620.47万元，虚构利润占其披露利润的962.40%；2009年虚构利润6 053.18万元，扣除虚构利润后公司当年利润为−4 470.40万元，虚构利润占其披露利润的382.44%；2010年虚构利润5 864.12万元，扣除虚构利润后公司当年利润为−5 969.01万元，虚构利润占其披露利润的5 590.73%。

资料来源　马婧好．南纺股份财务造假横跨五年　虚增利润终获罚［EB/OL］．［2014-11-04］．https://finance.sina.com.cn/360desktop/stock/t/20141104/023320720665.shtml.

请分析：

（1）南纺股份进行利润操纵的主要动机是什么？

（2）南纺股份进行利润操纵的主要手段是什么？

分析提示：

南纺股份进行利润操纵的主要动机是要虚增和平滑公司的盈余数字，从而使得公司股价一直保持较好走势。该公司主要通过在自营进口业务中调低进口成本、在转口业务中虚增收入、在以外汇融资为目的的虚假转口业务中虚增收入及成本隐瞒财务费用、调节应收外汇账款账龄以少提坏账准备等多种手段虚增利润。

模块十

财务报告编制

本模块主要介绍企业财务报告的内容、结构和编制方法。编制财务报告是会计核算的一种专门方法，也是会计循环的最后环节，财务会计的目的就是以财务报告的形式向各方提供会计信息。财务报表是财务报告的主要组成部分，财务报表包括资产负债表、利润表、现金流量表、所有者权益变动表和附注。本模块包含以下五个任务：认识财务报告、编制资产负债表、编制利润表、编制现金流量表和认识所有者权益变动表。

学习目标

知识目标

1. 了解：财务报表的分类及各报表的作用；
2. 熟悉：财务报告的概念及组成、相关会计准则的规定、所有者权益变动表的结构及编制原理；
3. 掌握：资产负债表、利润表、现金流量表的内容、结构和编制方法。

技能目标

1. 会编制资产负债表、利润表等基本财务报表；
2. 运用所学知识解读财务报告基本信息。

素养目标

1. 通过上交所“零容忍”打击财务造假违规的案例，明白“不做假账”是全体会计人员最基本的职业道德准绳，是推进党风廉政建设和反腐败斗争以及保障广大投资者利益的利器；
2. 结合严厉打击上市公司财务造假违规行为，知晓财务报告信息真实可靠的重要意义，树立守法意识、诚信意识、底线意识。

思维导图

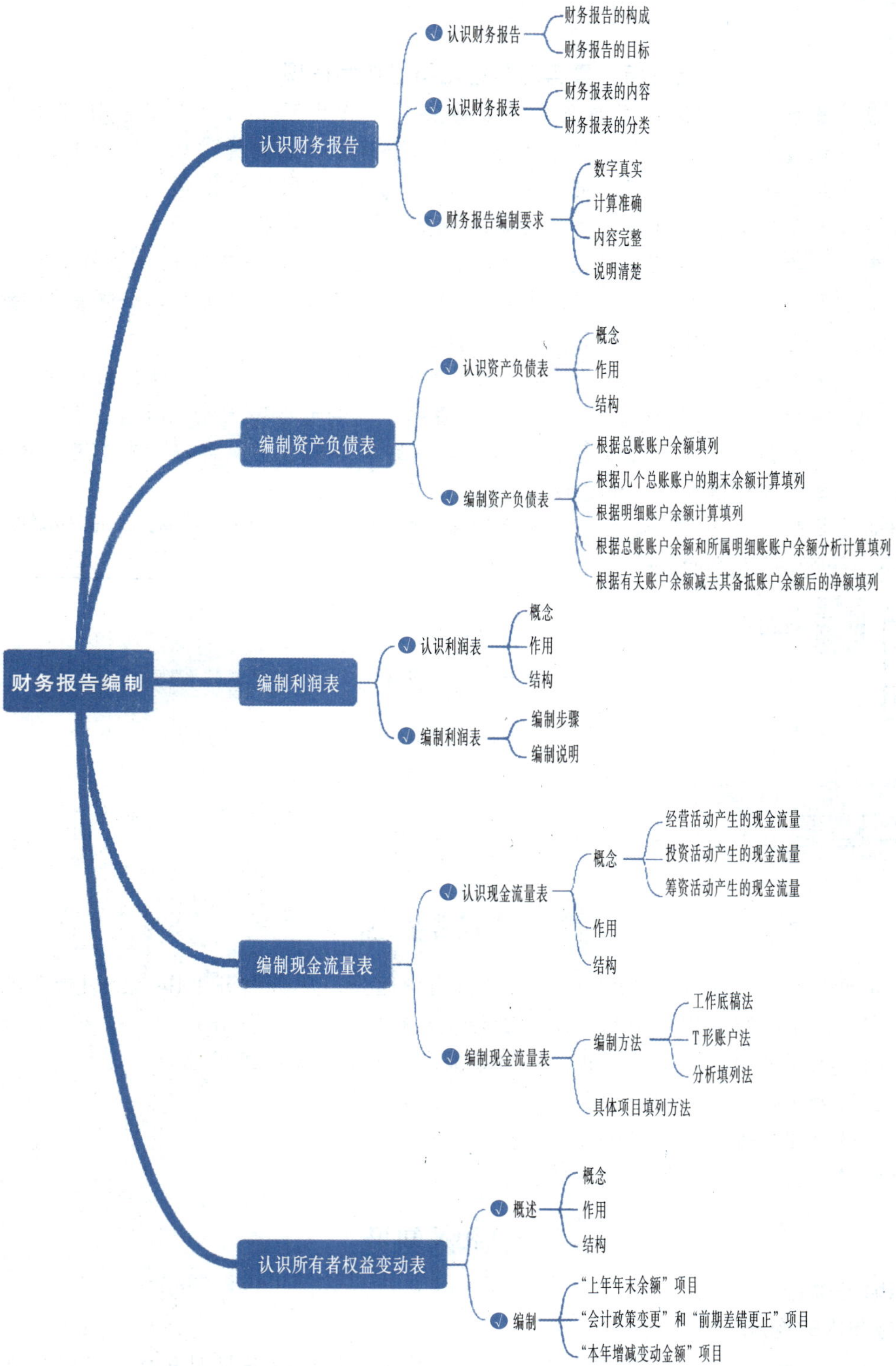
财务报告编制
认识财务报告
认识财务报告
财务报告的构成
财务报告的目标
认识财务报表
财务报表的内容
财务报表的分类
财务报告编制要求
数字真实
计算准确
内容完整
说明清楚
编制资产负债表
认识资产负债表
概念
作用
结构
编制资产负债表
根据总账账户余额填列
根据几个总账账户的期末余额计算填列
根据明细账户余额计算填列
根据总账账户余额和所属明细账账户余额分析计算填列
根据有关账户余额减去其备抵账户余额后的净额填列
编制利润表
认识利润表
概念
作用
结构
编制利润表
编制步骤
编制说明
编制现金流量表
认识现金流量表
概念
经营活动产生的现金流量
投资活动产生的现金流量
筹资活动产生的现金流量
作用
结构
编制现金流量表
编制方法
工作底稿法
T形账户法
分析填列法
具体项目填列方法
认识所有者权益变动表
概述
概念
作用
结构
编制
“上年年末余额”项目
“会计政策变更”和“前期差错更正”项目
“本年增减变动金额”项目

德技并修

上交所“零容忍”打击财务造假违规

因年报披露相关财务数据严重失实，东方金钰股份有限公司（以下简称“*ST金钰”）及相关责任人近日遭到上海证券交易所（以下简称“上交所”）公开谴责。上交所以此为契机再度重申，“零容忍”严厉打击上市公司财务造假违规行为。

上市公司定期报告中的财务数据是投资者获知公司发展现状的重要信息来源。上市公司及董事、监事、高级管理人员应当根据规则要求保证年报等定期报告披露的真实、准确、完整。但在实践中，部分公司编制年度报告时未能遵循会计准则，公司财务数据未能客观、真实地反映公司经营情况，严重影响了投资者的知情权。

上交所相关负责人表示，将继续落实《国务院关于进一步提高上市公司质量的意见》，围绕推动提高上市公司质量的首要目标，贯彻“建制度、不干预、零容忍”九字方针，督促上市公司做好信息披露工作，切实保护投资者合法权益，并以“零容忍”态度对公司财务造假违规行为予以严肃惩戒。

资料来源：潘清. 上交所“零容忍”打击财务造假违规［EB/OL］.［2020-12-08］. http://m.xinhuanet.com/2020-12/08/c_1126836868.htm.

德技并修10

问题：

如何理解杜绝财务造假行为、“不做假账”对我国经济发展的意义？

任务1 认识财务报告

任务描述

王宏是会计专业毕业生，20×3年年底应聘到华远公司从事财务工作，公司指派他跟随资深的李会计学习财务报告编制工作。李会计分配给王宏三个任务：

（1）通读去年的财务报告，了解公司财务报告和财务报表的组成部分。

（2）了解公司财务报告的使用者。

（3）了解公司财务报告的目标。

如果你是王宏，你将如何完成任务？

相关知识

一、认识财务报告

（一）财务报告的构成

财务报告是指企业对外提供的反映企业某一特定日期的财务状况和某一会计期间的

经营成果、现金流量等会计信息的文件。财务报告包括财务报表和其他应当在财务报告中披露的相关信息和资料，主要由财务报表、财务报表附注、财务情况说明书三部分构成。

（二）财务报告的目标

财务报告的目标是向投资者、债权人、政府及有关部门、社会公众以及企业内部有关管理人员提供与企业财务状况、经营成果、现金流量等有关的会计信息，反映企业管理层受托责任的履行情况，有助于财务报告使用者作出经济决策。

二、认识财务报表

（一）财务报表的内容

财务报表是对企业财务状况、经营成果和现金流量的结构性表述。财务报表具有报告的性质，是以表格为主要形式，反映、提供和传输财务信息的书面报告文件，是财务报告的核心组成部分。一套完整的财务报表至少应当有资产负债表、利润表、现金流量表、所有者权益变动表以及附注。

其中，附注是对财务报表中列示项目的文字描述或明细资料，以及对未能在这些报表中列示项目的说明等，包括企业的基本情况、财务报表的编制基础、遵循企业会计准则的声明、重要会计政策和会计估计、会计政策和会计估计变更以及差错更正的说明、报表重要项目的说明和其他需要说明的重要事项（如或有事项、资产负债表日后非调整事项、关联方关系及交易等）。通过附注与财务报表的相互参照关系，以及对未能在财务报表中列示项目的说明，可以使报表使用者全面了解企业的财务状况。

微课 10-1

财务报表附注

思考 10-1： 财务报告和财务报表是同一概念吗？它们之间有何区别？

（二）财务报表的分类

1.财务报表按反映资金运动形态的不同，可分为静态报表和动态报表

静态报表是反映某一特定时点指标的报表，如资产负债表；动态报表是反映某一时期指标的报表，如利润表、现金流量表和所有者权益变动表。

2.财务报表按编制期间不同，可分为中期报表和年度报表

中期报表是指以短于一个完整会计年度的报告期间为基础编制的财务报表，包括月报、季报和半年报等。

3.财务报表按编制主体的不同，可分为个别报表和合并报表

个别报表是企业在自身会计核算的基础上对账簿记录进行加工而编制的财务报表，它主要用于反映企业自身的财务状况、经营成果、现金流量及所有者权益变动情况；合并报表是以母公司和子公司组成的企业集团为会计主体，由母公司编制的反映企业集团财务状况、经营成果、现金流量及所有者权益变动情况的报表。

三、财务报告编制要求

（一）基本要求

企业财务报告应当依据国家统一会计制度的要求，根据登记完整、核对无误的会计账簿记录和其他有关资料编制，做到数字真实、计算准确、内容完整、说明清楚。

（二）具体要求

财务报告编制的具体要求包括：

（1）企业编制财务报表时应当对企业持续经营能力进行评估，依据各项会计准则确认和计量的结果编制财务报表。

（2）企业应当以持续经营为基础编制财务报表。

（3）除现金流量表信息外，企业应当按照权责发生制编制财务报表。

（4）企业财务报表项目的列报应当在各个会计期间保持一致，不得随意变更。

（5）企业单独列报或汇总列报相关项目时应当遵循重要性原则。

（6）企业财务报表项目应当以总额列报，一般不得以金额抵销后的净额列报，但另有规定的除外。

（7）企业应当至少提供所有列报项目上一个可比会计期间的比较数据，以及与理解当期财务报表相关的说明，提高信息在会计期间的可比性。

（8）企业在财务报表的显著位置（通常是表首部分）应当至少披露下列信息：编报企业名称、报表所属日期或期间、货币名称和单位等。

任务实施

根据李会计下达的任务，王宏通过翻阅去年的资料以及运用所学的相关知识，作出如下解答：

（1）公司的财务报告由财务报表、财务报表附注、财务情况说明书三部分内容组成。公司的年度财务报表由资产负债表、利润表、现金流量表、所有者权益变动表以及附注组成。

（2）财务报告的使用者有投资者、债权人、政府及有关部门、社会公众，以及企业内部有关的中、高层管理人员。

（3）财务报告的目标是提供与企业财务状况、经营成果、现金流量等有关的会计信息，反映企业管理层受托责任的履行情况，有助于财务报告使用者作出经济决策。

注意事项

1. 阅读财务报告时要结合企业所处的行业特征和历史情况。
2. 附注是财务报表不可或缺的部分。

任务评价

根据前面任务下达的要求实施并完成任务后，进行任务实施评价，填写任务实施评价表，见表 10-1-1。

表 10-1-1 财务报告认知训练评价表

考评内容标准	实施评价		
	自我评价	同学互评	教师评价
明确财务报告及财务报表的组成（40分）			
明确财务报告的使用者（30分）			
明确财务报告的目标（30分）			
合　计			

同步练习

同步练习 10-1

扫码答题

一、单项选择题

1.下列各项中，属于静态会计报表的是（　　）。

A.资产负债表　　B.利润表

C.现金流量表　　D.所有者权益变动表

2.下列各项关于会计报表的表述中，正确的是（　　）。

A. 中期报表包括月报和季报

B. 财务报告只需向股东提供

C. 个别报表和合并报表的编制主体不同

D. 财务报告包括财务报表和财务报表附注

二、多项选择题

1.下列各项中，属于企业财务报表的有（　　）。

A.资产负债表　　B.利润表

C.现金流量表　　D.所有者权益变动表

2.财务报表编制的基本要求有（　　）。

A.数字真实　　B.计算准确　　C.全面完整　　D.说明清楚

三、判断题

1. 财务报告就是财务报表。（　　）

2. 企业单独列报或汇总列报相关项目时应当遵循重要性原则。（　　）

任务2 编制资产负债表

任务描述

龙腾公司被核定为增值税一般纳税人，增值税税率为13%，所得税税率为25%，20×3年年末的资产负债表（部分）见表10-2-1。

表10-2-1　资产负债表

编制单位：龙腾公司　　20×3年12月31日　　单位：元

资产	期末余额	负债和所有者权益（或股东权益）	期末余额
流动资产：		流动负债：	
货币资金	194 315.52	短期借款	
交易性金融资产		交易性金融负债	
衍生金融资产		衍生金融负债	
应收票据		应付票据	

续表

资产	期末余额	负债和所有者权益（或股东权益）	期末余额
应收账款	4 984 620.66	应付账款	983 625.51
应收账款融资		预收款项	5 022.50
预付款项	730 660.09	合同负债	
其他应收款	7 903.80	应付职工薪酬	18 944.10
存货	2 363 430.51	应交税费	116 671.17
合同资产		其他应付款	21 324 055.31
持有待售资产		持有待售负债	
一年内到期的非流动资产		一年内到期的非流动负债	
其他流动资产		其他流动负债	
流动资产合计	8 280 930.58	流动负债合计	22 448 318.59
非流动资产：		非流动负债：	
债权投资		长期借款	
其他债权投资		应付债券	
长期应收款		其中：优先股	
长期股权投资	6 051 064.43	永续债	
其他权益工具投资		租赁负债	
其他非流动金融资产		长期应付款	
投资性房地产		预计负债	
固定资产	16 186 570.16	递延收益	
在建工程		递延所得税负债	
生产性生物资产		其他非流动负债	
油气资产		非流动负债合计	
使用权资产		负债合计	22 448 318.59
无形资产	348 967.40	所有者权益（或股东权益）：	
开发支出		实收资本（或股本）	10 000 000
商誉		其他权益工具	

续表

资产	期末余额	负债和所有者权益（或股东权益）	期末余额
长期待摊费用		其中：优先股	
递延所得税资产	99 212.41	永续债	
其他非流动资产		资本公积	207 080.94
非流动资产合计	22 685 814.40	减：库存股	
		其他综合收益	
		专项储备	
		盈余公积	53 236.19
		未分配利润	−1 741 890.74
		所有者权益（或股东权益）合计	8 518 426.39
资产总计	30 966 744.98	负债和所有者权益（或股东权益）总计	30 966 744.98

20×4年有关账户年末余额见表10-2-2。

表10-2-2 **账户年末余额表** 单位：元

一级账户	二级账户	期末借方余额	期末贷方余额
库存现金		5 724	
银行存款		591 267.70	
其他货币资金		1 340	
应收账款		6 022 896.94	
预付账款		440 825.59	
其他应收款		9 053.13	
坏账准备	应收账款		852 896.94
	其他应收款		953.13
生产成本		83 577.14	
原材料		1 917 266.23	
库存商品		250 364.12	
自制半成品		120 564.34	
长期股权投资		6 051 064.43	
固定资产		55 387 410.77	

续表

一级账户	二级账户	期末借方余额	期末贷方余额
累计折旧			37 110 413.14
固定资产减值准备			10 413.14
在建工程		547 630.56	
无形资产		397 900	
累计摊销			56 227.47
递延所得税资产		99 212.41	
交易性金融负债			2 393
应付账款			1 164 056.85
预收账款			5 000.50
其他应付款			24 411 388.60
应付职工薪酬			8 007.86
应交税费			104 459.18
长期借款			500 000
股本			10 000 000
资本公积			207 080.94
盈余公积			53 236.19
利润分配	未分配利润	2 560 429.58	
合　计		74 486 526.94	74 486 526.94

请你利用上述资料为龙腾公司编制20×4年年末的资产负债表。

相关知识

一、认识资产负债表

（一）资产负债表的概念

资产负债表是反映企业在某一特定日期（月末、季末、半年末、年末）财务状况的报表。它是根据资产、负债、所有者权益三个会计要素的相互关系，依据一定的分类标准和顺序，把企业在一定日期的资产、负债、所有者权益项目予以排列，并对日常核算中形成的大量数据进行整理汇总编制而成的，是静态报表。

（二）资产负债表的作用

资产负债表主要提供有关企业财务状况方面的信息，即反映某一特定日期企业资产、负债、所有者权益及相互关系。其作用主要包括：

①可以提供某一特定日期的资产总额及结构信息，表明企业拥有或控制的资源及分布

情况。

②可以提供某一特定日期的负债总额及结构信息，表明企业未来需要用多少资产或劳务清偿债务。

③可以反映所有者所拥有的权益，据以判断资本保值、增值的情况以及对负债的保障程度。

④可以提供进行财务分析的基本资料。通过资产负债表提供的数据，可以计算企业的偿债能力、盈利能力、资产利用效率等一系列财务指标，从而有助于报表使用者作出经济决策。

思考10-2：你知道资产负债表编制的理论依据是什么吗？

（三）资产负债表的结构

资产负债表的结构主要有报告式和账户式两种。在我国，资产负债表应采用账户式结构，通常包括表头、表身和表尾三部分。表头主要包括资产负债表的名称、编制单位、编制日期和单位；表身主要包括资产、负债和所有者权益各项目的上年年末余额和期末余额，是资产负债表的主要部分；表尾主要包括有关人员签章以及其他附注说明等。

资产负债表的表身分为左右两边，左边列示资产，右边列示负债和所有者权益。资产项目大体按资产的流动性进行排列，流动性强的项目排在前面，流动性弱的项目排在后面；负债一般按清偿时间的先后顺序排列，流动负债排列在前，非流动负债排列在后；所有者权益类项目按照资本的永久性进行先后次序的排列，永久性高者在前，低者在后。

思考10-3：你知道账户式的结构有哪些优点吗？

二、编制资产负债表

资产负债表是反映企业某一特定日期财务状况的报表。资产、负债和所有者权益各项目列报的数据有两项：上年年末余额和期末余额。其中，“上年年末余额”栏内各项数字，应根据上年年末资产负债表“期末余额”栏内所列数字填列；“期末余额”栏的数字应根据资产、负债、所有者权益和成本类账户的期末余额计算分析填列。其主要有以下几种方法：

（一）根据总账账户余额填列

如“以公允价值计量且其变动计入当期损益的金融资产”“递延所得税资产”“短期借款”“以公允价值计量且其变动计入当期损益的金融负债”“应付职工薪酬”“预计负债”“递延所得税负债”“实收资本（或股本）”“资本公积”“库存股”“盈余公积”“持有待售负债”等项目，应根据有关总账账户的余额填列。

（二）根据几个总账账户的期末余额计算填列

如货币资金项目，应根据“库存现金”“银行存款”“其他货币资金”三个总账账户的期末余额的合计数填列。“未分配利润”项目，应根据“利润分配”和“本年利润”账户的期末余额填列。“其他应付款”项目，应根据“应付股利”、“应付利息”和“其他应付款”账户的期末余额合计数填列。

（三）根据明细账户余额计算填列

如“应付账款”项目，应根据“应付账款”和“预付账款”账户所属明细账户的期末贷方余额计算填列；“预付款项”项目，应根据“应付账款”和“预付账款”账户所属明细账户的期末借方余额计算填列。

“开发支出”项目，应根据“研发支出”账户中所属的“资本化支出”明细账户期末余额填列；“一年内到期的非流动资产”“一年内到期的非流动负债”项目，应根据有关非流动资产或负债项目的明细账户余额分析填列。

“应交税费”账户下的“应交增值税”“未交增值税”“待抵扣进项税额”“待认证进项税额”“增值税留抵税额”等明细账户期末借方余额应根据情况，在资产负债表中的“其他流动资产”或“其他非流动资产”项目列示；“应交税费——待转销项税额”等账户期末贷方余额应根据情况，在资产负债表中的“其他流动负债”或“其他非流动负债”项目列示；“应交税费”账户下的“未交增值税”“简易计税”“转让金融商品应交增值税”“代扣代交增值税”等账户期末贷方余额应在资产负债表中的“应交税费”项目列示。

（四）根据总账账户余额和所属明细账账户余额分析计算填列

如“长期借款”“应付债券”项目，应分别根据“长期借款”“应付债券”账户的总分类账户余额扣除所属明细账户中将于一年内到期的长期借款或债券后的余额计算填列。

【例10-1】 企业20×3年12月31日“长期借款”账户的期末贷方余额为800 000元，其中有100 000元将于20×4年3月1日到期，则20×3年12月31日资产负债表内“一年内到期的非流动负债”项目为100 000元，“长期借款”项目金额为700 000元（800 000−100 000）。

微课10-2

长期借款项目的填列

“长期待摊费用”项目，应根据“长期待摊费用”账户的期末余额减去将于一年内（含一年）摊销的数额后的金额填列；“其他非流动负债”项目，应根据有关账户的期末余额减去将于一年内（含一年）到期偿还数后的金额填列。

（五）根据有关账户余额减去其备抵账户余额后的净额填列

如“长期股权投资”等项目，应根据相关账户的期末余额填列，已计提减值准备的，还应扣减相应的减值准备。

“固定资产”项目，应根据“固定资产”账户的期末余额，减去“累计折旧”和“固定资产减值准备”账户的期末余额，以及“固定资产清理”账户的期末余额填列。“在建工程”项目，应根据“在建工程”账户的期末余额，减去“在建工程减值准备”账户的期末余额，以及“工程物资”账户的期末余额，减去“工程物资减值准备”账户的期末余额后的金额填列。

“无形资产”“投资性房地产”“生产性生物资产”“油气资产”项目，应根据相关账户的期末余额扣减相关的累计折旧（累计摊销）填列，已计提减值准备的，还应扣减相应的减值准备。

“长期应收款”项目，应根据“长期应收款”账户的期末余额，减去相应的“未实现融资收益”账户和“坏账准备”账户所属相关明细账户期末余额后的金额填列；“长期应付款”项目，应根据“长期应付款”账户的期末余额，减去“未确认融资费用”账户期末余额和将于1年内（含1年）到期的长期应付款的净额填列。

“其他应收款”项目，应根据“应收利息”、“应收股利”和“其他应收款”账户的期末余额合计数，减去“坏账准备”账户中相关坏账准备期末余额后的金额填列。

“应收票据”项目，应根据“应收票据”账户的期末余额，减去“坏账准备”账户中有关应收票据计提的坏账准备期末金额后的金额填列。

"应收账款"项目，应根据"应收账款"和"预收账款"账户所属明细账户的期末借方余额合计数，减去"坏账准备"账户中有关应收账款计提的坏账准备期末金额后的金额填列。

"持有待售资产"项目，应根据"持有待售资产"账户的期末余额，减去"持有待售资产减值准备"账户的期末余额后的金额填列。

【例10–2】 企业20×4年12月31日"应收账款""预收账款"及相关"坏账准备"科目的余额见表10–2–3。

表10–2–3 **企业"应收账款""预收账款"及相关"坏账准备"科目的余额** 单位：元

一级科目	二级科目	借方余额	贷方余额
应收账款	光大公司	5 000	
	同发公司		3 000
预收账款	山河公司	2 000	
	华远公司		4 000
坏账准备			400

资产负债表"应收账款"项目金额=5 000+2 000−400=6 600（元）

"预收款项"项目金额=3 000+4 000 =7 000（元）

"存货"项目，需根据"材料采购"（或"在途物资"）、"库存商品"、"委托加工物资"、"周转材料"、"发出商品"、"委托代销商品"、"受托代销商品"和"生产成本"等账户的期末余额合计数，减去"受托代销商品款""存货跌价准备"账户期末余额后的金额填列，材料采用计划成本核算，以及库存商品采用计划成本核算或售价金额核算的企业，还应根据加（或减）"材料成本差异""商品进销差价"账户金额后的金额填列。

【例10–3】 企业20×4年12月31日与存货有关的科目期末明细表见表10–2–4。

表10–2–4 **企业与存货有关的科目期末明细表** 单位：元

科目名称	借方余额	贷方余额
材料采购	3 000	
原材料	5 000	
库存商品	2 500	
生产成本	4 500	
材料成本差异		1 500
存货跌价准备		500
合　计	15 000	2 000

资产负债表"存货"项目金额=15 000−2 000=13 000（元）

思考10–4： 报表项目和有关账户的概念相同吗？

任务实施

根据提供的相关资料，编制资产负债表，见表10-2-5。

表10-2-5 资产负债表

编制单位：龙腾公司 20×4年12月31日 单位：元

资产	期末余额	上年年末余额	负债和所有者权益（或股东权益）	期末余额	上年年末余额
流动资产：			流动负债：		
货币资金	598 331.70	194 315.52	短期借款		
交易性金融资产			交易性金融负债	2 393	
衍生金融资产			衍生金融负债		
应收票据			应付票据		
应收账款	5 170 000	4 984 620.66	应付账款	1 164 056.85	983 625.51
应收账款融资			预收款项	5 000.50	5 022.50
预付款项	440 825.59	730 660.09	合同负债		
其他应收款	8 100	7 903.80	应付职工薪酬	8 007.86	18 944.10
存货	2 371 771.83	2 363 430.51	应交税费	104 459.18	116 671.17
合同资产			其他应付款	24 411 388.60	21 324 055.31
其他应收款	8 100	7 903.80	持有待售负债		
持有待售资产			一年内到期的非流动负债		
一年内到期的非流动资产			其他流动负债		
其他流动资产			流动负债合计	25 695 305.99	22 448 318.59
流动资产合计	8 589 029.12	8 280 930.58	非流动负债：		
非流动资产：			长期借款	500 000	
债权投资			应付债券		
其他债权投资			其中：优先股		
长期应收款			永续债		
长期股权投资	6 051 064.43	6 051 064.43	租赁负债		
其他权益工具投资			长期应付款		
其他非流动金融资产			预计负债		
投资性房地产			递延收益		
固定资产	18 266 584.49	16 186 570.16	递延所得税负债		
在建工程	547 630.56		其他非流动负债		
生产性生物资产			非流动负债合计	500 000	
油气资产			负债合计	26 195 305.99	22 448 318.59
使用权资产			所有者权益（或股东权益）：		

续表

资产	期末余额	上年年末余额	负债和所有者权益（或股东权益）	期末余额	上年年末余额
无形资产	341 672.53	348 967.40	实收资本（或股本）	10 000 000	10 000 000
开发支出			其他权益工具		
商誉			其中：优先股		
长期待摊费用			永续债		
递延所得税资产	99 212.41	99 212.41	资本公积	207 080.94	207 080.94
其他非流动资产			减：库存股		
非流动资产合计	25 306 164.42	22 685 814.40	其他综合收益		
			专项储备		
			盈余公积	53 236.19	53 236.19
			未分配利润	−2 560 429.58	−1 741 890.74
			所有者权益（或股东权益）合计	7 699 887.55	8 518 426.39
资产总计	33 895 193.54	30 966 744.98	负债和所有者权益（或股东权益）总计	33 895 193.54	30 966 744.98

其中，资产负债表主要项目计算过程如下：

1. “货币资金”项目

货币资金=“库存现金”账户借方余额+“银行存款”账户借方余额+“其他货币资金”账户借方余额

=5 724+591 267.70+1 340=598 331.70（元）

2. “应收账款”项目

应收账款=“应收账款”账户借方余额−有关的“坏账准备”贷方余额

=6 022 896.94−852 896.94=5 170 000（元）

3. “其他应收款”项目

其他应收款=“其他应收款”账户借方余额−有关的“坏账准备”贷方余额

=9 053.13−953.13=8 100（元）

4. “存货”项目

存货=“生产成本”账户借方余额+“原材料”账户借方余额+“自制半成品”账户借方余额+“库存商品”账户借方余额

=83 577.14+1 917 266.23+120 564.34+250 364.12=2 371 771.83（元）

5. “固定资产”项目

固定资产=“固定资产”账户借方余额−“累计折旧”账户贷方余额−“固定资产减值准备”账户贷方余额

=55 387 410.77−37 110 413.14−10 413.14=18 266 584.49（元）

6. “无形资产”项目

无形资产=“无形资产”账户借方余额−“累计摊销”账户贷方余额

=397 900−56 227.47=341 672.53（元）

注意事项

1. 各数据之间的钩稽关系。
2. 各账户期末余额的借贷方向。

任务评价

根据前面任务下达的要求实施并完成任务后，进行任务实施评价，填写任务实施评价表，见表10-2-6。

表10-2-6 编制资产负债表训练评价表

考评内容标准	实施评价		
	自我评价	同学互评	教师评价
掌握资产负债表上年年末余额的编制（20分）			
掌握资产负债表期末余额的编制（80分）			
合　　计			

同步练习

同步练习10-2

扫码答题

一、单项选择题

1. 资产负债表的下列项目中，只需要根据一个总账账户就能填列的项目是（　　）。

A. 货币资金　　B. 短期借款

C. 应付账款　　D. 预付款项

习题精讲10-1

2. 乙企业“原材料”账户借方余额300万元，“生产成本”账户借方余额200万元，“材料采购”账户借方余额50万元，“材料成本差异”账户贷方余额30万元，该企业期末“存货”项目在资产负债表中应填列的金额为（　　）万元。

A. 670　　B. 520　　C. 570　　D. 540

习题精讲10-2

二、多项选择题

1. 资产负债表中“存货”项目金额，应根据（　　）账户的余额分析填列。

A. “工程物资”　　B. “周转材料”

C. “生产成本”　　D. “发出商品”

2. 填列资产负债表时，需要抵减有关减值准备账户余额填列的项目有（　　）。

A. 存货　　B. 固定资产　　C. 应收账款　　D. 长期股权投资

习题精讲10-3

3. 下列资产负债表项目中，需根据有关明细账户余额分析填列的有（　　）。

A. 应收账款　　B. 预收款项

C. 应付账款　　D. 预付款项

4.下列资产负债表项目中，属于流动负债的有（　　）。

A.预收款项　　B.应交税费

C.预付款项　　D.一年内到期的长期借款

三、判断题

习题精讲10-4

1.“长期借款”项目，根据“长期借款”总账账户的余额填列。（　　）

2.“固定资产”项目，根据“固定资产”总账账户的余额填列。（　　）

任务3 编制利润表

任务描述

龙腾公司核算本年利润的方法为表结法，20×4年1—12月各损益类账户结转到“本年利润”账户的累计发生额见表10-3-1。

表10-3-1　损益类账户的累计发生额　单位：元

账户名称	借方累计发生额	贷方累计发生额
主营业务收入		20 603 367.64
其他业务收入		18 051.81
主营业务成本	18 745 972.80	
其他业务成本	4 451.81	
税金及附加	138 009.01	
销售费用	162 555.29	
管理费用	533 853.30	
财务费用	11 309.16	
信用减值损失	8 900	
资产减值损失	1 550 311.89	
营业外支出	284 595.03	

根据相关资料编制该公司20×4年度利润表。

相关知识

一、认识利润表

（一）利润表的概念

利润表是反映企业在一定会计期间经营成果的财务报表。利润表充分反映企业一定时期经营业绩的主要来源和构成，是动态报表。

（二）利润表的作用

1.有助于报表使用者全面地了解企业经营成果

利润表可以反映企业经营业绩的主要来源和构成，反映企业在一定会计期间收入、费用、利润（或亏损）的数额、构成情况。

2.有助于考核管理层的经营业绩

利润表详细地反映了企业财务成果的形成过程，并且提供不同时期的对比数据，可以评价和考核管理层的业绩。

3.有助于报表使用者作出经济决策

通过利润表，可以分析企业今后利润的发展趋势、获利能力，了解投资者投入资本的保值增值情况，从而为其作出经济决策提供依据。

（三）利润表的结构

利润表通常有单步式和多步式两种结构。单步式利润表是将本期所有的收入和所有的支出相抵，计算出当期损益；多步式利润表是通过对当期的收入、费用、支出项目按性质加以归类，按利润形成的主要环节分别计算营业利润、利润总额、净利润和综合收益总额，分步计算当期损益。我国企业利润表采用多步式列报。

为使报表使用者比较不同期间利润的情况，利润表将各项目分为“本期金额”和“上期金额”两栏分别填列。

思考10-5：你知道利润表编制的理论依据是什么吗？

二、编制利润表

（一）利润表的编制步骤

企业按照下列四个步骤来编制利润表：

①以营业收入为基础，减去营业成本、税金及附加、销售费用、管理费用、财务费用，加上其他收益、投资收益、公允价值变动收益、信用减值损失、资产减值损失、资产处置收益，计算出营业利润。

②以营业利润为基础，加上营业外收入，减去营业外支出，计算出利润总额。

③以利润总额为基础，减去所得税费用，计算出净利润（或净亏损）。

④以净利润为基础，加上其他综合收益的税后净额，计算出综合收益总额。

（二）利润表的编制说明

利润表各项目均需填列“本期金额”和“上期金额”两栏。其中，“上期金额”栏内各项数字，应根据上年该期利润表的“本期金额”栏内所列数字填列。“本期金额”栏内各项数字，大部分按照损益类账户的本期发生额计算分析填列。具体各项目的填列方法如下：

1.“营业收入”项目

“营业收入”项目，反映企业经营主要业务和其他业务所确认的收入总额。该项目应根据“主营业务收入”和“其他业务收入”账户的发生额分析计算填列。

2.“营业成本”项目

“营业成本”项目，反映企业经营主要业务和其他业务所发生的成本总额。该项目应根据“主营业务成本”和“其他业务成本”账户的发生额分析计算填列。

3.“税金及附加”项目

“税金及附加”项目，反映企业经营活动应负担的消费税、城市维护建设税、资源税、土地增值税、教育费附加、城镇土地使用税、车船税等。该项目应根据“税金及附加”账户的发生额分析填列。

4.“销售费用”项目

“销售费用”项目，反映企业在销售商品过程中发生的包装费、广告费等费用和为销售本企业商品而专设销售机构的职工薪酬、业务招待费等经营费用。该项目应根据“销售费用”账户的发生额分析填列。

5.“管理费用”项目

“管理费用”项目，反映企业为组织和管理生产经营活动发生的管理费用。该项目应根据“管理费用”账户的发生额分析填列。

6.“财务费用”项目

“财务费用”项目，反映企业筹集生产经营所需资金等发生的筹资费用。该项目应根据“财务费用”账户的发生额分析填列。其中：“利息收入”项目，反映企业确认的利息收入。“利息费用”项目，反映企业为筹集生产经营所需资金等发生的应予以费用化的利息支出。“利息收入”和“利息费用”项目，应根据相关财务费用明细账户的发生额分析填列。

7.“其他收益”项目

“其他收益”项目，反映企业应当计入其他收益的政府补助。该项目应根据“其他收益”账户的发生额分析填列。

8.“投资收益”项目

“投资收益”项目，反映企业以各种方式对外投资所取得的收益。该项目应根据“投资收益”账户的发生额分析填列。如为投资损失，该项目以“-”号填列。

9.“公允价值变动收益”项目

“公允价值变动收益”项目，反映企业应当计入当期损益的资产或负债的公允价值变动收益。该项目应根据“公允价值变动损益”账户的发生额分析填列。如为净损失，该项目以“-”号填列。

10.“信用减值损失”项目

“信用减值损失”项目，反映企业计提的各项金融工具减值准备所形成的预期信用损失。该项目应根据“信用减值损失”账户的发生额分析填列。

11.“资产减值损失”项目

“资产减值损失”项目，反映企业各项资产发生的减值损失。该项目应根据“资产减值损失”账户的发生额分析填列。

12.“资产处置收益”项目

“资产处置收益”项目，反映企业应当计入当期损益的有关非流动资产的处置损益。该项目应根据“资产处置损益”账户的发生额分析填列。如为处置损失，该项目以“-”号填列。

13.“营业利润”项目

“营业利润”项目，反映企业实现的营业利润。该项目根据利润表确定的营业利润构成项目及钩稽关系依次计算求得。如为亏损，该项目以“-”号填列。

14.“营业外收入”项目

“营业外收入”项目，反映企业发生的与经营业务无直接关系的各项收入。该项目应根据“营业外收入”账户的发生额分析填列。

15.“营业外支出”项目

“营业外支出”项目，反映企业发生的与经营业务无直接关系的各项支出。该项目应根据“营业外支出”账户的发生额分析填列。

16.“利润总额”项目

“利润总额”项目，反映企业实现的利润。该项目应根据利润表确定的利润总额构成项目及钩稽关系依次计算求得。如为亏损，该项目以“-”号填列。

17.“所得税费用”项目

“所得税费用”项目，反映企业应从利润总额中扣除的所得税费用。该项目应根据“所得税费用”账户的发生额分析填列。

18.“净利润”项目

“净利润”项目，反映企业实现的净利润。该项目应根据利润表确定的净利润构成项目及钩稽关系依次计算求得。如为亏损，该项目以“-”号填列。“（一）持续经营净利润”和“（二）终止经营净利润”项目，分别反映净利润中与持续经营相关的净利润和与终止经营相关的净利润。如为净亏损，以“-”号填列。这两个项目应按照《企业会计准则第42号——持有待售的非流动资产、处置组和终止经营》的相关规定分别列报。

19.“其他综合收益的税后净额”项目

“其他综合收益的税后净额”项目，反映企业根据其他会计准则的规定未在当期损益中确认的各项利得和损失的税后净额。

“其他综合收益的税后净额”项目包括两类内容：

①“不能重分类进损益的其他综合收益”项目，主要包括重新计量设定受益计划变动额、权益法下不能转损益的其他综合收益等。

②“将重分类进损益的其他综合收益”项目，主要包括权益法下可转损益的其他综合收益、其他债权投资公允价值变动、金融资产重分类计入其他综合收益的金额、其他债权投资信用减值准备、现金流量套期储备、外币财务报表折算差额等。

20.“综合收益总额”项目

“综合收益总额”项目，反映企业在某一期间除与所有者以其所有者身份进行交易之外的其他交易或事项所引起的所有者权益变动。本项目根据净利润和其他综合收益的税后净额的合计数填列。

21.“基本每股收益”和“稀释每股收益”项目

基本每股收益用归属于普通股股东的当期净利润除以当期发行在外普通股的加权平均数计算求得并填报；稀释每股收益是将发行的潜在普通股，如可转换公司债券、认股权证、股份期权等考虑在内，假定稀释性潜在普通股均已转换为普通股，从而分别调整归属于普通股股东的当期净利润以及发行在外普通股的加权平均数计算而得的每股收益。

任务实施

根据相关资料，编制该公司20×4年度利润表，见表10-3-2。

表10-3-2 利润表

编制单位：龙腾公司 20×4年度 单位：元

项 目	本期金额	上期金额（略）
一、营业收入	20 621 419.45	
减：营业成本	18 750 424.61	
税金及附加	138 009.01	
销售费用	162 555.29	
管理费用	533 853.30	
研发费用		
财务费用	11 309.16	
其中：利息费用	11 309.16	
利息收入		
加：其他收益		
投资收益（损失以“-”号填列）		
其中：对联营企业和合营企业的投资收益		
以摊余成本计量的金融资产终止确认收益（损失以“-”号填列）		
净敞口套期收益（损失以“-”号填列）		
公允价值变动收益（损失以“-”号填列）		
信用减值损失（损失以“-”号填列）	-8 900	
资产减值损失（损失以“-”号填列）	-1 550 311.89	
资产处置收益（损失以“-”号填列）		
二、营业利润（亏损以“-”号填列）	-533 943.81	
加：营业外收入		
减：营业外支出	284 595.03	
三、利润总额（亏损总额以“-”号填列）	-818 538.84	
减：所得税费用		
四、净利润（净亏损以“-”号填列）	-818 538.84	
（一）持续经营净利润（净亏损以“-”号填列）	-818 538.84	
（二）终止经营净利润（净亏损以“-”号填列）		
五、其他综合收益的税后净额		
六、综合收益总额	-818 538.84	
七、每股收益		
（一）基本每股收益		
（二）稀释每股收益		

任务评价

根据前面任务下达的要求实施并完成任务后，进行任务实施评价，填写任务实施评价表，见表10-3-3。

表10-3-3 编制利润表训练评价表

考评内容标准	实施评价		
	自我评价	同学互评	教师评价
掌握利润表的结构及内容（40分）			
掌握利润表的编制方法（60分）			
合　计			

注意事项

1. 各损益类账户的发生额方向。
2. 有关利润项目计算。

同步练习

同步练习10-3

扫码答题

一、单项选择题

1. 营业收入应根据（　　）计算分析填列。

A. “主营业务收入”账户的发生额

B. “其他业务收入”账户的发生额

C. “主营业务收入”账户和“其他业务收入”账户的发生额

D. “营业外收入”账户的发生额

2. 下列账户中，会影响利润表数据的有（　　）。

A. 生产成本　B. 税金及附加　C. 本年利润　D. 利润分配

二、多项选择题

习题精讲10-5

1. 利润表的结构有（　　）。

A. 报告式　B. 账户式

C. 单步式　D. 多步式

2. 下列各项中，影响营业利润的项目有（　　）。

A. 已销商品成本　B. 原材料销售收入

C. 出售固定资产净收益　D. 转让股票所得收益

三、判断题

1. 利润表是反映某一特定日期经营成果的财务报表，是动态报表。（　　）

2. 发生的营业外支出，在相应的会计期间，会减少企业的营业利润。（　　）

任务4
编制现金流量表

任务描述

龙腾公司20×4年度资产负债表和利润表情况如上述任务2、任务3所示，其他资料如下：

（1）管理费用中包含职工薪酬30 853元，其他管理费用990元。

（2）存货中生产成本、制造费用包含职工薪酬193 577元，折旧费45 250元。

（3）应付职工薪酬的期初余额中无应付在建工程人员的部分，应付职工薪酬的期末余额中应付在建工程人员的部分为7 630元。

（4）应交税费包含本期增值税进项税额3 187 572.18元，销项税额3 505 641.31元，已交增值税218 300元。

（5）营业外支出包含处置固定资产净损失284 595.03元，其中支付清理费用2 000元，收到残值收入1 200元。

（6）本期增加的固定资产中有15 000元是接受捐赠取得的。

请根据表10-2-5、表10-3-2和以上相关资料，完成现金流量表的编制。

相关知识

一、认识现金流量表

（一）现金流量表的概念

现金流量表是反映企业一定会计期间现金和现金等价物流入流出情况的财务报表。

现金是指企业库存现金以及可以随时用于支付的存款，包括库存现金、银行存款和其他货币资金等。不能随时用于支付的存款不属于现金，如不能随时支取的定期存款。

现金等价物是指企业持有的期限短、流动性强、易于转换为已知现金、价值变动风险很小的投资。其中，“期限短”一般是指从购买日起3个月内到期，例如可以在证券市场上流通的3个月内到期的短期债券投资。不同企业现金及现金等价物的范围可能不同，企业应当根据经营特点等具体情况，确定现金及现金等价物的范围。

现金流量，是指企业现金和现金等价物的流入和流出的数量。通常按照企业业务发生的性质和现金流量的来源将现金流量分为三类：

1.经营活动产生的现金流量

经营活动是指企业投资活动和筹资活动以外的所有交易和事项。经营活动产生的现金流量主要包括：销售商品或提供劳务、购买商品或接受劳务、支付工资和缴纳税款等流入和流出的现金和现金等价物。

2.投资活动产生的现金流量

投资活动是指企业非流动资产的购建和不包括在现金等价物范围内的投资及处置活动。投资活动产生的现金流量主要包括：购建固定资产、处置子公司及其他营业单位等流入和流出的现金和现金等价物。

3.筹资活动产生的现金流量

筹资活动是指导致企业资本及债务规模和构成发生变化的活动。筹资活动产生的现金流量主要包括：吸收投资、分配利润、发行债券、偿还债务等流入和流出的现金和现金等价物。偿付应付账款、应付票据等商业应付款属于经营活动，不属于筹资活动。

（二）现金流量表的作用

从编制原则上看，现金流量表按照收付实现制原则编制，将权责发生制下的盈利信息调整为收付实现制下的现金流量表信息，可以更好地为信息使用者服务，具体表现如下：

（1）通过现金流量表，报表使用者可以了解现金流量的影响因素，预测企业未来现金流量。

（2）有助于相关方评价企业的支付能力、偿债能力和周转能力，为其决策提供有力依据。

（3）便于报表使用者分析净利润和经营活动现金流量的差异，客观评价企业的盈利能力和周转能力。

（三）现金流量表的结构

现金流量表采用报告式结构，通过正表和补充资料两部分进行完整详细的列报。

现金流量表正表主要列报经营活动产生的现金流量、投资活动产生的现金流量、筹资活动产生的现金流量，最后汇总反映企业现金及现金等价物净增加额。

现金流量表补充资料主要包括三部分内容：

（1）将净利润调整为经营活动现金流量。

（2）不涉及当期现金收支的重大投资和筹资活动。

（3）现金及现金等价物净变动情况。

思考10-6：你知道现金流量表正表和补充资料有什么钩稽关系吗？

二、编制现金流量表

（一）现金流量表的编制方法

企业应当采用直接法列示经营活动产生的现金流量。直接法是指通过现金收入和现金支出的主要类别列示经营活动的现金流量的方法。在具体编制现金流量表时，可以采用工作底稿法或T形账户法，也可以根据有关账户记录分析填列。

1.工作底稿法

采用工作底稿法编制现金流量表，是以工作底稿为手段，以资产负债表和利润表数据为基础，对每个项目进行分析并编制调整分录，从而编制现金流量表的一种方法。工作底稿法包括以下程序：

（1）将资产负债表的上年年末余额和期末余额过入工作底稿的“期初数”栏和“期末数”栏。

（2）对当期业务进行分析并编制调整分录。编制调整分录时，要以利润表项目为基础，从“营业收入”开始，结合资产负债表项目逐一进行分析。在调整分录中，有关现金和现金等价物的事项，并不直接借记和贷记现金，而是分别记入“经营活动产生的现金流量”“投资活动产生的现金流量”“筹资活动产生的现金流量”有关项目，借记表示现金流入，贷记表示现金流出，借方余额表示现金流入量的净额，贷方余额表示现金流出量的净额。

（3）将调整分录过入工作底稿中的相应部分。

（4）核对调整分录，借方、贷方合计数应相等，资产负债表项目期初数加减调整分录中的借贷金额以后，应当等于期末数；工作底稿中的调整分录借方合计金额应等于贷方合计金额。

（5）根据工作底稿中的现金流量表项目部分编制正式的现金流量表。

2.T形账户法

采用T形账户法编制现金流量表，是以T形账户为手段，以资产负债表和利润表数据为基础，对每个项目进行分析并编制调整分录，从而编制现金流量表的一种方法。T形账户法包括以下程序：

（1）为所有的非现金项目（包括资产负债表项目和利润表项目）分别开设T形账户，并将各自的期末期初变动数过入各账户。如果某项目的期末数大于期初数，则将其差额过入和该项目余额相同的方向；反之，过入相反的方向。

（2）开设一个大的“现金及现金等价物”T形账户，分设“经营活动”、“投资活动”和“筹资活动”三个二级T型账户，左边为借方，记现金流入，右边为贷方，记现金流出，借方余额为现金流入净额，贷方余额为现金流出净额。

（3）以利润表为基础，从“营业收入”项目开始，结合资产负债表每一个非现金项目逐一进行分析调整，对当期业务编制调整分录。

（4）将调整分录过入各T形账户，并进行核对，该账户借贷相抵后的余额与原先过入的期末期初变动数应当一致。

（5）根据大的“现金及现金等价物”T形账户编制正式的现金流量表。

3.分析填列法

分析填列法是直接根据资产负债表、利润表和有关会计账户明细账户的记录，分析计算出现金流量表各项目的金额，并据以编制现金流量表的一种方法。

（二）现金流量表具体项目填列方法

1.经营活动产生的现金流量

（1）销售商品、提供劳务收到的现金

该项目反映企业销售商品、提供劳务实际收到的现金，包括销售收入和应向购买者收取的增值税销项税额，具体包括：本期销售商品、提供劳务收到的现金，以及前期销售商品、提供劳务本期收到的现金（包含应向购买者收取的增值税销项税额）和本期预收的款项，减去本期销售本期退回的商品和前期销售本期退回的商品支付的现金。企业销售材料和代购代销业务收到的现金，也在本项目中反映。该项目根据“库存现金”、“银行存款”、“应收票据”、“应收账款”、“预收账款”、“主营业务收入”和“其他业务收入”等账户的记录分析填列，也可根据下列公式计算填列：

$$\text{销售商品、提供劳务收到的现金}=\text{本期销售商品、提供劳务实际收到的现金(含增值税销项税额)}+\text{前期销售商品或提供劳务本期实际收到现金的应收账款(含应收账款和应收票据)}+\text{本期实际收到现金的预收账款}+\text{本期收回前期核销的坏账损失}-\text{前期销售本期退回而支付的现金}-\text{以非现金资产清偿债务减少的应收账款(含应收账款和应收票据)}$$

【例10-4】 企业本期销售产品一批，增值税专用发票注明销售价款1 000 000元，增值税130 000元，款项均已通过银行收到。应收票据期初余额120 000元，期末余额

90 000元；应收账款期初余额200 000元，期末余额100 000元；预收账款期初余额80 000元，期末余额110 000元；当期收回前期核销的坏账损失30 000元。

本期销售商品、提供劳务收到的现金 =1 000 000+130 000+（120 000−90 000）+（200 000−100 000）+（110 000−80 000）+30 000

=1 320 000（元）

（2）收到的税费返还

该项目反映企业收到返还的各种税费，如收到的增值税、所得税、消费税、关税、教育费附加返还款等。该项目可以根据“库存现金”、“银行存款”、“税金及附加”和“营业外收入”等账户的记录分析填列。

（3）收到其他与经营活动有关的现金

该项目反映企业除上述各项目外，收到的其他与经营活动有关的现金，如罚款收入、经营租赁固定资产收到的现金、流动资产损失中由个人赔偿的现金收入、除税费返还外的其他政府补助收入等。其他与经营活动有关的现金，如果价值较大的，应单列项目反映。该项目可以根据“库存现金”、“银行存款”、“管理费用”和“销售费用”等账户的记录分析填列。

（4）购买商品、接受劳务支付的现金

该项目反映企业购买商品、接受劳务实际支付的现金，包括支付的货款以及与货款一起支付的增值税进项税额，具体包括：本期购买商品、接受劳务支付的现金，以及本期支付前期购买商品、接受劳务的未付款项和本期预付款项，减去本期发生的购货退回收到的现金。该项目可以根据“库存现金”、“银行存款”、“应付票据”、“应付账款”、“预付账款”、“主营业务成本”和“其他业务成本”等账户的记录分析填列，也可根据下列公式计算填列：

购买商品、接受劳务支付的现金 = 本期购买商品、接受劳务实际支付的现金（含增值税进项税额）+本期支付前期购买商品、接受劳务的应付款项（含应付款、应付票据）+本期支付的预付账款−本期购货退回收到的现金

【例10-5】某企业20×4年度有关资料如下：

①应付账款项目：年初余额100万元，年末余额120万元；

②应付票据项目：年初余额40万元，年末余额20万元；

③预付款项项目：年初余额80万元，年末余额90万元；

④存货项目：年初余额100万元，年末余额80万元；

⑤主营业务成本为4 000万元；

⑥应交税费——应交增值税（进项税额）为600万元。

购买商品、接受劳务支付的现金=（4 000+600）−（120−100）−（20−40）+（90−80）+（80−100）

=4 590（万元）

（5）支付给职工以及为职工支付的现金

该项目反映企业实际支付给职工的现金以及为职工支付的现金，包括企业为获得职工提供的服务，本期实际给予的各种形式的报酬以及其他相关支出，如支付给职工的工资、奖金、各种津贴和补贴等，以及为职工支付的其他费用。支付给在建工程人员的工资，在“购建固定资产、无形资产和其他长期资产支付的现金”项目中反映。该项目根据“库存

现金”、“应付职工薪酬”和“银行存款”等账户的记录分析填列。

（6）支付的各项税费

该项目反映企业按规定支付的各项税费，包括本期发生并支付的税费，以及本期支付以前各期发生的税费和预交的税金。本期退回的增值税、所得税等在“收到的税费返还”项目中反映。该项目根据“应交税费”、“库存现金”和“银行存款”等账户的记录分析填列。

（7）支付其他与经营活动有关的现金

该项目反映企业除上述各项目外，支付的其他与经营活动有关的现金，如罚款支出，支付的差旅费、业务招待费、保险费，经营租赁支付的现金等。该项目根据“库存现金”、“银行存款”、“销售费用”、“管理费用”和“营业外支出”等账户的记录分析填列。

2.投资活动产生的现金流量

（1）收回投资收到的现金

该项目反映企业出售、转让或到期收回除现金等价物以外的交易性金融资产、债权投资、其他债权投资、长期股权投资、投资性房地产而收到的现金，不包括债券性投资收到的利息、收回的非现金资产以及处置子公司及其他营业单位收到的现金净额。该项目可以根据“交易性金融资产”、“其他债权投资”、“债权投资”、“长期股权投资”、“投资性房地产”、“库存现金”和“银行存款”等账户的记录分析填列。

（2）取得投资收益收到的现金

该项目反映企业因股权性投资而分得的现金股利，以及从子公司、联营企业或合营企业分享利润而收到的现金，因债券性投资而取得的现金利息收入。股票股利不在该项目中反映。该项目根据“应收股利”、“应收利息”、“投资收益”、“库存现金”和“银行存款”等账户的记录分析填列。

（3）处置固定资产、无形资产和其他长期资产收回的现金净额

该项目反映企业出售固定资产、无形资产和其他长期资产所取得的现金，减去为处置这些资产而支付的有关费用后的净额。如处置固定资产、无形资产和其他长期资产所收回的现金净额为负数，在“支付其他与投资活动有关的现金”项目中反映。该项目根据“固定资产清理”、“库存现金”和“银行存款”等账户的记录分析填列。

（4）处置子公司及其他营业单位收到的现金净额

该项目反映企业处置子公司及其他营业单位所取得的现金，减去子公司或其他营业单位持有的现金和现金等价物以及相关处置费用后的净额。处置子公司及其他营业单位收到的现金净额如为负数，在“支付其他与投资活动有关的现金”项目中反映。该项目可以根据“长期股权投资”、“库存现金”和“银行存款”等有关账户的记录分析填列。

（5）收到其他与投资活动有关的现金

该项目反映企业除上述各项目外，收到的其他与投资活动有关的现金。比如，企业收到购买股票和债券时支付的已宣告但尚未领取的现金股利或已到付息期但尚未领取的债券利息。该项目可以根据有关项目的记录分析填列。

（6）购建固定资产、无形资产和其他长期资产支付的现金

该项目反映企业购买、建造固定资产，取得无形资产和其他非流动资产支付的现金，以及用现金支付的应由在建工程和无形资产负担的职工薪酬，不包括为购置固定资产、无形资产和其他长期资产而发生的借款利息资本化部分，以及融资租入固定资产所支付的租

赁费。该项目可以根据“固定资产”、“在建工程”、“工程物资”、“无形资产”、“库存现金”和“银行存款”等账户的记录分析填列。

（7）投资支付的现金

该项目反映企业取得除现金等价物以外的对其他企业的权益工具、债务工具和合营中的权益所支付的现金，以及支付的佣金、手续费等交易费用。该项目可以根据“交易性金融资产”、“债权投资”、“其他债权投资”、“投资性房地产”、“长期股权投资”、“库存现金”和“银行存款”等账户的记录分析填列。

（8）取得子公司及其他营业单位支付的现金净额

该项目反映企业取得子公司及其他营业单位购买价中以现金支付的部分，减去子公司或其他营业单位持有的现金和现金等价物后的净额。取得子公司及其他营业单位支付的现金净额如为负数，应在“收到其他与投资活动有关的现金”项目中反映。该项目可以根据“长期股权投资”、“库存现金”和“银行存款”等有关账户的记录分析填列。

（9）支付其他与投资活动有关的现金

该项目反映企业除上述业务以外，支付的其他与投资活动有关的现金。该项目可以根据有关账户的记录分析填列。

3.筹资活动产生的现金流量

（1）吸收投资收到的现金

该项目反映企业以发行股票、债券等方式筹集资金实际收到的款项净额（收入减去支付的佣金等发行费用后的净额）。以发行股票等方式筹集资金而由企业直接支付的审计、咨询等费用，不在本项目中反映，而在“支付其他与筹资活动有关的现金”项目中反映。该项目可以根据“实收资本（或股本）”、“资本公积”、“库存现金”和“银行存款”等账户的记录分析填列。

（2）取得借款收到的现金

该项目反映企业举借各种短期、长期借款而收到的现金。该项目可以根据“短期借款”、“长期借款”、“应付债券”、“库存现金”和“银行存款”等账户的记录分析填列。

（3）收到其他与筹资活动有关的现金

该项目反映企业除上述各项目外，收到的其他与筹资活动有关的现金，如现金捐赠等。该项目可以根据有关账户的记录分析填列。

（4）偿还债务支付的现金

该项目反映企业以现金偿还债务的本金，包括：归还金融企业的借款本金、偿付企业到期的债券本金等。企业偿还的借款利息、债券利息，在“分配股利、利润或偿付利息支付的现金”项目中反映。该项目可以根据“短期借款”、“长期借款”、“交易性金融负债”、“应付债券”、“库存现金”和“银行存款”等账户的记录分析填列。

（5）分配股利、利润或偿付利息支付的现金

该项目反映企业实际支付的现金股利，支付给其他投资单位的利润或用现金支付的借款利息、债券利息。不同用途的借款，其利息的开支渠道不一样，如在建工程、财务费用等，均在该项目中反映。该项目可以根据“应付股利”、“应付利息”、“利润分配”、“财务费用”、“制造费用”、“在建工程”、“研发支出”、“库存现金”和“银行存款”等账户的记录分析填列。

（6）支付其他与筹资活动有关的现金

该项目反映企业除上述各项目外，支付的其他与筹资活动有关的现金，如以发行股票、债券等方式筹集资金而由企业直接支付的审计、咨询等费用，融资租赁所支付的现金等。该项目可以根据有关账户的记录分析填列。

4. 汇率变动对现金及现金等价物的影响

编制现金流量表时，应当将企业外币现金流量表以及境外子公司的现金流量表折算成记账本位币，所采用的是现金流量发生日的汇率或按照系统合理的方法确定的、与现金流量发生日即期汇率近似的汇率，而现金流量表“现金及现金等价物净增加额”项目中外币现金及现金等价物净增加额是按资产负债表日的即期汇率折算的。这两者的差额即为汇率变动对现金及现金等价物的影响。

任务实施

龙腾公司20×4年度现金流量表见表10-4-1。

表 10-4-1 现金流量表

编制单位：龙腾公司 20×4 年度 单位：元

项　目	本期金额	上期金额（略）
一、经营活动产生的现金流量：		
销售商品、提供劳务收到的现金	23 932 759.42	
收到的税费返还		
收到其他与经营活动有关的现金		
经营活动现金流入小计	23 932 759.42	
购买商品、接受劳务支付的现金	21 237 245.27	
支付给职工以及为职工支付的现金	242 996.24	
支付的各项税费	356 309.01	
支付其他与经营活动有关的现金	163 545.29	
经营活动现金流出小计	22 000 095.81	
经营活动产生的现金流量净额	1 932 663.61	
二、投资活动产生的现金流量：		
收回投资收到的现金		
取得投资收益收到的现金		
处置固定资产、无形资产和其他长期资产收回的现金净额		
处置子公司及其他营业单位收到的现金净额		
收到其他与投资活动有关的现金		
投资活动现金流入小计		
购建固定资产、无形资产和其他长期资产支付的现金	2 605 350.02	
投资支付的现金		
取得子公司及其他营业单位支付的现金净额		
支付其他与投资活动有关的现金	800	
投资活动现金流出小计	2 606 150.02	
投资活动产生的现金流量净额	−2 606 150.02	

续表

项　目	本期金额	上期金额（略）
三、筹资活动产生的现金流量：		
吸收投资收到的现金		
取得借款收到的现金	500 000	
收到其他与筹资活动有关的现金		
筹资活动现金流入小计	500 000	
偿还债务支付的现金		
分配股利、利润或偿付利息支付的现金		
支付其他与筹资活动有关的现金		
筹资活动现金流出小计		
筹资活动产生的现金流量净额	500 000	
四、汇率变动对现金及现金等价物的影响		
五、现金及现金等价物净增加额	-173 486.41	
加：期初现金及现金等价物余额	194 315.52	
六、期末现金及现金等价物余额	20 829.11	

具体填报说明：

（1）销售商品、提供劳务收到的现金=营业收入+本期增值税销项税额+应收账款（期初余额-期末余额）+应收票据（期初余额-期末余额）+预收款项（期末余额-期初余额）-当期计提的坏账准备-票据贴现的利息

=20 621 419.45+3 505 641.31+（4 984 620.66-5 170 000）+（5 000.50-5 022.50）-8 900

=23 932 759.42（元）

（2）购买商品、接受劳务支付的现金=销售成本+本期增值税进项税额+存货（期末余额-期初余额）+应付账款（期初余额-期末余额）+应付票据（期初余额-期末余额）+预付款项（期末余额-期初余额）-当期列入生产成本、制造费用的职工薪酬-当期列入生产成本、制造费用的非现金支出

=18 750 424.61+3 187 572.18+（2 371 771.83-2 363 430.51）+（983 625.51-1 164 056.85）+（440 825.59-730 660.09）-193 577-45 250

=21 237 245.27（元）

（3）支付给职工以及为职工支付的现金=生产成本、制造费用、管理费用中职工薪酬+应付职工薪酬（期初余额-期末余额）-应付职工薪酬中属于在建工程的部分（期初余额-期末余额）

=193 577+30 853+（18 944.10-8 007.86）-（0-7 630）=242 996.24（元）

（4）支付的各项税费=当期所得税费用+税金及附加+应交税费——应交增值税(已交税金)+应交所得税（期初余额-期末余额）

=0+138 009.01+218 300=356 309.01（元）

（5）支付其他与经营活动有关的现金=销售费用+其他管理费用

=162 555.29+990=163 545.29（元）

（6）购建固定资产、无形资产和其他长期资产支付的现金 = 固定资产（期末余额 − 期初余额）+ 在建工程（期末余额 − 期初余额）+ 无形资产（期末余额 − 期初余额）− 本期未用现金支付和其他来源的款项

=（18 266 584.49−16 186 570.16）+（547 630.56−0）+（341 672.53−348 967.40）−15 000

=2 605 350.02（元）

（7）支付其他与投资活动有关的现金=2 000−1 200=800（元）

注意事项

1. 现金流量表的编制基础是收付实现制。
2. 不同项目的填列不能出现重复。

任务评价

根据前面任务下达的要求实施并完成任务后，进行任务实施评价，填写任务实施评价表，见表10-4-2。

表10-4-2 编制现金流量表训练评价表

考评内容标准	实施评价		
	自我评价	同学互评	教师评价
掌握现金流量表的结构及内容（40分）			
掌握现金流量表的编制方法（60分）			
合 计			

同步练习

一、单项选择题

同步练习10-4 扫码答题

1. 下列能够引起现金流量净额变动的项目是（ ）。

A. 将现金存入银行

B. 用银行存款购买1个月到期的债券

C. 用固定资产抵偿债务

D. 用银行存款清偿30万元债务

2. 下列各项中，不属于筹资活动产生的现金流量的是（ ）。

A. 支付现金股利　　B. 取得短期借款

C. 增发股票收到现金　　D. 购买固定资产支付现金

3. 下列各项中，属于工业企业现金流量表“经营活动产生的现金流量”的是（ ）。

A. 收到现金股利　　B. 支付银行借款利息

C. 收到设备处置价款　　D. 支付经营租赁租金

习题精讲10-6

4.某企业20×3年度发生以下业务：以银行存款购买将于2个月后到期的国债500万元，偿还应付账款200万元，支付生产人员工资150万元，购买固定资产300万元。假定不考虑其他因素，该企业20×4年度现金流量表中“购买商品、接受劳务支付的现金”项目的金额为（　　）万元。

A.200　　B.350　　C.650　　D.1 150

习题精讲10-7

二、多项选择题

1.下列交易或事项中，会引起现金流量表“投资活动产生的现金流量净额”发生变化的有（　　）。

A.购买股票支付的现金　　B.向投资者派发的现金股利

C.购建固定资产支付的现金　　D.收到被投资单位分派的现金股利

2.企业向银行借款，不会引起（　　）。

A.经营活动的现金流入　　B.投资活动的现金流入

C.筹资活动的现金流入　　D.筹资活动的现金流出

三、判断题

1.通过现金流量表，报表使用者可以了解现金流量的影响因素，预测企业未来的资金流量。（　　）

2.现金流量表是反映企业一定会计时点现金和现金等价物流入流出情况的财务报表。（　　）

任务5 认识所有者权益变动表

任务描述

了解和认识所有者权益（股东权益）变动表的格式和内容。

相关知识

一、所有者权益变动表概述

（一）所有者权益变动表的概念

所有者权益变动表，是指反映构成所有者权益各组成部分当期增减变动情况的财务报表。所有者权益变动表全面反映一定时期所有者权益变动的情况，不仅包括所有者权益总量的增减变动，还包括所有者权益增减变动的重要结构性信息。

（二）所有者权益变动表的作用

所有者权益变动表可以从综合收益角度为企业的股东和投资者提供更加全面的财务信息。

所有者权益变动表可以满足报表使用者对企业会计信息披露的多样化需求。

（三）所有者权益变动表的结构

所有者权益变动表以矩阵的形式列示，一方面，列示导致所有者权益变动的交易或事项，按所有者权益变动的来源对一定时期所有者权益变动情况进行全面反映；另一方面，按照所有者权益各组成部分（包括实收资本、资本公积、其他综合收益、盈余公积、未分配利润、库存股和其他权益工具等）及其总额列示交易或事项对所有者权益各部分的影响。

此外，所有者权益变动表将各项目分为“本年金额”和“上年金额”两栏分别填列。

二、所有者权益变动表的编制

所有者权益变动表各项目的列报说明：

（一）“上年年末余额”项目

该项目反映企业上年资产负债表中实收资本、资本公积、其他综合收益、盈余公积、未分配利润和其他权益工具等的年末余额。

（二）“会计政策变更”和“前期差错更正”项目

它们分别反映企业采用追溯调整法处理的会计政策变更的累积影响金额和采用追溯重述法处理的前期差错更正的累积影响金额。

（三）“本年增减变动金额”项目

1.“综合收益总额”项目

“综合收益总额”项目，反映企业当年实现的综合收益金额，并通过“其他综合收益”和“未分配利润”反映。

2.“所有者投入和减少资本”项目

“所有者投入和减少资本”项目，反映企业当年所有者投入和减少的资本。其包括：

（1）“所有者投入的普通股”项目

“所有者投入的普通股”项目，反映企业接受投资者投入形成的实收资本（或股本）和资本溢价（或股本溢价），并对应列在“实收资本”和“资本公积”栏。

（2）“其他权益工具持有者投入资本”项目

“其他权益工具持有者投入资本”项目，反映企业发行的除普通股以外分类为权益工具的金融工具的持有者投入资本的金额。该项目应根据金融工具类账户的相关明细账户的发生额分析填列。

（3）“股份支付计入所有者权益的金额”项目

“股份支付计入所有者权益的金额”项目，反映企业处于等待期中的以权益结算的股份支付当年计入资本公积的金额。

3.“利润分配”项目

“利润分配”项目，反映当年对所有者（或股东）分配的利润（或股利）金额和按照规定提取的盈余公积金额，并对应列在“未分配利润”和“盈余公积”栏。

4.“所有者权益内部结转”项目

“所有者权益内部结转”项目，反映不影响当年所有者权益总额的所有者权益各组成部分之间的增减变动情况。

任务实施

所有者权益（或股东权益）变动表的结构和内容见表10-5-1。

表 10-5-1

所有者权益（或股东权益）变动表

编制单位：　　　　××年度　　　　单位：元

项　目	本年金额												上年金额											
	实收资本（或股本）	其他权益工具			资本公积	减：库存股	其他综合收益	专项储备	盈余公积	未分配利润	所有者权益合计	实收资本（或股本）	其他权益工具			资本公积	减：库存股	其他综合收益	专项储备	盈余公积	未分配利润	所有者权益合计
		优先股	永续债	其他									优先股	永续债	其他							
一、上年年末余额																								
加：会计政策变更																								
前期差错更正																								
其他																								
二、本年年初余额																								
三、本年增减变动金额（减少以“-”号填列）																								
（一）综合收益总额																								
（二）所有者投入和减少资本																								
1.所有者投入的普通股																								
2.其他权益工具持有者投入资本																								
3.股份支付计入所有者权益的金额																								

续表

项目	本年金额												上年金额											
	实收资本（或股本）	其他权益工具			资本公积	减：库存股	其他综合收益	专项储备	盈余公积	未分配利润	所有者权益合计		实收资本（或股本）	其他权益工具			资本公积	减：库存股	其他综合收益	专项储备	盈余公积	未分配利润	所有者权益合计
		优先股	永续债	其他										优先股	永续债	其他							
4.其他																							
（三）利润分配																							
1.提取盈余公积																							
2.对所有者（或股东）的分配																							
3.其他																							
（四）所有者权益内部结转																							
1.资本公积转增资本（或股本）																							
2.盈余公积转增资本（或股本）																							
3.盈余公积弥补亏损																							
4.设定受益计划变动额结转留存收益																							
5.其他																							
四、本年年末余额																							

注意事项

1. 矩阵结构报表列与行的对应。
2. 所有者权益变动表与资产负债表、利润表的关系。

任务评价

根据前面任务下达的要求实施并完成任务后，进行任务实施评价，填写任务实施评价表，见表10-5-2。

表10-5-2 认识所有者权益变动表训练评价表

考评内容标准	实施评价		
	自我评价	同学互评	教师评价
明确所有者权益变动表的格式（50分）			
明确所有者权益变动表的内容（50分）			
合　　计			

同步练习

同步练习10-5

扫码答题

一、单项选择题

1. 所有者权益变动表中的“上年年末余额”项目应根据（　　）填列。

A. 上年的“本年年末余额”填写

B. 上年的“上年年末余额”填写

C. 本年的“本年年末余额”填写

D. 本年的“上年年末余额”填写

2. 下列各项中，属于所有者权益内部结转的是（　　）。

A. 提取盈余公积

B. 分配股东现金股利

C. 投资者投入普通股

D. 盈余公积转增资本

二、多项选择题

1. 所有者权益变动表的组成部分包括（　　）。

A. 实收资本

B. 资本公积

C. 盈余公积

D. 其他综合收益

2. 下列关于所有者权益变动表的表述中，正确的有（　　）。

A. 该表可以从综合收益角度为企业的股东和投资者提供更加全面的财务信息

B. 该表可以满足报表使用者对企业会计信息披露的多样化需求

C. 该表全面反映一定时期所有者权益变动的情况

D. 该表反映所有者权益的增减变动，但不反映增减变动的结构信息

三、判断题

1. 所有者权益变动表是反映构成所有者权益各组成部分当期增减变动情况的财务报表。（ ）

2. 所有者权益变动表可以从综合收益角度为企业的股东和投资者提供更加全面的财务信息。（ ）

技能训练

请扫码后依据所提供的资料编制相关业务的会计报表。

素养拓展

比亚迪2023年净利创历史新高

3月26日晚间，比亚迪发布2023年年报。数据显示，公司去年实现营收6 023.15亿元，同比增长42.04%；实现归母净利润300.41亿元，同比增长80.72%，营收与净利润均再创历史新高。2023年公司经营活动产生的现金流量净额达到1 697.25亿元，同比增长20.51%。

汽车及电池业务依然是比亚迪营收、利润增长的主要驱动力。年报显示，2023年比亚迪汽车及电池业务板块实现营收4 834.53亿元，同比增长48.90%，占总收入的比例为80.27%，占比较2022年有所增长；手机部件及组装业务实现营收1 185.77亿元，同比增长20%，占总收入的比例为19.68%。

在新能源汽车销售放量的背景下，2023年比亚迪实现归母净利润300.41亿元，接近业绩预告中枢，创历史新高，并超过此前2018年至2022年5年归母净利润之和。

此外，比亚迪2023年各项财务指标表现亮眼，毛利率达到20.21%，同比增加3.17个百分点。

资料来源：李昱丞.比亚迪去年净利达300.41亿元 研发费用暂列已披露年报A股公司之首［EB/OL］.［2024-03-27］. http：//epaper.zqrb.cn/html/2024-03/27/content_1031415.htm，有删改.

请分析：

该公司财报数据反映了什么经济现象？

分析提示：

比亚迪2023年的财报数据反映出我国新能源汽车相关产业发展的强劲势头，为我国实现碳达峰和碳中和的目标奠定了良好的基础。

综合测试

综合测试1

综合测试1

扫码答题

一、单项选择题（24题，每题1.5分，共36分）

1.下列说法中，错误的是（　　）。

A.费用的发生会减少利润

B.利得的出现会增加利润

C.亏损的产生会减少所有者权益

D.利润的实现会增加所有者权益

2.下列关于取得的增值税普通发票的说法中，错误的是（　　）。

A.属于汇总原始凭证　　B.属于一次原始凭证

C.属于外来原始凭证　　D.属于通用原始凭证

3.长城公司为增值税一般纳税人，5月购入原材料一批，增值税专用发票上注明的价款为460万元，增值税税额为59.80万元，运费的增值税专用发票上注明运费6万元，增值税税额为0.54万元，装卸费的增值税专用发票上注明装卸费2万元，增值税税额为0.12万元，支付的包装物押金为20万元。那么长城公司购入这批原材料的入账成本为（　　）万元。

A.528.34　　B.488　　C.468　　D.468.54

4.下列各项中，属于企业资产范围的是（　　）。

A.经营方式租入的设备　　B.融资租赁方式租出的设备

C.委托代销商品　　D.已售出但尚未运走的商品

5.下列各项中，不一定计入制造费用的是（　　）。

A.生产车间的设备租赁费　　B.车间管理人员的工资

C.生产车间的财产保险费　　D.生产车间耗用的原材料

6.下列各项中，计入管理费用的是（　　）。

A.车间设备的日常维护费用　　B.处置固定资产损失

C.债务重组损失　　D.展览费

7.长江公司为增值税一般纳税人，6月1日销售商品一批，开具的增值税专用发票上注明的价款为400万元，增值税税率为13%。销售当日长江公司收到一张3个月后到期不带息的商业承兑汇票，那么长江公司应收票据的入账金额为（　　）万元。

A.468　　B.452　　C.400　　D.348

8.下列各项中，不属于登记总账的依据的是（　　）。

A.原始凭证　　B.科目汇总表　　C.汇总记账凭证　　D.记账凭证

9.黄河公司年初“坏账准备”科目贷方余额为10万元，6月收回已核销的坏账30万元，12月31日“应收账款”科目的借方余额为600万元，预计未来现金流量现值为440万元。那么黄河公司在年末应计提的坏账准备的金额为（　　）万元。

A.130　　B.150　　C.160　　D.120

10.珠江公司于20×7年9月与A公司签订了一份培训服务合同，期限为8个月，合同约定的培训费用为240万元。根据合同的规定，20×7年12月31日A公司向珠江公司支付培训费100万元。至20×7年12月31日珠江公司实际发生的培训成本为40万元（均为职工薪酬），预计还将发生成本120万元。珠江公司按已发生的成本占预计总成本的比例来确定合同进度。那么珠江公司在20×7年度对此项业务应该确认的收入为（　　）万元。

A.120　　B.100　　C.60　　D.40

11.泰山公司20×5年11月1日开具了带息商业承兑汇票，此汇票的面值为100万元，年利率为6%，期限为6个月。20×5年12月31日泰山公司“应付票据”的账面价值为（　　）万元。

A.106　　B.99　　C.100　　D.101

12.确实无法支付的应付账款应记入（　　）科目。

A.“投资收益”　　B.“其他业务收入”　　C.“资本公积”　　D.“营业外收入”

13.A公司委托B公司加工一批应税消费品，收回后继续用于生产另一种应税消费品。A公司发出原材料的实际成本为100万元。加工完成后，A公司支付加工费15万元，增值税为1.95万元，消费税为12.5万元。假定A公司和B公司均为增值税一般纳税人，适用的增值税税率为13%。A公司已收回加工完成的原材料，并取得增值税专用发票。那么该批委托加工物资收回后的入账价值为（　　）万元。

A.115　　B.116.95　　C.127.50　　D.129.45

14.下列各项中，不属于短期薪酬的是（　　）。

A.职工福利费　　B.短期带薪缺勤　　C.辞退福利　　D.医疗保险费

15.A公司年初未分配利润为400万元，当年利润总额为1 000万元，所得税税率为25%，无其他纳税调整事项。A公司按净利润的10%提取法定盈余公积，按净利润的5%提取任意盈余公积。那么A公司本年年末可供分配的利润为（　　）万元。

A.1 000　　B.1 150　　C.1 037.50　　D.1 177.50

16.A公司以一项专利权对B公司进行投资，占注册资本的40%，该专利权的原价为800万元，已摊销160万元，该专利权的公允价值为700万元。增资后B公司的注册资本总额为1 200万元。不考虑其他因素，B公司增加的实收资本是（　　）万元。

A.480　　B.536　　C.700　　D.760

17.下列各项中，不需做增值税进项税额转出处理的是（　　）。

A.货物因管理不善而被盗　　B.货物因暴雨导致的非常损失

C.货物因违法而被没收　　D.货物因管理不善造成的霉烂变质

18.下列成本计算方法中，需要进行成本还原的是（　　）。

A.综合结转分步法　　B.平行结转分步法

C.分项结转分步法　　D.分批法

19.A公司5月份发生如下费用：生产车间管理人员工资160万元，行政管理部门人员工资120万元，提取质量保证金80万元，利息收入80万元，管理部门固定资产维修费60万元。A公司5月份的期间费用总额为（　　）万元。

A.340　　B.300　　C.180　　D.500

20.下列税金中，不需通过“应交税费”科目核算的是（　　）。

A.印花税　　B.增值税　　C.房产税　　D.车船税

21.A公司产品入库后发现可修复废品一批，生产成本28万元，报修过程中发生材料费用2万元、人工费用4万元、制造费用6万元，废品残料作价1万元。假定不考虑其他因素，则该批可修复废品的净损失为（　　）万元。

A.28　　B.11　　C.39　　D.40

22.A公司每年的固定成本为2 400万元，生产甲产品的变动成本为2万元/件。本年度销售A产品2 000件，单价为3.6万元/件。采用本量利分析法，A公司当年的营业利润为（　　）万元。

A.3 200　　B.2 400　　C.800　　D.2 800

23.下列表述中，正确的是（　　）。

A.存货跌价准备一经计提在存货持有期间不得转回

B.转回存货跌价准备会减少存货的账面价值

C.存货的成本高于其可变现净值的差额为当期需要计提的存货跌价准备金额

D.出售存货时要相应地结转与之相关的存货跌价准备

24.20×7年8月3日，A公司购买一项专利，支付不含税价款95万元，注册费1万元。该专利合同约定使用年限为10年，相关法律规定的使用年限为8年。采用直线法摊销，A公司20×7年对该专利计提的摊销金额为（　　）万元。

A.3.96　　B.4.90　　C.4　　D.5

二、多项选择题（12题，每题2分，共24分）

1.下列可作为会计主体的有（　　）。

A.母公司　　B.子公司　　C.集团公司　　D.企业年金基金

2.下列各项中，属于资产负债表“流动资产”项目的有（　　）。

A.其他应收款　　B.库存现金

C.存货　　D.一年内到期的非流动资产项目

3.下列各项中，不属于费用的有（　　）。

A.管理费用　　B.劳务费用　　C.制造费用　　D.生产费用

4.下列各项中，属于发出存货成本的计价方法的有（　　）。

A.加权平均法　　B.先进先出法

C.个别计价法　　D.成本与可变现净值孰低法

5.下列说法中，正确的有（　　）。

A.短期借款利息应当于发生时直接计入当期财务费用

B.短期借款属于企业的非流动负债

C.企业从银行取得短期借款时，借记“银行存款”科目，贷记“短期借款”科目

D.短期借款到期偿还本金时，借记“短期借款”科目，贷记“银行存款”科目

6.赊购一批原材料，影响应付账款入账价值的有（　　）。

A.现金折扣　　B.原材料的价款

C.原材料的进项税额　　D.销售方代垫的运杂费

7.下列各项中，应通过“其他应付款”科目核算的有（　　）。

A.应付租入包装物租金　　B.为职工垫付的水电费

C.存入保证金　　D.存出保证金

8.下列各项中，会导致所有者权益增加的有（　　）。

A.企业盈利　　B.宣告分配股票股利

C.投资者增资　　D.发放现金股利

9.下列说法中，错误的有（　　）。

A.从单位取得的原始凭证必须盖有填制单位的公章，不得使用财务专用章

B.各种原始凭证应连续编号以便检查

C.原始凭证金额有错误的，应当由出具单位重开或更正，更正处应当加盖出具单位印章

D.大写金额到元的必须写“整”或“正”，到角或分为止的不写“整”或“正”

10.下列情形中，在产品核算可以采用固定成本计算法的有（　　）。

A.月末在产品数量多，但各月变化不大

B.月末在产品数量很小

C.月末在产品数量多，且各月变化大

D.月初、月末在产品数量变化不大

11.在无形资产开发阶段发生的职工薪酬，可能记入的会计科目有（　　）。

A.在建工程　　B.劳务成本　　C.管理费用　　D.无形资产

12.购进货物发生的相关税金中，应计入货物取得成本的有（　　）。

A.签订购买合同缴纳的印花税　　B.小规模纳税人外购材料交纳的增值税

C.进口商品支付的关税　　D.一般纳税人购进生产设备支付的增值税

三、判断题（10题，每题1分，共10分）

（　　）1.企业到月末需要将所有的损益类科目余额结转到“本年利润”科目中。

（　　）2.企业所有者的经济业务属于所有者权益的核算范畴，应纳入企业会计核算的范围。

（　　）3.月末的未达账项应编制银行存款余额调节表，同时应根据银行存款余额调节表的结果进行调账。

（　　）4.已达预定可使用状态但尚未办理竣工决算的固定资产应计提折旧。

（　　）5.按照税法规定，企业当期计算的应交所得税即为当期的所得税费用。

（　　）6.非流动资产处置损失、公益性捐赠支出、行政性罚款支出等都应计入营业外支出。

（　　）7.注销回购的股票时，回购价小于股票面值的差额应计入资本公积。

（　　）8.企业销售商品满足收入确认条件时，应按照已收或应收合同或协议价款的公允价值确定销售商品收入金额。

（　　）9.企业用盈余公积转增资本，留存收益总额不会发生变动。

（　　）10.企业财务部门应当定期将会计凭证装订成册，年度终了必须将会计凭证移交给单位档案机构统一保管。

四、不定项选择题（15题，每题2分，共30分）

（一）Y公司6月份生产数据如下：

（1）生产甲产品需经过两道工序，共计200小时，第一道工序60小时，第二道工序140小时，为简化核算，假定各工序内在产品的完工程度为50%。

（2）第一道工序在产品250件，第二道工序在产品340件，完工产品500件。

（3）原材料在生产开始时一次性投入，其他成本均随着加工进度陆续发生。

（4）甲产品本月月初在产品和本月耗用的直接材料成本共计175万元，直接人工成本120万元，制造费用225万元。

（5）采用约当产量法在完工产品和在产品之间分配费用。

要求：根据上述资料，分析回答下列问题。（答案中金额单位用万元表示）

（1）约当产量法适用于（　　）。

A.月末在产品的数量很小的产品

B.月末在产品数量较多，各月在产品数量的变化较大，直接材料成本在生产成本中所占比重较大的产品

C.月末在产品很多，但各月在产品数量变化不大的产品

D.产品数量较多，各月在产品数量变化也较大，且产品成本中直接材料成本和直接人工等加工成本的比重相差不大的产品

（2）第一道工序和第二道工序的在产品的完工程度分别是（　　）。

A.15%、65%　　B.30%、65%　　C.15%、22.5%　　D.15%、50%

（3）下列关于各工序在产品的约当产量的说法中，正确的是（　　）。

A.第一道工序在产品的约当产量为75件

B.第一道工序在产品的约当产量为37.5件

C.第二道工序在产品的约当产量为76.5件

D.第二道工序在产品的约当产量为221件

（4）完工产品负担的直接人工和制造费用分别为（　　）。

A.79.10万元、157.13万元　　B.83.80万元、104.65万元

C.79.10万元、148.32万元　　D.55.82万元、148.32万元

（5）下列关于在产品应负担的成本的表述中，正确的是（　　）。

A.负担的直接材料成本是94.72万元　　B.负担的直接人工成本是40.90万元

C.负担的制造费用是76.68万元　　D.负担的成本总额是212.30万元

（二）W公司为增值税一般纳税人，从事工业生产。20×8年1月1日，所有者权益总额为3 000万元，其中股本1 800万元，资本公积300万元，盈余公积360万元，未分配利润540万元。20×8年度发生如下经济业务：

（1）A投资者投入自产产品一批，双方确认价值为162万元，公允价值为168万元，

税务机关认定增值税为21.84万元，并开具了增值税专用发票。同时W公司增加股本120万元。

（2）经股东大会决议并报批准，增发股票180万股，每股面值1元，每股发行价格5元，按照发行股款的2%支付发行费。发行款已全部收到并存入银行。

（3）经股东大会批准，W公司将盈余公积108万元转增资本。

（4）结转本年实现的净利润240万元。

（5）按税后利润的10%提取法定盈余公积。

（6）向投资者宣告分配现金股利30万元。

（7）将“利润分配——提取法定盈余公积”“利润分配——应付现金股利”明细科目余额结转至未分配利润。

要求：根据上述资料，回答以下问题。

（1）根据资料（1），下列W公司的账务处理中，正确的是（　　）。

A. 确认产品的入账价值为162万元

B. 确认产品的入账价值为168万元

C. 确认“资本公积——股本溢价”贷方金额为69.84万元

D. 确认“资本公积——股本溢价”贷方金额为63.84万元

（2）根据资料（2），下列表述中，不正确的是（　　）。

A. 本次增发股本确认银行存款增加882万元

B. 本次增发股本应确认“资本公积——股本溢价”的金额为702万元

C. 在溢价发行股票的情况下，股票的溢价收入直接冲减当期的财务费用

D. 本次增发股本应确认“资本公积——股本溢价”的金额为720万元

（3）W公司年末股本账面余额为（　　）万元。

A.2 088　　B.2 208　　C.2 100　　D.2 028

（4）W公司年末资本公积账面余额为（　　）万元。

A.1 071.84　　B.702　　C.778.56　　D.1 002

（5）下列说法中，正确的是（　　）。

A. W公司年末未分配利润账面余额为726万元

B. W公司年末盈余公积账面余额为252万元

C. W公司年末未分配利润账面余额为750万元

D. W公司年末盈余公积账面余额为276万元

（三）X公司为增值税一般纳税人，适用的增值税税率为13%。20×9年4月30日应付职工薪酬科目的贷方余额为1 047.10万元（均为工资）。5月发生如下与职工薪酬有关的业务：

（1）4日，支付上月工资，代扣个人所得税70.50万元，代扣社会保险费157万元，剩余款项以银行转账方式支付。

（2）16日，生产车间10名员工离职，以银行转账方式支付经济补偿金100万元。

（3）19日，将自产的产品发放给员工过节。该批产品成本为240万元，已计提存货跌价准备100万元，市场售价为160万元。

（4）24日，管理部门员工预支差旅费4万元，以现金支付。

（5）31日，计提当月工资1 050万元，其中生产车间工人工资472万元，车间管理人员工资70万元，行政管理人员工资259万元，专设销售机构人员工资206万元，工程人员工资43万元。

（6）31日，当月短期累积带薪缺勤合计50万元，其中行政管理部门44万元，专门销售机构6万元。

要求：根据以上资料，回答下列问题。（答案中金额单位用万元表示）

（1）根据资料（1），下列会计处理中，正确的是（　　）。

A.借：应付职工薪酬　70.50
　　贷：其他应付款　70.50

B.借：应付职工薪酬　157
　　贷：其他应付款　157

C.借：应付职工薪酬　1 047.10
　　贷：银行存款　1 047.10

D.借：应付职工薪酬　819.60
　　贷：银行存款　819.60

（2）根据资料（2），支付经济补偿款应记入的会计科目是（　　）。

A.“生产成本”　B.“制造费用”　C.“管理费用”　D.“营业外支出”

（3）根据资料（3），下列说法中，正确的是（　　）。

A.应确认主营业务收入160万元

B.应结转主营业务成本240万元

C.应计入销售费用180.80万元

D.此项业务会影响企业当月损益-160.80万元

（4）根据资料（4）和（5），下列说法中，不正确的是（　　）。

A.管理部门员工预支差旅费应计入其他应付款4万元

B.预支差旅费应确认应付职工薪酬4万元

C.计提工资计入当期损益的金额为1 050万元

D.计提工资应确认应付职工薪酬1 050万元

（5）根据资料（1）至（6），5月31日“应付职工薪酬”科目的贷方余额为（　　）万元。

A.1 100　B.1 050　C.1 287.20　D.2 439

综合测试2

综合测试2

扫码答题

一、单项选择题（24题，每题1.5分，共36分）

1.下列等式中，不属于会计等式的是（　　）。

A.资产-负债=所有者权益　B.资产=负债-所有者权益

C.资产=权益　D.收入-费用=利润

2.甲企业采用先进先出法核算发出原材料的成本。6月1日，A材料结存

200千克，每千克实际成本为300元；7日购入A材料350千克，每千克实际成本为310元；20日购入A材料400千克，每千克实际成本为290元；30日发出A材料500千克。发出A材料的成本为（　　）元。

A.145 000　　B.150 000　　C.153 000　　D.155 000

3.能通过试算平衡表发现的差错是（　　）。

A.颠倒记账方向　　B.借方登记金额多记

C.错误地使用贷方会计科目　　D.漏记

4.A公司5月销售应税消费品，应交增值税300万元，应交消费税400万元，应交城镇土地使用税20万元，应交房产税16万元，应交车船税2万元。A公司适用的城市维护建设税税率为7%，教育费附加征收率为3%。A公司当月应计入“税金及附加”科目的金额为（　　）万元。

A.470　　B.808　　C.438　　D.508

5.财产物资的盘亏是（　　）。

A.账存数小于实存数　　B.实存数小于账存数

C.记账差错导致少计的数额　　D.财产物资的账面价值大于市场价值

6.编制资产负债表时，可以根据总账科目余额填列的是（　　）。

A.固定资产　　B.在建工程　　C.短期借款　　D.其他应收款

7.下列说法中，不正确的是（　　）。

A.现金清查一般采用永续盘存法

B.对于现金清查结果，应编制现金盘点报告单

C.对于无法查明原因的现金溢余，经批准后应计入营业外收入

D.对于无法查明原因的现金短缺，经批准后应计入管理费用

8.大量大批多步骤生产的企业适用的成本计算方法是（　　）。

A.定额法　　B.分步法　　C.分批法　　D.品种法

9.下列各项中，不计入销售费用的是（　　）。

A.预计的产品质量保证损失

B.结转的随商品出售且单独计价的包装物成本

C.委托代销商品支付的手续费

D.专设销售机构的固定资产维修费

10.A公司“盈余公积”科目的年初余额为2 000万元，本年提取盈余公积540万元，用盈余公积转增资本320万元，该公司年末“盈余公积”的余额为（　　）万元。

A.2 140　　B.2 540　　C.2 860　　D.2 220

11.企业支付包装物押金时，应借记的科目是（　　）。

A.“预付账款”　　B.“应收票据”　　C.“其他应收款”　　D.“应收账款”

12.A公司20×9年3月3日购入B公司于20×8年3月1日发行的公司债券。该债券面值为2 000万元，票面年利率为5%，于次年1月15日支付上年度利息，到期还本。A公司以银行存款支付1 970万元，另支付交易费用10万元。A公司将该笔债券划分为交易性金融资产核算。该交易性金融资产的入账金额为（　　）万元。

A.1 980　　B.1 970　　C.1 870　　D.1 910

13.基本生产车间采用年度计划分配率分配制造费用。全年制造费用计划为9 600万元。计划产量为：A产品400件，B产品600件。单位产品的工时定额为：A产品10小时，B产品4小时。则该基本生产车间制造费用年度计划分配率为（　　）。

A1.5　　B.2.4　　C.2.8　　D.3.25

14.Y公司对经营租入的办公楼进行装修，发生装修费300万元，下列说法中，正确的是（　　）。

A.计入当期损益300万元　　B.计入长期待摊费用300万元

C.计入固定资产300万元　　D.计入在建工程300万元

15.下列事项中应记入“坏账准备”科目借方的是（　　）。

A.企业当期计提的坏账准备

B.期末“坏账准备”账户余额在贷方，且大于计提前坏账准备的现有余额

C.收回过去已转销的坏账准备

D.企业发生坏账

16.下列各项中，不应使用“其他货币资金”核算的是（　　）。

A.开立一般存款账户而存入银行的款项

B.为有价证券存入证券公司的款项

C.到外地进行零星采购，汇往采购专户的款项

D.为取得信用卡而存入信用卡专户的款项

17.W公司于20×6年6月1日将自行建造的一台机器设备投入使用，该设备建造成本为7 400万元，预计可使用5年，净残值为200万元。采用年限总和法计提折旧，20×6年该设备应计提的折旧额为（　　）万元。

A.2 400　　B.1 400　　C.1 200　　D.1 480

18.下列各项中，不属于期间费用的是（　　）。

A.负担的生产人员的奖金　　B.发生的委托代销手续费

C.年报审计费　　D.短期借款利息

19.企业开出的应付票据计提的应付未付的票据利息，贷方应记入的科目是（　　）。

A.“应付票据”　　B.“应付利息”　　C.“管理费用”　　D.“财务费用”

20.下列说法中，不正确的是（　　）。

A.会计主体在确认、计量和报告时应以货币计量

B.会计分期是将生产经营活动划分为年度、季度、月度和旬

C.持续经营是指在可预见的未来，企业按当前的规模和状态持续经营下去，不会停业，也不会大规模削减业务

D.会计主体是确认、计量和报告的空间范围

21.下列说法中，正确的是（　　）。

A.使用寿命有限的无形资产应自可供使用的下月开始摊销

B.无形资产的摊销方法应反映其经济利益的预期实现方式

C.无法可靠确定经济利益预期实现方式的，不应当进行摊销

D.使用寿命不确定的无形资产应采用年限平均法按10年摊销

22.下列说法中，正确的是（　　）。

A. 对会计要素进行确认、计量和记录时应选择恰当的计量属性
B. 交易性金融资产期末应按历史成本计量
C. 无形资产期末按成本与可变现净值孰低计量
D. 盘盈的资产应按公允价值计量
23. 下列各项中，应计入利润表“营业收入”项目的是（　　）。
A. 出售房产取得的净收益　　B. 出售无形资产取得的净收益
C. 接受现金捐赠　　D. 销售投资性房地产
24. 下列说法中，不正确的是（　　）。
A. 发出商品不满足收入确认条件的，如果出现销售退回，应增加库存商品，减少发出商品
B. 发出商品满足收入确认条件的，如果出现销售退回，应冲减退回当月的收入和成本（不属于资产负债表日后事项）
C. 发出商品满足收入确认条件的，如果出现销售退回，应冲减实现收入月份的收入和成本（不属于资产负债表日后事项）
D. 发出商品时，增值税纳税义务已经发生，应当确认增值税的销项税额

二、多项选择题（12题，每题2分，共24分）

1. 下列交易或事项中，能作为收入确认的有（　　）。
A. 销售周转材料　　B. 销售原材料　　C. 销售固定资产　　D. 销售半成品
2. 下列各项中，反映企业经营成果的有（　　）。
A. 费用　　B. 收入　　C. 资产　　D. 所有者权益
3. 下列科目中，应列入资产负债表“存货”项目的有（　　）。
A. “委托加工物资”　　B. “材料成本差异”
C. “生产成本”　　D. “受托代销商品”
4. 下列说法中，不正确的有（　　）。
A. 商业折扣在确认销售收入时计入销售费用
B. 已确认收入的售出商品发生销售折让，应当冲减销售当月的收入
C. 现金折扣在确认收入时计入财务费用
D. 商业折扣是否存在都不影响销售收入
5. 下列各项中，属于负债的有（　　）。
A. 递延收益　　B. 预付账款　　C. 应付股利　　D. 资本公积
6. 下列各项中，属于辅助生产费用分配方法的有（　　）。
A. 代数分配法　　B. 约当产量法　　C. 交互分配法　　D. 分步法
7. 下列各项中，属于变动成本的有（　　）。
A. 直接材料　　B. 直接人工
C. 生产车间电费　　D. 生产车间设备折旧费
8. 下列各项中，会导致固定资产账面价值减少的有（　　）。
A. 经营租出固定资产　　B. 计提折旧
C. 固定资产改扩建　　D. 计提固定资产减值准备
9. 如果不单独设置“停工损失”科目，可以将其反映在（　　）科目中。

A.“辅助生产成本” B.“营业外支出”

C.“基本生产成本” D.“制造费用”

10.下列各项中，应记入“应计利息”科目的有（　　）。

A.计提按年付息到期还本的长期借款利息

B.计提按年付息到期还本的长期债券利息

C.应付未付的现金股利

D.计提的短期借款利息

11.下列说法中，正确的有（　　）。

A.年金是指间隔期相同的系列等额收付款

B.普通年金是指从第一期起在一定时期内每期期初等额收付的系列款项

C.预付年金是指从第一期起在一定时期内每期期末等额收付的系列款项

D.永续年金没有终值

12.下列各项中，不影响财务报表“所得税费用”项目的有（　　）。

A.代扣代缴的个人所得税 B.应交所得税

C.递延所得税 D.当期应该缴纳的所得税

三、判断题（10题，每题1分，共10分）

（　　）1.银行存款余额调节表是专门用于调整银行存款日记账的原始凭证。

（　　）2.构成产品组成部分的包装物，其成本应计入生产成本。

（　　）3.物价持续上涨时，采用先进先出计价法，会虚增利润。

（　　）4.年终结账时，在“本年合计”字样下面通栏划单红线。

（　　）5.月末在产品数量较多，但各月在产品数量变化不大，适用约当产量法。

（　　）6.股东大会通过利润分配方案后，需要进行账务处理，同时应在报表附注中进行披露。

（　　）7.存在副产品时，应先确定主产品的生产成本，再确定副产品的生产成本。

（　　）8.所有者权益变动表中“其他综合收益”项目应当与资产负债表中“其他综合收益”项目保持一致。

（　　）9.应收款项发生减值时，应将应收款项的账面价值大于预计未来现金流量现值的部分，确认为减值损失，计入当期损益。

（　　）10.存货发出计价方法如需变更，应在财务报表附注中予以说明。

四、不定项选择题（15题，每题2分，共30分）

（一）X公司生产甲、乙两种产品，采用品种法进行核算。生产费用采用约当产量法在完工产品与在产品之间进行分配。原材料在生产开始时一次性投入，其他费用均衡发生。月末在产品的平均完工程度为50%。生产车间职工薪酬和制造费用按直接材料比例进行分配。X公司5月生产情况如下：

（1）月初，甲产品在产品20件，直接材料760万元，直接人工140万元，制造费用120万元；乙产品无在产品。

（2）本月投入生产甲产品120件，本月完工产品100件，月末在产品40件。本月投入生产乙产品120件，本月完工50件，月末在产品70件。

（3）本月生产甲、乙产品发生的费用资料如下：

① 本月耗用主要材料5 240万元，其中甲产品耗用3 483.60万元，乙产品耗用1 493.40万元，车间管理部门耗用262万元。

② 本月直接生产产品的职工薪酬为580万元，车间管理人员的薪酬为160万元。

③ 本月生产车间水电费178万元，固定资产折旧费100万元，固定资产日常维修费用30万元。

要求：根据上述资料，回答下列问题。

（1）根据上述资料，甲产品当月应分配的直接人工为（　　）万元。

A.406　　B.520　　C.408　　D.440

（2）根据上述资料，下列说法中，正确的是（　　）。

A. 当月制造费用发生额合计为700万元

B. 甲产品当月应分配的制造费用为490万元

C. 乙产品当月应分配的制造费用为172.50万元

D. 当月制造费用发生额合计为730万元

（3）根据上述资料，X公司结转完工入库甲产品成本的会计分录为（　　）。

A.借：库存商品——甲产品　4 698.50
　　贷：生产成本——基本生产成本　4 698.50

B.借：库存商品——甲产品　4 500.50
　　贷：生产成本——基本生产成本　4 500.50

C.借：库存商品——甲产品　3 995.19
　　贷：生产成本——基本生产成本　3 995.19

D.借：库存商品——甲产品　3 973.50
　　贷：生产成本——基本生产成本　3 973.50

（4）根据上述资料，下列说法中，正确的是（　　）。

A. 乙产品月末在产品应负担的直接材料成本为614.92万元

B. 乙产品月末在产品应负担的直接人工成本为71.65万元

C. 乙产品月末在产品应负担的制造费用为86.47万元

D. 乙产品月末在产品总成本为1 029.27万元

（5）根据上述资料，当月完工的乙产品的单位成本为（　　）万元/件。

A.16.96　　B.18.5　　C.20.66　　D.14.48

（二）P公司为增值税一般纳税人，适用的增值税税率为13%，原材料采用实际成本核算。10月份发生的与甲材料有关的事项如下：

（1）1日，甲材料结存100千克，每千克实际成本600元。

（2）3日，购入甲材料175千克，每千克实际成本420元。

（3）16日，发出甲材料150千克。

（4）21日，购入甲材料200千克，每千克实际成本580元。

（5）25日，发出甲材料200千克。

要求：根据上述资料，分析回答以下问题。(答案中金额单位用元表示)

（1）企业采用实际成本核算原材料时，不会涉及的会计科目是（　　）。

A.“原材料”　　B.“材料采购”　　C.“在途物资”　　D.“应付账款”

（2）下列关于发出存货的计价方法的描述中，正确的是（　　）。

A. 采用个别计价法是假定存货具体项目的实物流转与成本流转一致

B. 采用先进先出法，在物价持续上升时，期末存货成本接近于市价

C. 月末一次加权平均法，只需计算月末一次加权平均单价，有利于简化成本计算工作。但由于平时无法从账上提供发出和结存存货的单价及金额，因而不利于存货成本的日常管理与控制

D. 移动加权平均法能够使企业管理层及时了解存货的结存情况，计算的平均单位成本以及发出和结存的存货成本比较客观，所以为所有企业所采用

（3）如果采用先进先出法核算发出存货成本，则月末结存甲材料成本为（　　）元。

A.183 841　　B.72 500　　C.67 953.75　　D.65 657.50

（4）如果采用月末一次加权平均法核算发出存货成本，则月末结存甲材料成本为（　　）元。

A.183 841　　B.72 500　　C.67 953.75　　D.65 657.50

（5）如果采用移动加权平均法核算发出存货成本，则月末结存甲材料成本为（　　）元。

A.183 841　　B.72 500　　C.67 953.75　　D.65 657.50

（三）X公司为增值税一般纳税人，增值税税率为13%、所得税税率为25%。20×8年度至20×9年度发生的有关固定资产业务如下：

（1）20×8年12月22日，X公司向A公司一次购进甲、乙、丙三台设备，共支付价款8 000万元，增值税税额为1 040万元，包装费及运输费60万元，另支付甲设备安装费36万元。乙、丙设备不需要安装。所有款项以银行存款支付。

（2）20×8年12月31日三台设备均达到预定可使用状态。甲、乙、丙三台设备的公允价值分别为4 000万元、3 600万元和2 400万元。按每台设备公允价值的比例对支付的价款进行分配，确定其入账价值。

（3）三台设备预计的使用年限均为5年，预计净残值率为2 %，使用双倍余额递减法计提折旧。

（4）20×9年3月份，甲、乙、丙三台设备日常维修费用分别为2.4万元、1万元和0.6万元。

（5）20×9年12月31日，X公司对固定资产进行减值测试，发现B设备存在减值迹象，其预计可收回金额低于账面价值的差额为240万元，其余固定资产未发生减值迹象。

要求：根据以上资料，回答下面的问题。

（1）根据资料（1）、（2），下列表述中，正确的是（　　）。

A. 支付的相关增值税不应计入固定资产的取得成本

B. 固定资产应按公允价值进行初始计量

C. 购买价款、包装费、运输费、安装费等应计入固定资产的取得成本

D. 固定资产的取得成本与其公允价值差额应计入当期损益

（2）根据资料（1）、（2），下列计算结果中，正确的是（　　）。

A. 甲设备的入账价值为3 224万元

B. 乙设备的入账价值为2 901.60万元

C. 丙设备的入账价值为1 934.40万元

D. 甲设备分配购进固定资产总价款的比例为40 %

（3）根据资料（3），下列表述中，正确的是（　　）。

A. 前3年计提折旧所使用的折旧率为40%

B. 甲设备20×9年度应计提的折旧额为1 304万元

C. 乙设备20×9年度应计提的折旧额为1 160.64万元

D. 计提前3年折旧时不需要考虑残值的影响

（4）根据资料（4），下列说法中，正确的是（　　）。

A. 管理费用增加4万元　　B. 固定资产增加4万元

C. 在建工程增加4万元　　D. 营业外支出增加4万元

（5）根据资料（5），计提资产减值准备对其利润表项目的影响是（　　）。

A. 资产减值损失增加240万元　　B. 营业利润减少240万元

C. 利润总额减少240万元　　D. 净利润减少240万元

综合测试3

一、单项选择题（24题，每题1.5分，共36分）

综合测试3

扫码答题

1. 年末结转后，“利润分配”账户的借方余额表示（　　）。

A. 未分配利润　　B. 净利润

C. 未弥补亏损　　D. 利润总额

2. 下列各项中，属于应收票据的是（　　）。

A. 银行本票存款　　B. 银行承兑汇票　　C. 银行汇票存款　　D. 外埠存款

3. 取得长期股权投资时，不计入其初始投资成本的是（　　）。

A. 购买价款　　B. 相关税费

C. 手续费　　D. 已宣告但尚未领取的现金股利

4. 下列说法中，不正确的是（　　）。

A. 费用是为生产某种产品而发生的各种耗费的总和

B. 费用着重于按会计期间进行归集

C. 成本着重于按产品进行归集

D. 成本一般以成本计算单或成本汇总表及产品入库单等为计税依据

5. 下列项目中，不能直接记入“生产成本”科目的是（　　）。

A. 按生产工人工资总额计提的职工福利费

B. 车间管理人员的工资

C. 生产产品耗用的原材料

D. 直接从事产品生产的工人工资

6. 甲公司为增值税一般纳税人，增值税税率为13%，采用移动加权平均法计算发出材料的成本。6月份发生的与A材料有关的事项如下：1日，A材料结存200千克，每千克实际成本200元；15日，购入A材料300千克，每千克实际成本220元；26日，发出A材料400千克。则6月份发出A材料的成本为（　　）元。

A.88 000　　B.86 000　　C.84 800　　D.21 200

7.3月1日企业购入原材料一批，开出一张面值为23 400元、期限为3个月的不带息商业承兑汇票。6月1日该企业无力支付票款。下列会计处理中，正确的是（　　）。

A.借：应付票据　　23 400
　贷：短期借款　　23 400

B.借：应付票据　　23 400
　贷：其他应付款　　23 400

C.借：应付票据　　23 400
　贷：应付账款　　23 400

D.借：应付票据　　23 400
　贷：预付账款　　23 400

8.A公司1月盘存时，发现盘亏原材料一批，账面价值为20 000元。经查明是因仓库保管员疏忽被盗造成，其应赔偿相应损失10 000元，保险公司赔偿4 000元。假定增值税税率为13%。那么应计入管理费用的金额为（　　）元。

A.6 000　　B.8 600　　C.14 600　　D.22 600

9.B公司采用托收承付结算方式销售一批商品，增值税专用发票注明的价款为2 000万元，增值税税额为260万元，销售商品为客户代垫运输费10万元，已办妥托收手续。该企业应确认的应收账款为（　　）万元。

A.2 000　　B.2 010　　C.2 260　　D.2 270

10.20×7年2月18日，甲公司购入Y设备一台，支付的价款为860万元。该设备预计使用年限为5年，预计净残值率为4%，采用年数总和法计提折旧。则20×7年该设备应计提的累计折旧金额为（　　）万元。

A.229.33　　B.238.88　　C.252.26　　D.262.78

11.下列情形中，应按机器工时比例法分配制造费用的是（　　）。

A.季节性生产　　B.制造费用数额较大

C.机械化程度较高　　D.不考虑机械化程度高低

12.W商场采用毛利率法对库存商品进行日常核算。8月1日日用品库存360万元，本月购进日用品400万元，本月销售日用品的销售收入为480万元，上季度日用品毛利率为25%。不考虑其他因素，8月末结存日用品的成本为（　　）万元。

A.480　　B.120　　C.360　　D.400

13.售出的商品附有退货条款，但无法确定其退货的可能性，那么商品销售收入应在（　　）确认。

A.退货期满时　　B.收到货款时　　C.签订合同时　　D.发出商品时

14.下列说法中，正确的是（　　）。

A.销售应税消费品应交的消费税计入销售商品成本

B.领用自产应税消费品建造固定资产的，应交的消费税计入税金及附加

C.收回委托加工物资（直接用于销售），代收代缴的消费税记入“应交税费——应交

消费税”科目

D.应税消费品在进口环节应交的消费税计入物资成本

15.A公司适用的城市维护建设税税率为7%，9月份A公司缴纳增值税400 000元、土地增值税60 000元、消费税300 000元、资源税40 000元。则9月份A公司应缴纳的城市维护建设税为（　　）元。

A.32 200　　B.49 000　　C.53 200　　D.56 000

16.委托加工物资收回后，用于继续加工应税消费品的，代收代缴的消费税应记入（　　）科目。

A.“应交税费——应交消费税”　　B.“税金及附加”

C.“委托加工物资”　　D.“销售费用”

17.P公司年初未分配利润为200万元，本年净利润为2 000万元，按10%计提法定盈余公积，按5%计提任意盈余公积，宣告发放现金股利160万元。那么P公司期末未分配利润的金额为（　　）万元。

A.1 710　　B.1 734　　C.1 740　　D.1 748

18. 6月30日，A公司结存半成品的实际成本为200万元，该半成品加工至完工产成品预计还将发生成本60万元，估计的销售费用和相关税费为10万元，产成品市场售价为260万元。假定该半成品尚未计提减值准备。则6月30日该半成品应计提的存货跌价准备为（　　）万元。

A.-10　　B.10　　C.-20　　D.20

19.A公司从证券交易所以10元/股的价格购入B上市公司股票20 000股，准备作为短期投资，另支付有关税费1 500元，已知该股票价格中包含0.5元/股已宣告但尚未发放的现金股利。那么应记入“交易性金融资产——成本”科目的金额为（　　）元。

A.200 000　　B.201 500　　C.191 500　　D.190 000

20.A公司采用预收款方式向B公司销售一批商品，该批商品实际成本为200万元。合同约定，该批商品含税销售价格为339万元。B公司在协议签订时预付60%货款（按含税销售价格计算），剩余款项于发出商品时支付。下列关于A公司收到60%货款的会计处理（金额单位用万元表示）中，正确的是（　　）。

A.借：银行存款　　203.40
　　贷：预收账款　　203.40

B.借：银行存款　　203.40
　　贷：主营业务收入　　203.40

C.借：银行存款　　203.40
　　贷：主营业务收入　　180
　　　　应交税费——应交增值税（销项税额）　　23.40

D.借：银行存款　　203.40
　　贷：其他业务收入　　180
　　　　应交税费——应交增值税（销项税额）　　23.40

21.下列关于资产负债表中“无形资产”项目填列的表述中，正确的是（　　）。

A.该项目的期末余额根据总账科目余额填列

B. 资产负债表日要按照无形资产的账面价值进行填列

C. 资产负债表日“无形资产”项目反映的是无形资产的账面余额

D. 资产负债表日“无形资产”项目反映的是无形资产的账面原值

22. 采用计划成本分配法分配辅助生产费用时，辅助生产车间实际发生的费用与按计划单位成本分配转出的费用之间的差额，如果采用简化计算方法应全部计入（　　）。

A. 材料成本差异　B. 管理费用　C. 生产成本　D. 制造费用

23. 记账后发现记账凭证和账簿记录中借、贷会计科目无误，只是所记金额大于应记金额。通常采用的错账更正方法是（　　）。

A. 红字更正法　B. 补充登记法　C. 划线更正法　D. 重新更正法

24. 对于工业企业而言，下列各项中，应纳入“其他业务成本”科目核算的是（　　）。

A. 出售商品结转的成本　B. 出售原材料结转的成本

C. 出售交易性金融资产的损失　D. 出售固定资产的净损失

二、多项选择题（12题，每题2分，共24分）

1. 下列关于长期借款利息费用的会计处理中，正确的有（　　）。

A. 筹建期间的借款利息计入管理费用

B. 筹建期间的借款利息计入长期待摊费用

C. 日常生产经营活动的借款利息计入财务费用

D. 符合资本化条件的借款利息计入相关资产成本

2. 企业实收资本增加的途径有（　　）。

A. 企业盈利　B. 所有者投入

C. 资本公积转增资本　D. 盈余公积转增资本

3. 下列各项中，属于非流动资产的有（　　）。

A. 无形资产

B. 以公允价值计量且其变动计入当期损益的金融资产

C. 固定资产

D. 工程物资

4. 下列各项中，应计入营业外收入的有（　　）。

A. 原材料盘盈　B. 无法查明原因的现金溢余

C. 转让长期投资取得的净收益　D. 转让无形资产所有权取得的净收益

5. 下列关于停工损失的说法中，正确的有（　　）。

A. 不满1个工作日的停工，一般不计算停工损失

B. 原材料或工具等短缺停工属于非正常停工

C. 季节性停工在产品成本核算范围内

D. 辅助生产一般不单独核算停工损失

6. 下列各项中，固定资产应当计提折旧的有（　　）。

A. 达到预定可使用状态但尚未投入使用的固定资产

B. 季节性停工的固定资产

C. 经营租出的固定资产

D. 已提足折旧仍继续使用的固定资产

7.下列各项中，属于会计信息质量要求的有（　　）。

A.可靠性　　B.相关性

C.可比性　　D.谨慎性

8.下列各项中，应计入资产负债表“存货”项目的有（　　）。

A.生产成本　　B.工程物资

C.待处理流动资产净损失　　D.委托加工物资

9.下列各项中，不属于会计基本假设的有（　　）。

A.会计主体　　B.货币计量　　C.会计核算　　D.会计监督

10.下列各项中，会影响利润总额的有（　　）。

A.交易性金融资产公允价值上升　　B.存货成本高于可变现净值

C.出售交易性金融资产取得的收益　　D.购入办公用品

11.下列各项中，作为增值税一般纳税人的企业需要转出进项税额的有（　　）。

A. 自制产成品用于职工福利

B. 自制产成品用于对外投资

C. 外购的生产用原材料发生非正常损失

D. 外购的生产用原材料改变用途用于自建厂房

12.下列各项中，期末应按公允价值计量的有（　　）。

A.存货　　B.交易性金融资产

C.债权投资　　D.其他债权投资

三、判断题（10题，每题1分，共10分）

（　　）1.预付款项业务不多的企业，可以不设置“预付账款”科目，而将预付的款项通过“预收账款”科目核算。

（　　）2.在采用在产品按固定成本计价的情况下，应当根据实际盘点的在产品数量，具体计算在产品成本，据以计算产成品成本。这种方法适用于月末在产品数量较多，但各月在产品数量变化不大的产品或月末在产品数量很小的产品。

（　　）3.企业清查固定资产过程中，盘亏的固定资产应计入营业外支出，盘盈的固定资产应计入以前年度损益调整。

（　　）4.预收货款虽然与应付账款均属于负债项目，但与应付账款不同，它通常不需要以货币偿付。

（　　）5.购进的货物由于暴雨发生的毁损计入管理费用。

（　　）6.采购材料或接受劳务通过银行汇票结算的，应通过“应付票据”核算。

（　　）7.提供劳务交易的结果不能可靠估计的，已经发生的劳务成本预计能够得到部分补偿，应按能够得到部分补偿的劳务成本金额确认提供劳务的收入，并结转已经发生的劳务成本。

（　　）8.企业为取得交易性金融资产发生的交易费用应计入交易性金融资产初始确认金额。

（　　）9.当各月末在产品数量较大但变化不大时，应用约当产量法将费用在完工产品与在产品之间进行分配。

（　　）10.无形资产研究阶段发生的支出通过“管理费用”科目核算。

四、不定项选择题（15题，每题2分，共30分）

（一）A公司为增值税一般纳税人，增值税税率为13%，6月发生如下经济业务：

（1）5日，销售原材料一批，开具的增值税专用发票注明的价款为130万元，增值税为16.90万元，该批原材料的成本为120万元，款项尚未收到。

（2）11日，以转账支票支付生产车间机器设备的日常维修费12.50万元。

（3）19日，委托B公司代销商品一批，该批商品成本为1 250万元，与A公司的结算价款为1 500万元（不含税），A公司按代销价款的10%向B公司支付代销手续费（不含税）。当日商品已发出。根据税法规定，增值税纳税义务尚未发生。

（4）27日，向C公司支付违约金82.50万元，接受非关联方捐赠现金250万元。

（5）31日，计提无形资产减值准备250万元，固定资产减值准备50万元，存货跌价准备12.50万元，交易性金融资产公允价值下降25万元。

其他资料：当月除上述经济业务外，主营业务收入发生额合计1 500万元，主营业务成本发生额合计1 125万元，税金及附加发生额合计37.50万元，管理费用发生额合计30万元，销售费用发生额合计2.50万元，财务费用发生额合计0.75万元。

要求：根据以上资料，不考虑其他因素，回答以下问题。(答案中金额单位用万元表示）

（1）根据资料（1）和（2），下列会计处理中，正确的是（　　）。

A.销售原材料：

借：应收账款　　146.90

　贷：主营业务收入　　130

　　应交税费——应交增值税（销项税额）　　16.90

B.结转成本：

借：主营业务成本　　120

　贷：原材料　　120

C.支付维修费用：

借：管理费用　　12.50

　贷：银行存款　　12.50

D.支付维修费用：

借：制造费用　　12.50

　贷：银行存款　　12.50

（2）根据资料（3），下列说法中，正确的是（　　）。

A.应确认主营业务收入1 500万元

B.应结转主营业务成本1 250万元

C.应确认销售费用150万元

D.应减少库存商品1 250万元

（3）根据资料（4）和（5），下列说法中，不正确的是（　　）。

A.存货跌价准备转回不影响当期损益

B.支付违约金应计入营业外支出

C.收到非关联方捐赠款应计入资本公积

D.计入资产减值损失337.50万元

（4）根据上述资料，A公司当月的营业利润为（　　）万元。

A.-35.75　　B.164.25　　C.-10.75　　D.-185.75

（5）根据上述资料，A公司当月的利润总额为（　　）万元。

A.331.75　　B.131.75　　C.296　　D.-18.25

（二）X公司为增值税一般纳税人，适用的增值税税率为13%。材料采用实际成本核算，材料发出采用先进先出法计价，生产甲产品所耗用的M材料随生产进度陆续投入。9月初，X公司M材料结存500千克，成本为20 000元；“生产成本”科目余额为62 000元。采用约当产量法在完工产品和在产品之间分配生产费用。9月发生如下交易或事项：

（1）2日，购入一批M材料5 000千克已验收入库，取得的增值税专用发票上注明的价款为200 000元，增值税税额为26 000元，材料采购过程中发生保险费12 000元、装卸费8 000元（均不考虑增值税），款项以银行存款支付，发票已通过认证。

（2）5日，对行政办公楼进行日常维修领用M材料500千克，车间设备日常维修领用M材料100千克；7日，生产甲产品领用M材料2 500千克。

（3）30日，分配当月职工薪酬600 000元，其中：生产工人薪酬为400 000元，车间管理人员薪酬为60 000元，行政管理人员薪酬为140 000元。另外，计提车间设备折旧费40 000元。

（4）30日，本月甲产品完工250件，月末在产品50件，在产品平均完工程度为60%。

（5）30日，企业发现入库的甲产品有2件存在瑕疵，经质检部门鉴定不需要返修，每件从原不含税售价4 000元降价为每件3 000元出售，符合收入确认条件。

要求：根据以上资料，完成以下小题。

（1）根据资料（1），该企业采购M材料的入账价值是（　　）元。

A.200 000　　B.220 000　　C.266 000　　D.246 000

（2）根据资料（2），下列各项中，表述正确的是（　　）。

A.维修车间设备领用的M材料计入管理费用

B.维修车间设备领用的M材料计入制造费用

C.维修行政办公楼领用的M材料计入管理费用

D.生产甲产品领用的M材料计入生产成本

（3）根据资料（3），下列分配职工薪酬的会计处理中，正确的是（　　）。

A.借：生产成本　　400 000
　　　制造费用　　200 000
　　贷：应付职工薪酬　　600 000

B.借：生产成本　　400 000
　　　制造费用　　60 000
　　　管理费用　　140 000
　　贷：应付职工薪酬　　600 000

C.借：生产成本　　600 000
　　贷：应付职工薪酬　　600 000

D.借：生产成本　　400 000

借：管理费用 200 000

　贷：应付职工薪酬 600 000

（4）根据期初资料和资料（1）至（4），下列关于9月份甲产品生产成本的计算中，正确的是（　　）。

A. 本月在产品成本为112 000元　　B. 本月完工产品成本为600 000元

C. 本月完工产品成本为560 000元　　D. 本月在产品成本为72 000元

（5）根据期初资料和资料（1）至（5），下列关于销售甲产品的会计处理结果的表述中，正确的是（　　）。

A. 确认主营业务收入8 000元　　B. 确认主营业务收入6 000元

C. 结转主营业务成本4 480元　　D. 结转主营业务成本4 800元

（三）甲公司为增值税一般纳税人，20×7年发生如下与交易性金融资产相关的经济业务：

（1）4月17日，从证券交易所购入乙公司股票20 000股，该股票的公允价值为1 800 000元，另支付相关交易费用6 000元，取得的增值税专用发票上注明的增值税税额为360元，发票已通过税务机关认证。甲公司将该股票划分为交易性金融资产。

（2）6月30日，甲公司持有乙公司股票的市价为1 840 000元。

（3）7月9日，乙公司宣告以每股0.4元发放上年度的现金股利。7月17日，甲公司收到乙公司向其发放的现金股利，假定不考虑相关税费。

（4）7月25日，将持有的乙公司股票全部出售，售价为2 012 000元，转让该金融商品应交的增值税为12 000元。

要求：根据上述资料，不考虑其他因素，回答下列小题。

（1）根据资料（1），购入该交易性金融资产的初始入账金额是（　　）元。

A.1 806 360　　B.1 804 560　　C.1 806 000　　D.1 800 000

（2）根据资料（1）和（2），6月30日应计入公允价值变动损益的金额是（　　）元。

A.34 000　　B.40 000　　C.33 640　　D.34 360

（3）根据资料（1）和（3），下列关于现金股利的会计处理结果的表述中，正确的是（　　）。

A. 宣告发放股利时，确认投资收益8 000元

B. 实际收到股利时，确认投资收益8 000元

C. 宣告发放股利时，确认公允价值变动损益8 000元

D. 实际收到股利时，冲减交易性金融资产成本8 000元

（4）根据资料（1）至（4），下列关于出售乙公司股票的会计处理中，正确的是（　　）。

A. 借：公允价值变动损益 40 000

　　贷：投资收益 40 000

B. 借：投资收益 40 000

　　贷：公允价值变动损益 40 000

C. 借：其他货币资金 2 012 000

　　贷：交易性金融资产——成本 1 800 000

　　　　　　　　　　——公允价值变动 40 000

　　　　投资收益 172 000

D.借：投资收益　12 000

　贷：应交税费——转让金融商品应交增值税　12 000

（5）根据资料（1）至（4），该交易性金融资产使甲公司20×7年营业利润增加的金额是（　　）元。

A.208 000　B.214 000　C.162 000　D.202 000

主要参考文献

［1］中国注册会计师协会．2024年注册会计师全国统一考试辅导教材——会计［M］．北京：中国财政经济出版社，2024.

［2］财政部会计财务评价中心．中级会计实务［M］．北京：经济科学出版社，2024.

［3］财政部会计财务评价中心．初级会计实务［M］．北京：经济科学出版社，2024.

［4］中华人民共和国财政部．企业会计准则（2024年版）［M］．上海：立信会计出版社，2024.

［5］中华人民共和国财政部．企业会计准则应用指南（2024年版）［M］．上海：立信会计出版社，2024.

［6］陈德萍，高慧云.财务会计［M］．11版.大连：东北财经大学出版社，2024.

［7］张珺，丁增稳.企业财务会计［M］．2版.大连：东北财经大学出版社，2023.